Inge Steinsträßer

Im Exil 1940 – 1945 –
die Benediktinerinnen von Kellenried
während des „Dritten Reichs"

Beiträge zu
Theologie, Kirche und Gesellschaft
im 20. Jahrhundert

herausgegeben von

Rainer Bendel, Lydia Bendel-Maidl
und Joachim Köhler

Band 25

Inge Steinsträßer

Im Exil 1940 – 1945 –
die Benediktinerinnen von Kellenried
während des „Dritten Reichs"

LIT

Umschlagbild: Benediktinerinnen bei der Waldarbeit auf Schloß Zeil

Gedruckt mit Unterstützung von
GeneralvikarDr. Clemens Stroppel, Diözese Rottenburg-Stuttgart,
Georg Fürst von Waldburg zu Zeil und Trauchburg,
Heinrich Grieshaber, c/o Grieshaber Logistiks-Group AG, Weingarten,
Landkreis Ravensburg, Gemeinde Berg,
Förderverein der Abtei Kellenried e. V.

Bibliografische Information der Deutschen Nationalbibliothek
Die Deutsche Nationalbibliothek verzeichnet diese Publikation in der
Deutschen Nationalbibliografie; detaillierte bibliografische Daten sind
im Internet über http://dnb.d-nb.de abrufbar.

ISBN 978-3-643-13090-7

© LIT VERLAG Dr. W. Hopf Berlin 2015
Verlagskontakt:
Fresnostr. 2   D-48159 Münster
Tel. +49 (0) 2 51-62 03 20   Fax +49 (0) 2 51-23 19 72
E-Mail: lit@lit-verlag.de   http://www.lit-verlag.de

Auslieferung:
Deutschland: LIT Verlag Fresnostr. 2, D-48159 Münster
Tel. +49 (0) 2 51-620 32 22, Fax +49 (0) 2 51-922 60 99, E-Mail: vertrieb@lit-verlag.de
Österreich: Medienlogistik Pichler-ÖBZ, E-Mail: mlo@medien-logistik.at
E-Books sind erhältlich unter www.litwebshop.de

Inhalt

Geleitwort von Äbtissin Maria Regina Kuhn OSB 7
Geleitwort von Dr. Clemens Stroppel, Generalvikar der Diözese Rottenburg-Stuttgart 9
Grußwort von Georg Fürst von Waldburg zu Zeil und Trauchburg 11
Vorwort der Herausgeber 13
Vorwort der Verfasserin 15
Einleitung – Wanderung im „wasser- und weglosen Land" 19
1. Die Abtei St. Erentraud – kurzer historischer Abriss 23
2. In der Weimarer Republik – eingebettet in das katholische Milieu Oberschwabens 29
3. Unterm Hakenkreuz – zwischen Ablehnung und zögerlicher Anpassung 31
4. Vorgänge um die Beschlagnahmung von St. Erentraud und deren Hintergründe 41
5. Konsequenzen in Kellenried 59
6. Geistliche Betreuung in den größeren Stationen 91
7. Gottesdienst, Offizium und Konferenzen auf Schloß Zeil 97
8. Im Zeichen der Kriegswirtschaft – politische Voraussetzungen 113
9. Zeil wird größte Zelle und zur „Abtei" erhoben 131
10. Totaler Krieg und Vollbeschäftigung 155
11. Ein Blick auf die benachbarten Klöster Untermarchtal und Sießen 177
12. Miteinander in der „Abtei" Zeil 189
13. Alltagsleben in Zeil 199
14. „Heim ins Reich": Slowenen im Kloster Kellenried 209
15. Dem Ende entgegen – das Jahr 1945 in Zeil, Kellenried und in den übrigen
     Exilsstationen 233
16. Letzte Kriegstage 245
17. Unter französischer Militärverwaltung in Zeil und Kellenried 255
18. Aufbruch und Neubeginn 271
19. Entschädigung und Wiedergutmachung 281
20. Schlussbetrachtung und Ausblick 287
Anhang
    Übersicht Konvent 1940-1945 291
    Literatur 295
    Weblinks 305
    Quellenverzeichnis 307
    Abkürzungsverzeichnis 313
    Auskünfte, Gesprächspartner, Zeitzeugen 317
    Personen- und Ortsregister 319

Geleitwort von Äbtissin Maria Regina Kuhn OSB

"Wie ein flüchtiger Traum erscheinen uns die fünf langen Jahre, welche wir in der Verbannung zubringen mußten, seitdem uns Gottes gütige Vaterhand am 28. Oktober 1945 wieder in unser geliebtes Kloster zurückführte".[1]

Diese Worte, geschrieben von unserer Sr. Johanna (Lucie) Guntli OSB, markierten das Ende der fünfjährigen Exilszeit, die unsere Gemeinschaft in den Jahren 1940 bis 1945 unter nationalsozialistischer Herrschaft durchstehen musste. Bei meinem Eintritt in die Abtei St. Erentraud 1977 lebte noch ein größerer Teil der Schwestern aus der Erlebnisgeneration. Immer wieder wurde von jener Zeit erzählt. So konnten wir als Nachgeborene erahnen, welche Schwierigkeiten, Nöte und Sorgen den Klosteralltag damals bestimmten. Wir durften aber auch teilhaben an der großen Dankbarkeit für die Erfahrung der Führung Gottes, die in allem spürbar war. Nur mit unerschütterlichem Gottvertrauen und nie erlahmender Hoffnung auf eine glückliche Rückkehr war es möglich gewesen, diese schwierigen Jahre als Klostergemeinschaft zu überstehen.
Die Glaubenskraft und der Einsatz unserer ersten Äbtissin Scholastica von Riccabona OSB und der damaligen Mitschwestern nötigen uns Heutigen größten Respekt ab. Sie wussten um ihre Verantwortung füreinander und suchten unter schwierigsten Bedingungen unermüdlich nach Wegen und Möglichkeiten, wie sie trotz allem Widrigen als geistliche Gemeinschaft weiterleben und für die Kirche und die Welt im Gebet da sein konnten. Die Äbtissin hielt dabei mit aller Kraft als einigendes Band die Kommunität zusammen und sprach den ihr anvertrauten Mitschwestern immer wieder aus ihrem großen Gottvertrauen heraus Mut und Zuversicht zu.

Wir sind Frau Dr. Inge Steinsträßer sehr dankbar, dass sie sich der Mühe unterzog, als Historikerin die Exilszeit unseres Klosters gewissenhaft aufzuarbeiten. Dabei traten viele Dinge und Ereignisse zutage, die für uns teils neu, teils nicht mehr im Bewusstsein waren. Sie vermitteln uns auf dem Hintergrund der zeitgeschichtlichen Situation einen lebendigen Einblick in die damaligen Lebensbedingungen.

Wenn wir heute, 70 Jahre nach dem Wiedereinzug, zurückschauen auf diese Ereignisse, so tun wir es aus einem stark gewandelten zeitgeschichtlichen Kontext

---
[1] ArKe: 032 Aus der Chronik der Abtei St. Erentraud Kellenried, 1. November 1940 bis 28. Oktober 1945.

heraus. Aber auch für uns gilt, dass wir in Dankbarkeit für die Treue Gottes, die sich in der wechselvollen Geschichte unserer Gemeinschaft zeigt, unseren Weg vertrauensvoll weitergehen wollen – im Glauben an „Gottes gütige Vaterhand".

Abb. 1: Konvent bei den letzten Exerzitien auf Schloß Zeil, Januar 1944

Geleitwort von Dr. Clemens Stroppel, Generalvikar der Diözese Rottenburg-Stuttgart

75 Jahre ist es her: Die Benediktinerinnenabtei St. Erentraud Kellenried musste Anfang November 1940 binnen einer Frist von zehn Tagen komplett geräumt werden. Im Zuge des „Klostersturms" der Nationalsozialisten, einem Höhepunkt des nationalsozialistischen Kirchenkampfes, dem zwischen 1940 und 1942 mehr als 300 katholische Klöster und Einrichtungen zum Opfer fielen, hatte sich die Kommunität der Schwestern in größter Eile um neue Unterkünfte zu bemühen.
Geradeeinmal gut zwei Jahre war es her, dass der Rottenburger Bischof Joannes Baptista Sproll am 24. August 1938 aus seiner Diözese verbannt und gewaltsam nach Freiburg verbracht worden war. Er fand im Exil zunächst Asyl im Benediktinerkloster St. Ottilien in der Diözese Augsburg[2], während die Schwestern der Benediktinerinnenabtei in seiner Diözese selbst Obdach suchen mussten und an verschiedenen Orten großherzige Aufnahme fanden: so in der Erzabtei Beuron, im „Klösterle" in Ravensburg oder auf Schloß Zeil. Hier landete nach der Beschlagnahme der Erstgenannten als Wehrmachtslazarette der größte Teil der 60 Konventualinnen.
Orden und Klöster bildeten eine der wichtigsten Zielscheiben der kirchenfeindlichen NS-Politik, denn sie galten als „Lebensnerv" der katholischen Kirche. „Reichsaufgaben" und „kriegsbedingte Notwendigkeiten" bildeten den gewaltsamen Deckmantel, unter dem Klöster beschlagnahmt und ihre Bewohner vertrieben wurden. „Reichsaufgaben", deren Inhalt in der Umsiedlung der sogenannten „volksdeutschen Bevölkerungsgruppen" aus den Staaten Ost- und Südosteuropas bestand. „Reichsaufgaben", die insbesondere in der Diözese Rottenburg mit rigider Entschlossenheit und Gewalt umgesetzt wurden: Im Herbst 1940 wurden innerhalb weniger Wochen mehr als 20 Ordensniederlassungen und andere kirchliche Einrichtungen komplett beschlagnahmt und die Bewohner auf die Straße gesetzt.
In das Kellenrieder Konventsgebäude zogen 1941 slowenische Umsiedler ein, die im Zuge der nationalsozialistischen „Heim ins Reich-Aktion" vertrieben worden waren und bis zum August 1945 in St. Erentraud, dem nationalsozialistischen „Lager Kellenried", blieben.
Mit der Bonner Historikerin Dr. Inge Steinsträßer fanden die Benediktinerinnen eine ausgewiesene Kompetenz, die nun, nach umfänglichen Archivarbeiten, eine

---

[2] Von 13. September 1938 bis Dezember 1940 fand Bischof Sproll auf Vermittlung von Dr. Alfons Heilmann, seinem früheren Vikar und jetzigem Schriftsteller, Asyl im Benediktinerkloster St. Ottilien mit anschließenden Aufenthalten in Bad Wörishofen und Krumbad, wo ihm ab 24. Januar 1941 Unterkunft und Pflege zuteil wurde, bis er am 12. Juni 1945 nach Rottenburg zurückkehrte.

wissenschaftliche Dokumentation des Exils der Kellenrieder Kommunität während des Dritten Reiches vorlegt. Diese Arbeit verdient nicht nur breitere Beachtung, sie erscheint von bleibendem historischem Wert nicht nur für die Abtei St. Erentraud, sie ist gerade in dieser Zeit bemerkenswert, in der wiederum eine ideologisiert fanatisierende, pseudoreligiös sich gebärdende, menschenverachtende und -vernichtende, bestialisch mordende und kulturzerstörende Terrormacht wie der sogenannte „Islamische Staat" und andere islamistische Terrormilizen die Welt in Angst und Schrecken versetzen, unzählige Menschen erneut ihrer Heimat berauben und in Flucht und Verzweiflung treiben. Und wiederum suchen sie Asyl, müssen froh sein, Aufnahme zu finden.

Sind mit Reiner Kunze Kirchtürme – die zwei Kellenrieder sind weithin sichtbar – weltverankernde Himmelsnägel: „Damit die erde hafte am himmel, schlugen die / menschen / kirchtürme in ihn / [...] nicht aufzuwiegen / mit gold"[3] – so sind lebendige Klöster wie die Benediktinerinnenabtei St. Erentraud vielleicht weltverankernde Tiefenwurzeln, die unser Leben verwurzeln und wurzelhaft nähren helfen aus dem haltenden Humus und lebenserhaltenden Grundwasser unseres Lebens: Dasein und Zustimmung des lebendigen Gottes, tiefer als wir ahnen, aber glauben mögen, damit wir haften an unserem Lebensgrund vor offenem Horizont: „nicht aufzuwiegen mit gold".

In diesem Sinne dürfen wir uns freuen über diesen Dokumentationsband und noch mehr darüber, dass die Benediktinerinnen nach der dargestellt leidvollen Zeit einen Neuanfang wagten und bis heute Tag für Tag in unserer Diözese zu leben wagen: Gott lobend und preisend, still meditierend und anbetend, lebendig, lebenstiftend erinnernd und vergegenwärtigend gegen sein Vergessen und Verdunsten im ganz und gar unkontemplativen Weltgetriebe.

Wir dürfen diesen Dokumentationsband mit Interesse in die Hand nehmen und noch mehr die Abtei mit ihren zurückgekehrten Benediktinerinnen besuchen, mit ihnen beten, feiern oder – wenn auch nur eine Zeit lang vielleicht – leben. Eine wunderbare Einladung beides.

    Dr. Clemens Stroppel, Generalvikar der Diözese Rottenburg-Stuttgart (in Erinnerung an Dr. Max Kottmann, Vorgänger im Amt (1927-1948), Berater und Unterstützer der Abtei in besagter Zeit).

---

[3]Reiner Kunze: Die Silhouette von Lübeck, in: Derselbe: gedichte, Frankfurt a.M. 2001, S.155.

Grußwort von Georg Fürst von Waldburg zu Zeil und Trauchburg

Es ist mir eine große Freude, 70 Jahre nach Kriegsende die Publikation von Frau Dr. Inge Steinsträßer in Händen zu halten. Viele Erinnerungen werden in mir wach, denn die Erfahrungen der Kellenrieder Benediktinerinnen während ihres Exils auf Schloß Zeil sind auch meine eigenen und die meiner Familie.
Bei der Ankunft der Schwestern im November 1940 war ich ein Junge von 12 Jahren, an der Schwelle vom Kind zum Heranwachsenden. Ich habe damals den Hintergrund der Vertreibung aus dem Kloster Kellenried, das brutale Vorgehen der Nationalsozialisten und die Haltung meiner Eltern sehr bewusst wahrgenommen und war dem Konvent während der fünfjährigen Anwesenheit auf Schloß Zeil in besonderer Weise verbunden. Tief beeindruckt war ich von der benediktinischen Spiritualität, die sich während der Gottesdienste in der Schloßkapelle, aber vor allem bei den drei Todesfällen aus den Reihen der Gemeinschaft zeigte. Ich denke hier besonders an den Tod der Priorin Placida zu Salm im Sommer 1943, für mich und meine Geschwister „Tante Placida". Sie war eine Cousine meiner Großmutter und letztlich das Bindeglied zwischen der Kellenrieder Kommunität und dem Hause Waldburg-Zeil.
Mein Vater hat mich mit zunehmenden Alter mehr und mehr in seine Gedanken und Überlegungen eingeweiht, und ich konnte erahnen, aus welcher tiefen Sorge um die Zukunft und das Wohl unseres Landes er sich der nationalsozialistischen Ideologie widersetzte. In unserem Archiv befinden sich in den Dokumenten aus dieser unseligen Zeit nur wenige Zeugnisse über das Exil der Benediktinerinnen von Kellenried. Umso mehr bin ich erfreut, dass in der Arbeit von Frau Dr. Steinsträßer viele Begebenheiten niedergelegt und benannt sind, die sonst in Vergessenheit geraten wären. Dies ist auch ein Vermächtnis für die nachfolgenden Generationen unserer Familie, welche sonst nur aus der mündlichen Überlieferung von den Kriegsjahren auf Schloß Zeil wüssten.

„Kellenried ist sehr sympathisch"[4].

---

[4] Zitat Fürst Georg beim Gespräch mit der Verfasserin, Leutkirch, 15.5.2012.

Vorwort der Herausgeber

Es ist kaum zu vermuten, dass die Geschichte eines Konvents von Benediktinerinnen, örtlich und zeitlich begrenzt, so spannend und so weltläufig sein kann, wie das die Studie von Inge Steinsträßer zeigt. Wir sind es gewohnt, derartige Geschichten, seien es Darstellungen zu Jubiläen oder im Kontext von bedeutenden Persönlichkeiten der Gemeinschaften, als „spirituelle" Ereignisse zu lesen. In ihnen werden Ereignisse und Alltagsleben im Lichte der monastischen Lebensform dargestellt werden, – oft verklärt, weltentfremdet und nahezu zeitlos. Nicht so, wenn diese Geschichte in die Zeit der nationalsozialistischen Herrschaft fällt und der Konvent ins Exil vertrieben wird. Dann werden Lebensform und „Spiritualität" von den Zeitereignissen so durchmischt und gebrochen, dass es für den Konvent eine Herausforderung ist, regelkonform zu leben.

Inge Steinsträßer hat die Ereignisse minutiös recherchiert und dabei versucht, darzustellen, wie die Menschen Geschichte durchlitten haben. Im Wesentlichen sind es zwei Personengruppen, deren Schicksal sie nachzeichnet und bewusst macht: Das Schicksal der Nonnen von Kellenried, die durch die Maßnahmen der Nationalsozialisten in alle Winde zerstreut wurden. Größere Gruppen fanden auf Schloß Zeil bei Leutkirch und im Kloster Beuron Zuflucht. Und die slowenischen Familien, die nach der deutschen Okkupation Jugoslawiens 1941 zwangsdeportiert im Kloster Kellenried angesiedelt wurden. Ein weniger bekanntes Verbrechen der Nationalsozialisten im Zweiten Weltkrieg, das jedoch das menschenverachtende rassenideologische Vorgehen des Regimes deutlich macht. Diese Familien sollten im Altreich „eingedeutscht" werden. Später sollten sie im Osten angesiedelt werden, um im Sinne der Nationalsozialisten neuen „Lebensraums" zu gewinnen. Als sogenannte „Absiedler" waren sie rechtlich nicht mit den Zwangsarbeitern zu vergleichen, übten aber de facto ähnliche Tätigkeiten aus. Die Last dessen, was Einzelne innerhalb dieser Gruppen ertragen haben, wird erst dann fassbar, wenn das System der nationalsozialistischen Rassen- und Kirchenpolitik durchschaut wird. In beiden Fällen hat Inge Steinsträßer minutiös die staatlichen Maßnahmen und die Helfershelfer vor Ort kenntlich gemacht.

Die Einbettung des Schicksals der Kellenrieder Benediktinerinnen in den zeithistorischen Kontext von 1940 bis 1945, in die regionalen Gegebenheiten des Landkreises und in die konkreten Gegebenheiten der verschiedenen Exilsorte, quellenmäßig präzise belegt, dürfte ein Modell sein für weitere Arbeiten zur Aufarbeitung der Geschichte der Frauenorden während der nationalsozialistischer Herrschaft, die ein Desiderat der Katholizismusforschung ist. Wer diesen Spuren so gründlich nachgeht wie Inge Steinsträßer, wird über die Institutions- und Klostergeschichte hinaus auf Biografien von Menschen stoßen, die unter der

Last der Geschichte an ihre Grenzen stoßen und trotzdem nach ihren Möglichkeiten verantwortlich handeln. Sichtbar wird auf diese Weise auch die Vernetzung des Klosters, die sich in Zeiten der Unterdrückung und in den chaotischen Zuständen nach Kriegsende hilfreich erweisen. An erster Stelle muss hier das Haus der Fürsten Waldburg-Zeil genannt werden, aus deren Geschichte interessante Details zutage gefördert werden. Vergleiche mit anderen oberschwäbischen Frauenklöstern runden das Geschichtsbild ab. Schließlich wird in den Wochen nach Kriegsende das Schicksal einiger Priester, die mit dem Konvent in Beziehung standen und die das KZ Dachau überlebt haben, bekannt. Insgesamt eine lebendige Zeitgeschichte.

Vorwort der Verfasserin

Die Entstehung dieser Studie ist das Ergebnis eines kurzen Moments interessierten Innehaltens bei der Mithilfe im Archiv der Abtei St. Erentraud in Folge der Umbauarbeiten in Kellenried im Jahre 2012. Mir fiel ein Zeitungsartikel aus der Schwäbischen Zeitung vom 13. September 2006 in die Hände „Zwangsdeportierte erinnern sich – Ich weinte, als ich das Kloster sah". Damit befand ich mich mitten in der Geschichte der Slowenin Majda Bajc, die 1941 als Achtjährige mit ihrer Familie als Umsiedlerin nach Kellenried kam, dort bis 1945 verblieb und nach 61 Jahren erstmals wieder auf den Spuren der Vergangenheit an den Ort ihrer Kindheit zurückkehrte.
Vom Exil der Benediktinerinnen während der Kriegsjahre, dem vierjährigen Aufenthalt des größten Teil der Kommunität auf Schloß Zeil 1940-1945 und dem slowenischen Umsiedlungslager Kellenried waren zwar bei mir Grundkenntnisse vorhanden, die näheren Zusammenhänge waren mir jedoch weitgehend unbekannt. Ein Gespräch mit Äbtissin Maria Regina Kuhn OSB und Frau Äbtissin em. Margarita Brunnhuber OSB führte zum Auftrag, die Jahre des Exils in den verschiedenen Stationen und die Situation am Standort Kellenried wissenschaftlich aufzuarbeiten.
Begünstigt für das Projekt war die umfangreiche Quellenlage im Kloster, angefangen von den Klosterannalen und – chroniken bis zu Exilsrundbriefen, Niederschriften über Exilskonferenzen, Briefen und persönlichen Berichte einzelner Schwestern sowie einer Fülle bisher noch unbearbeiteter Materialien und Dokumente aus der Klosterverwaltung. Es ist der Umsicht und dem Verantwortungsbewusstsein der verschiedenen Äbtissinnen und Archivarinnen zu verdanken, dass diese wertvollen Quellen über die Jahrzehnte sorgsam gehütet und aufbewahrt wurden. Gleichwohl musste die Materialsammlung zunächst gesichtet und systematisch erfasst werden.
Die Suche nach weiteren Quellen gestaltete sich mühsam, erforderte Phantasie und Kombinationsgeschick, führte aber letztlich zum gewünschten Erfolg. Neben Zeitzeugengesprächen, Recherchen bei staatlichen und privaten Archiven sowie Auskünften bei vielen Fachleuten und Personen, die mit der Materie vertraut waren, besaß die Rückbindung in die Abtei St. Erentraud stets große Priorität.
Äbtissin Maria Regina Kuhn setzte das Vertrauen in mich, auch diejenigen Aktenbestände einsehen zu dürfen, die für die Öffentlichkeit nicht bestimmt sind. Frau Äbtissin em. Margarita Brunnhuber besorgte das nötige Aktenmaterial, war zuständig für interne Klosterauskünfte und ließ mich an der Fülle ihrer reichen Erfahrung und ihrer großen Sachkenntnis teilhaben. Sr. Waltraut Kreutzwald

OSB war zur technischen Aufbereitung der Dokumente und der Übermittlung stets großzügig bereit. Die langjährige Archivarin, Sr. Lucia Kapelle OSB († 2014) vermittelte außerdem als erste Postulantin nach dem Exil wertvolle Informationen über die Situation unmittelbar nach der Rückkehr der Gemeinschaft in die Abtei.
Altäbtissin Margarita und Sr. Lucia waren die meisten der vom Exil zurückgekehrten Mitschwestern noch persönlich bekannt, so dass sie die Quellensammlung mit ihren eigenen Erfahrungen bereichern konnten.
Das Bild- und Dokumentenmaterial stammt überwiegend aus der Zeit zwischen 1924 und 1945 und entspricht daher nicht immer den heute üblichen Qualitätsstandards.

Sehr aufgeschlossen für das Projekt zeigte sich Georg Fürst von Waldburg zu Zeil und Trauchburg auf Schloß Zeil. Er stellte sich für verschiedene Zeitzeugengespräche zur Verfügung und gewährte durch seinen Archivar, Herrn Rudolf Beck, Einblick in die teilweise noch gesperrten Bestände des Waldburg Zeil'schen Gesamtarchivs.[5] Das Tagebuch seiner Mutter, Monika Fürstin von Waldburg zu Zeil und Trauchburg, bildete eine wertvolle Ergänzung zu den Klosterdokumenten. Auch seine Geschwister Theresia Gräfin Nostitz-Rieneck geb. Gräfin von Waldburg zu Zeil und Trauchburg und Alois Graf von Waldburg zu Zeil und Trauchburg († 2015), die als Kinder die Exiljahre der Benediktinerinnen bewusst miterlebten, äußerten sich als Zeitzeugen.
Im Diözesanarchiv Rottenburg und im Staatsarchiv Sigmaringen fanden sich aufschlussreiche Dokumente über den Gesamtzusammenhang des Klostersturms in Württemberg, vor allem zu Fragen des Arbeitseinsatzes der Nonnen, der Wiedergutmachung nach 1945 und zur Entnazifizierung. Besonders hervorzuheben ist die Unterstützung des Archivs des Landkreises Ravensburg. Obwohl viele Akten aus der Zeit des Nationalsozialismus mit dem Abzug der damals Verantwortlichen vernichtet wurden, gelang es Kreisarchivar Reiner Falk Querverbindungen herzustellen und aus zunächst unscheinbar erscheinenden Verwaltungsakten der NS-Zeit die richtigen Schlüsse zu ziehen. Ihm ist darüber hinaus der Hinweis auf die umfangreiche Dokumentation zum slowenischen Umsiedlungslager Kellenried im Gemeindearchiv Berg zu verdanken. Der Leiter des Kultur- und Archivamtes des Landkreises Ravensburg, Dr. Maximilian Eiden, unterstützte das Projekt von Beginn an mit großem Interesse und nahm regelmäßig Anteil am Fortgang der Arbeit.
Auch dem Berger Historiker Jan Koppmann ist die Verfasserin zu Dank verpflichtet, da er die Recherchen im Gemeindearchiv aus seiner Fachkenntnis heraus erheblich beschleunigte und wertvolle Hilfe zur Darstellung der Agrarstruktur in der Gemeinde während des Dritten Reiches leistete. Er vermittelte und führte auch das Interview mit Engelbert und Hermann Knitz, Baienfurt, den Söhnen des ehemaligen Ortsbauernführers von Berg.

---

[5] Akten aus Nachträge zum Neuen Zeiler Archiv (NZAZ).

Innerhalb der Benediktinerklöster der Beuroner Kongregation konnte auf die Archive der Erzabtei Beuron, der Abtei Weingarten und der Abtei Seckau zurückgegriffen werden. Auch St. Matthias Trier, als ehemaliges Kloster der Beuroner Kongregation, beteiligte sich an der Quellenerschließung.
Ohne die Hilfe der Archivarinnen der Armen Schulschwestern von Unserer Lieben Frau, München, der Franziskanerinnen von Reute und Sießen, der Barmherzigen Schwestern vom Hl. Vinzenz von Paul, Untermarchtal sowie des Provinzialmutterhauses der Schwestern vom armen Kinde Jesus in Aachen, hätten wesentliche Erkenntnisse über die Situation in ihren Häusern während der NS-Zeit nicht niedergelegt werden können. Ihnen allen gebührt daher besonderer Dank, zumal die Suche mühsam war und die Archivarinnen sich erst selbst mit der Materie vertraut machen mussten. Auskünfte erteilten darüber hinaus das Stadtarchiv Ravensburg, die Württembergische Landesbibliothek Stuttgart, der Kath. Deutsche Frauenbund Stuttgart, das Bauernhaus-Museum Wolfegg, die Archive des Deutschen Caritasverbandes in Freiburg und der Deutschen Provinz der Jesuiten (ADPSJ) sowie das Pfarrarchiv in Blitzenreute.
Aufschlussreiche Zeitzeugen in der Slowenenfrage waren Majda Bajc, Leskovec pri Krškem/Slowenien, Ana Šuster, Maribor/Slowenien, Božena Weise, Tuttlingen und Roswitha Jehle, Fronhofen-Hübschenberg. Roland Futterer, Weingarten, berichtete über die Filialgründung der Fa. Grieshaber in Krško und stellte sein Bildmaterial über den Besuch der Sloweninnen 2006 in Kellenried zur Verfügung.
Bei den Recherchen und der Erstellung des wissenschaftlichen Apparates sowie bei der Korrekturlesung halfen mit großem Engagement Helga Steinsträßer, Siegburg, und Monika Mai, Bonn. Die Übersetzung aus dem Slowenischen besorgte Francka Püttmann, Willingen-Schwalefeld. Für die druckfähige Bearbeitung des Manuskripts zeichnete Martin Wambsganß, Tübingen, kompetent und sachkundig verantwortlich. Prof. Dr. Dr. h.c.mult. Udo Arnold, Rheinische Friedrich Wilhelms-Universität Bonn, war bereit, die Arbeit kritisch durchzusehen und durch konstruktive Anregungen zu bereichern.
Neben meinem Dank an alle genannten und ungenannten Helfer/innen, ohne deren Einsatz die Arbeit nicht hätte vollendet werden können, bin ich den Herausgebern Prof. Dr. Rainer Bendel, Prof. Dr. Lydia Bendel-Maidl und Prof. em. Dr. Joachim Köhler, Tübingen, sehr verbunden für die Übernahme meiner Studie in ihre Reihe „Beiträge zu Theologie, Kirche und Gesellschaft im 20. Jahrhundert", ebenso dem Cheflektor des LIT-Verlages, Dr. Michael Rainer, Münster, der mein Projekt mit großem Interesse aufnahm.
Großzügige finanzielle Unterstützung bei den Druckkosten gewährten Generalvikar Dr. Clemens Stroppel, Diözese Rottenburg-Stuttgart, Georg Fürst von Waldburg zu Zeil und Trauchburg, Heinrich Grieshaber, Inhaber der Firma Grieshaber-Logistik GmbH, Weingarten, der Landkreis Ravensburg, die Gemeinde Berg und der Förderverein für die Abtei Kellenried. Ihnen gebührt ein besonderer Dank.

Einleitung – Wanderung im „wasser- und weglosen Land"

„Denn ich lasse in der Steppe Wasser fließen und Ströme in der Wüste, um mein Volk, mein erwähltes, zu tränken." Jes. 43, 16-21.

Mit dieser Studie wird erstmals die Geschichte eines Frauenklosters der Beuroner Kongregation während des Dritten Reiches untersucht. Zu einigen der Männerklöster existieren Monografien über ihre Oberen oder über einzelne, der NS-Verfolgung ausgesetzte Mönche. Einzig der Abtei Maria Laach ist eine Gesamtdarstellung der Abtei während des Nationalsozialismus gewidmet.[6] In den anderen Klöstern geben Jahreschroniken oder Jubiläumsfestschriften zwar Auskunft über die NS-Zeit, vermitteln aber keine zusammenhängende Darstellung des klösterlichen Lebens unter den Bedingungen der nationalsozialistischen Unterdrückungspolitik.

Anlass des Buches ist das Exil der Benediktinerinnen von Kellenried bei Ravensburg (Oberschwaben) zwischen 1940 und 1945 und die Bewältigung dieser Herausforderung unter politischen, monastischen und alltäglichen Bedingungen. Im November 1940 wurde die Abtei St. Erentraud Kellenried von der Volksdeutschen Mittelstelle (VoMi) beschlagnahmt mit der Begründung, das Gebäude sei vorübergehend für Umsiedler aus Bessarabien zur Verfügung zu stellen. Die komplette Räumung des Klosters habe innerhalb einer Frist von elf Tagen vollzogen zu sein. Die Nonnen waren mit der Suche nach einer neuen Bleibe auf sich selbst gestellt. Es gelang ihnen, in kürzester Zeit für alle 60 Schwestern eine provisorische Unterbringung zu finden.

Die größten Zellen konnten zunächst in der Erzabtei Beuron, im Kloster der Armen Schulschwestern von Unserer Lieben Frau in Ravensburg (Klösterle), auf Schloß Zeil bei Leutkirch und in Kellenried selbst gebildet werden, wo die

---

[6] Marcel Albert: Die Benediktinerabtei Maria Laach und der Nationalsozialismus, (Veröffentlichungen der Kommission für Zeitgeschichte (KFZG), Reihe B, Bd. 95), Paderborn u.a., 2004; ders.: Gregor Schwake, Mönch hinter Stacheldraht. Erinnerungen an das KZ Dachau, Münster 2005; Jakobus Kaffanke OSB/Joachim Köhler (Hg.): Mehr nützen als herrschen. Raphael Walzer OSB, Erzabt von Beuron 1918-1937, (Beiträge zu Theologie, Kirche und Gesellschaft im 20. Jahrhundert, Bd. 17), 2. Aufl. Münster 2010; Brigitte Lob: Abt Albert Schmitt OSB – Abt in Grüssau und Wimpfen. Sein kirchengeschichtliches Handeln in der Weimarer Republik und im Dritten Reich, (Forschungen und Quellen zur Kirchen- und Kulturgeschichte Ostdeutschlands, [FQKKO], Bd. 31), Köln u.a. 2000; Benedikt Pahl: Abt Adalbert Graf von Neipperg (1890-1948) und die Gründungs- und Entwicklungsgeschichte der Benediktinerabtei Neuburg bei Heidelberg bis 1949, (Beiträge zur Geschichte des Alten Mönchtums und des Benediktinertums. Bd. 45), Münster 1997; Inge Steinsträßer: Wanderer zwischen den politischen Mächten – P. Nikolaus von Lutterotti OSB (1892-1955) und die Abtei Grüssau in Niederschlesien, (FQKKO Bd. 41), Köln u.a. 2009.

Einleitung – Wanderung im „wasser- und weglosen Land"

Nationalsozialisten den Klosterfrauen die Ökonomie beließen. Darüber hinaus gab es an anderen Orten verschiedene kleinere Zellen sowie einige Einzelzellen. Unter der kompetenten Leitung der Äbtissin Scholastica Riccabona von Reichenfels OSB[7], einer gebürtigen Tirolerin, gelang es, den monastischen Zusammenhalt zu wahren und den Kontakt unter den einzelnen Zellen über die Dauer von fünf Kriegsjahren aufrecht zu erhalten. Dabei erfuhr sie die Unterstützung des Abtpräses der Beuroner Kongregation, Raphael Molitor OSB[8], des Erzabtes von Beuron, Benedikt Baur OSB[9] und des Abtes der benachbarten Abtei Weingarten, Conrad Winter OSB[10].

Nach der Beschlagnahmung der Erzabtei Beuron und des „Klösterle" als Wehrmachtslazarett kam der größte Teil der Kommunität schließlich auf Schloß Zeil unter. Das Fürstenpaar Erich und Monika von Waldburg zu Zeil und Trauchburg[11] ermöglichte der Gemeinschaft in einem Flügel des Schlosses eine gewisse Fortführung des klösterlichen Lebens, unter den Bedingungen des Exils.

Fürst Erich, der den Nationalsozialismus entschieden ablehnte, pflegte auf Schloß Zeil einen vertraulichen Gesprächskreis mit Gegnern des Regimes, an dem auch Äbtissin Scholastica hin und wieder teilnahm. Zu diesem Kreis gehörte u.a. Prof. Romano Guardini[12], welcher sich nach Verlust seines Berliner Lehr-

---

[7] Scholastica (Franziska) von Riccabona zu Reichenfels OSB, geb. 21.3.1884 in Innsbruck, gest. 26.5.1965 in Kellenried. Benediktinerin in St. Hemma Gurk und St. Erentraud Kellenried, Profess 1909, Priorin 1919, 1926-1965 Äbtissin, s. Jos von Riccabona: Die Familie von Riccabona – Ihr Wirken in Alt-Tirol, in der Öffentlichkeit und im Stillen, Innsbruck-Wien 1996, 166ff.

[8] Raphael (Fidelis-Engelbert) Molitor OSB, Dr. theol. (1873-1948), Benediktiner der Erzabtei Beuron, Priesterweihe 1897, Kirchenrechtler und Musikwissenschaftler, 1906 erster Abt der Abtei Gerleve im Münsterland, 1936 erster Abtpräses der Beuroner Kongregation, s. http://www.orden-online.de/wissen/m/molitor-raphael, aufgesucht am 18.4.2014.

[9] Benedikt (Karl Borromäus) Baur OSB, Dr. theol. (1877-1963), Benediktiner der Erzabtei Beuron, 1898 Profess, 1903 Priesterweihe, Professor für Dogmatik und Kirchenrecht, 1938 Erzabt der Erzabtei Beuron. Baur war besonders bemüht um die Erneuerung der Liturgie, Gründer des Vetus-Latina-Instituts, das sich mit der wissenschaftlichen Auswertung frühchristlicher lateinischer Bibeltexte befasst. http://www.orden-online.de/wissen/b/baur-benedikt, aufgesucht am 4.8.2014.

[10] Conrad (Camillo Anton) Winter OSB (1902-1959), 1922 Eintritt in die Benediktinerabtei Weingarten, 1926 Profess, 1928 Priesterweihe, 1933-1943 Abt-Koadjutor, ab 1943 Abt, 1953 Resignation, s. Paul Schneider OSB: Abt Conrad Winter OSB, Weingarten, aus: Des Herrn Weinberg, Gabe der Freunde der Abtei Weingarten an ihre Freunde und alle Verehrer des Hl. Blutes, Weingarten, Jhg.10, Heft 8, im September 1959, 1-13.

[11] Erich Fürst von Waldburg zu Zeil und Trauchburg (1899-1953), Forst- und Volkswirt, Unternehmer, Großgrundbesitzer und Publizist, 1918-1953 Chef des ehemaligen Fürstenhauses Waldburg zu Zeil und Trauchburg, s. Jürgen Klöckler: Waldburg-Zeil und Trauchburg, Maria Erich August Wunibald Joseph Reinhard Reichserbtruchseß, Fürst von, Großgrundbesitzer, kath. Publizist. in: Jürgen Klöckler: Baden-Württembergische Biographien, Bd. 3, Stuttgart 2002, 433-434; Monika Fürstin von Waldburg zu Zeil und Trauchburg geb. Prinzessin zu Löwenstein-Wertheim-Rosenberg (1905-1992).

[12] Romano Guardini (1885-1968), katholischer Priester, Religionsphilosoph und Theologe. 1923 Berufung auf den Lehrstuhl für Religionsphilosophie und katholische Weltanschauung an die Schlesische Friedrich Wilhelms-Universität Breslau, bei gleichzeitiger Dauerabordnung an die Friedrich-Wilhelms-Universität Berlin, ab 1920 Mitglied des Jugendbundes „Quickborn", 1927 Bundesleiter des Quickborn und „Burgvater" auf Burg Rothenfels, 1939 erzwungene Emeritierung durch die Nationalsozialisten. 1943-1945 in Mooshausen. 1945 Berufung an die Philosophische Fakultät der Eberhard Karls Universität Tübingen als Dozent für Religionsphilosophie und christliche Weltanschauung, 1948 Berufung an die Ludwig-Maximilians-Universität München. 1962 Beendigung der Vorlesungstätigkeit aus gesundheitlichen Gründen, s. Markus Zimmermann: Die Nachfolge Jesu Christi, Eine Studie zu

stuhls nach Mooshausen (Allgäu) zurückgezogen hatte, wo sein Freund Josef Weiger[13] als Pfarrer tätig war. Guardini beteiligte sich bis 1945 an der seelsorglichen Begleitung des Kellenrieder Konvents.
Um der drohenden Dienstverpflichtung der Frauen in die Rüstungsindustrie zu entgehen, wurde ein Teil der jüngeren Schwestern zu Forstarbeiterinnen ausgebildet. Andere arbeiteten in der Fürstlich Waldburg-Zeilschen Domanialverwaltung oder in der Landwirtschaft. Eine als Schustergesellin ausgebildete Konventualin besorgte mit drei Gehilfinnen von 1943 bis 1945 im Einvernehmen mit der Kreishandwerkerschaft Wangen die gesamte Flickschusterei für den Ort Zeil.
Die Schwestern auf dem Klostergut in Kellenried hatten sich der nationalsozialistischen Agrarpolitik unterzuordnen und führten den landwirtschaftlichen Betrieb unter den Bedingungen der Vorschriften des Reichsnährstandes weiter, stets in der Gefahr, der Willkür der Abgabepflicht und einer nachträglichen Beschlagnahmung ausgeliefert zu sein. Die für die Klöster erlassenen Steuervorschriften der Nationalsozialisten erschwerten das wirtschaftliche Überleben der klösterlichen Gemeinschaft.

Im Klostergebäude, von den Nationalsozialisten als „Lager" Kellenried bezeichnet, wurden von 1941 bis 1945 slowenische Umsiedler untergebracht, im nationalsozialistischen Jargon „Absiedler" genannt. Das erklärte Ziel der Nationalsozialisten war zwar deren Germanisierung, in der Realität handelte es sich jedoch um Zwangsarbeiter, von denen kaum jemand deutscher Abstammung war, geschweige der deutschen Sprache mächtig. Am Kriegsende lebten etwa 400 Personen in dem für maximal 60 Klosterfrauen angelegten Konventsgebäude. Eine der Kellenrieder Schwestern wurde als Lagerköchin beschäftigt und erwarb sich durch ihr mutiges Auftreten sogar den Respekt der nationalsozialistischen Lagerleitung.
Der Kellenrieder Spiritual P. Martin Schnell OSB[14], Konventuale der ebenfalls beschlagnahmten Abtei Seckau/Steiermark, bemühte sich trotz des offiziellen Verbotes der NS-Behörden intensiv um die geistliche Betreuung der überwiegend katholischen Slowenen.
Kloster Kellenried wurde wie die übrigen beschlagnahmten Klöster in der Diözese Rottenburg von der damaligen Diözesanleitung, insbesondere von Generalvikar Max Kottmann[15], in Vertretung des verbannten Bischofs Joannes Baptista

---

Romano Guardini, Paderborn 2004; Hanna-Barbara Gerl-Falkovitz: Romano Guardini: Konturen des Lebens und Spuren des Denkens, Mainz 2005.
[13] Josef Weiger (1883-1966), Priester der Diözese Rottenburg, s. Ekkart Sauser: Weiger, Josef, in: Biographisch-Bibliographisches Kirchenlexikon (BBKL), Bd. 13, Herzberg 1998, Sp. 599-602.
[14] P. Martin (Eugen) Schnell OSB (1868-1947), Mönch der Abtei Seckau/Steiermark, Profess 1897; Priesterweihe 1902. Ankunft in Kellenried am 20.5. Mai 1940, Rückkehr nach Seckau am 1.9.1946.
[15] Max Kottmann, Dr. phil. et theol. h.c. (1867-1948), Priesterweihe 1891, mehrjährige Tätigkeit als Lehrer am Gymnasium, 1907 Mitglied des Katholischen Kirchenrats, 1920 Oberregierungsrat, 1924 Eintritt in der Funktion eines Domkaplans in das Domkapitel Rottenburg, 1927 Generalvikar, s. August Hagen: Max Kottmann 1867-1948, in: August Hagen: Gestalten aus dem schwäbischen Katholizismus, 4. Teil, Stuttgart 1963, 111-130.

Sproll[16], in juristischen und politischen Fragen beraten und unterstützt. Dies galt auch für die Zeit nach Kriegsende unter französischer Besatzung und bei den Wiedergutmachungsbestrebungen der jungen Bundesrepublik Deutschland.

Zielsetzung der Studie ist die Einbettung des Schicksals der Kellenrieder Benediktinerinnen in den zeithistorischen Kontext von 1940 bis 1945, insbesondere in die regionalen Gegebenheiten des Landkreises Ravensburg und der Gemeinde Berg. Das persönliche Erleben der einzelnen Konventualinnen und der Klostergemeinschaft in ihrer Gesamtheit soll dem historischen Erkenntniswert untergeordnet werden. Untersucht werden sollen Ursache und Wirkung des Exils auf den Konvent. Welche Überlebensstrategien kamen zur Geltung? Welche politischen Einstellungen zum NS-Regime werden deutlich? Wie konnte es gelingen, an den monastischen Regeln festzuhalten, trotz der Identitäts- und Orientierungskrise, welche die enormen Brüche der Vertreibung verursachte, aus dem geschützten Raum des Klosters heraus? Welche Rolle spielte dabei die Leitung der Kommunität? Wie war das Verhältnis der in Kellenried verbliebenen Schwestern zu den Slowenen im Lager?

Es geht letztlich um die Frage nach der Geschichtlichkeit menschlichen Handelns und nach den Möglichkeiten und Grenzen der verantwortlich handelnden Persönlichkeiten.

Abb. 2: Idealplan von Kloster Kellenried, etwa 1923

---

[16] Joannes Baptista Sproll (1870-1949), Priesterweihe 1895, Bischofsweihe 1916 (Titularbischof von Almira und Weihbischof in Rottenburg), 1927 siebter Bischof von Rottenburg, erklärter Gegner der Nationalsozialisten, s. http://www.drs.de/dioezese/bischoefe.html, aufgesucht am 11.4.2014; Dominik Burkard: Joannes Baptista Sproll. Bischof im Widerstand, Stuttgart 2013.

1. Die Abtei St. Erentraud – kurzer historischer Abriss

Herkunft, Gründungsphase, Spiritualität

Für 28 Benediktinerinnen aus dem Priorat St. Hemma Gurk in Kärnten und aus der Abtei St. Gabriel in Bertholdstein/Steiermark[17] wurde der 7. September 1924 zu einem bedeutsamen Ereignis. An diesem Tag zog die Kommunität mit ihrer Priorin Scholastica von Riccabona OSB erstmals feierlich in ihre Neugründung in Kellenried, Gemeinde Berg, Landkreis Ravensburg, ein. Anwesend war auch Bischof Paul Wilhelm von Keppler von Rottenburg[18], der sich mit dem Vorhaben der Gründung einverstanden erklärt hatte und die neue kontemplative Gemeinschaft in seiner Diözese mit Freude und Hoffnung begrüßte.[19]

Nach längerer Suche hatten die Schwestern durch die Vermittlung von Erzabt Raphael Walzer OSB[20] in Oberschwaben eine neue Heimat gefunden. 1890 vom Nonnberg in Salzburg[21] gegründet, sah sich die junge Niederlassung in Gurk schon bald mit großen wirtschaftlichen Problemen konfrontiert. Schwere Existenznöte, erschwert durch die Not der Jahre nach dem Ersten Weltkrieg, erzwangen eine Verlegung des Priorats nach nur 30 Jahren seines Bestehens.[22]

---

[17] 1889 wurde mit St. Gabriel in Prag-Smichov das erste Frauenkloster durch Inkorporation in die Beuroner Kongregation eingegliedert, 1891 zur Abtei erhoben. Wegen der politischen Umstände in der Tschechoslowakei 1919 Übersiedlung auf die Burg Bertholdstein/Steiermark. 1942 von den NS-Machthabern enteignet, mussten die Schwestern die Steiermark innerhalb von vier Tagen verlassen und konnten erst nach Kriegsende 1945/46 in ihr Kloster zurückkehren. 2007 Anschluss an die Föderation der Benediktinerinnen von der hl. Lioba als Priorat. 2008 Übersiedlung nach St. Johann bei Herberstein/Steiermark, http://www.orden-online.de/wissen/s/st-gabriel-benediktinerinnen, aufgesucht am 14.4.2014; Ulrike Johanna Wagner-Höher: Die Benediktinerinnen von St. Gabriel/Bertholdstein, St. Ottilien 2008.

[18] Paul Wilhelm von Keppler (1852-1926), Priesterweihe 1874, Bischof von Rottenburg 1898-1926, s. Karl Josef Rivinius: Keppler, Paul Wilhelm von, in: BBKL, Bd.3, Herzberg 1992, Sp. 1379-1383.

[19] Margarita Brunnhuber OSB/Ignatia Kretz OSB: Frauen, die das Leben lieben, Benediktinerinnen der Abtei St. Erentraud, Kellenried, hg. von der Abtei St. Erentraud, Kellenried, 2. Aufl., Ravensburg 2002, 76.

[20] Raphael Walzer OSB (1888-1966), 1918-1937 vierter Erzabt der Erzabtei Beuron, s. http://www.orden-online.de/wissen/w/walzer-raphael, aufgesucht am 11.4.2014; Kaffanke/Köhler: Mehr nützen als herrschen!

[21] Abtei Nonnberg in Salzburg, gegründet 714, ältestes ununterbrochen bestehendes Frauenkloster nördlich der Alpen. Seit 1989 ist das Kloster Mitglied der Föderation der bayerischen Benediktinerinnenabteien. http://www.orden-online.de/wissen/n/nonnberg, aufgesucht am 14.4.2014.

[22] Brunnhuber/Kretz: Frauen, die das Leben lieben, 79ff; Norbert Arnegger: 70 Jahre Kloster Kellenried – vom Nonnberg nach Berg, in: Berg 1094-1994, ecclesiam de Berga, Berg 1994, 162f.; Kaffanke/Köhler: Mehr nützen als herrschen!, 43-47; Charis Döpgen: Kellenried, Benediktinerinnenabtei St. Erentraud, Passau 1999, 4f.

Auf dem Hofgut des Stifterehepaars Johann und Rosalia Marschall[23] in Kellenried entstand nach Plänen des Freiburger Baumeisters Adolf J. Lorenz[24] ein neues Frauenkloster im Stil des „Dritten Barock".[25] Grundlage für den Bau der Anlage bildete der Vertrag, den Johann Marschall im November 1922 mit Erzabt Raphael geschlossen hatte, zunächst über Baugrund und Garten. Später kamen noch Felder, Wiesen und Wald hinzu, insgesamt ca. 15,5 Hektar.[26] Der Idealplan ließ sich letztlich nicht in vollem Umfang verwirklichen.

Äbtissin Benedicta zu Schwarzenberg OSB[27] von der Abtei St. Gabriel hatte sich bereit erklärt, die Verantwortung für die Neugründung zu übernehmen. Priorin Scholastica und die Gemeinschaft hatten die neue benediktinische Lebensweise der Abtei St. Gabriel zuvor kennengelernt[28] und wechselten vor der Übersiedlung nach Oberschwaben in die Beuroner Kongregation[29], in welche die Gemeinschaft vollrechtlich inkorporiert wurde. Damit hatte der Erzabt der Kongregation die ordentliche und unmittelbare Jurisdiktion, und das Kloster erhielt eine vom Diözesanbischof exemte Stellung.[30]

Das System der Kongregation war zu dieser Zeit noch stark zentralistisch ausgerichtet. Für alle Klöster der Kongregation galten die einheitlichen Konstitutionen, Klosterbräuche, Tagesablauf, Gottesdienstzeiten und -formen, wie sie vom Generalkapitel, dem Erzabt und der Religiosenkongregation[31] vorgegeben wurden.[32]

---

[23] Johann Marschall (1870-1938), Landwirt in Kellenried und Rosalia Marschall geb. Moosmann (1879-1964).
[24] Adolf J. Lorenz (1882-1970) Baumeister, 1905-1911 in der Generaldirektion der Badischen Eisenbahnen als Regierungsbaumeister, 1911-1914 Professor an der Höheren Bauschule, 1914 Berufung als Dienstvorstand des Bezirksbauamts Freiburg, 1945-1950 Leiter des Hochbauabteilung des Badischen Finanzministeriums in Freiburg, 1950 Ruhestand, Honorarprofessor und Ehrensenator der Universität Freiburg, s. Uwe Fahrer: Der Architekt Adolf Julius Lorenz (1882-1970), in: Wilfried Schöntag (Hg.): Abteikirche Beuron, Geschichte, geistliches Leben, Kunst, Beuron 1988, 201ff. Lorenz' Nachlass befindet sich im Staatsarchiv Freiburg.
[25] Kaffanke/Köhler: Mehr nützen als herrschen, 44.
[26] Ebenda, 45.
[27] Benedicta (Marie Aloisia) Prinzessin zu Schwarzenberg OSB (1865-1943), Äbtissin der Abtei St. Gabriel Prag und Bertholdstein.
[28] Brunnhuber/Kretz: Frauen, die das Leben lieben. 83.
[29] Der Name der Kongregation leitet sich von ihrem Stammkloster, der Erzabtei Beuron im oberen Donautal, ab. Gegründet durch die Brüder Maurus Wolter und Placidus Wolter, wurde die Kongregation 1873 durch Papst Pius IX. errichtet. Die Beuroner Kongregation heute ist ein Zusammenschluss von 18 Männer- und Frauenklöstern des Benediktinerordens in Dänemark, Deutschland, Österreich und Südtirol, unter dem Patronat des Hl. Martin von Tours. Zu ihr gehören zurzeit 211 Mönche und über 211 Nonnen, s. Schematismus 2015 der Beuroner Kongregation.
[30] Declaratio zur Regel, 1. Kap, 25, in: Regula Sancti Patris Benedicti cum Constitutionibus Monialium in Congregatione Beuronensi, Beuron 1928.
[31] Religiosenkongregation = Zentralbehörde der römischen Kurie für die Ordensleute, gegründet 1586, 1988 umbenannt in Kongregation für die Institute des geweihten Lebens und die Gesellschaften des apostolischen Lebens, lat. Congregatio pro Institutis vitae consecratae et Societatibus vitae Apostolicae (CIVCSVA), s. http://www.vatican.va/roman_curia/congregations/ccscrlife/documents/rc_con_ccscrlife_profile_ge.htm, aufgesucht am 12.4.2014.
[32] Ursmar Engelmann: Die Beuroner Benediktinerkongregation, in: Freiburger Diözesanarchiv 106, (1986), 97-139.

Die Neugründung in Kellenried wahrte mit der Namensgebung „St. Erentraud" die Erinnerung an das Mutterkloster Nonnberg und dessen Patronin, die hl. Erentrudis[33]. Zum Gründungskonvent zählten auch sechs Schwestern aus der Abtei St. Gabriel, Bertholdstein/Steiermark. Mit der Erhebung zur selbstständigen Abtei wählte der Konvent Scholastica von Riccabona 1926 zur ersten Äbtissin. Die Weihe erteilte ihr Diözesanbischof Joannes Baptista Sproll, Rottenburg. Die ersten Jahre waren gekennzeichnet durch harte Arbeitsbedingungen. Die Klostergründung fiel in die Zeit der andauernden Geldentwertung, welche ihren Höhepunkt in der Inflation von 1922/23 erreichte.[34]

Nicht nur der allmählich wachsende Gebäudekomplex verlangte mit Hilfe der Beuroner Brüderhandwerker höchste Kraftanstrengung, sondern auch die wirtschaftliche Situation musste stabilisiert werden. Erzabt Raphael Walzer als Bauherr nahm sich mit großem Einsatz der Finanzierung an, die trotz unternehmerischer Kreativität und der Einwerbung von Spenden aus In- und Ausland lückenhaft blieb. Auf Grund der schwierigen Wirtschaftslage mussten manche Pläne in Bezug auf Aus- und Weiterbau von Kloster und Kirche zurückgestellt werden.[35]

Neben dem landwirtschaftlichen Betrieb trugen die sich gut entwickelnde Alabasterwerkstatt als Filialeinrichtung von Beuron sowie die Paramentenstickerei hauptsächlich zum Lebensunterhalt des Konvents bei.[36]

Das Kloster erhielt bald Zuwachs durch Eintritte etlicher junger Frauen aus der näheren und weiteren Umgebung. Innerhalb einer kurzen Zeitspanne gelang es dank der umsichtigen Leitung Äbtissin Scholasticas, „dass die Gründerinnen aus zwei verschiedenen Klöstern mit den Neueintretenden zu einer Gemeinschaft zusammenwachsen konnten"[37]. Dazu trug insbesondere die geistige Formung des Konvents auf der Grundlage des Glaubens und der Verwirklichung benediktinischer Spiritualität bei. Hier waren die Leitbilder und Vorgaben von St. Gabriel, aber auch der Austausch mit der Frauenabtei Sainte Cécile in Solesmes[38] von besonderer Bedeutung.[39]

Dabei stellte Äbtissin Scholastica „praktisch und lebensnah die Verbindung her zwischen klösterlichem Alltag und den Weisungen Benedikts oder den Texten der Liturgie"[40]. Kontemplative Lebensform, Gebet, Arbeit und Alltag sollten nicht im Gegensatz zueinander stehen, sondern sich unter dem Wirken Gottes

---

[33] Erentrudis von Salzburg (um 650-718), erste Äbtissin der Benediktinerinnenabtei Nonnberg, Schutzpatronin Salzburgs, Gedenktag am 30. Juni, s. Ekkart Sauser: Erentrudis, in: BBKL, Bd. 14, Herzberg 1998, Sp. 960-961.
[34] Ludwig Grevelhörster: Kleine Geschichte der Weimarer Republik, 7. Aufl. Münster 2010, 81ff.
[35] Arnegger: 70 Jahre Kloster Kellenried, 163f.; Brunnhuber/Kretz: Frauen, die das Leben lieben, 88f.
[36] Ebenda, 91.
[37] Ebenda, 90; Riccabona: Die Familie von Riccabona, 169.
[38] Abtei Sainte-Cécile de Solesmes, gegründet 1866 von Dom Prosper Guéranger und Mutter Cécile Bruyère. Das Kloster gehört zur Benediktiner-Kongregation von Solesmes, s. http://www.saintececile-desolesmes.org, aufgesucht am 17.4.2014.
[39] Brunnhuber/Kretz: Frauen, die das Leben lieben, 93.
[40] Ebenda.

gegenseitig bedingen. Chorgebet und Pflege des gregorianischen Chorals orientierten sich an den Vorgaben der Beuroner Kongregation, beeinflusst von der Abtei St. Pierre de Solesmes[41], „der unbestrittenen Autorität auf diesem Gebiet[42]".

Abb. 3: Äbtissin Scholastica
von Riccabona OSB mit Stab

Der Konvent von Kellenried sowie die übrigen Gemeinschaften der Kongregation waren eng mit der biblischen und liturgischen Tradition verbunden. Gebet und Choral als Grundpfeiler des Gotteslobs fanden auch in der liturgischen Bewegung des 19. und 20. Jahrhunderts ihren besonderen Ausdruck.[43]

---

[41] Abbaye Saint-Pierre de Solesmes (Abtei Sankt Peter in Solesmes), Benediktinerabtei im französischen Département Sarthe, gegründet 1010, aufgehoben 1791, Neugründung 1833 durch Dom Prosper-Louis-Pascal Guéranger OSB (1805-1875), Begründer einer neuen liturgischen Bewegung ab der Mitte des 19. Jahrhunderts, erster Abt des wieder erstandenen Benediktinerklosters Solesmes, Wiederbegründung des Gregorianischen Gesangs. http://www.abbayedesolesmes.fr/FR/entree.php, aufgesucht am 17.4.2104.

[42] Brunnhuber/Kretz: Frauen, die das Leben lieben, 94.

[43] Führend in dieser Bewegung waren in Deutschland die katholischen Jugendverbände Neudeutschland und Quickborn sowie die Theologen Romano Guardini und Pius Parsch CanReg (1885-1954). Das Anliegen wurde aufgegriffen und unterstützt von den Abteien Maria Laach und Beuron sowie vom Augustinerchorherrenstift Klosterneuburg/Niederösterreich.

Im aufstrebenden Kloster Kellenried kamen auch künstlerische Ambitionen zum Tragen. Ausgehend von der Wechselwirkung Kunst, Theologie und Liturgie wurden Kirche und Kloster mit frühchristlichen Symbolen in der Tradition der Beuroner Kunstschule[44] von Chorfrau Magdalena Grossek ausgemalt.[45]

Trotz der politisch unruhigen Zeiten im Übergang von der Weimarer Republik bis zur Machtübernahme durch das „Dritte Reich" 1933 entwickelte sich das Kloster gut und wurde zum anerkannten spirituellen Mittelpunkt inmitten einer bäuerlich geprägten Umgebung. Nachdem Teile der Nachbarschaft dem Projekt gegenüber zunächst abwartend gegenüber standen, wandelte sich die Skepsis bald in Zustimmung und freundschaftliche Unterstützung.[46] Auch die Pfarrgemeinde Blitzenreute unter ihrem Pfarrer Karl Rehm begrüßte und unterstützte die Neugründung.[47]

Von Beginn an konnten die Benediktinerinnen auch auf kollegiale Hilfen der benachbarten Abtei Weingarten zählen.[48] Gleichzeitig wurden gute Kontakte zum Pfarrbezirk Blitzenreute, zur Zivilgemeinde Berg und zum Landkreis Ravensburg geknüpft.

---

[44] Beuroner Kunstschule, gegründet 1868 in der Erzabtei Beuron mit dem Ziel der Erneuerung der katholisch-kirchlichen Kunst. Die Schule orientierte sich an der ägyptischen, altchristlichen und byzantinischen Kunst und knüpfte an die Grundideen der Nazarener an. Hubert Krins: Die Kunst der Beuroner Schule. „Wie ein Lichtblick vom Himmel", Beuron 1998.
[45] Brunnhuber/Kretz: Frauen, die das Leben lieben, 96f.
[46] Ebenda, 85.
[47] Karl Rehm (1883-1958) Priester der Diözese Rottenburg, 1910-1928 Pfarrer an St. Laurentius Blitzenreute, 1928 Pfarrer in Horgenzell, über den Einsatz Rehms für St. Erentraud Kellenried, s. 300 Jahre Pfarrei Blitzenreute, hg. von der Pfarrgemeinde Blitzenreute, Horb a.N.1996, 47f.
[48] Die im Zuge der Säkularisation aufgehobene Benediktinerabtei Weingarten wurde 1922 durch Benediktiner der Abteien Erdington und Beuron auf Vermittlung von Erzabt Raphael Walzer und Bürgermeister Wilhelm Braun (1887-1971) wiederbesiedelt, 1940-1945 von den Nationalsozialisten beschlagnahmt, 2010 wegen Nachwuchsmangels geschlossen, s. http://www.orden-online.de/wissen/w/weingarten, aufgesucht am 18.4.2014. Braun war von 1920 bis 1937 Bürgermeister der Stadt Weingarten. Nach Ende des Zweiten Weltkriegs wurde er 1945 erneut als Bürgermeister eingesetzt und blieb bis 1954 im Amt.

Abb. 4: Luftbild von Kellenried

2. In der Weimarer Republik – eingebettet in das katholische Milieu Oberschwabens

Bei der Frage nach dem zeithistorischen Hintergrund der Gründungsphase und der politischen Einstellung des Gründungskonvents ist zu beachten, dass sich die Ordensfrauen ausschließlich als geistliche Gemeinschaft verstanden. Sie waren in erster Linie ihrer Berufung verpflichtet und richteten ihre Lebensform nach der Regel des Hl. Benedikt aus, als Glieder der römisch-katholischen Kirche.
Dies bedeutete generell nicht, dass zeitgeschichtliche Ereignisse spurlos an ihnen vorüber gingen. Trotz der Abgeschiedenheit des Klosters waren sie weder weltfremd noch an politischen Fragestellungen uninteressiert. Politisches Engagement oder Meinungsäußerungen nach außen gehörten jedoch nicht in die Lebenswelt eines Nonnenklosters. Notwendige Außenkontakte blieben der Äbtissin und Priorin vorbehalten, gegebenenfalls auch der Cellarin, wenn es ihren Aufgabenbereich betraf[49]. Über die politische Einstellung der einzelnen Konventualinnen kann auf Grund der Quellenlage keine Aussage getroffen werden.

Der Bruch von der obrigkeitsstaatlich geprägten Gesellschaftsform des Kaiserreichs zur Weimarer Republik wurde in der Zeit nach dem Ersten Weltkrieg von den meisten Staatsbürgern als schmerzhaft empfunden. Demokratische Strukturen waren weder bekannt noch eingeübt. Durch die Erfahrungen des Kulturkampfes waren Katholiken bis 1918 weitgehend im politischen und kulturellen Leben des deutschen Kaiserreiches unterrepräsentiert. In der Konsequenz entwickelte sich daraus das „jahrzehntelange Streben der deutschen Katholiken nach Integration in die Gesellschaft des deutschen Nationalstaats, nach Überwindung der Distanz zu jenen Schichten, die sich als Träger deutscher Kultur und Tradition repräsentierten. Die nie ganz gelungene Überwindung dieses Grabens bedeutete in begrenztem Umfang Präsenz und Wirkungsmöglichkeit, aber zugleich Teilhabe an Irrtümern und Fehlern dieser Gesellschaft"[50].

---

[49] Der Cellerar/die Cellerarin ist nach der Benediktusregel der/die vom Abt/der Äbtissin eingesetzte Wirtschaftsverwalter/in des Klosters, s. Isnard W. Frank OP: Lexikon des Mönchstums, Stuttgart 2005, 93; Christian Schütz/Philippa Rath (Hg.): Der Benediktinerorden, Gott suchen in Gebet und Arbeit, Mainz 1994.
[50] Heinz Hürten: Deutsche Katholiken 1918-1945, Paderborn u.a. 1992, 545.

Die Spannung zwischen Staat und Kirche blieb nie aufgehoben. Die Kirche jedoch bot den Katholiken ein geschlossenes Werte- und Normensystem, an dem sie sich orientieren konnten und aus dem sie ihre Lebenspraxis gestalteten.[51]

Die politische Vertretung der katholischen Bevölkerung konzentrierte sich in der Regel auf die Zentrumspartei mit ihrer umfassenden Ausrichtung aller gesellschaftlichen Schichten. Die gemeinsame katholische Weltauffassung erwies sich hier „als Garant des inneren Zusammenhalts"[52].

Auch die Sozialisation des Gründungskonvents von Kellenried ist auf diesem Hintergrund zu sehen. Die meisten Konventualinnen, 15 von insgesamt 36, waren Alt-Österreicherinnen, stammten aus Tirol, Niederösterreich, Böhmen, Mähren, Galizien, Kärnten, andere kamen aus Schwaben, Bayern und dem Rheinland. Ihre Geburtsjahrgänge fielen in die letzten beiden Jahrzehnte des 19. Jahrhunderts oder in den Beginn des neuen Jahrtausends, also in die ausgehende Phase der k.u.k.- Monarchie bzw. des Deutschen Kaiserreiches.

Die aus dem Adel stammenden Schwestern verfügten allesamt über eine fundierte Erziehung. Unter den Chorfrauen[53] befanden sich darüber hinaus einige akademisch bzw. künstlerisch ausgebildete Konventualinnen. Die Elternhäuser der Laienschwestern[54] waren überwiegend bäuerlich bzw. handwerklich geprägt, so dass im Klosteralltag manche praktische Begabung zur Entfaltung kam.

In Kellenried fanden die Schwestern ein fest gefügtes katholisches Milieu vor, welches noch stark in seiner ehemals vorderösterreichischen Vergangenheit verhaftet war.[55]

---

[51] Josef Pilvousek: Katholische Kirche in der Weimarer Republik – politischer Katholizismus zwischen Monarchie und Demokratie, s. https://www.schulportal-thueringen.de/c/document_library/get_file?folderId=50944&name=DLFE-66988.pdf, 1, aufgesucht am 9.9.2014.
[52] Grevelhörster: Kleine Geschichte der Weimarer Republik, 31.
[53] Als Chorfrauen bezeichnete man bei den monastischen Orden bis zum Zweiten Vatikanischen Konzil die Ordensschwestern, die das Chorgebet, stets in lateinischer Sprache, verrichteten. Sie waren oft als Lehrerinnen oder in der Wissenschaft tätig und unterschieden sich von den Laienschwestern, s. Frank: Lexikon des Mönchstums, 95; Brunnhuber/Kretz: Frauen, die das Leben lieben, 79.
[54] Als Laienschwester wurde bis zum Zweiten Vatikanischen Konzil eine einfache Ordensschwester mit geringerem Gebetspensum und längerer Arbeitszeit bezeichnet. Die Laienschwestern verrichteten in der Regel die einfacheren, zumeist körperlich beschwerlicheren Arbeiten, s. Frank: Lexikon des Mönchstums, 201; Brunnhuber/Kretz: Frauen die das Leben lieben, 79.
[55] Franz Quarthal/Gerhard Faix (Hg.): Die Habsburger im deutschen Südwesten. Neue Forschungen zur Geschichte Vorderösterreichs, Stuttgart 2000.

3. Unterm Hakenkreuz – zwischen Ablehnung und zögerlicher Anpassung

Differenzen des NS-Staates zur Kirche und zu den Ordensgemeinschaften

Mit der Machtübernahme durch die Nationalsozialisten wurde Hitler zunächst als rechtmäßige Obrigkeit angesehen. Daraus entwickelte sich ein Zwiespalt, der während der gesamten Phase des „Dritten Reiches" das Denken und Handeln vieler Katholiken bestimmte, auch die des Episkopats, nämlich der Unterschied zwischen Hitler und seiner Regierung und der Partei, der NSDAP, die als weltanschaulicher Gegner galt.[56]
Viele Deutsche sahen in der Wahl Hitlers zum Reichskanzler zunächst einen Aufbruch in eine neue, bessere Zeit, mit der Hoffnung auf eine Lösung der gesellschaftlichen, politischen und wirtschaftlichen Probleme in den Jahren nach dem verlorenen Ersten Weltkrieg. Auch im Kloster Kellenried ging man anfangs von einer positiven Entwicklung aus und begrüßte den freiwilligen Arbeitsdienst vieler Jugendlicher im Dienste des Vaterlandes.[57] Gemäß eines verbindlichen behördlichen Erlasses für alle öffentlichen und privaten Gebäude, anlässlich der Reichstagswahl vom 12. November 1933 und der gleichzeitigen Abstimmung über den Austritt Deutschlands aus dem Völkerbund, wurden erstmals in Kellenried Reichsflagge und Hakenkreuzfahne gehisst.[58] Man vertraute im Kloster auf das Wort Bischof Sprolls, der zwar zur Erfüllung der nationalen Pflicht aufrief, von Reichskanzler Hitler aber die verbindliche Einlösung des Wortes erwartete, „dass nun unter die von vielen Staatsbürgern so schmerzlich empfundene Vergangenheit ein Strich gezogen ist und das Friedenswerk des Konkordats uns Katholiken unter Ausschluss von Abstrichen, Umdeutungen und Übergriffen gesichert bleibt"[59].
Im Verlaufe des Jahres 1933 änderte sich jedoch die anfängliche Zustimmung, zumal das Ordensleben bald empfindlich beeinträchtigt wurde. Das Reichskonkordat vom 20. Juli 1933[60] sicherte zwar die Freiheit der Religionsausübung zu und gewährleistete im Artikel 15 den Schutz der kirchlichen Institutionen und

---

[56] S. Antonia Leugers: Gegen eine Mauer bischöflichen Schweigens – Der Ausschuß für Ordensangelegenheiten und seine Widerstandskonzeption 1941 bis 1945, Frankfurt am Main, 1996, 15.
[57] ArKe: 031 Annalen 1933, 1.1.1933, 2f.
[58] Ebenda, 10.11.1933, 107. Die Reichstagswahl vom 12. November 1933 fand zugleich mit der Volksabstimmung über den Austritt Deutschlands aus dem Völkerbund statt.
[59] Zitiert nach ArKe: 031 Annalen 1933, 9. November 1933, 106.
[60] Konkordat zwischen dem Heiligen Stuhl und dem Deutschen Reich [Reichskonkordat] vom 20. Juli 1933 (RGBl. II S. 679); Hubert Wolf: Papst und Teufel. Die Archive des Vatikan und das Dritte Reich. 2. Aufl., München, 2009.

der Orden, beschränkte aber die Organisations- und Vereinstätigkeit auf kulturelle, religiöse und karitative Zwecke.[61] Sonstige soziale Einrichtungen und berufsständische Organisationen sollten nur insoweit geschützt sein, wenn sie „Gewähr dafür bieten, ihre Tätigkeit außerhalb jeder politischen Partei zu entfalten"[62]. Die Ordensgemeinschaften fühlten sich von den Vereinbarungen des Reichskonkordats benachteiligt, da nur die Diözesen mit ihren Einrichtungen rechtlich geschützt waren. Regelungen für ordenseigene Einrichtungen, Schulen, Hochschulen, Grundsteuerregelungen, Einberufung zum Militärdienst etc. waren im Konkordat nicht geschaffen worden.[63] Das Konkordat wurde daher vorrangig nur innerhalb der diözesanen Strukturen wirksam.

Fehlende differenziertere Ausführungsbestimmungen sowie die Festlegung von Kontrollmöglichkeiten, gaben den Nationalsozialisten jede Möglichkeit in die Hand, den Konkordatstext in ihrem Sinne auszulegen. Damit waren Tür und Tor geöffnet für repressive Maßnahmen gegenüber nicht diözesanen Einrichtungen und Verbänden sowie gegenüber den Ordensgemeinschaften.

Hitler verfolgte mit dem Abschluss des Reichskonkordats außen- und innenpolitische Ziele. Er hoffte beim Vatikan, beim deutschen Episkopat und nicht zuletzt bei den Gläubigen, die vorhandenen Bedenken gegen das als unchristlich und kirchenfeindlich eingeschätzte Regime zu überwinden. Die Kirche selbst sah im Konkordat die Chance, ihre seelsorgliche Arbeit zu sichern und zu schützen und damit der Gleichschaltung zu entgehen.

Immerhin eröffnete es als völkerrechtlich wirksame Vereinbarung dem Vatikan und dem deutschen Episkopat die Möglichkeit zu offiziellen Protesten gegenüber der NS-Politik. Letztlich konnte es aber die sich zuspitzende Verfolgung der katholischen Kirche nicht aufhalten. Deren Wertesystem und Daseinsberechtigung wurden in den folgenden Jahren durch das nationalsozialistische Regime radikal infrage gestellt.[64] Für die Nationalsozialisten war die katholische Kirche mit ihrem umfassenden Anspruch ein natürlicher Gegner, der ihrer Ideologie gefährlich werden konnte: „Das NS-Regime forderte die Herrschaft über den ganzen Menschen, die Katholiken aber huldigten in ihren Augen dem falschen Herrn"[65].

---

[61] Konkordat, Art. 15: Orden und religiöse Genossenschaften unterliegen in Bezug auf ihre Gründung, Niederlassung, die Zahl und – vorbehaltlich Art. 15 Absatz 2 – die Eigenschaften ihrer Mitglieder, ihre Tätigkeit in der Seelsorge, im Unterricht, in Krankenpflege und karitativer Arbeit, in der Ordnung ihrer Angelegenheiten und der Verwaltung ihres Vermögens staatlicherseits keiner besonderen Beschränkung. Geistliche Ordensobere, die innerhalb des Deutschen Reiches ihren Amtssitz haben, müssen die deutsche Staatsangehörigkeit besitzen. Provinz- und Ordensoberen, deren Amtssitz außerhalb des deutschen Reichsgebietes liegt, steht, auch wenn sie anderer Staatsangehörigkeit sind, das Visitationsrecht bezüglich ihrer in Deutschland liegenden Niederlassungen zu.
[62] Reichskonkordat, Art. 31, Abs. 2, s. Thomas Brechenmacher (Hg.): Das Reichskonkordat 1933. Forschungsstand, Kontroversen, Dokumente, Paderborn u.a. 2007; Hubert Wolf: Papst und Teufel, 33.
[63] Leugers: Gegen eine Mauer bischöflichen Schweigens, 147.
[64] Annette Mertens: Himmlers Klostersturm – Der Angriff auf katholische Einrichtungen im Zweiten Weltkrieg und die Wiedergutmachung nach 1945, Paderborn u.a. 2006, 19.
[65] Dies.: Widerstand gegen das NS-Regime? Katholische Kirche und Katholiken im Rheinland 1933-1945, überarbeitete Fassung eines Vortrags, den die Verfasserin am 27.9.2011 im Rahmen der Herbst-Tagung

Die Annalen von Kellenried gehen unmittelbar nach dem Konkordatsabschluss nicht näher darauf ein, geben aber im November 1933, im Zusammenhang mit der Abstimmung des deutschen Volkes über den Austritt aus dem Völkerbund, ein Zitat von Bischof Sproll wieder, in welchem er der Hoffnung Ausdruck verleiht, dass das „Friedenswerk des Konkordats uns Katholiken unter Ausschluss von Abstrichen, Umdeutungen und Übergriffen gesichert bleibt"[66].
Sehr schnell kam es zu Verletzungen der Konkordatsbestimmungen, insbesondere gegenüber dem katholischen Verbandswesen und den Ordensgemeinschaften. In den Devisen- und Sittlichkeitsprozessen von 1935 bis 1937 wurden Ordensleute als korrupt und moralisch verkommen dargestellt.[67] Damit deutete sich bereits der Sturm gegen die Klöster und deren Enteignung unmittelbar an. Einen vorläufigen Höhepunkt erreichten die staatlichen Maßnahmen gegenüber kirchlichen Institutionen und Personen nach Bekanntwerden der päpstlichen Enzyklika „Mit brennender Sorge" im März 1937.[68]
Urheber des Entwurfs war auf Wunsch von Papst Pius XI.[69] der Münchner Erzbischof Michael Faulhaber[70], der dadurch zwar in immer schärferen Gegensatz zu den nationalsozialistischen Machthabern geriet, aber aus Loyalität der staatlichen Obrigkeit gegenüber, sich nicht zu einem entschiedeneren Widerstand gegenüber den Nationalsozialisten aufraffen konnte.

Als Hitler aus taktischen Gründen sein Augenmerk ab Juli 1937 verstärkt auf die Erreichung seiner außenpolitischen Ziele lenkte, schwächte sich der Kampf gegen die Ordensgemeinschaften vorerst ab. Die Bedrohung blieb jedoch unmittelbar bestehen.
„Aus der historischen Distanz betrachtet, stellen sich die verschiedenen Maßnahmen zur Bekämpfung der Orden, die die Vorstufe des Klostersturms bilde-

---

des Instituts für Geschichtswissenschaft der Universität Bonn, Abtlg. für Rheinische Landeskunde, und des LVR-Instituts für Landeskunde und Regionalgeschichte Bonn zum Thema „Oppositionelles Verhalten und Widerstand gegen das NS-Regime im Rheinland" gehalten hat, s. http://www.rheinische-geschichte.lvr.de/themen/DasRheinlandim20Jahrhundert/Seiten/KatholischeKircheundKatholikenimRheinland1933-1945.aspx, aufgesucht am 28.10.2014.
[66] ArKe: 031 Annalen 1933, 9.11.1943, Zitat aus einem Hirtenbrief Bischofs Sproll, 106.
[67] Hans Günter Hockerts: Die Sittlichkeitsprozesse gegen katholische Ordensangehörige und Priester 1936/37. Eine Studie zur nationalsozialistischen Herrschaftstechnik und zum Kirchenkampf, Mainz 1971..
[68] „Mit brennender Sorge (lat. Ardente cura). Deutschsprachiger Originaltext auf der Internet-Seite des Vatikans: http://www.vatican.va/holy_father/pius_xi/encyclicals/documents/hf_p-xi_enc_14031937_mit-brennender-sorge_ge.html, aufgesucht am 29.4.2014. Die Kellenrieder Annalen gehen zwar nicht auf dieses bedeutsame Ereignis ein. Innerhalb der ansonsten strikt eingehaltenen Datierung befindet sich jedoch ein leeres Doppelblatt, als ob noch eine Ergänzung hätte eingefügt werden sollen, s. ArKe: 031 Annalen 1937, 39f.
[69] Pius XI. (Achille Ratti), (1857-1939), Papst von 1922-1939, s. Konrad Fuchs: Pius XI, in: BBKL, Bd. 7, Herzberg 1994, Sp. 680-682.
[70] Michael Kardinal von Faulhaber (1869-1952), von 1917 bis zu seinem Tode Erzbischof von München und Freising, s. Michael Schmaus: Faulhaber, Michael von, in: Neue Deutsche Biographie (NDB), Bd. 5, Berlin 1961, 31f.; Sarah Röttger: Zwischen Hirtenamt und politischem Kalkül. Die Adventspredigten Michael Kardinal von Faulhabers 1933, in: Beiträge zur altbayerischen Kirchengeschichte 55 (2013), 167-254.

ten, nicht als eine logische Abfolge von Maßnahmen und einzelnen Stufen eines umfassenden Konzeptes dar, sondern vielmehr als voneinander unabhängige, aus den jeweiligen Zeitumständen geborene Einzelmaßnahmen. Ihren inneren Zusammenhang bildete lediglich die gemeinsame Absicht, die ihnen zugrunde lag"[71].

Aufbauarbeiten und Vorsorgemaßnahmen in Kellenried

In Kellenried waren die Aufbauarbeiten trotz der sich zuspitzenden politischen Lage weiter vorangeschritten. 1933 konnten drei Glocken gegossen und gesegnet werden. 1939 wurde der Hochaltar durch Abtpräses Raphael Molitor OSB geweiht. Wenig später wurde auch der kleine Klosterfriedhof vor der Ostapsis der Kirche eingesegnet und seiner Bestimmung übergeben.
In weiser Voraussicht hatte Äbtissin Scholastica etwa ab dem Jahre 1935 allen Schwestern die Anweisung gegeben, Vorsorge für ein Notgepäck zu treffen, welches im Falle einer plötzlichen Ausweisung griffbereit zu sein hatte.[72] Um jeder Schwester einen „eisernen Bestand" zu sichern, wurden in der Kartonagenfabrik Niederbiegen 70 Kisten à 80 x 40 cm Länge und 30 cm Höhe besorgt, diese hergerichtet und mit Wäsche jeder Art gefüllt. Die Kisten gelangten an die Angehörigen der Nonnen, mit der Bitte um Aufbewahrung, und konnten größtenteils nach dem Exil wieder in Empfang genommen werden.
Äbtissin Agnes Trescher[73], die Nachfolgerin Äbtissin Scholasticas, damals Subpriorin, vermerkte zu den Vorsorgemaßnahmen: „Als wir erfuhren, dass Klöster beschlagnahmt wurden und Wäsche der Klosterfrauen, die zum allgemeinen Gebrauch bestimmt waren, weggenommen wurden, ließ M.[utter][74] Scholastica alle Tisch-, Bett- und Leibwäsche, alle Tücher etc. für jede Mitschwester zu zeichnen. Sr. Walburga, die in jenen Jahren das schwarze und weiße Vestiar[75] verwaltete, führte diese mühsame Aktion mit viel Geschick und Energie mit Hilfe ihrer damaligen noch zahlreichen Gehilfinnen durch"[76]. Der Kellenrieder Konvent war sich also schon früh der Gefahr bewusst, die wie ein Damoklesschwert auch über St. Erentraud schwebte.

---

[71] Mertens: Himmlers Klostersturm, 72.
[72] ArKe: 025-2 Fasc. 1, Mappe Klostergeschichte, Exil 1940-1945, Ergänzungen zu den Annalen 1940-1945, Erinnerungen von Mutter Agnes und den Mitschwestern, die die Beschlagnahmung der Abtei St. Erentraud und die Exiljahre miterlebten, 1.11.1940-28.10.1945, handschriftliche Ergänzungen aus dem Jahre 1979 zu den Annalen 1940-1945 von Äbtissin em. Agnes Trescher OSB.
[73] Chorfrau Agnes (Luise Sophie) Trescher OSB, geb. 18. August 1899 in Freiburg/Breisgau, gest. 31. März 1981 in Kellenried, Benediktinerin der Abtei St. Erentraud Kellenried, Profess 1927, Priorin 1943, Äbtissin von 1963-1972.
[74] Bezeichnung und Anrede für die Äbtissin in den Frauenklöstern.
[75] Vestiar = Kleiderkammer in Klöstern.
[76] ArKe: 025-2 Fasc. 1, Erinnerungen M. Agnes, 2.

Kellenried beim Beginn des Zweiten Weltkrieges

Mit dem Kriegsausbruch am 1. September 1939 verschärften sich die Sorgen und Nöte noch erheblich. Die Klosterannalen von 1939 vermerken zwar unter dem 3. September den Polenfeldzug und den Kriegseintritt Frankreichs und Großbritanniens, enthalten sich aber jeden Kommentars.[77] Äbtissin Agnes Trescher gab 1979 die Erklärung für die Zurückhaltung: „Da die Annalen in jenen Jahren und der Jahre seit Übernahme des Hitler-Regimes notwendigerweise <u>sachlich</u> geschrieben werden mussten, will ich sie durch meine und der Mitschwestern Erinnerungen ergänzen. Unter <u>sachlich</u> verstehe ich nüchterne Tatsachenberichte, die uns nicht schaden konnten, auch wenn sie in die Hände der Nazis fallen sollten"[78].

Entgegen der allgemeinen Begeisterung beim Ausbruch des Ersten Weltkrieges, verhielt sich der größte Teil der Bevölkerung, auch die Katholiken, im September 1939 zurückhaltend. Man zweifelte jedoch nicht an der Berechtigung des Krieges. An der Haltung der Bischöfe lässt sich noch einmal die merkwürdige Ambivalenz zwischen Loyalität gegenüber der ordnungsgemäß gewählten Regierung und des Nichterkennens der rein machtpolitischen, rassenideologischen Eroberungsabsichten der NSDAP ablesen. So riefen die Bischöfe die Gläubigen gleich zu Kriegsbeginn zur Loyalität und zur Pflichterfüllung auf, ein Zeichen dafür, dass sie die menschenverachtenden Kriegsziele Hitlers und seiner Helfer nicht durchschauten.

Der Krieg sollte als eine Art gottgewollter Bewährungsprobe für das Vaterland angesehen werden, als „Sühne für die Schuld der anderen gelten und so die ganze Gemeinschaft zum Heil führen"[79].

Für die meisten Katholiken war es daher kein Kampf für Adolf Hitler und seine Partei, sondern bedeutete Einsatz und Opfer für das Vaterland. „Nur die religiöse Deutung des Krieges als Bewährungsprobe und Sühneleistung erlaubte es den Gläubigen, als ‚gute Katholiken' am Kriege teilzunehmen. Eine öffentliche Ablehnung des Krieges durch die Kirche hätte für Millionen katholischer Soldaten einen schier ausweglosen Loyalitätskonflikt bedeutet"[80].

Äbtissin Scholasticas Kommentar in ihrem Rundbrief vom Februar 1942 stellt einen Zusammenhang mit dem Zeitgeschehen und dem Exil des Konvents her. Auch sie bezieht sich auf den Sühnecharakter und ruft dazu auf, in diesem Bewusstsein eigener und fremder Schuld die Entbehrungen gottgegeben auf sich zu nehmen: „In gewissem Sinne ist die heutige Zeit eine Quadragesima für uns alle, eine Zeit, in der wir im Besonderen die Nachlässigkeiten der anderen Zeit tilgen

---

[77] ArKe: 031 Annalen 1939, 6.9.1939, 110.
[78] ArKe: 025-2 Fasc.1, Erinnerungen M. Agnes, 1.
[79] Wilhelm Damberg: Kriegsdeutung und Kriegserfahrung in Deutschland 1939-1945, in: Christoph Kösters/Mark Edward Ruff (Hg.): Die katholische Kirche im Dritten Reich. Eine Einführung, Freiburg u.a. 2011, 109-122, hier: 115.
[80] Mertens: Himmlers Klostersturm, 87.

sollen, in der wir in der Freude des Hl. Geistes das darbringen sollen, was Er an Entbehrung uns schickt"[81].

Anfangs hoffte man in kirchlichen Kreisen noch auf die Wirksamkeit eines „Burgfriedens", wie er im Ersten Weltkrieg praktiziert worden war. Alle Parteien und Organisationen hatten sich 1914 darauf geeinigt, sich während der Dauer des Krieges aller innerpolitischer Konflikte zu enthalten sowie wirtschaftliche Probleme zurückzustellen, um sich geschlossen dem Krieg zu widmen.[82]
Zu Beginn des Zweiten Weltkrieges kam jedoch die Hoffnung auf die Durchsetzungskraft dieses Weges nicht zum Tragen, und der Kirchenkampf wurde, wenn auch in abgeschwächter Form, unvermindert fortgesetzt.

Der nach dem Überfall auf die Sowjetunion am 30.7.1941 von Hitler persönlich erlassene „Stopp-Erlass" wurde letztlich nicht eingehalten, sondern auf subtile Art und Weise untergraben. „Ab sofort haben Beschlagnahmungen von kirchlichem und klösterlichem Vermögen bis auf weiteres zu unterbleiben. Selbständige Maßnahmen der Gauleiter dürfen auch dann unter keinen Umständen stattfinden, wenn besondere Umstände in Einzelfällen dringend eine Inanspruchnahme kirchlichen oder klösterlichen Besitzes auf Grund der gesetzlichen Vorschriften erfordern"[83].
Hitler nutzte den Stopp-Erlass für ein taktisches Manöver. Einerseits blieb er in seiner Haltung zu Kirche und Ordensgemeinschaften unverändert ablehnend. Andererseits forderte er von allen einsetzbaren Kräften unabdingbaren Einsatz für seine verbrecherischen Kriegsziele und wusste diese geschickt zu verbrämen. Ein schlagendes Argument der Nationalsozialisten bestand darin, die Öffentlichkeit davon zu überzeugen, das Deutsche Reich sei zu einem Verteidigungskrieg gegenüber dem Bolschewismus gezwungen.[84] Mit dieser Begründung ließen sich auch viele Kirchenvertreter und die Mehrheit der Christen beider großen Konfessionen leicht gewinnen. Exemplarisch dafür steht hier der Aufruf des bekannten Bischofs von Münster, Clemens August Graf von Galen[85], der im Überfall 1941 auf die Sowjetunion die „Befreiung von einer ernsten Sorge und eine Erlösung von schwerem Druck" sah[86].

---

[81] ArKe: Exilsrundschreiben von Äbtissin Scholastica, (geb. Heft), Februar 1942, Quadragesima, 1. Anm.: Der Name Quadragesima (für lateinisch vierzig) ist in Rom entstanden und bezeichnet die 40 Tage der Fastenzeit.
[82] Carsten Kretschmann/Wolfram Pyta (Hg.): Burgfrieden und Union sacrée – literarische Deutungen und politische Ordnungsvorstellungen in Deutschland und Frankreich 1914-1933, in: Historische Zeitschrift, Beiheft N.F. (54), München 2011.
[83] Zitiert nach Mertens: Himmlers Klostersturm, 97.
[84] Damberg: Kriegsdeutung und Kriegserfahrung, 116ff. Bolschewismus, ideengeschichtlicher Begriff, bezeichnete die von Lenin geschaffene weltanschaulich-politische Lehre und die auf die russischen Verhältnisse angewendete Auslegung des Marxismus, s. Herder-Lexikon Politik. Sonderauflage für die Landeszentrale für politische Bildung NRW, Freiburg u.a. 1993, 157.
[85] Clemens August Graf von Galen (1878-1946), 1933-1946 Bischof von Münster, s. Friedrich Wilhelm Bautz: Galen, Clemens August Graf von, in: BBKL, Bd. 2, Hamm 1990, Sp.166-168.
[86] Peter Löffler (Hg.): Bischof Clemens August Graf von Galen – Akten, Briefe und Predigten 1933-1946, Paderborn u.a., 2. Aufl. 1996, 901, 902.

Hier wird die doppelte Herausforderung der deutschen Katholiken nochmals deutlich, einerseits die von den Nationalsozialisten vorgegebene Teilhabe an der Volksgemeinschaft, andererseits die Erfordernisse des alltäglichen Lebensumfeldes mit ihrem Glauben in Einklang zu bringen: „Katholiken im Dritten Reich waren nicht nur katholisch"[87].

Die Benediktinerinnen von Kellenried lassen in ihren wenigen schriftlichen Zeugnissen zur politischen Lage zwar erkennen, dass sie die NS-Ideologie ablehnten. Sie befanden sich aber in der Frage der Beteiligung am Zweiten Weltkrieg im ähnlichen Zwiespalt wie Millionen anderer Katholiken. Auch sie waren im Sommer 1941, zu Beginn des Feldzuges gegen die Sowjetunion, der Annahme, dies sei eine wirksame Maßnahme gegenüber dem sich ausbreitenden Bolschewismus. „Wir erfahren durch R.P.[88] Martin, dass auch Russland der Krieg erklärt worden sei! Deutschland geht zunächst auch gegen diesen übermächtigen Feind siegreich vor"[89].

Im Januar 1942 wurden aktuelle Nachrichten von bekannten und befreundeten Wehrmachtspfarrern begrüßt, die von einer Neubesinnung christlicher Werte „mitten im gottlosen Russland" ausgingen. „Christus beginnt wieder Besitz zu ergreifen von dem Land, das ihn schon 20 Jahre mit allen teuflischen Mitteln bekämpft hat"[90].

Die Quellen beschreiben in dieser Frage auch keinen Unterschied zwischen den ehemaligen österreichischen und den reichsdeutschen Klosterfrauen. Selbst die aus der Schweiz stammende Annalistin, Chorfrau Johanna Evangelista Guntli, bildet hier keine Ausnahme. Der Ausbruch des Krieges wird dem Grunde nach zwar nicht befürwortet, aber als eine nicht änderbare Tatsache hingenommen.

In ihren schriftlichen Verlautbarungen finden sich bei den Klosterfrauen deutliche Einflüsse des zeitgenössischen Sprachgebrauchs. Dies wird anhand der Annalen und Chroniken der Benediktinerinnen deutlich. Da keine anderen Informationsquellen, vor allem aus dem Ausland, zugänglich waren, wurden die damals allgemein üblichen sprachlichen Mechanismen übernommen. Kriegsgegner des Deutschen Reiches sind durchweg mit dem Begriff „Feind" charakterisiert. Bei gefallenen Soldaten, insbesondere nahen Angehörigen der Schwestern, gedachte man der „toten Helden", die sich fürs Vaterland geopfert hatten. Bei Mitteilungen über den zunehmenden Bombenkrieg ist von „Terrorangriffen" die Rede, welche der Vernichtung deutscher Städte und deutschen Kulturgutes galt.

Die Einbeziehung der Zivilbevölkerung in das Kriegsgeschehen, insbesondere wenn nahe Angehörige betroffen waren, wurde als außerordentlich schmerzlich empfunden und als schwere Menschenrechtsverletzung wahrgenommen, was sie

---

[87] Christoph Kösters: Katholisches Kirchenvolk 1933-1945, in: Christoph Kösters/Mark Edward Ruff (Hg.): Die katholische Kirche im Dritten Reich, eine Einführung, Freiburg u.a. 2011, 92-108, hier: 97.
[88] R.P.= Reverendus Pater (Hochwürdiger Pater).
[89] ArKe: 031 Annalen 1941, 22.6.1941, 64.
[90] ArKe: 031 Annalen 1942, 1.1.1942, 3.

letztlich auch war. Eine nähere Reflektion über die Hintergründe des Kriegsgeschehens und der ursächliche Zusammenhang mit der verbrecherischen Eroberungspolitik Hitlers gehen aus den vorhandenen Quellen nicht hervor. Dabei ist zu berücksichtigen, dass Chroniken und Annalen nur in knapper Form die Tagesereignisse dokumentierten und auf die politischen Gegebenheiten aus Sicherheitsgründen nicht weiter eingingen.

„Rückwanderer" aus den deutsch-französischen Grenzgebieten

Mit großer Selbstverständlichkeit kamen die Schwestern ihren nationalen Pflichten nach und stellten sich den auferlegten „Reichsaufgaben".
Wenige Tage später nach Kriegsbeginn erhielt das Kloster von der Nationalsozialistischen Volkswohlfahrt (NSV)[91] die Anfrage, ob es bereit sei, sogenannte „Rückwanderer" aufzunehmen. Dabei handelte es sich um deutsche Staatsbürger, die vorsorglich aus den deutsch-französischen Grenzgebieten evakuiert werden sollten. Das betreffende Gebiet erhielt die Bezeichnung „Rote Zone" und umfasste von Basel im Süden bis Aachen im Norden ein etwa 400 Kilometer langes und 10 Kilometer breites Freimachungsgebiet im Vorfeld des Westwalls. Insgesamt lebte hier etwa eine Million Menschen, die zwischen 1939 und 1945 mehrfach hin und her ins Innere des Deutschen Reiches transportiert wurden.[92] Neben Verwandten einiger Ordensfrauen aus der Umgebung von Freiburg wurden dem Kloster 17 Personen aus Breisach und Umgebung, meist ältere und kränkliche Frauen, zugeteilt.[93] Für Äbtissin und Konvent war es selbstverständlich, die Ankömmlinge freundlich und zuvorkommend aufzunehmen. Wenn auch der Kriegsausbruch keine Freude hervorgerufen hatte und im Konvent keinerlei Sympathien für den Nationalsozialismus zu erkennen waren, so hielten Äbtissin und Konventualinnen die Hilfe für die Notleidenden doch für eine Selbstverständlichkeit und betrachteten die Aufnahme der „Rückwanderer" als ihre christliche und staatsbürgerliche Pflicht.[94]

---

[91] NSV = Nationalsozialistische Volkswohlfahrt, 1932 als e.V. gegründet. Im Zuge der Gleichschaltung mit dem Verbot der Arbeiterwohlfahrt trat die NSV als Staatsorganisation und Verein neben die sieben verbliebenen Wohlfahrtsorganisationen und drängte diese stetig zurück.
[92] Eine vergleichende Geschichte der Evakuierungen im deutsch-französischen Grenzgebiet während des Zweiten Weltkrieges. Forschungsprojekt unter der Leitung von Prof. Rainer Hudemann, Prof. Olivier Forcade (Paris, Université Sorbonne) und Juniorprof. Fabian Lemmes (Ruhr-Universität Bochum), in Zusammenarbeit mit Johannes Großmann und Nicholas Williams, s. http://www.nng.uni-saarland.de/forschung/forschungsschwerpunkte/evakuierungen.htm, aufgesucht am 27.4.2014.
[93] Gemeindearchiv Berg (GArB): Akte Slowenen im Kloster Kellenried, Büschel (Bü) 376-382, hier: 379: Flüchtlinge aus dem „Freimachungsgebiet" und Unterbringung im Lager Kellenried (1939-1945).
[94] 184 Rückwanderer aus Baden befanden sich 1939 auch im Mutterhaus der Barmherzigen Schwestern in Untermarchtal, s. August Hagen: Die Genossenschaft der Barmherzigen Schwestern zu Untermarchtal, ein geschichtlicher Abriss zu ihrem einhundertjährigen Bestehen, Stuttgart o.J., 98.

Auch im Marschallhaus kamen einige der Evakuierten unter.⁹⁵ Die finanzielle Seite der Unterbringung und die medizinische Versorgung wurden über die Gemeinde Berg und das Kreisfürsorgeamt Ravensburg geregelt.⁹⁶ Mit der Maßnahme „Rückwanderer", die nach einigen Wochen beendet wurde, erhielt der Konvent eine Vorahnung von künftigen, noch heftigeren Beeinträchtigungen durch die nationalsozialistische Politik.

Abb. 5a: Marschallhaus   Abb. 5b: Frau Rosalia Marschall

---

⁹⁵ ArKe: 031 Annalen 1939, 6.9.1939, 110 b; 14.10.1939, 128 ff; 18.10.1939, 133ff. Marschallhaus = Wohnhaus und Hofgut des Stifterehepaars Marschall in Kellenried.
⁹⁶ Ebenda, 136f.

4. Vorgänge um die Beschlagnahmung von St. Erentraud und deren Hintergründe

Beschlagnahmung des Klosters am 1. November 1940 durch NSDAP-Kreisleiter Carl Rudorf

Äbtissin Scholastica verschloss ihre Augen nicht vor den Zeichen der Zeit und nutzte jede Gelegenheit, sich ein Bild von der Gesamtlage zu machen. Die Klöster der Kongregation standen miteinander in regelmäßigem Austausch. Beim Anschluss Österreichs an das Deutsche Reich 1938 und nach der Sudetenkrise hatte Hitler den Geltungsbereich des Konkordats nicht auf die annektierten Gebiete ausgedehnt, sondern beließ dessen Wirksamkeit in den Grenzen des Deutschen Reiches von 1937. Umso mehr bangten vor allem die österreichischen Klöster um ihre Existenz. Durch den vertragslosen Zustand kam es bald zur Aufhebung von Klöstern oder zur Vertreibung der Konventualen.[97] Auch die zur Beuroner Kongregation gehörenden Abteien St. Gabriel und Seckau[98] befanden sich in höchster Gefahr. Dies konnte die auf dem Reichsgebiet liegenden Klöster nicht unbeeindruckt lassen. Die Kellenrieder Annalen streifen den Anschluss Österreichs lediglich mit einem einzigen Satz: „Österreich wird dem Reich eingegliedert"[99]. Angesichts der Tatsache, dass viele der Konventualinnen immer noch österreichische Staatsbürgerinnen waren, fällt die Reaktion verhalten aus, anders als bei weiten Teilen der Bevölkerung in Österreich und im Deutschen Reich, die den „Anschluss" mit großem Jubel begrüßten.
Gleichzeitig mit der Wahl zum Großdeutschen Reichstag ließ Hitler sich am 10. April 1938 die Vereinigung Österreichs mit dem Deutschen Reich nachträglich

---

[97] Alkuin Volker Schachenmayr: Der Anschluss im März 1938 und die Folgen für Kirche und Klöster in Österreich. Forschungsbericht der Arbeitstagung des Europainstitutes für Cisterciensische Geschichte, Spiritualität, Kunst und Liturgie an der Päpstlichen Phil.-Theol. Hochschule Benedikt XVI., Heiligenkreuz vom 7./8. März 2008, Heiligenkreuz im Wienerwald 2008.

[98] Kloster Seckau, 1140 als reguliertes Augustiner-Chorherren-Stift in St. Marein gegründet, 1142 Verlegung nach Seckau, 1218-1782 Bischofssitz. 1782 durch Kaiser Joseph II. aufgehoben, 1883 als Kloster der Beuroner Kongregation wiederbegründet, bedeutendes Zentrum der Liturgischen Bewegung, seit 1887 wieder Abtei. 1926 Gründung eines Stiftsgymnasiums. 1940-1945 von den Nationalsozialisten aufgehoben und umfunktioniert zur Nationalpolitischen Erziehungsanstalt (Napola). Seit 1945 wieder Benediktinerabtei. http://www.orden-online.de/wissen/s/seckau, aufgesucht am 12.12.2104; P. Othmar Stary OSB: Benediktinerabtei Seckau, Seckau 1999.

[99] ArKe: 031 Annalen 1938, 13.3.1938, 50. (Reichsgesetzblatt) RGBl I 1938, Gesetz über die Wiedervereinigung Österreichs mit dem Deutschen Reich vom 13. März 1938, 237. Der 13.3.1938 gilt juristisch als Datum des „Anschlusses". Österreich wurde damit völkerrechtlich Teil des Deutschen Reiches, aufgehoben durch Verfassungs-Überleitungsgesetz vom 1. Mai 1945, s. Staatsgesetzblatt (StGBl) für die Republik Österreich, 4/1945.

bestätigen. Mit dem Votum verband er auch ein Bekenntnis zu seiner Person und seiner Politik.[100]

Die Nonnen von Kellenried folgten dem Aufruf zur Wahl und zur Volksabstimmung, die reichsdeutschen Frauen gaben ihre Stimme in Ettishofen[101] ab, die Österreicherinnen wurden mit einem PKW „der Partei" in ein Wahllokal nach Ravensburg gefahren[102]. Ein Fernbleiben wäre für die Frauen angesichts der fortgeschrittenen Radikalität der nationalsozialistischen Herrschaft unmöglich gewesen.[103] Ab dem 13. März 1938 galt für alle bisherigen österreichischen Staatsbürger nur noch die deutsche Staatsangehörigkeit.[104] Dies betraf auch die Kellenrieder Konventualinnen.[105]

Das Abstimmungsvotum der Gemeinde Berg lässt sich anhand einer Meldung des Bürgermeisters an den Landrat verifizieren. Die Anzahl der dort abgegebenen Stimmen betrug 786, davon stimmten 783 mit „Ja", drei Stimmen waren ungültig.[106]

In der Pfarrgemeinde Blitzenreute führte die Abstimmung zu verstärkten Spannungen zwischen dem Ortspfarrer Beda Göser[107] und den örtlichen NS-Verantwortlichen.[108]

---

[100] Die dem Volk vorgelegte Fragestellung lautete: „Bist Du mit der am 13. März 1938 vollzogenen Wiedervereinigung Österreichs mit dem Deutschen Reich einverstanden und stimmst Du für die Liste unseres Führers Adolf Hitler?" Der Stimmzettel enthielt nur ein „Ja", s. http://lexikon.dornbirn.at/Die-Volksabstimmung-1938.2513.0.html, aufgesucht am 2.1.2015.

[101] Abgestimmt wurde im Rathaus im Amtszimmer des Bürgermeisters, welches sich damals in Ettishofen befand. Das Gebäude wird heute für Arztpraxen genutzt. GArB, Karton 1-4, aus Nr. 4, Reichstagswahlen 1938, Liste der Wahlberechtigten deutsche Staatsangehörigkeit, Benediktinerinnenabtei St. Erentraud, Kellenried (43).

[102] ArKe: 031 Annalen 1938, März, 10.4.1938, 64. GArB: Karton 1-4, aus Nr. 4, Liste der Wahlberechtigten österreichischer Staatsangehörigkeit, Benediktinerinnenabtei St. Erentraud, Kellenried (25).

[103] Zugelassen war wie bei den beiden vorangegangenen Wahlen nur eine nationalsozialistisch dominierte Einheitsliste, auf der einige als Gäste bezeichnete Parteilose kandidierten. Es handelte sich damit um eine Scheinwahl, da das Ergebnis bereits von vornherein feststand. Offiziell votierten 99,73 Prozent der Österreicher und 99,01 Prozent der Deutschen für den „Anschluss", s. Reichstagshandbücher, 1938/1: Verzeichnis der Mitglieder des Reichstags, s. http://www.reichstagsprotokolle.de/Blatt4_h1_bsb00000146_00127.html, aufgesucht am 2.1.2015; Heinrich August Winkler: Der lange Weg nach Westen, Bd.2, Bonn 2005, 32f.

[104] RGBl 1938 I, 790f.; geändert RGBl 1939 I, 1072, Verordnung über die deutsche Staatsangehörigkeit im Lande Österreich vom 3.7.1938.

[105] Nach der Wiedererlangung der Souveränität der Bundesrepublik Deutschland 1955 entschlossen sich die meisten der ehemaligen österreichischen Konventualinnen, die deutsche Staatsbürgerschaft anzunehmen, s. Deutschlandvertrag: Bezeichnung für den 1952 zwischen den drei westlichen Alliierten (F, GB, USA) und der Bundesrepublik Deutschland beschlossenen Vertrag. Der Vertrag trat in aktualisierter Fassung als Teil der Pariser Verträge am 5.5.1955 in Kraft. Zusammenstellung des Deutschlandvertrages und seiner Zusatzverträge – Bundesgesetzblatt (BGBL) 1954 II, 57ff.; ArKe: Personalakte Sr. Juliana Pruner OSB, Urkunde zur Regelung der Staatsangehörigkeitsgesetzes vom 17.5.1956. Pruner nahm darin die deutsche Staatsangehörigkeit an, ausgestellt am 9.11.1956 vom Landratsamt Ravensburg. Die Regelung traf auch auf die meisten der anderen ehemals österreichischen Konventualinnen zu, s. ArKe. Annalen 1956, 9.11.1956, 332-334.

[106] GArB: Archiv-Inventar, angelegt von Braun 1957, Akten Nr. 4, Ordnungsplan-Nr.: I/1, Meldeliste Bürgermeister Waldraff an Landrat, 10.4.1938.

[107] Beda Göser, Priester der Diözese Rottenburg, von 1928 bis 1940 Pfarrer an St. Laurentius Blitzenreute.

[108] 300 Jahre Pfarrei Blitzenreute: 47f.

Äbtissin Agnes Trescher vermerkt über den weiteren Verlauf in ihren Erinnerungen: „Kurz nach Ostern 1940 wurde Seckau beschlagnahmt. Abt Benedikt Reetz[109] berichtete uns lebendig und anschaulich von diesem Ereignis. Seine persönliche Vorstellung bei der Parteistelle in Berlin um Rückgabe des Hauses war erfolglos" [110]. Mit der Beschlagnahmung der ebenfalls zur Beuroner Kongregation gehörenden Abtei Grüssau in Niederschlesien[111] am 21. Oktober 1940 befanden sich die Prognosen für die Zukunft der Klöster auf einem neuen Tiefpunkt.

Am 31. Oktober erfuhr der Konvent in Kellenried von der Beschlagnahmung der benachbarten Klöster Reute[112] und Blönried[113]. Äbtissin Scholastica kommentierte diese Maßnahme mit den Worten „Paratum cor meum"[114]. Sie ahnte wohl, dass auch ihrer Gemeinschaft ein ähnliches Schicksal bevorstand.

Am 1. November 1940 erschien an der Klosterpforte eine dreiköpfige Kommission der NSDAP aus Ravensburg, angeführt von Kreisleiter Carl Rudorf[115], in Begleitung des Heilbronner NSDAP-Kreisleiters und Einsatzführers der Volksdeutschen Mittelstelle Richard Drauz[116]. Ein weiteres namentlich bekanntes

---

[109] Benedikt Reetz OSB (1897-1964), vierter Abt der Benediktinerabtei Seckau, sechster Erzabt von Beuron und Abtpräses der Beuroner Kongregation, s. Ekkart Sauser: Reetz, Benedikt, in: BBKL, Bd. 15, Sp. 1198-1199.

[110] ArKe: 025-2, Fasc. 1, Erinnerungen M. Agnes, 3.

[111] Kloster Grüssau/Niederschlesien, gegründet 1292 als Zisterzienserabtei, 1810 aufgehoben, 1919 wieder besiedelt von Benediktinern aus der Abtei Emaus in Prag. 1924 selbstständige Abtei, Mitglied der Beuroner Kongregation, 1946 Vertreibung der reichsdeutschen Mönche, Übernahme des Klosters durch Benediktinerinnen der Allerheiligenabtei Lemberg, (poln. Lwów), heute Ukraine. Grüssau (poln. Krzeszów), liegt heute in der Diözese Liegnitz/Legnica, Polen. Zur Beschlagnahmung des Klosters, s. Steinsträßer: Wanderer zwischen den politischen Mächten, 181-194.

[112] 1403 gegründet als Franziskanerinnenkloster Reute, 1770 aufgelöst. 1869 neu belebt durch Franziskanerinnen aus Ehingen. Mutterhaus einer 1848 gegründeten Franziskanerinnen-Kongregation. Heute ist der „Klosterberg" Lebens- und Arbeitsort für über 200 Franziskanerinnen und Ursprung zahlreicher Missions-Aktivitäten, die bis nach Indonesien und Brasilien reichen, von 1940 bis 1945 Einschränkungen der Arbeit durch die Nationalsozialisten, s. Mertens: Himmlers Klostersturm, 154; www.kloster-reute.de, aufgesucht am 3.1.2015.

[113] Studienkolleg St. Johann Blönried (Aulendorf/Oberschwaben), 1924 gegründet, bis 2008 Gymnasium in der Trägerschaft der Steyler Missionare, heute Katholische Freie Schule mit angeschlossenem Tagesheim für Jungen und Mädchen in der Trägerschaft der Diözese Rottenburg-Stuttgart. http://www.studienkolleg-st-johann.de/joh2/index.php, aufgesucht am 4.1.2015.

[114] Paratum cor meum = Mein Herz ist bereit, o Gott", s. Psalm 56,8, s. ArKe: Annalen 1940, 227.

[115] Carl Rudorf (1905-1956), s. Jan Koppmann: Carl Rudorf – Kreisleiter des Kreises Ravensburg, in: Peter Eitel (Hg.): Ravensburg im Dritten Reich, Beiträge zur Geschichte der Stadt, Ravensburg, 1998, 65-86; Zum Sozialprofil der Kreisleiter, s. Christine Arbogast: Herrschaftsinstanzen der württembergischen NSDAP: Funktion, Sozialprofil und Lebenswege einer regionalen NS-Elite 1920-1960, (Nationalsozialismus und Nachkriegszeit in Südwestdeutschland, Bd. 7), München 1998, 129-145.

[116] Richard Drauz (1894-1946), Maschinenbauingenieur, Funktionär der NSDAP, 1932 ehrenamtlicher Kreisleiter von Heilbronn, hauptamtlich ab 1938-1945, 1946 von einem amerikanischen Militärgericht als Kriegsverbrecher verurteilt und hingerichtet, s. Susanne Schlösser: Was sich in den Weg stellt, mit Vernichtung schlagen: Richard Drauz, NSDAP-Kreisleiter von Heilbronn, in: Michael Kißener, Joachim Scholtyseck (Hg.): Die Führer der Provinz: NS-Biographien aus Baden und Württemberg. 2. Aufl. Konstanz 1999, 143-159; Arbogast: Herrschaftsinstanzen der württembergischen NSDAP, 24-26.

Kommissionsmitglied war ein dem Kloster bekannter gewisser Herr Blaser[117]. Dieser soll sich nach Kriegsende den Nonnen gegenüber zwar schuldbewusst, aber stets freundlich und zuvorkommend verhalten haben.[118]
Die damals erst 21-jährige Pfortenoblatin Sr. Candida Haaga befand sich zufällig allein im Pfortendienst, handelte aber sehr ruhig und umsichtig.[119]
Die Kommission erzwang nicht nur den Einlass ins Kloster, sondern machte auch vor der Klausur[120] nicht Halt: „Etwa um 10.00 Uhr herum kamen drei Herren und verlangten Einlass ins Kloster. Als sie um ihre Kennkarten gebeten wurden, wurde der ‚Anführer', der Kreisleiter Rudorf wütend, stampfte auf den Boden und schrie: ‚Machen Sie die Tür auf, sonst schlagen wir sie ein'[121]! Alle Türen nach außen konnten lediglich von innen geöffnet werden. Nach den damaligen Klausurvorschriften befand sich der einzige Schlüssel zur großen Klausurtür bei der Äbtissin. Dieser blieb unter dem großen Druck nichts anderes übrig, als die Tür öffnen zu lassen. Nach einer ausführlichen Besichtigung aller Räume, erklärte Rudorf das Haus für beschlagnahmt für die Unterbringung von Auslandsdeutschen aus Bessarabien.[122] Alle Proteste und der Hinweis, dass die Benediktinerinnen nur dieses einzige Haus besaßen, blieben wirkungslos.[123]
Einschließlich der Abtei Kellenried wurden allein in der Diözese Rottenburg 23 Klöster, Gemeindehäuser und andere katholische Einrichtungen als Umsiedlerlager beschlagnahmt, dazu sieben Häuser in evangelischer Trägerschaft sowie vier weitere Einrichtungen anderer Träger.[124] Im gesamten Reichsgebiet waren es weit über 200 Einrichtungen, die für Umsiedlerzwecke gewaltsam aufgehoben wurden.[125]

---

[117] Es könnte sich um den damaligen Kreisbaumeister Georg Blaser (1901-1973) gehandelt haben, s. KArR: Bestand B.3.RV.PS – PA 2013 (Landratsamt Ravensburg, Selektbestand Personalakten), mit Vorprovenienzen B.1.RV (Oberamt Ravensburg, bis 1938) und B.2.RV (Landratsamt Ravensburg, 1938-1972), ca. 1927-2005, Bü 153.
[118] ArKe: 025-2, Fasc.1, Erinnerungen M. Agnes, 4.
[119] ArKe: 025-2, Fasc.2, Annalen 1940-1945, Ergänzungen aus dem Jahre 1985 von Sr. Johanna Evangelista Guntli OSB.
[120] Klausur = innerhalb eines Klosters den Ordensleuten vorbehaltener, deshalb abgeschlossener Wohnbereich, s. Georg Schwaiger: Mönchtum, Orden, Klöster – von den Anfängen bis zur Gegenwart, ein Lexikon, München 1993, 286.
[121] ArKe: 025-2, Fasc.1, Erinnerungen M. Agnes, 4.
[122] ArKe: 032 Chronik der Abtei St. Erentraud Kellenried, 1. November 1940 bis 28. Oktober 1945, 1; 031 Annalen 1940, 1.11.1940, 328.
Bessarabien ist eine historische Landschaft in Südosteuropa, begrenzt vom Schwarzen Meer im Süden sowie den Flüssen Pruth im Westen und Dnister im Osten. Jahrhundertelang war das Land Pufferregion zwischen den Großmächten Österreich, Russland und dem Osmanischen Reich. 1940 wurden als Folge des Hitler-Stalins Paktes von 1939 die Angehörigen der deutschen Volksgruppe fast vollständig im Zuge der „Heim ins Reich"- Aktion umgesiedelt, s. Ute Schmidt: Bessarabien – Deutsche Kolonisten am Schwarzen Meer, 2. Aufl., Potsdam 2012; http://www.dw.de/bessarabien-deutsche-und-ihre-geschichte/a-6138367, aufgesucht am 15.1.2015.
[123] ArKe: 031 Annalen, Erinnerungen M. Agnes, 4.
[124] Martin Grasmannsdorf: Die Umsiedlungslager der Volksdeutschen Mittelstelle im Gau Württemberg-Hohenzollern 1940-1945, eine Bestandsaufnahme, Berlin 2013, 21f. Mertens, Himmlers Klostersturm, 152-157.
[125] Angaben nach Mertens: Himmlers Klostersturm, 20.

Die Häuser im Gau Württemberg-Hohenzollern erhielten in der chronologischen Reihenfolge ihrer Beschlagnahmung Ordnungsziffern, die bis zum Ende der Lagerzeit unverändert blieben. Kellenried wurde unter der Nr. 4 geführt.[126]
Hitler hatte bereits am 6. Oktober 1939 vor dem Reichstag als Folge des gelungenen Polenfeldzugs eine „neue Ordnung der ethnographischen Verhältnisse" angekündigt. Die „nicht haltbaren Splitter des deutschen Volkstums" sollten aus Nordost- und Südosteuropa umgesiedelt werden. In der politischen und gesellschaftlichen Situation der deutschen Siedlungsgebiete im Osten Europas sah Hitler eine „Ursache fortgesetzter zwischenstaatlicher Störungen", die nur auf dem Wege einer Umsiedlung zu beseitigen war.[127]
Die auch „Heim ins Reich"[128] genannte Umsiedlung der so genannten Volksdeutschen war Teil der von den Nationalsozialisten propagierten völkisch-rassistischen Neuordnungspolitik in Europa.[129] Darunter fiel auch die deutsche Volksgruppe aus Bessarabien.
Rudorf repräsentierte als Kreisleiter die unterste Herrschaftsebene der NDSAP, „auf der sich das Neben- und Gegeneinander von Partei- und Staatsverwaltung manifestierte. Die Kompetenzen der Kreisleitung reichten aus, um in staatliche Belange hineinzuregieren"[130]. Insofern war Rudorf mit einer Machtfülle ausgestattet, die ihn über die kommunalen Verwaltungsorgane wie Landrat, Kreistag und Bürgermeister hinaushob, zumal deren demokratische Legitimation längst der Gleichschaltung von 1933 zum Opfer gefallen war. Zwar besaß der Kreisleiter keine offizielle Weisungsbefugnis den Bürgermeistern gegenüber, kontrollierte jedoch ständig deren Amtsführung und gewann dadurch erheblichen Einfluss auf die personelle Situation in den Städten und Gemeinden.
Rudorf, ein „Muster-Nationalsozialist", hatte sich schon bald nach seinem Amtsantritt im Mai 1933 als „kleiner König" verhalten, dem sich Gemeinderäte und Bürgermeister völlig unterzuordnen hatten.[131]
In der Gemeinde Berg war er bereits vor der Machtergreifung tätig geworden. In der Ettishofer Gastwirtschaft „Zur Traube" versammelte er bei einem regelmäßig stattfindenden Stammtisch diejenigen Männer um sich, die sich später als nationalsozialistische Funktionäre in der Gemeinde hervor taten. „Er war unser Lehrer", erinnerte sich ein Zeitzeuge.[132]
Zur Einschätzung der Person Rudorfs heißt es in einem Dokument des Bürgermeisteramtes Ravensburg von 1947: „Der Genannte hat sich durch sein unver-

---

[126] Grasmannsdorf: Die Umsiedlungslager, 25.
[127] Max Domarus: Die NS-Bevölkerungs- und Vernichtungspolitik für Osteuropa: Hitlers Rede im Reichstag am 6. Oktober 1939, in: Hitler. Reden und Proklamationen 1932-1945, kommentiert von einem deutschen Zeitgenossen, Bd. 2, 4. Aufl., Leonberg 1988, 1377-1393.
[128] Zur Entstehung des Slogans, s. Wolfgang Benz u.a. (Hg.): Enzyklopädie des Nationalsozialismus, München 1998, 505.
[129] Ray M. Douglas: Ordnungsgemäße Überführung. Die Vertreibung der Deutschen nach dem Zweiten Weltkrieg, München 2012, 60-89; https://www.dhm.de/lemo/html/wk2/aussenpolitik/umsiedlung/index.html, aufgesucht am 2.5.2014.
[130] Arbogast: Herrschaftsinstanzen, 37-44.
[131] S. Koppmann: Carl Rudorf, in: Eitel, Ravensburg im Dritten Reich, 69ff.
[132] Jan Koppmann: Berg im Dritten Reich – Die Männer vom Stammtisch", in: Berg 1094-1994, 170.

schämtes Auftreten und Verhalten als Kreisleiter derart unbeliebt gemacht, dass ein Aufenthalt im Kreis Ravensburg unmöglich geworden ist"[133]. Dieser gefürchtete Parteifunktionär wurde nun zum direkten Gegenspieler der Schwestern von Kellenried. Die Klosterannalen berichten unter dem 10. November 1940, dass Rudorf persönlich der Initiator zur Beschlagnahme war. Das Kloster sei ursprünglich nicht zur Räumung vorgesehen gewesen, da die Kapazitäten für die Unterbringung der Umsiedler nicht ausreichten. Es sei die „persönliche Tat" des Kreisleiters gewesen, Kellenried auf die Liste der betroffenen Einrichtungen zu setzen.[134]

Den Klosterfrauen, vertreten durch Cellerarin und Subpriorin Frau Agnes Trescher und Hausmeisterin Frau Hildegard Reuß, gelang es durch geschicktes Verhandeln zunächst, einige Räume zur Unterstellung des Mobiliars von der Beschlagnahme frei zu bekommen, inklusive der Werkstätten und des Kellers im Südflügel bis zur Treppe. Desgleichen durften Kirche und Chor weiter benutzt werden. Die Ökonomie samt dem zugehörigen Gehöft wurde dem Konvent zur weiteren Bewirtschaftung belassen. Alles Übrige sollte in der denkbar kurzen Frist von vier Tagen bis zum 5. November 1940 geräumt werden.[135] Als Zeitraum für die Fremdnutzung wurden den Schwestern etwa sechs bis neun Monate genannt. Danach sollten die Umsiedler an anderen Orten untergebracht werden.[136]

---

[133] Stadtarchiv Ravensburg (StadtARV), A 1 4042, zitiert nach Koppmann: Carl Rudorf, 77.
[134] ArKe: 031 Annalen 1940, 11.11.1940, 245.
[135] Ebenda, 228.
[136] Ebenda.

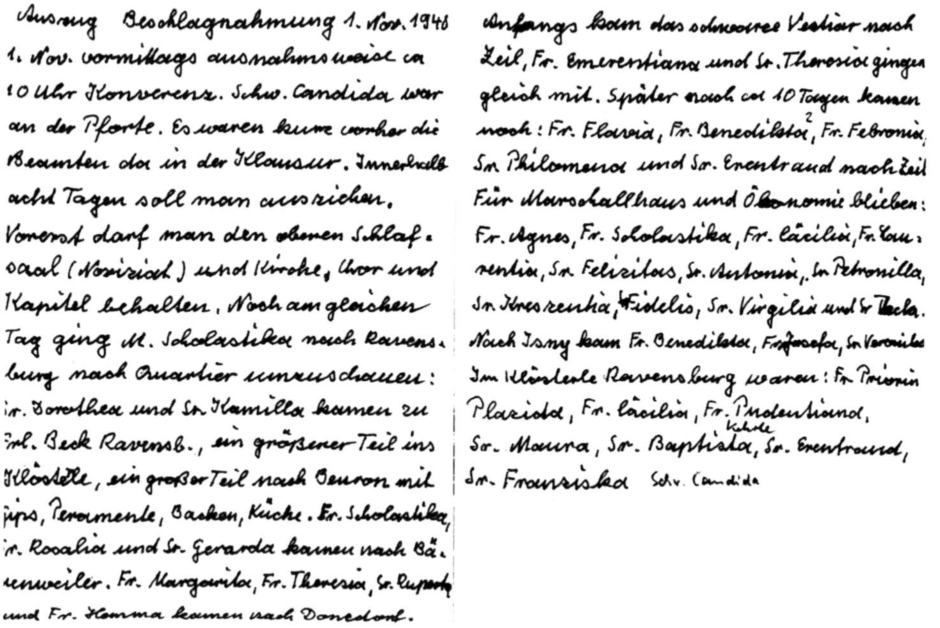

Auszug Beschlagnahmung 1. Nov. 1940
1. Nov. vormittags ausnahmsweise ca 10 Uhr Konvevenz. Schw. Candida war an der Pforte. Es waren kurz vorher die Beamten da in der Klausur. Innerhalb acht Tagen soll man ausziehen. Vorerst darf man den oberen Schlafsaal (Noviziat) und Kirche, Chor und Kapitel behalten. Noch am gleichen Tag ging M. Scholastika nach Ravensburg nach Quartier umzuschauen: Sr. Dorothea und Sr. Kamilla kamen zu Frl. Beck Ravensb., ein grösserer Teil ins Klösterle, ein großer Teil nach Beuron mit Gips, Paramente, Backen, Küche. Fr. Scholastika, Sr. Rosalia und Sr. Gerarda kamen nach Bärenweiler. Fr. Margarita, Fr. Theresia, Sr. Ruperta und Fr. Hemma kamen nach Donzdorf.

Anfangs kam das schwarze Vestiar nach Zeil, Fr. Emerentiana und Sr. Theresia gingen gleich mit. Später nach ca 10 Tagen kamen noch: Fr. Flavia, Fr. Benedikta 2, Fr. Febronia, Sr. Philomena und Sr. Erentraud nach Zeil. Für Marschallhaus und Ökonomie blieben: Fr. Agnes, Fr. Scholastika, Fr. Cäcilia, Fr. Laurentia, Sr. Felizitas, Sr. Antonia, Sr. Petronilla, Sr. Kreszentia, Fidelis, Sr. Virgilia und Sr. Thecla. Nach Isny kam Fr. Benedikta, Fr. Josefa, Sr. Veronika. Im Klösterle Ravensburg waren: Fr. Priorin Placida, Fr. Cäcilia, Fr. Prudentiana, Sr. Maura, Sr. Baptista, (Kehrle) Sr. Erentraud, Sr. Franziska Schw. Candida

Abb. 6: Bericht Sr. Ancilla OSB, Sr.Thekla OSB, Sr. Monika OSB, Fr. Maura OSB

Volkstumspolitische Ziele der Nationalsozialisten

Aufgabe und Funktion der Volksdeutschen Mittelstelle

Rudorf handelte im Auftrag der Volksdeutschen Mittelstelle, einer seit 1936/37 bestehenden Behörde des Deutschen Reiches mit der alleinigen Aufgabe, die volkstumspolitischen Ziele des Nationalsozialismus in Bezug auf die „Volksdeutschen„ umzusetzen. Dazu gehörten vor allem die Organisation des Transports und die Unterbringung bei der Umsiedlung aus den angestammten Gebieten ins Deutsche Reich bzw. in die annektierten Grenzgebiete des Ostens. Die Volksdeutsche Mittelstelle prüfte die rassische und politische Eignung der Neusiedler und selektierte Ausländer nach Eignung zur Eindeutschung. Ab Juni 1941 wurde die VoMi als SS-Hauptamt direkt dem Reichsführer SS, Heinrich Himmler[137], unterstellt, den Hitler zum „Reichskommissar für die Festigung des

[137] Heinrich Luitpold Himmler (1900-1945), Politiker der NSDAP, Reichsführer SS, Chef der deutschen Polizei, Reichskommissar für die Festigung des deutschen Volkstums, Reichsinnenminister, s. Wolfgang Scheffler: Himmler, Heinrich, in: NDB, Bd. 9, Berlin 1972, 172-175.

deutschen Volkstums" (RKFDV)[138] ernannte. Gemeinsam mit Martin Bormann[139] ist Himmler als der eigentliche Urheber des Klostersturms anzusehen. Das ganze Ausmaß der nationalsozialistischen Rassen- und Siedlungspolitik wurde noch einmal in aller Schärfe deutlich im 1941 vorgelegten Generalplan Ost.[140]

Die Rolle des NSDAP-Kreisleiters und VoMi-Einsatzführers Richard Drauz

Gesamteinsatzführer der Volksdeutschen Mittelstelle für Württemberg-Hohenzollern[141] war der NSDAP-Kreisleiter von Heilbronn, Richard Drauz. Dieser war berüchtigt durch sein brutales Auftreten gegenüber seinen politisch und weltanschaulich andersdenkenden Gegnern. „Noch heute steht der ehemalige Heilbronner NSDAP-Kreisleiter Richard Drauz in seiner Heimatstadt in einem überaus schlechten Ruf. Kommt das Gespräch auf ihn, ist bei Zeitzeugen von Brutalität, Rücksichts- und Skrupellosigkeit die Rede und von Angstgefühlen vermischt mit Verachtung, die man ihm gegenüber empfunden habe. Am liebsten hätte man nichts mit ihm zu tun haben wollen, sagten nach dem Krieg übereinstimmend sowohl Gegner wie Mitläufer des nationalsozialistischen Regimes und sogar ehemalige Mitstreiter, die sich damit – zumindest nachträglich – von dem 1946 durch die Amerikaner in Landsberg Hingerichteten distanzierten"[142].

Er war auch in den eigenen Reihen „nicht unumstritten und musste sich mehrfach wegen Untreue, Körperverletzung, politischer Unzuverlässigkeit und eines ‚unsittlichen' Lebenswandels vor dem NSDAP-Gaugericht verantworten"[143].

In den Jahren 1940/41 war er persönlich verantwortlich für die gewaltsame Auflösung einer Reihe württembergischer Klöster und anderer kirchlichen Einrich-

---

[138] Reichskommissar für die Festigung deutschen Volkstums (Kürzel: RKF, auch RKFDV) war die vom Reichsführer-SS bei der Erledigung der ihm von Adolf Hitler im Erlass zur Festigung des deutschen Volkstums vom 7.10. 1939 übertragenen Aufgaben geführte Amtsbezeichnung. Diese Aufgaben umfassten die Rückführung zur „endgültigen Heimkehr in das Reich„ von Reichs- und Volksdeutschen aus dem Ausland, die „Ausschaltung des schädigenden Einflusses" von „volksfremden Bevölkerungsteilen auf Reich und deutsche Volksgemeinschaft„ und „die Gestaltung neuer deutscher Siedlungsgebiete durch Umsiedlung", s. Peter Widmann: Reichskommissar für die Festigung deutschen Volkstums, in: Benz, Enzyklopädie des Nationalsozialismus, 677.
[139] Martin Bormann (1900-1945), Inhaber wichtiger Parteiämter in der NSDAP, Leiter der Partei-Kanzlei im Rang eines Reichsministers, Privatsekretär und Vertrauter Hitlers, s. Karl Buchheim: Bormann, Martin, in: NDB, Bd. 2, Berlin 1955, 465f.
[140] Generalplan Ost: Pläne, Planungsskizzen und Vortragsmaterialien zu einer möglichen neuen Siedlungsstruktur im Rahmen der nationalsozialistischen „Ostpolitik„ zusammengefasst. Diese theoretischen Konzepte bildeten auf der Grundlage der NS-Rassendoktrin eine Planungsgrundlage für eine Kolonisierung und „Germanisierung„ von Teilen Ostmittel- und Osteuropas. Diese Pläne waren durch die Kriegswende 1943 zum Scheitern verurteilt, s. Isabel Heinemann: „Rasse, Siedlung, deutsches Blut". Das Rasse- und Siedlungshauptamt der SS und die rassenpolitische Neuordnung Europas, Göttingen 2003.
[141] Mertens: Himmlers Klostersturm, 148ff.
[142] Ebenda, 143f.
[143] Ebenda, 149.

tungen und fiel dort durch sein zynisches, arrogantes Verhalten und sein ungebührliches Benehmen auf.[144]

Gaueinsatzführer Drauz wie Kreisleiter Rudorf schossen in ihrem Auftrag, die Aufhebung der Klöster durchzuführen, weit übers Ziel hinaus. In ihrer Amtsführung offenbarte sich der willkürliche und verbrecherische Charakter der NS-Herrschaft. Sie stehen exemplarisch für viele andere Unterführer der NSDAP aus der Region. Beide waren ohne eine engere religiöse Bindung, gemäß ihrer Weltanschauung aus der evangelischen Kirche ausgetreten, antikirchlich, besonders antikatholisch, eingestellt und daher im Kampf gegen die Klöster extrem engagiert.

„So waren es im deutschen Südwesten also weniger soziologisch klar zu definierende Personengruppen, die den Unrechtstaat Hitlers aufzubauen und zu exekutieren halfen, es war vielmehr eine sehr heterogene Gruppe von (z.T. daher auch miteinander verfeindeten) Menschen mit einem ganzen Bündel von Motiven, die trotz oder gerade wegen ihrer Unterschiede zur Durchsetzung des ja ebenso widersprüchlichen NS-Systems beitrugen"[145].

Reaktionen in Weingarten, Rottenburg und Kellenried

Die Schwestern erhielten unmittelbar nach der niederschmetternden Räumungsmitteilung moralische Unterstützung durch die benachbarte Abtei Weingarten, die wenige Tage zuvor ebenfalls von der Aufhebung betroffen war.[146] Abt Conrad Winter vermittelte den Mitschwestern in der Person von Dr. Albert Sauer[147], Ravensburg, eine wertvolle Hilfe. Sauer, ein entschiedener Gegner des Nationalsozialismus, hatte nach der Gleichschaltung von 1933 sein Mandat als Landtagsabgeordneter für die Zentrumspartei niederlegen müssen und arbeitete seither freiberuflich als Rechtsanwalt in Ravensburg. Er kam schon in den ersten Tagen nach der Beschlagnahmung mit dem Motorrad nach Kellenried hinauf, beriet Äbtissin und Cellerarin und setzte professionell und fachkundig für das Kloster verschiedene Schriftstücke auf, u.a. Protestbriefe an die höheren Parteistellen in Heilbronn und Berlin. Ohne Sauers kompetente und zügige Hilfe wären die Schwestern in eine noch misslichere Lage geraten. In ihren Erinnerungen

---

[144] Ebenda, 157ff.
[145] Kißener/Scholtyseck: Nationalsozialismus in der Provinz, Zur Einführung, in: Kißener/Scholtyseck: Die Führer der Provinz, 11-29, hier: 17.
[146] Die Beschlagnahmung von Weingarten erfolgte am 29.10. 1940, s. Grasmannsdorf: Die Umsiedlerlager, 18.
[147] Albert Sauer (1902-1981), Dr. jur. Rechtsanwalt in Ravensburg, bis 1933 Zentrumsabgeordneter im letzten württembergischen Landtag, 1941-1945 Kriegsdienst in der Wehrmacht, 1945/46 in Kriegsgefangenschaft, 1946 Mitbegründer der Bundes-CDU, 1947-1952 Kultus-, Erziehungs- und Kunstminister von Württemberg-Hohenzollern, 1946-1966 Oberbürgermeister von Ravensburg, Ehrenbürger der Stadt Ravensburg, s. Alfred Lutz: Albert Sauer (1902-1981), Ravensburger Oberbürgermeister und Kultminister von Württemberg-Hohenzollern (Teil I), in: Im Oberland, Kultur, Geschichte, Natur, Beiträge aus Oberschwaben und dem Allgäu, Heft 2, 13. Jhg. 2002, 44-54; Teil II, ebenda, Heft 3, 14. Jhg. 2003, 32-42.

weist Äbtissin Agnes Trescher daher dem Einsatz Sauers eine hohe Wertschätzung zu: „Dr. Sauer war sich bewusst, dass er mit dem Eintreten für unsere Belange, seine eigene Sicherheit gefährdete"[148].
Beim Begutachtungstermin der Klosterimmobilien durch die Parteifunktionäre zog Sauer auch den ihm bekannten pensionierten Stadtbaurat Karl Schmid[149] hinzu. Schmid besaß Sauers absolutes Vertrauen und war als „dauernd vereidigter gerichtlicher Bausachverständiger" der richtige Mann, um ein fundiertes Gutachten zu Zustand und Wert der Klostergebäude abzugeben.[150]

Erste Maßnahmen bestanden darin, die Bistumsleitung in Rottenburg zu informieren und um Hilfe zu bitten sowie bei den NS-Behörden aufschiebende Wirkung für den Termin der Räumung zu erreichen. Ein Telegramm an Einsatzführer Drauz vom 2. November beantwortete dieser postwendend. Er wies den Einspruch ab und erklärte die Beschlagnahmung für rechtmäßig, ließ sich aber dazu herab, die Räumungsfrist um einige Tage zu verlängern. „Das Kloster muss bis Dienstag, 12. November, nachmittags 14.00 Uhr, einem von mir Beauftragten übergeben werden. Heil Hitler! Drauz, Einsatzführer"[151].
So blieben nur elf Tage, um die nötigen Voraussetzung zur vollständigen Räumung zu schaffen. Rudorf übergab den Vorgang um die Beschlagnahmung von Kellenried mit der Bezeichnung „Gebäude Nr. 186", am 11. November 1940 an die VoMi-Geschäftsstelle in Heilbronn.[152] Bemerkenswert ist der Absatz 5 im Übergabeprotokoll: „Die endgültige Regelung hat sich wegen Vergütung für die Leistung der Reichsführer SS, Reichskommissar für die Festigung deutschen Volkstums, selbst vorbehalten. Solange eine Entscheidung durch den Reichskommissar hier nicht vorliegt, können Vereinbarungen wegen Bezahlung von Entschädigungen nicht getroffen werden"[153].

---

[148] ArKe: 025.2, Fasc.1, Erinnerungen M. Agnes, Nr. 6, 4.
[149] Karl Schmid, geb.1870, Stadtbaumeister in Neckarsulm. Nach der Einwohnermeldekartei im Stadtarchiv Ravensburg wohnte Schmid von 1928-1949 in Ravensburg. Auskunft von Kreisarchivar Reiner Falk, Ravensburg, 2.6.2015.
[150] ArKe: Cellleratur [Mappe 4], Protokoll über die Besichtigung der Benediktinerinnenabtei St. Erentraud e.V. am 11.11.1940, unterzeichnet von Cellerarin Agnes Trescher, den Lagerführern Sailer und Bogenrieder und Stadtbaurat i.R. Schmid; Abschrift in: Diözesanarchiv Rottenburg (DAR): G 1.6, 32, 1.
[151] ArKe: 025-2, Fasc.1, Schreiben Volksdeutsche Mittelstelle, Umsiedlung Gau Württemberg, Einsatzleiter an die Abtei St. Erentraud, Kellenried, Heilbronn, 5.11.1940; Staatsarchiv Sigmaringen (StAS) Wü 33/3036. Schreiben Drauz an die Abtei St. Erentraud Kellenried, Heilbronn, 5.11.1940.
[152] Kreisarchiv Ravensburg (KARV), Früheres Landratsamt Ravensburg, KARV-B.2. RV (in AG.1 RV)- AZ 1092.-prov. BÜ E 2733, Inanspruchnahme von Gebäuden des Klosters Kellenried, Gde. Berg, i Unterfasz./1-14 unter 1 cm, 1940-1945, Bl. 13, Vermerk Rudorf an Volksdeutsche Mittelstelle Gau Württemberg, Lager Kellenried, 11.11.1940.
[153] Ebenda: Inanspruchnahme von Gebäuden des Klosters Kellenried, Vermerk Rudorf, 11.11.1940.

Verschleierung der Rechtsgrundlage – willkürliche Auslegung des Reichsleistungsgesetzes

Den betroffenen Einrichtungen wurden zur Begründung der Maßnahmen dringliche „Reichsaufgaben" vorgespielt, auf der Basis des sogenannten „Reichsleistungsgesetzes" vom 1. September 1939.[154] Die Tradition dieses Gesetzes reichte bis ins 19. Jahrhundert zurück. Sie beruhte auf der Grundlage, dass in Kriegszeiten bestimmte Räume und Gebäude von der bewaffneten Macht für militärische Zwecke beschlagnahmt werden durften. Diese Berechtigung wurde im Reichsleistungsgesetz vom 1.9.1939 ausgedehnt auf „andere staatliche oder mit staatlichen Aufgaben beauftragte Bedarfsstellen"[155]. Da die Volksdeutsche Mittelstelle nicht als Bedarfsstelle genannt war, wies die Berliner Zentrale die örtlichen Einsatzführer an, sich die Beschlagnahmungen von den zuständigen Landräten oder Oberbürgermeistern genehmigen zu lassen.[156] Für den Landkreis Ravensburg war dafür Landrat Theodor Kreeb[157] zuständig.

Dem Eigentümer der betroffenen Gebäude stand eine gesetzlich festgelegte Entschädigung der zur Verfügung gestellten Leistungen zu, einschließlich nachzuweisender Verluste und Beschädigungen. Ausdrücklich festgelegt war auch die Wahrung des Eigenbedarfs. Nur Räume, die der Eigentümer nicht unbedingt benötigte, durften beschlagnahmt werden.[158] Anspruch und Wirklichkeit lagen jedoch in der Praxis der NS-Behörden weit auseinander. Drauz und Rudorf lehnten den Anspruch auf Eigenbedarf rundweg ab und erklärten auf telefonische Nachfrage des Klosters, der § 5 des Reichsleistungsgesetzes sei außer Kraft gesetzt.[159]

Rechtsmittel gegen die Inanspruchnahme von Leistungen waren nicht vorgesehen, eine unabhängige Kontrollinstanz über die Wahrung des Gesetzes existierte nicht. So war einer willkürlichen Auslegung des Reichsleistungsgesetzes Tür und Tor geöffnet. Davon machten die ausführenden Parteiorgane ausführlich Gebrauch. Sie besaßen damit ein wirksames Instrument, um gegen die kirchlichen Träger vorzugehen, auf deren Vermögenswerte sie schon lange spekuliert hatten. Da die Rückgabe nicht mehr benötigter Gebäude an die Eigentümer kirchlicher Einrichtungen von vornherein nicht vorgesehen war, bestanden alle

---

[154] RGBl I 1939, 1645-1654. Gesetz über Sachleistungen für Reichsaufgaben (Reichsleistungsgesetz) vom 1. September 1939.
[155] Mertens: Himmlers Klostersturm, 77ff.; Grasmannsdorf: Die Umsiedlungslager, 31ff.
[156] Ebenda, 158f.
[157] Theodor Kreeb (1882-1954), Jurist, Verwaltungsbeamter, 1937-1945 Landrat des Landkreises Ravensburg, im Mai 1945 von der französischen Militärregierung suspendiert, im Juli 1945 von der amerikanischen Militärregierung entlassen, s. Arbeitsgemeinschaft der Kreisarchive beim Landkreistag Baden-Württemberg, Red.: Wolfram Angerbauer: Die Amtsvorsteher der Oberämter, Bezirksämter und Landratsämter in Baden-Württemberg 1810 bis 1972, Stuttgart 1996, 364.
[158] RGBl I 1939, § 5, 1: Gewährung von Unterkunft nur insofern, „als der Unterkunftgeber in der Benutzung für seine Wohn-, Wirtschafts-, Berufs- und Gewerbebetriebsbedürfnisse unentbehrliche Räume und Plätze nicht gehindert wird".
[159] StAS: Wü 33/3036, Wiedergutmachungsverfahren der Abtei Kellenried, Abtei St. Erentraud, Nr. 4, Sr. Laurentia Laurentius, Anlage zum Antrag auf Wiedergutmachung, zu II, Angaben über die Verfolgung bzw. Schädigung, 9.7.1954, 1.

einschlägigen Gesetzestexte nur auf dem Papier. Hitler selbst hatte befohlen, „diese Klöster nie wieder herauszugeben"[160]. Als mittelfristiges Ziel schwebte den Nationalsozialisten vor „die Zertrümmerung des gesamten, im Laufe der Jahrhunderte zusammengeschacherten Kirchenbesitzes mit dem Ziel der Rückführung in das Vermögen des deutschen Volkes"[161].
Diese geheim gehaltenen Pläne der Nationalsozialisten blieben den betroffenen Einrichtungen wohlweislich vorenthalten. Für die Nationalsozialisten galten die Ordensgemeinschaften und Klöster im Rahmen des Kirchenkampfes als „Elitetruppen"[162], die in besonderer Weise das weltliche Machtstreben des Papsttums verkörperten. Ein Dorn im Auge waren den Nationalsozialisten auch die Ordensgelübde, vor allem das vorsätzliche Versprechen zur Ehelosigkeit, welches insbesondere bezüglich der weiblichen Orden diametral zum nationalsozialistischen Frauenbild stand. Die „natürliche" Aufgabe der deutschen Frau hatte darin zu bestehen, möglichst viele Kinder zur Welt zu bringen und damit der Volksgemeinschaft zu dienen. Die Nachkommenschaft sollte vorrangig zur Ausbreitung der „arischen Rasse" beitragen. Dass Ordensfrauen auf Grund ihrer Berufung zum geistlichen Leben einem solch ideologisch verbrämten Frauenbild nicht entsprachen, passte ebenso wenig in die Vorstellung der Nationalsozialisten wie das Gelübde der persönlichen Armut und das Gehorsamsgelübde den Oberen gegenüber. Die Orden mit ihrem spezifischen Eigenleben wurden als „Staat im Staat" betrachtet und galten innerhalb der NS-Gesellschaft als fehl am Platze.[163]
Ihre Auflösung und Vernichtung war daher ein anzustrebendes Fernziel der nationalsozialistischen Kirchenpolitik.[164]
Entschädigungsleistungen für kontemplative Orden wurden schlichtweg abgelehnt.
Da diese selbst nicht arbeiteten, für die Volksgemeinschaft also nutzlos waren, „sei eine Entschädigung überhaupt nicht gerechtfertigt, da diese Orden ja zuvor durch Eigennutzung auch nicht daran verdient hätten"[165].

Unter dem Vorwand, als Staatsbürger bei öffentlichen Notständen einsatzbereit sein zu müssen, hier für die angeblich reichsnotwendigen Umsiedlungen, wurden die Betroffenen in die „vaterländische" Pflicht genommen. Diese Vorgehensweise stieß bei den beschlagnahmten Einrichtungen nicht von vornherein

---

[160] Zitiert nach Mertens: Himmlers Klostersturm, s. Anm. 267, 134.
[161] Himmler vor SS-Führern im März 1940, zitiert nach Leugers: Gegen eine Mauer bischöflichen Schweigens, 150. Quelle: Ludwig Volk (Bearb.): Akten deutscher Bischöfe über die Lage der Kirche 1933-1945, Bd. V: 1940-1942, (Veröffentlichungen der Kommission für Zeitgeschichte, Reihe A, Quellen, 34), Mainz 1983, 314, Anm. 2.
[162] Mertens: Himmlers Klostersturm, 47.
[163] Leugers: Gegen eine Mauer bischöflichen Schweigens, 148.
[164] S. Mertens: Himmlers Klostersturm, 46-52.
[165] Aussage Himmlers gegenüber Franz Ritter von Epp vom 25.10.1941, zitiert nach: Leugers: Gegen eine Mauer bischöflichen Schweigens, 155. Franz Ritter von Epp (1868-1947), NSDAP-Politiker, Reichsstatthalter in Bayern 1933-1945. Wolfgang Zorn: Epp, Franz Xaver Ritter v., in: NDB, Bd 4, Berlin 1959, 547f.

auf Ablehnung. Die Orden waren im Prinzip bereit, Raum und Personal für soziale und karitative Zwecke bereit zu stellen. Dies war im Ersten Weltkrieg bereits geschehen, z.B. durch die Einrichtung von Lazaretten in Klöstern und in anderen Häusern in kirchlicher Trägerschaft. „Die Orden hielten es für selbstverständlich, an die Kooperation mit dem Militär im Ersten Weltkrieg anzuknüpfen"[166]. Die Aufforderung zur Räumung stand insofern zunächst in diesem Kontext.
Auf Grund des brutalen und unüberschaubaren Vorgehens kam es aber zu zahlreichen Protesten. Gleichwohl richteten diese gegenüber dem mittlerweile das gesamte gesellschaftliche Leben dominierenden Parteiwesen nur wenig aus. „Für die Volksgenossen im Lande waren die Unterführer die ersten und weitaus wichtigsten Repräsentanten des NS-Staates, näher und fassbarer als der ‚Führer' und sein Gefolge in Berlin"[167].

Hilfe durch das bischöfliche Ordinariat Rottenburg

Bereits am Tage der Beschlagnahmung hatte sich die Abtei St. Erentraud telegrafisch und brieflich mit dem Bischöflichen Ordinariat in Rottenburg in Verbindung gesetzt und den Vorfall dort zur Kenntnis gegeben.[168] Da Bischof Sproll bereits in der Verbannung weilte, zeichnete Weihbischof Franz Joseph Fischer[169] stellvertretend für die bischöflichen Amtshandlungen verantwortlich. In der Auseinandersetzung mit den Nationalsozialisten, insbesondere um die Beschlagnahmung der Klöster, war Generalvikar Max Kottmann die treibende Kraft.
Generalvikar und Diözesanverwaltungsrat setzten sich unmittelbar nach Beginn der Ereignisse für die beschlagnahmten Einrichtungen im Bistum ein.[170] Auch die Ordenseinrichtungen selbst meldeten ihren Widerspruch an. Die Bistumsleitung ließ sich regelmäßig über den Fortgang Bericht erstatten und unterstützte die Maßnahmen, wo sie nur konnte. In Kellenried erschien in den ersten Novembertagen der Vorsitzende des Diözesanverwaltungsrats Dr. Josef Schneider[171], um den Schwestern persönlich den Beistand des Ordinariats zuzusichern.

---

[166] Mertens: Himmlers Klostersturm, 84.
[167] Kißener/Scholtyseck: Nationalsozialismus in der Provinz, Zur Einführung, 11.
[168] ArKe: 025-2, Fasc.1, Mitteilung der Benediktinerinnenabtei St. Erentraud, Kellenried an das Hochwürdigste Bischöfliche Ordinariat Rottenburg, 1.11.1940; s. auch Diözesanarchiv Rottenburg (DAR), G 1.6/17.
[169] Franz Joseph Fischer (1871-1958), Priesterweihe 1895, 1912 Regens des Priesterseminars Rottenburg, 1924 Domkapitular, 1929-1958 Weihbischof im Bistum Rottenburg-Stuttgart und Titularbischof von Zuri, s. Fischer, Franz Joseph, in: Erwin Gatz (Hg.): Die Bischöfe der deutschsprachigen Länder. Ein biographisches Lexikon, 2 Bde., Berlin 1983/2002, 478.
[170] StAS: Wü 33/3036, Wiedergutmachungsverfahren der Abtei Kellenried, Schreiben Diözesanverwaltungsrat Rottenburg an Volksdeutsche Mittelstelle Berlin, betr. Beschlagnahme von kirchlichen Gebäuden für Rückwanderer (Abschrift), Rottenburg, 9.11.1940.
[171] Josef Schneider (1893-1978), Jurist, 1923-1933 Bürgermeister von Rottenburg, Rücktritt unter dem Druck des nationalsozialistischen Regimes, 1933-1958 Oberfinanzrat im Bischöflichen Ordinariat Rottenburg, zuständig für die Verwaltung der Klöster und kirchlichen Anstalten, 1947-1948 ehrenamt-

Da die Entschädigungsstelle der VoMi ausdrücklich einen zentralen Verhandlungspartner wünschte, erklärte sich der Diözesanverwaltungsrat bereit, die Entschädigungsansprüche nicht nur für die der bischöfliche Aufsicht unterstellten Körperschaften und Anstalten zu führen, sondern auch für die „nicht unserer Aufsicht unterstellten Klöster"[172].

Die Bündelung der Interessen der Betroffenen erwies sich als sinnvoll, da es bei den schwierigen Verhandlungen mit den NS-Behörden sachkundiger Verhandlungspartner bedurfte. Die Leitungen der Klöster und Einrichtungen wären auf sich allein gestellt hoffnungslos überfordert gewesen, angesichts der komplexen Sachlage der anstehenden Fragen und Probleme.[173] Für die Benediktinerinnen von Kellenried als exemtes Kloster war dies ein höchst willkommenes Angebot in der Not. Während der gesamten Kriegsjahre nahm das Bistum gewissenhaft und fürsorglich seine Aufgabe für die Klöster wahr und bot damit auch Kellenried einen sicheren Rückhalt.

Zu Bischof Sproll bestanden auch während dessen Abwesenheit von Rottenburg gute Kontakte. „Auch in der Verbannung schenkte der Bischof St. Erentraud sein väterliches Wohlwollen. Auf jede Todesanzeige antwortete er und wiederholt bot er sich an, uns mit Geldmitteln auszuhelfen[174]". So erhielten die Nonnen im Oktober 1944 eine Spende von Bischof Sproll zur Tilgung einer größeren Schuld. Als Äbtissin Scholastica sich bedankte, kam als Antwort noch einmal dieselbe Summe.[175]

Die Kellenrieder Annalen würdigten ausdrücklich die Verdienste Sprolls nach dessen Rückkehr im Juni 1945: „Er war jederzeit ein unerschrockener Verteidiger des katholischen Glaubens, und in seiner Hirtensorge sah er trotz der vielfachen Wahrung des guten Scheines den Vernichtungskampf voraus, den das nationalsozialistische System für Kirche und Christentum bereitete"[176].

Im Gegensatz zu Bischof Sproll, der stets die offene Auseinandersetzung mit den Nationalsozialisten gesucht hatte, setzten Fischer und Kottmann mehr auf Diplomatie und Kompromisse. So versuchte Kottmann, den Spielraum für Verhandlungen auszuloten, um dadurch unnötige Konfrontationen mit den NS-Behörden zu vermeiden.[177]

Bereits nach der ersten Beschlagnahmungswelle hatte Kottmann die betroffenen Einrichtungen am 9.11.1940 aufgefordert, ihre Entschädigungsansprüche anzumelden sowie die Berechnung der Mietforderungen auf der Grundlage des Reichsleistungsgesetzes hinzuzufügen. Die Vertretung der Ansprüche der katholischen Einrichtungen bei den übergeordneten Stellen in Berlin wurde auf Anra-

---

licher Bürgermeister von Rottenburg, 1949-1952 MdL (CDU) von Südwürttemberg-Hohenzollern. Jahresbericht der Stadt Rottenburg am Neckar, 1992, 5f.
[172] ArKe: Celleratur [Mappe 4], Schreiben Diözesanverwaltungsrat an die für Umsiedler beschlagnahmten Anstalten, Rottenburg, 19.11.1940, gez. Storr.
[173] Mertens: Himmlers Klostersturm, 187-191.
[174] ArKe: 031 Annalen 1945, 30.6.1945, 134.
[175] ArKe: 031 Annalen 1944, 29.9.1944, 128.
[176] ArKe: Annalen 1945, 30.6.1945, 133.
[177] Mertens: Himmlers Klostersturm, 152.

ten des Bischöflichen Ordinariats durch die Solidaris Treuhand GmbH in Breslau übernommen.[178]
Der Schriftsatz des Klosters Kellenried an den Diözesanverwaltungsrat vom 13.11.1940 umfasst insgesamt zehn Anlagen, u.a. die Übergabeprotokolle an den Einsatzleiter der VoMi, den örtlichen Kreisleiter, die Aufstellung der Mietforderungen, den Entwurf eines Mietvertrags sowie die Aufstellung der Brennvorräte.[179] Zu diesem Zeitpunkt gingen beide Korrespondenzpartner noch von der Rechtstreue der VoMi auf der Grundlage des Reichsleistungsgesetzes aus.

Ein Blick auf den deutschen Episkopat und sein Verhältnis zu den Ordensgemeinschaften

Auch in den übrigen Bistümern regte sich Widerstand und Protest gegen die willkürlichen Aktionen der Nationalsozialisten. Obwohl der deutsche Episkopat in seiner Gesamtheit ohne Zweifel die Ideologie des Nationalsozialismus ablehnte, war er in der Vorgehensweise gegenüber der geltenden politischen Praxis häufig uneins. Anerkennung der rechtmäßig gewählten Obrigkeit und Erfüllung der vaterländischen Pflicht galten als wichtige Prinzipien. Dahinter standen „Werte wie Ehre, Sicherheit, Schutz des Friedens, Gleichberechtigung in der Völkerfamilie, Sorge um die Zukunft von Volk und Vaterland"[180], die sowohl vom gläubigen Volk als auch von den Bischöfen geteilt wurden. Der Episkopat dachte, bis auf wenige Ausnahmen[181], nicht politisch und war in der Auseinandersetzung mit den Regierungsstellen unerfahren. Das politische Sprachrohr der katholischen Kirche, die Zentrumspartei[182] hatte sich nach der Gleichschaltung von 1933 selbst aufgelöst und stand für eine Interessenvertretung nicht mehr zur Verfügung.

---

[178] Solidaris Treuhand GmbH, gegründet 1932 in Berlin als Prüfungs- und Beratungsgesellschaft, mit dem Ziel der Unterstützung von Trägern und Einrichtungen der Freien Wohlfahrtspflege auf den Feldern Wirtschaftsprüfung sowie Rechts-, Steuer- und Unternehmensberatung. Sie zählt mit ihren am christlichen Menschenbild orientierten Werten zu den traditionsreichsten Unternehmen in der Betreuung gemeinnütziger Träger und Einrichtungen des Gesundheits-, Sozial- und Wohlfahrtswesens in Deutschland. 1932-1939 Errichtung von weiteren Niederlassungen in Köln, München, Freiburg, Breslau und Wien, s. http://www.solidaris.de/unternehmen/chronik.php, aufgesucht am 11.5.2014.
[179] ArKe: Cellerarat [Mappe 4], Dok. Nr. 10, Schreiben Abtei St. Erentraud an den Diözesanverwaltungsrat Rottenburg, Kellenried, 13.11.1940.
[180] Leugers: Gegen eine Mauer bischöflichen Schweigens, 16.
[181] Zu den politisch progressiv ausgerichteten Bischöfen gehörten Konrad Graf von Preysing, Berlin, Michael von Faulhaber, München-Freising, Clemens August Graf von Galen, Münster, später noch Josef Frings, Köln.
[182] Herbert Gottwald/Günther Wirth: Zentrum 1870-1933 (Deutsche Zentrumspartei, 1918/19 Christliche Volkspartei Zentrum), in: Dieter Fricke u.a. (Hg.): Lexikon zur Parteiengeschichte. Die bürgerlichen und kleinbürgerlichen Parteien und Verbände in Deutschland (1789-1945). Bd. 4, Köln/Leipzig 1986, 552–635.

Besondere Bedeutung hatte die Exemtion für Orden und Klöster, die durch diesen Status eine gewisse rechtliche Eigenständigkeit gegenüber den jeweiligen lokalen und regionalen kirchlichen Amtsträgern erhalten konnten.
Adolf Kardinal Bertram[183], der Vorsitzende der Fuldaer Bischofskonferenz, wählte bis zum Kriegsende bevorzugt den Weg schriftlicher Eingaben bei den verschiedenen Behörden, die letztlich jedoch keine Wirkung zeigten. Bertram lehnte die Ideologie der Nationalsozialisten zwar völlig ab, vermied aber alle Maßnahmen, die zum offenen Bruch zwischen Kirche und Staat hätten führen können.[184]
In der Angelegenheit der Klosterbeschlagnahmungen richtete der Kardinal etliche Protestnoten an die Volksdeutsche Mittelstelle, ab 1941 an den Reichskommissar für die Festigung deutschen Volkstums.[185] Bertram wandte sich hier vor allem gegen die übermäßige Härte des Vorgehens. Er sah die berufliche und wirtschaftliche Existenz der Ordensgemeinschaften gefährdet und drang auf die korrekte Einhaltung des Reichsleistungsgesetzes. Der von Bertram Ende 1940 verfasste Bericht für den Papst zur kirchenpolitischen Lage in der Diözese Breslau ging insbesondere auf die Nöte der Klosterbeschlagnahmungen ein, hervorgerufen durch das harte Verhalten der ausführenden Organe der NS-Organisationen.[186] Diese Ausführungen trafen auf Kloster Kellenried in vollem Umfang zu.
Bertram ging bei seinen Eingaben davon aus, „dass Staat, Verwaltung, Justiz und Bürokratie noch geregelt funktionierten und Eingaben und Verhandlungen Veränderungen schaffen könnten"[187]. Diese Einschätzung erwies sich jedoch als völlig aussichtslos angesichts des erklärten Zieles der Nationalsozialisten, die katholische Kirche auf Dauer völlig an den Rand der Gesellschaft zu drängen und sie schließlich kompromisslos zu vernichten.
Da der Episkopat insgesamt in der Frage des Vorgehens uneins und unentschlossen war, kam es in der Angelegenheit der Orden bis zum Kriegsende zu keiner größeren gemeinsamen Aktion durch die Fuldaer Bischofskonferenz. Eine Rolle dabei mögen in einigen Bistümern auch latent vorhandene Vorbehalte in Bezug auf das gewisse Eigenleben gespielt haben, welches exemte Ordensgemeinschaften seit dem Mittelalter im Verhältnis zum jeweiligen Ortsbischof pflegten.[188]

---

[183] Adolf Kardinal Bertram, Dr. theol. et iur. can., (1859-1945), Priesterweihe 1881, 1906 Bischof von Hildesheim, 1914 Fürstbischof von Breslau, ab 1930 Erzbischof, 1919-1945 Vorsitzender der Fuldaer Bischofskonferenz.
[184] Zur Person und Wirken Bertrams, s. Sascha Hinkel: Adolf Kardinal Bertram. Kirchenpolitik im Kaiserreich und in der Weimarer Republik, Paderborn 2010.
[185] Volk: Akten deutscher Bischöfe V: Dok. 608, Bertram an Volksdeutsche Mittelstelle, Breslau, 9. November 1940, 253ff. Eine Abschrift der Eingabe sandte Bertram am 10. November 1940 an Himmler, s. ebenda, 254, Anm. 3, ferner an den Reichsminister und Chef der Reichskanzlei, Lammers, Breslau, 22. April 1941, s. ebenda, Dok. 649, 345ff.; Mertens: Himmlers Klostersturm, 178, Anm. 243.
[186] Volk: Akten deutscher Bischöfe V, Dok. 616: Bertram an Pius XII., 1. Dezember 1940. Bemerkungen betreffend die kirchenpolitische Lage am Ende des Jahres 1940, 278.
[187] Leugers: Gegen eine Mauer bischöflichen Schweigens, 148.
[188] Zur Exemtion (lat. Herausnahme) in der katholischen Kirche, „bezeichnet in der Regel eine vom Apostolischen Stuhl verfügte vollständige oder teilweise Herausnahme aus der Unterstellung unter den

„Im Verhältnis der exemten Orden gegenüber Anweisungen und Ratschlägen der Bischöfe bestanden unübersehbare Animositäten und Empfindlichkeiten"[189], ergab die Analyse von Antonia Leugers.
Mit dem Beginn des Klostersturms bestätigte es sich auf fatale Weise, dass die Ausführungen des Reichskonkordats von 1933 über die Orden den monastischen Gemeinschaften keinen ausreichenden Schutz boten.
So gründete sich im Sommer 1941 bei der Fuldaer Bischofskonferenz der „Ausschuss für Ordensangelegenheiten." Das Gremium, maßgeblich durch den Jesuiten Augustin Rösch[190] inspiriert, hatte es sich zum Ziel gesetzt, Einfluss auf die Bischofskonferenz zu gewinnen und vom harmonisierenden Kurs Kardinal Bertrams und der überwiegenden Mehrheit der Bischöfe abzurücken. Röschs Beweggründe zum politischen Widerstand waren nicht nur in der misslichen Situation der Orden zu suchen, sondern in der Auffassung von der grundsätzlichen Unvereinbarkeit von Christentum und der NS-Ideologie; (….) man dürfe nicht übersehen, dass der Kampf gegen die Orden immer nur als ein Teil des Kampfes gegen die Kirche und das Christentum überhaupt angesehen und gewertet werde müsse. (…) Dieser Kampf wird schrittweise, aber konsequent geführt"[191].
Rösch machte deutlich, dass der eigentliche Urheber Hitler selbst war:
„(…) dass nämlich die Aufhebung der Klöster von der obersten Partei- und Staatsführung beschlossen und gewollt sei. In einem absolut autoritären Staat ist es unmöglich, dass die Führung nichts von einem Vorgehen weiß, das große Teile der Bevölkerung beunruhigt; dass sie nichts erfahren würde von den vielen Eingaben, die an sie gerichtet sind: schließlich werden durch positive Äußerungen der Gestapo, von leitenden Beamten diese Auffassungen hinreichend bewiesen, nicht zuletzt auch durch die Stoppverordnung, die ja vom Führer selbst ausgeht"[192].
Rösch hatte bereits beim Konkordatsabschluss vor der mangelnden Einsicht manches hochrangigen Repräsentanten der Weltkirche in die Bedeutung des Ordenslebens für die Gesamtkirche gewarnt: „Selbst in klerikalen Kreisen sieht man die Orden heute vielfach als überholt an, jedenfalls wird ihre Bedeutung unterschätzt; man vergisst, dass ein Bollwerk der Kirche verloren ging, trotz des kleinen Vorteils oder scheinbaren Erfolges, den man selbst dadurch erreichte"[193].

Diözesanbischof", in: Ulrich Rhode: Exemtion, in: Dominicus M. Meier/Elisabeth Kandler-Mayr/ Josef Kandler: 100 Begriffe aus dem Ordensrecht, St. Ottilien, 180f.
[189] Leugers: Gegen eine Mauer bischöflichen Schweigens, 143.
[190] Augustin Rösch SJ (1893-1961), Mitglied des Jesuitenordens, 1925 Priesterweihe, 1935-1944 Provinzial der Oberdeutschen Ordensprovinz der Jesuiten in München, im Zusammenhang mit dem 20. Juli 1944 verhaftet, entging wie durch ein Wunder der Vollstreckung des Todesurteils, s. Roman Bleistein: Augustinus Rösch, Leben im Widerstand, Frankfurt/M. 1998.
[191] Zitiert nach Ger van Roon: Die Widerstandsbewegung des Kreisauer Kreises. Ihr Zukunftsbild für eine Neuordnung in Deutschland und Europa", in: Stiftung Schlesien, Die kleine Reihe, Bd. 5, Vortrag im Rahmen der Preußischen Tafelrunde der Volkshochschule am 24. April 1989 in Münster, 18f.
[192] Aufzeichnung Rösch für die die neu hinzugetretenen Mitglieder des Ordensausschusses (Bischöfe Berning und Preysing), München, 31. August 1941, in: Roman Bleistein (Hg.): Augustin Rösch Kampf gegen den Nationalsozialismus, Frankfurt a.M. 1985, 91.
[193] Ebenda: Augustin Rösch Kampf gegen den Nationalsozialismus, 95.

Als Gegenspieler Bertrams im Episkopat, der mit Rösch und den übrigen Mitgliedern des Ordensausschusses entschieden für eine grundlegende Kursänderung gegenüber der Regierung eintrat, steht vor allem der Bischof von Berlin, Konrad Graf von Preysing.[194]

Neben Rösch und Preysing gehörten dem Ordensausschuss an: Johann Baptist Dietz, Bischof von Fulda, die beiden Dominikaner Odilo Braun und Laurentius Siemer, der Jesuit Lothar König sowie der Jurist und Staatswissenschaftler DDr. Georg Angermaier.[195] Die kleine Gruppe setzte sich unerschrocken für offenere und kämpferische Maßnahmen gegenüber den Nationalsozialisten ein und versuchte, die Interessen der Orden wirksamer in den Blickpunkt zu rücken. Vor allem durch Hirtenbriefe und Predigten sollte nicht nur die katholische Bevölkerung, sondern auch eine breitere Öffentlichkeit von Christen anderer Konfession sowie Nichtchristen über das wahre Gesicht des menschenverachtenden Regimes informiert, aufgerüttelt und für den Widerstand mobilisiert werden. Ausgehend von seinem generellen Anliegen versuchte der Ausschuss, die Lageberichte der aus ihren Häusern vertriebenen Ordensgemeinschaften zu sammeln und zu analysieren und daraus Handlungsvorschläge für die Bischofskonferenz zu entwickeln.

„Im Mittelpunkt stand für sie [die Mitglieder des Ordenssausschusses] nicht die Kirche als pastorale Institution, sondern die Kirche als Kirche für andere, in der sich Christsein in der Tat für den Nächsten zu realisieren hatte, die das Martyrium nicht scheut"[196].

---

[194] Konrad Graf von Preysing, (1880-1950), Bischof von Eichstätt und Berlin, in: Gatz: Die Bischöfe der deutschsprachigen Länder, 573-576.
[195] Johannes Baptist Dietz (1879 -1959), von 1938-1958 Bischof von Fulda; P. Laurentius Siemer OP (1888-1956), Provinzial der Dominikaner-Provinz Teutonia; P. Odilo Braun OP (1899-1981), Leiter des Albertus Magnus-Verlages in Vechta, Schriftleitung der Missionszeitschrift „Der Apostel"; P. Lothar König SJ (1906 -1946), als „Sekretär" Röschs unentbehrliche Stütze und engster Vertrauter seines Provinzials; Georg Angermaier (1913-1945), Justiziar der Diözese Würzburg, Rechtsberater mehrerer Ordensgemeinschaften, s. Leugers: Eine Mauer bischöflichen Schweigens, 109ff.; dies:: Georg Angermaier 1913-1945. Katholischer Jurist zwischen nationalsozialistischem Regime und Kirche. Lebensbild und Tagebücher, Mainz 1997.
[196] Leugers: Eine Mauer bischöflichen Schweigens, 140.

5. Konsequenzen in Kellenried

Die unmittelbare Betroffenheit der Kellenrieder Benediktinerinnen auf die Beschlagnahmung lässt sich aus den Aufzeichnungen vom 1. November 1940 ablesen. Bereits Wochen zuvor, als die Gefahr sich andeutete, hatte Äbtissin Scholastica die Gemeinschaft darauf vorbereitet, sich auf alle möglichen Konsequenzen einzustellen, sich aber möglichst nicht um die Zukunft zu sorgen. Als Glieder der Kirche könne es gar nicht anders sein, als in irgendeiner Weise an ihrem Leiden teilhaben zu müssen. „Unser Kloster ist beschlagnahmt, geben wir uns Gott hin, so wie im Augenblicke unserer heiligen Profess in voller Bereitschaft und in unendlichem Vertrauen. Wir wollen fest zusammenhalten und wenn möglich auch zusammenbleiben"[197]. Getragen von großem Gottvertrauen und „im Bewusstsein der verborgenen Vorsehung Gottes"[198], forderte die Äbtissin ihre Mitschwestern auf, das unabwendbare Leid auf sich zu nehmen und geduldig im Gebet zu ertragen. „Und doch war es volle, harte Wirklichkeit, als am 1. November 1940 eine Kommission unseren Klosterfrieden störte, rücksichtslos alle Räume betrat und das ganze Haus als beschlagnahmt erklärte für die Umsiedlungsaktion"[199], heißt es rückblickend in der Klosterchronik.

Die politischen Ereignisse und ihre Folgen werden in den Niederschriften des Klosters nicht weiter kommentiert. Aufschluss über die persönliche Einstellung der Schwestern lassen sich aus den vorhandenen Quellen nur andeutungsweise feststellen, zumal negative Äußerungen über das Vorgehen der Nationalsozialisten, sofern sie bekannt geworden wären, weitreichende Folgen nach sich gezogen hätten. Äbtissin Scholastica geht in einem ihrer Rundbriefe auf das Opfer ein, welches jede der Frauen auf sich nehmen müsse: „ Er [Christus] ist der Heiligmacher, der bewirken will, dass wir alle Dinge benützen lernen, um näher zu Gott zu kommen. (…) Der Hl. Geist steht da & sehnt sich danach, dies Große in uns zu wirken, dass wir ihn doch machen lassen! Leisten wir ihm keinen Widerstand, wenn er ein Opfer verlangt, das den natürlichen Menschen schwer wird, wenn wir es mit unserem Verstand nicht einsehen"[200].

Aus den anderen beschlagnahmten Klöstern sind solche Selbstzeugnisse bisher nicht bekannt. In ihrer Untersuchung über die Auswirkung der Verfolgung auf die Betroffenen kommt Annette Mertens zu dem Schluss: „Ihr christliches Selbstverständnis verbot ihnen zu zweifeln und ließ sie ihr Schicksal als einen Teil des göttlichen Heilsplans akzeptieren"[201].

---

[197] ArKe: 031 Annalen 1940, 1.11.1940, 229.
[198] Ebenda.
[199] ArKe: 032 Chronik, 1. November 1940 bis 28. Oktober 1945, 1.
[200] ArKe: Exilsrundschreiben, Februar 1942, Quadragesima, 2.
[201] Mertens: Himmlers Klostersturm, 171.

Als Prior P. Placidus Schmitt[202] wenige Tage nach der Beschlagnahmung als Bote der Abtei Weingarten von Abt Conrad nach Kellenried entsandt wurde, um sich nach dem Stand der Dinge zu erkundigen, zitierte er bei der Begrüßung einen Vers aus den Klageliedern des Propheten Jeremias: „Misericordiae Domini quia non sumus consumpti"[203]. Auch die Weingartener Mönche schienen entschlossen, nach vorn zu schauen und die Herausforderung des Exils mit Gottvertrauen anzunehmen.

Beim letzten gemeinsamen Konventamt am 3. November 1940, dem der Prior von Weingarten vorstand, versagte dem Zelebranten allerdings die Stimme, als er das Verstummen des Gotteslobes mit sofortiger Wirkung öffentlich aussprach. „Es ist das erste Mal, dass alle für wenige Augenblicke vom Schmerze übermannt werden"[204], bemerken die Annalen angesichts dieses bewegenden Momentes.

Vor dem Exodus: Triennalprofess von zwei Chornovizinnen

Noch vor Beginn des Klostersturms hatten sich Einschränkungen für die Ordensgemeinschaften in Bezug auf eintrittswillige Kandidaten und Kandidatinnen ergeben. Am 29. September 1940 erließ Reichsarbeitsminister Franz Seldte[205] eine Anordnung an die Arbeitsämter, Jugendliche nicht mehr aus ihrem Lehr- oder Arbeitsverhältnis zu entlassen, wenn sie ihren Eintrittswillen bekundeten.[206] Ein ergänzendes Schreiben des Reichsarbeitsministers vom 19.11.1940 begründete die Maßnahme mit dem gesteigerten Bedarf an Arbeitskräften für Aufgaben der Reichsverteidigung. „Diese Umstände gebieten vom Standpunkt des Arbeitseinsatzes, den Eintritt von arbeitsfähigen Deutschen in Orden und Klöster zu unterbinden"[207]. Darüber hinaus wurden die Ortsgruppen der NSDAP angewiesen, jede ihnen bekannte Absicht „eines Volksgenossen" in einen Orden einzutreten, unverzüglich dem jeweiligen Arbeitsamt zu melden.[208]

---

[202] P. Placidus Schmitt OSB (1896-1943), Benediktiner der Abtei Weingarten, Profess 1915, Priesterweihe 1920, Prior.
[203] ArKe: 031 Annalen 1940, 230. Misericordiae Domini quia non sumus consumpti = Die Huld des Herrn ist nicht erschöpft, sein Erbarmen ist nicht zu Ende." (Klagelieder 3.22). Die Klagelieder (Lamentationes), hebr. Titel Echa = „Ach", ein klagender Ausruf sind Trauergesänge auf den Fall Jerusalems, nach 587 v. Chr. entstanden), in denen das Mitgefühl, aber auch das Herz Gottes offenbar wird, das trauert über die Verwüstung und das Elend der geliebten, heiligen Stadt.
[204] ArKe: 031 Annalen 1940, 235.
[205] Franz Seldte (1882-1947), Mitbegründer und Bundesführer des Stahlhelm, Bund der Frontsoldaten, paramilitärische Organisation in der Weimarer Republik, NSDAP-Politiker, 1933-1945 Reichsarbeitsminister, s. Rüdiger Hachtmann: Seldte, Franz, in: NDB, Bd. 24, Berlin 2010, 215f.
[206] Volk: Akten deutscher Bischöfe, V, 1008f.
[207] ArKe: 025-2. Fasc.1, Schreiben Reichsarbeitsminister, Berlin, 19.11.1940, Beschränkung des Nachwuchses für Orden und Klöster, AZ 45/50218, i.V. gez. Dr. Syrup (L.S), vergl. Hagen: Sießen, 75; Hagen: Untermarchtal, 99.
[208] ArKe: 025-2. Fasc. 1, Schreiben Reichsarbeitsminister, Berlin, 19.11.1940, AZ 45/50218, i.V. gez. Dr. Syrup (L.S.).

Dadurch wurde den Klöstern der Boden für den Ordensnachwuchs entzogen. Ohne ausreichende junge Konventualen war die Lebensgrundlage einer jeden Einrichtung stark gefährdet. Alle zu erfüllenden Aufgaben im karitativen, pflegerischen und erzieherischen Bereich bedurften einer zahlenmäßig ausreichend starken Gemeinschaft, die durch den Aufnahmestopp behindert, wenn auf Dauer nicht gar unmöglich gemacht wurden. Im Rahmen eines Generationenvertrags hatten zudem alle klösterlichen Gemeinschaften für die Sicherung der alten und kranken Konventualen zu sorgen. Auch diese Aufgaben waren ohne ausreichenden Nachwuchs nicht zu leisten.

Kurz vor Bekanntwerden dieser neuen Erschwernis, die von der NS-Regierung letztlich als Instrument zur völligen Ausrottung aller klösterlichen Einrichtungen gedacht war, fanden in Kellenried noch zwei Triennalprofessen[209] statt. Am 9. November 1940 legten die beiden Chornovizinnen Johanna Baptista Kehrle und Maura Riester ihre zeitlichen Gelübde ab.[210]

Nach mehrfacher Beratung mit Abt Conrad Winter war beschlossen worden, die Professfeier trotz der widrigen Zeitumstände stattfinden zu lassen. Da der Kapitelsaal nicht zugänglich war, wurde die Abtei[211], die in den letzten Tagen wegen der Räumung als Schlafsaal gedient hatte, rasch zum Kapitel umgewandelt. Da der Äbtissinnenstab bereits nach Beuron gebracht worden war, wurde der Stab von Weingarten herbeigeholt.

Für die Äbtissin und die noch anwesenden Schwestern ging es nicht nur um den von der Regel vorgeschriebenen üblichen Ritus für die beiden Kandidatinnen, sondern um eine Festigung der eigenen Gelübde angesichts des nahenden Exodus, der für alle Beteiligten ein Gang ins Ungewisse bedeutete. Äbtissin Scholastica ging bei ihrer Ansprache auf die Gefühlslage der kleinen Festgemeinde ein. Ihre Worte galten nicht nur den beiden Neuprofessen, sondern der gesamten Gemeinschaft: „Dass dieser Akt in diesem Augenblick ein ernster ist, das wissen Sie wohl. Wenn wir in jeder Zeit bekennen in unserem Leben, so müssen wir es jetzt mehr als je unter vielen pressures[212], das haben wir erfahren. Das wissen wir und sind bereit. Wir haben jetzt alle unsere Profess von ganzem Herzen erneuert. Unsere Eingabe ist eine ganz andere Sache, wenn sie sich im Leiden und Kreuz erprobt"[213].

Sie schloss ihre Ansprache mit dem tröstlichen Ausblick, dass die Welt zwar dem Kloster das Haus nehmen, aber der innere Bau des monastischen Lebens niemals der Gemeinschaft geraubt werden könne.[214]

Nach dem zweiten großen Umzug 1941 führte Äbtissin Scholastica mit den beiden neuen Triennalprofessen Johanna Baptista Kehrle und Maura Riester nochmals ein grundsätzliches Gespräch, ob sie angesichts der ungewissen Umstände

---

[209] Triennalprofess = einfaches Gelübde eines Novizen/einer Novizin, Bindung an die Gemeinschaft für die Dauer von drei Jahren.
[210] ArKe: 032 Chronik 1940-1945, 1.
[211] In diesem Fall Bezeichnung für den Wohnraum der Äbtissin.
[212] Pressures = Unterdrückungen.
[213] ArKe: 031 Annalen 1940, 9.11.1940 und 7.11.1940, 243.
[214] ArKe: 032 Chronik 1940-1945, 1.

das klösterliche Leben fortsetzen wollten. Beide entschlossen sich zum Bleiben.[215]

Im November 1941 stand eine Entscheidung bezüglich der feierlichen Profess und Jungfrauenweihe von Sr. Gabriela Steinmetz an. Die Meinungen darüber gingen auseinander, Abt Präses Molitor entschied sich schließlich dagegen: „(...) und findet es in diesen Zeitverhältnissen (wo wir ja jeden Tag noch mehr auseinander gerissen werden könnten) zu riskiert. Auch könne man nicht das klösterliche Leben geloben, wenn man zum Vorneherein schon wisse, dass es nicht möglich sei, es zu führen. Und jemand aufzunehmen durch die ewige Profess, ohne ihm geben zu können, auf was er sich verpflichte, sei auch ein Unding"[216]. So gab es nur eine Verlängerung des Trienniums.

Nach längeren Verhandlungen zwischen Abtpräses Molitor und der Religiosenkongregation in Rom wegen der Ablegung einer Profess in Deutschland[217] fand im November 1943, trotz des Exils, in der Klosterkirche Kellenried die ewige Profess der beiden Chorfrauen Gabriela Steinmetz und Maura Riester statt, „eine ‚visio pacis' inmitten dunkler, aussichtsloser Zeitverhältnisse"[218], beschrieb die Chronik von Kellenried dieses Ereignis.

Abt Conrad Winter nahm die feierliche Konsekration vor, unter Assistenz von Prior P. Leander Fischer, Beuron und Pfarrer Josef Hafner, Blitzenreute, im Beisein von fast allen abkömmlichen Mitglieder des Konvents sowie zahlreicher Gäste. Fürstin Monika war mit ihren beiden Söhnen Alois und Karl[219] sowie einigen Hausangestellten bereits morgens um 4.00 Uhr in Zeil aufgebrochen, um an der Feier teilzunehmen, ein Zeichen der tiefen Verbundenheit mit der Kellenrieder Gemeinschaft.[220]

Während der gesamten Exiljahre wurden keine weiteren Postulantinnen aufgenommen.

Quo vadis? Schwierige Unterkunftssuche und erste Anfänge in der Erzabtei Beuron und anderen benediktinischen Klöstern, auf Schloß Zeil, in Ravensburg, Isny, Donzdorf und anderswo

Vor der Räumung der Abtei hatte sich Äbtissin Scholastica ratsuchend an Abt Conrad Winter gewandt.[221] Dieser war der Abtei Kellenried gegenüber der offi-

---

[215] ArKe: 031 Annalen 1941, 28.3.1941, 40.
[216] ArKe: ebenda, 17.11.1941, 105.
[217] Ebenda: 031 Annalen 1942, 14.6.1941, 44.
[218] Ebenda: 032 Chronik 1940-1945, 5.
[219] Alois Graf Waldburg zu Zeil und Trauchburg MdB (1933-2014); Karl Graf Waldburg zu Zeil und Trauchburg, geb.1936.
[220] ArKe: 031 Annalen 1943, 9.11.1943; ArKe: 032 Chronik 1940-1945, 5.
[221] ArKe: 031 Annalen 1940, 7.11.1940, 242 und 30.11.1940; ArKe: Notizbuch mit persönlichen Aufzeichnungen der Äbtissin Scholastica von Riccabona.

zielle Vertreter (Delegat)[222] von Abtpräses Raphael Molitor.[223] Er wies in die Richtung der von der Äbtissin getroffenen Überlegungen. Der Konvent sollte räumlich möglichst beieinander bleiben. Abtpräses Molitor, hielt die Maßnahmen nur für vorläufig und hoffte auf eine schnelle Rückkehr des Konvents[224] in ein stilles, zurückgezogenes Leben, als in ein Dasein, das mehr der äußeren Tätigkeit gewidmet war.
Der Wunsch war nur zu verständlich, da jede Trennung der Gemeinschaft das Risiko des Auseinanderfallens in sich barg. Vor allem bestand die Gefahr der Aushöhlung monastischer Prinzipien wie Gelübde, Klausur und Chorgebet. Dazu kam die Frage nach nicht ausreichender spiritueller Betreuung der einzelnen Konventualinnen im Falle der Aufteilung in kleinere Zellen. Die Situation würde sich noch verschärfen, wenn etliche Konventualinnen gar völlig allein auf sich gestellt sein würden.
Kraft ihres Amtes trug die Äbtissin die Sorge für das leibliche und seelische Wohl der Schwestern. Sie war verantwortlich für die würdige Feier des Gotteslobes, für eine adäquate Aufgabenteilung in der Abtei und für die Erhaltung und Verwaltung des Klostervermögens. Was würde werden, wenn die Gütergemeinschaft aufgehoben und die Verpflichtung zum Lebensunterhalt der Gemeinschaft die Äbtissin vor schier unlösbare Probleme stellte? Auch die Frage nach den alltäglichen Dingen des Lebens bedurfte einer Klärung. Bei dieser schwierigen Problemlage wurden für Äbtissin Scholastica die Vorgaben der Benediktusregel zur besonderen Richtschnur: „Er [der Abt, die Äbtissin] muss wissen, welch schwierige und mühevolle Aufgabe er auf sich nimmt: Menschen zu führen und der Eigenart vieler zu dienen. Muss er doch dem einen mit gewinnenden, dem anderen mit tadelnden, dem dritten mit überzeugenden Worten begegnen"[225]. Um glaubwürdig und lebensfähig zu bleiben, musste sie sich den aktuellen Zeitfragen stellen und sich mit ihnen auseinandersetzen.

Im Verbund mit Priorin Placida Gräfin zu Salm-Reifferscheid[226] und Subpriorin Agnes Trescher gelang es, in „unglaublich kurzer Zeit"[227] eine passende Unter-

---

[222] „Der Erzabt delegiert als Kommissär den Abt des jeweils zunächst gelegenen oder auch eines anderen Klosters; diesem gibt er die besondere Vollmacht, ihn in jenem Nonnenkloster, das der Fürsorge dieses Abtes anvertraut ist, zu vertreten," s. Declaratio zur Regel 1. Kap, 25.
Diese Regelung besteht in dieser Form heute nicht mehr, vergl. Die Beuroner Benediktinerkongregation – Eigenrecht, Directorium, Spiritualität, Geschichte, Deklarationen zur Regel des Hl. Benedikt für die Frauenklöster, 3.1-3.5, hg. im Auftrag des 23. Generalkapitels 2002.
[223] Das Erzabt-System wurde 1936 durch das Abtpräses-System abgelöst. Das Generalkapitel, welches alle sechs Jahre tagt, wählt einen der amtierenden Äbte der Kongregation für die Zeit bis zum nächsten Generalkapitel zum Abtpräses. Ab 2003 kann auch ein Konventualprior oder ein Mönch gewählt werden. Damit wurde die Kongregation föderalistischer, und die einzelnen Klöster konnten mehr eigenes Profil entwickeln, s. Die Beuroner Benediktinerkongregation.
[224] ArKe: 031 Annalen 1940, 7.11.1940, 242; ArKe: 025-2 Fasc. 2, Notizbuch Äbtissin, Zusammenfassung eines Gespräches mit Abtpräses bezüglich der Ausweisung am 1./2. April 1941, 117f.
[225] Die Benediktusregel, Beuron 1992. Der Abt, Kap. 2,31.
[226] Chorfrau Placida (Leopoldine) Altgräfin zu Salm-Reifferscheid-Raitz OSB (1874-1943), Benediktinerin in St. Gabriel Prag/Bertholdstein und St. Erentraud Kellenried, Profess 1893, Priorin.
[227] ArKe: 032 Chronik der Abtei St. Erentraud Kellenried, 1. November 1940 bis 28. Oktober 1945, 1.

kunft für jede Schwester zu finden. „Und mit großem Dank gegen Gott wusste Hochw[würdigste] Mutter Äbtissin die Ihren in jeder Hinsicht gut geborgen"[228], vermerkte die Chronistin Frau Johanna Evangelista Guntli.

Abb. 7: Priorin Placida zu Salm-Reifferscheid, etwa 1942

Anfang November war Äbtissin Scholastica noch davon ausgegangen, der größte Teil des Konvents könne in der Nachbarschaft, vor allem im nahe gelegenen Schloss (Schlössle) Benzenhofen[229] untergebracht werden. Diese Überlegungen erwiesen sich aber schnell als undurchführbar. Im Notizbuch der Äbtissin finden sich auch Überlegungen zu möglichen Unterkünften in Ravensburg und in anderen Orten Schwabens und Oberbayerns.[230]

---

[228] Ebenda.
[229] Schloss Benzenhofen, Gde. Berg, 1898-1899 in historistischem Stil nach dem Vorbild romantischer Burgen erbaut von Otto Benze von Benzenhofen, später Marquis de Montglat Freiherr Benze von Benzenhofen-Chàteaurenard. Das „Schlössle" war ab 1949 für einige Jahre Wohnung von Franz von Papen (1879-1969), 1932 Reichskanzler, 1933/1934 Vizekanzler im Kabinett Hitler. Das Haus befindet sich seit 1932 im Besitz der Familie Pfeiffer, s. www.schlossbenzenhofen.de.
[230] Notiert sind Adressen von befreundeten Privatpersonen und anderen Klöstern, die angefragt wurden oder selbst angeboten hatten, evtl. Schwestern aufzunehmen, u.a. Dr. Albert Sauer, Landrat Stiefenhofer, Ravensburg, Stud.Rat Breig, Ravensburg, Bertsche, Karlstraße, Erb, Zwergerstr. Siegele, Herrenstr. alle Ravensburg. Darüber hinaus finden sich Adressen in Memmingen, Bad Waldsee, Weiterdingen, die Tutzinger Missions-Benediktinerinnen, über die Diözese Rottenburg auch mögliche Unterkünfte in verschiedenen Pfarrhäusern, auch in Berg im Mesnerhaus, s. ArKe: 025-2 Fasc. 2, Notizbuch Äbtissin, 129.

Bereits nach der Beschlagnahmung von Seckau hatte die Äbtissin diejenigen Konventualinnen, deren Angehörige geräumige Häuser besaßen, gebeten, bei ihren Verwandten anzufragen, ob und wie viele Schwestern diese im Notfall aufnehmen könnten. In der Regel handelte es sich bei diesem Personenkreis um Mitglieder süddeutscher Adelsfamilien. So wandte sich die Kellenrieder Priorin Frau Placida Salm-Reifferscheid an ihren Neffen Erich Fürst von Waldburg-Zeil[231], Chorfrau Theresia Gräfin von Rechberg an ihren Bruder Joseph[232] auf Schloss Donzdorf[233], Chorfrau Benedicta Gräfin von Quadt an ihre Schwägerin Maria Anna Fürstin Quadt zu Wykradt und Isny, die Witwe ihres Bruders Alexander[234].

Alle drei Adelshäuser erklärten sich sofort bereit, nicht nur die ihnen verwandten Schwestern aufzunehmen, sondern boten darüber hinaus großherzig Quartier für etliche weitere Benediktinerinnen an.

Mit „Gips" und Paramentenstickerei in der Erzabtei Beuron

Die Überlegungen zur Verteilung der Schwestern bei der Ausweisung waren zunächst auf Beuron und die Klöster der Beuroner Kongregation als geistiger Heimat der Gemeinschaft gerichtet. Beuron als Mutterabtei der Kongregation, als große Helferin Kellenrieds in vielen Nöten der Gründungsjahre und als Arbeitgeberin der florierenden Alabasterwerkstätte, schien für die Gemeinschaft eine günstige Voraussetzung dafür zu bieten, das monastische Leben in einem geeigneten Rahmen fortsetzen zu können.

Die Erzabtei fand sich bereit, eine größere Gruppe der Kellenrieder Schwestern aufzunehmen. Es handelte sich um insgesamt 20 Konventualinnen, insbesondere die im künstlerischen Bereich tätigen Frauen. Die Abreise erfolgte mit einiger Verzögerung auf Grund der Falschmeldung, Beuron sei mittlerweile ebenfalls beschlagnahmt worden. Angesichts dieser niederschmetternden Nachricht sagte Oberfinanzrat Schneider zu, sich in den großen Pfarrhäusern der Diözese umzusehen, um gegebenenfalls adäquate Ausweichquartiere auszuloten.[235] Dies geschah tatsächlich in der Folgezeit. Im Notizbuch der Äbtissin finden sich einige Adressen von Pfarrhäusern im Bistum Rottenburg, die ihre Bereitschaft zur Aufnahme bekundeten.[236]

Die Meldung über die angebliche Beschlagnahmung der Erzabtei erwies sich jedoch glücklicherweise als unzutreffend, so dass die für Beuron bestimmten

---

[231] Fürst Erichs Mutter, Fürstin Marie Therese Waldburg zu Zeil und Trauchburg, geb. Gräfin zu Salm-Reifferscheid-Raitz (1869-1930), war eine Cousine der Priorin Placida.
[232] Joseph Graf von Rechberg und Rothenlöwen (1885-1967).
[233] Schloss Donzdorf, in der gleichnamigen Stadt im Ldkr. Göppingen. Renaissance-Bau aus dem 16. Jhdt. bis 1987 im Besitz der Grafen von Rechberg und Rothenlöwen, seither Verwaltungszentrum der Stadt Donzdorf.
[234] Maria Anna Fürstin Quadt zu Wykradt und Isny (1898-1952), geb. Gräfin Esterhazy de Galantha; Alexander Fürst Quadt zu Wykradt und Isny (1885-1936).
[235] ArKe: 031 Annalen 1940, 240f.
[236] ArKe: 025-2 Fasc. 2, Notizbuch Äbtissin, 129.

Schwestern die Reise ins Donautal am 7. November 1940 wie vorgesehen antreten konnten.

Abb. 8: Luftaufnahme der Erzabtei Beuron

Die Annalen berichten über eine „spürbare Lücke", welche die für Beuron bestimmte Gruppe hinterließ.[237] Am Beispiel des Abtransports der Paramentenstickerei und der Alabasterwerkstatt, die einen ganzen Waggon füllten, werden die logistischen Herausforderungen deutlich, die der eilige Umzug den Klosterfrauen abverlangte. Um das persönliche Gepäck der einzelnen Schwestern zu befördern, behalf man sich mit nützlichen Improvisationen: „Da wir nicht auf Reisen eingerichtet waren, verfügten wir nur über eine ganz geringe Anzahl von Koffern und Kisten, so dass die meisten die ihnen vom aufgelösten Vestiarium zugeteilte Wäsche in ihre Bettvorhänge verpacken mussten"[238]. Am Beispiel des Abschieds der Beuroner Gruppe werden beispielhaft die große emotionale Anspannung und die ungewisse Zukunftsaussicht deutlich. Die Annalen vermerken, dass viele der anwesenden Nachbarn weinten und die hinterbliebenen Schwestern schweigend ins Haus zurück gingen.[239] Im Kloster blieben noch neun Chorfrauen und zehn Schwestern zurück.

---

[237] ArKe: 031 Annalen 1940, 6.11.1940, 240.
[238] Ebenda.
[239] Ebenda, 241.

Es bleibt anerkennend hervorzuheben, dass die gesamte Nachbarschaft beim überstürzten Exodus der Nonnen selbstlos und tatkräftig half. Pfarrer Hafner von Blitzenreute[240] hatte zuvor in der Kirche einen Aufruf ergehen lassen.[241]
An sämtlichen Tagen vor der endgültigen Räumung, vor allem bei Nacht, erschienen die Bauern aus der Umgebung mit ihren Fuhrwerken und nahmen Möbel, Werkzeuge und andere Gegenstände aus dem Kloster in ihren Häusern zu treuen Händen in Verwahrung. Entbehrliche Sachen aus den Klosterbeständen wurden an die Helfer und Helferinnen verschenkt.[242]

Abb. 9a: Körbe   Abb. 9b: Ochsengespann beim
                        Auszug aus dem Kloster

Viele Frauen aus der Nachbarschaft, verschiedene Verwandte der Schwestern, aber auch gute Bekannte aus Ravensburg, darüber hinaus aus der Familie Waldburg-Zeil halfen beim Packen und bis zum Räumungstermin auch beim Saubermachen der Räume.[243] Diese Unterstützung war für die Schwestern nicht nur eine große Hilfe, sondern auch ein gewisser Trost in der unvermeidlichen Notlage. In den nahezu zwanzig Jahren seit Bestehen der Klostergründung hatte sich ein tragfähiges Vertrauensverhältnis zwischen den Nachbarn und dem Konvent entwickelt, welches nun seine Bewährungsprobe bestand.
In Beuron kam die Kellenrieder Gruppe in den oberen Räumen des sogenannten Gregoriushauses unter. Als Gästehaus der Erzabtei 1895 erbaut, bot das Gebäude die Möglichkeit, die Klausur in gewissem Maße aufrecht zu erhalten. In ei-

---

[240] Josef Hafner (1904-1982), Priester der Diözese Rottenburg, Priesterweihe 1929, Pfarrer in Blitzenreute von 1940-1951, s. DAR: G 1.7.1., Personalakte Josef Hafner. Blitzenreute gehört mit Staig und Fronhofen zu den Hauptorten der oberschwäbischen Gemeinde Fronreute, Ldkr. Ravensburg. Zum Gemeindegebiet gehören darüber hinaus noch 25 kleinere und größere Weiler.
[241] ArKe: 031 Annalen 1940, 3.11.1940, 234.
[242] ArKe: 025-2 Fasc. 2, Bericht Sr. Ancilla Gairing OSB/Sr. Monika Kampfmann OSB/Sr. Thecla Kempter OSB/Sr.Maura Riester OSB: Handschriftlicher Bericht über die Exilszeit 1940-1945, niedergelegt von Januar bis März 1992, 3.
[243] ArKe: 031 Annalen 1940, 10.11.1940, 244f.

nem der größeren Zimmer wurde eine kleine Kapelle eingerichtet. Dort konnte bald das Gotteslob wieder aufgenommen werden.
Ein großer Raum mit sieben Fenstern der ehemaligen Choralschule diente fortan als Werkstatt für die Alabasterarbeiten. Die Paramentenstickerinnen führten ihre Arbeiten im Gregoriushaus aus. Die Beuroner Mitbrüder setzten alles daran, den Neuankömmlingen so gut wie möglich zur Hand zu gehen und halfen unermüdlich bei der Einrichtung der Wohn- und Arbeitsräume.[244]
So anerkennt Äbtissin Scholastica dankbar in einem Schreiben an Abtpräses Raphael, das Erzabt Benedikt „in hochherzigster Weise für uns besorgt ist, was ich ihm nicht genug danken kann"[245].
Für die meisten der bis dahin streng klausurierten Kellenriederinnen waren die Umstände des Exils die erste Gelegenheit, „einmal an die Wiege der Beuroner Kongregation"[246] zu kommen, wie Altabt Ansgar Höckelmann[247] anlässlich eines ersten Besuches in der neuen Behausung treffend bemerkte.

Bereits Anfang Dezember 1940 traten im gerade umgesetzten Verteilungsplan die ersten Veränderungen ein. Erzabt Benedikt Baur hatte zunächst in Aussicht gestellt, im Beuroner Gastflügel den größten Teil der Kellenrieder Kommunität unterzubringen. Diese Hoffnung zerschlug sich aber schon Ende November 1940.
Stattdessen wurde im Gregoriushaus Platz geschaffen für zwei bis drei weitere Kellenrieder Benediktinerinnen. So begaben sich zwei Konventualinnen vom Klösterle in Ravensburg nach Zeil, Frau Johanna Guntli und Sr. Candida aus der Zeiler Gruppe wechselten nach Beuron, wo sie sofort in die Alabaster- und Paramentenwerkstätten eingebunden wurden. „Denn im Gips und Stick häuften sich die Bestellungen"[248].

Die Abteien St. Hildegard, St. Gabriel und das Benediktinerinnenstift Nonnberg als klösterliche Ausweichquartiere

Einige der heimatlos gewordenen Kellenrieder Schwestern übersiedelten 1941/42 für wenige Monate in die Beuroner Frauenabteien St. Gabriel, Bertholdstein/Steiermark und St. Hildegard, Eibingen bei Rüdesheim/Rheingau[249],

---
[244] Ebenda: 6.-11.11.1940, Rückblick, 249.
[245] ArKe: 025-2, Fasc.1. Brief Äbtissin Scholastica an Abtpräses Molitor, 7.1.1941.
[246] ArKe: 031 Annalen 1940, 6.-11.11.1940, Rückblick, 249.
[247] Ansgar (Theodor) Höckelmann OSB (1862-1943), Benediktiner der Erzabtei Beuron, 1899-1922 Abt der Benediktinerabtei Erdington bei Birmingham/Großbritannien, 1922-1933/1943 Abt des Klosters Weingarten. Höckelmann kehrte 1935 nach Beuron zurück, s. http://www.orden-online.de/wissen/h/hoeckelmann-ansgar, aufgesucht am 4.8.2014.
[248] ArKe: 031 Annalen 1940, 1.12.1940, 264.
[249] ArKe: 031 Annalen 1941, 2.7.1941, 66. St. Hildegard, oberhalb von Eibingen 1900-1904 im neoromanischen Stil erbautes Benediktinerinnenkloster, 1904 von Benediktinerinnen der Abtei St. Gabriel besiedelt, in der Nachfolge der 1803 aufgehobenen Abtei Alt-St. Hildegard, Stiftung von Fürst Karl zu Löwenstein-Wertheim-Rosenberg, zur Beuroner Kongregation gehörend. Im Mai 1941 Teillazarett, im

mussten jedoch schon bald ihre neuen Domizile wieder verlassen, da beide Klöster ebenfalls der Beschlagnahmung durch die Nationalsozialisten anheim fielen.[250]
Wie dramatisch die Beschlagnahmung von Eibingen sich auf die fünf dort untergekommenen Kellenrieder Benediktinerinnen auswirkte, zeigte sich am Beispiel der überstürzten Rückreise. Die Frauen blieben auf dem Hauptbahnhof in Ulm hängen, wussten nicht ein noch aus und fragten in ihrer Bedrängnis telefonisch in Beuron an, an welchen der Kellenrieder Zufluchtsorte sie sich nun begeben sollten.
In aller Eile mussten neue Aufenthaltsorte für die Betroffenen gefunden werden.[251]
Bei der Häufung der Beschlagnahmungen in Österreich und im Reichsgebiet schaltete sich in der Not auch Abtprimas Fidelis von Stotzingen OSB[252] ein und stellte in Aussicht, sich um Quartiere für etwa 20-30 Schwestern der Beuroner Kongregation in italienischen Klöstern zu bemühen. Äbtissin Scholastica sah darin „einen Fingerzeig Gottes"[253] und war geneigt, dem Angebot nachzugehen. Die beantragten Reisepässe ließen jedoch auf sich warten, so dass die Angelegenheit schließlich im Sande verlief.[254]

Auf Anfrage hatte Anfang November 1940 auch das Benediktinerinnenstift Nonnberg die Zusage gegeben, einige der älteren Schwestern bei sich aufzunehmen. Äbtissin Riccabona registrierte dieses Hilfsangebot aus Salzburg mit großer Dankbarkeit, war aber der Meinung, es sei besser, die dafür in Frage kommenden Chorfrauen Rosalia Strobl und Margaretha von Kripp vorläufig in der Nähe zu behalten.[255]

Unterkunft auf Schloß Zeil

Schloß Zeil, auf einem Bergsporn oberhalb von Leutkirch im Allgäu gelegen, seit Jahrhunderten Residenz der Fürsten von Waldburg-Zeil[256], erwies sich für die Kellenrieder Konventualinnen als ausgesprochener Glücksfall.

Juli 1941 Vertreibung der Schwestern im Zuge des Klostersturms der Nationalsozialisten, Rückkehr nach Kriegsende 1945, s. http://www.abtei-st-hildegard.de/; ArKe: 031 Annalen 1941, 23.8.1941, 85.
[250] ArKe: Chronik der Abtei St. Gabriel, vom 1. Januar 1941 – zum Exil, 1-6.
[251] ArKe: 031 Annalen 1941, 2.7.1941, 66f.
[252] Fidelis Freiherr von Stotzingen OSB (1871-1947), Benediktiner der Erzabtei Beuron, 1901-1913 zweiter Abt von Maria Laach; 1913-1947 zweiter Abtprimas der Benediktinischen Konföderation, s. http://www.orden-online.de/wissen/s/stotzingen-fidelis-von, aufgesucht am 11.12.2014.
[253] ArKe: 031 Annalen 1941, 23.8.1941, 85.
[254] Ebenda.
[255] ArKe: 031 Annalen 1940, 8.11.1940, 242.
[256] Rudolf Beck: „...als unschuldiges Staatsopfer hingeschlachtet. Die Mediatisierung des Hauses Waldburg, in: Mark Engerer/Elmar Kuhn, in Verbindung mit Peter Blickle: Adel im Wandel, Oberschwaben, von der frühen Neuzeit bis zur Gegenwart, Ostfildern 2006, 265-286; Siegfried Kullen: Die Waldburger Residenzen im südlichen Oberschwaben, in: Im Oberland – Kultur, Geschichte, Natur, Kulturmagazin, hg. vom Landkreis Ravensburg, Heft 2, 2003, 24-32.

Die Burg Zeil war seit 1337 im Besitz der Truchsessen von Waldburg. Das 1599 bis 1614 erbaute vierflügelige Schloss im Stil der Renaissance, die weitläufige Gartenanlage und die das Schloss umgebenden Ländereien mit großem Waldbestand wurde für die Dauer von fünf Jahren zum wichtigen Zufluchtsort für die vertriebenen Klosterfrauen.

Abb. 10a: Fürst Erich   Abb. 10b: Fürstin Monika

Der damals 42 Jahre alte Fürst Erich von Waldburg-Zeil und seine Ehefrau Fürstin Monika, beide erklärte Gegner des Nationalsozialismus, zögerten nicht lange, um der Bitte des Kellenrieder Konvents nachzukommen. Nicht nur wegen der verwandtschaftlichen Beziehungen des Hausherrn zu Priorin Placida, sondern auch aus einer überzeugten christlichen Grundhaltung heraus, stellte das Fürstenpaar großherzig einen Flügel seines Schlosses für die Klosterfrauen zur Verfügung. Bereits im Sommer 1939 scheint es zu einem Vorgespräch in Kellenried gekommen zu sein.[257]

Die zweitälteste Tochter Theresia (Resi) Gräfin von Waldburg Zeil, damals neun Jahre alt, erinnert sich rückblickend an den überraschenden Besuch der Kellenrieder Priorin mit der Bitte um Unterkunft auf Schloß Zeil: „Eines Morgens stand überraschend eine ältere, sehr lebhafte Benediktinerin im Zimmer, Tante Placida Salm, Tante meines Vaters. Ich höre sie noch: ‚Mein lieber Erich, Ihr müsst uns jetzt helfen!' Kellenried war aufgelöst worden, und sie suchte Platz für ihre Nonnen"[258].

---

[257] NZAZ: Nachlass (NL) Erich Fürst von Waldburg zu Zeil und Trauchburg: Postkarte Chorfrau Placida zu Salm an Erich Fürst Waldburg-Zeil, Kellenried, 23.6.1939. „Lieber Erich! Dürfte ich Dich bitten, wenn Du im Lauf der nächsten Woche in die Ravensburger Gegend kommst, zu einer Besprechung kurz bei uns vorzusprechen. Herzlichst, S. Placida".

[258] Mitteilung Theresia Gräfin Nostitz an die Verfasserin, Salzburg, 17.9.2012.

Für die Übersiedlung nach Zeil wurden zunächst die Chorfrauen Emerentiana Dold, Maria Bayländer, Johanna Guntli sowie die Schwestern Romana Göbl, Theresia Dieing und die Pfortenoblatin Candida Haaga bestimmt. Ihre Abreise erfolgte am 5. November 1940. Die Klosterfrauen erhielten vier schöne große Zimmer und richteten diese mit Hilfe der fürstlichen Familie ganz im monastischen Sinne ein. Bereits am Ankunftstag konnte das Gotteslob eröffnet werden.[259]

Der Fürst erklärte sich darüber hinaus bereit, weitere Schwestern aufzunehmen, sofern die Situation dies erforderlich machte. „Seine Hochschätzung für das klösterliche Leben und das Gotteslob ließen ihn nicht zurückschrecken vor dieser Belastung, die in jenen klosterfeindlichen Zeiten dazu noch keine geringe Gefährdung seiner eigenen Existenz bedeutete. Seine tiefgläubige Einstellung kannte keine Bedenken, und seine Gemahlin, die Enkelin des (…) Gründers der Abtei St. Hildegard [Eibingen], Fürst Karl zu Löwenstein[260], teilte seine Glaubenshaltung voll und ganz"[261].

Die sieben Kinder der Familie Waldburg-Zeil waren beim Einzug der Nonnen im Alter von 12 Jahren bis zu wenigen Monaten.[262] Auch die Sorge um die Familie hinderten Fürst Erich und Fürstin Monika nicht, dem Konvent bereitwillig Unterkunft, Arbeitsmöglichkeit und die Fortsetzung des monastischen Lebens zu gewähren. Die Aufnahme der Kellenrieder Benediktinerinnen war angesichts der ablehnenden Einstellung des Fürstenpaars zum herrschenden Regime nicht ungefährlich. „Er [der Fürst] fürchtet auch nicht die Konsequenzen, die das für ihn haben könnte in diesen klosterfeindlichen Zeiten"[263].

---

[259] ArKe: 031 Annalen 1940, 5.11.1940. 259.
[260] Fürst Karl Heinrich zu Löwenstein-Wertheim-Rosenberg (1834-1921), Reichstagsabgeordneter, Mitbegründer der Zentrumsfraktion, langjähriger Präsident des „Kommissariats der Deutschen Katholikentage". Als Witwer wurde er Dominikaner und lebte als P. Raymundus OP unter Verzicht aller Titel bzw. Ämter im Dominikanerkloster Venlo und im Hl. Kreuz-Kloster Köln. Volker Rödel: Löwenstein-Wertheim-Rosenberg, Karl Fürst zu, in: BBKL, Bd. 5, Herzberg 1993, Sp. 178-180.
[261] ArKe: 032 Chronik 1940-1945, 3.
[262] Georg Erbgraf, seit 1953 7. Fürst von Waldburg zu Zeil und Trauchburg, geb. 1928; Josefine (Osy), Gräfin von Waldburg-Zeil (1929-1999); Theresia (Resy) Gräfin von Waldburg-Zeil (geb. 1931) ; Aloysius Graf von Waldburg-Zeil; Karl Graf von Waldburg-Zeil; Sophie Gräfin von Waldburg-Zeil, geb. 1938; Eberhard Graf von Waldburg-Zeil (1940-2013) .
[263] ArKe: 031 Annalen 1941, 19.3.1941, 34.

Abb. 11: Die sieben Kinder des Hauses
Waldburg-Zeil

Zeil, Ort des Widerstands gegen den Nationalsozialismus

Fürst Erich hatte sich bereits in der Endphase der Weimarer Republik gegen den sich immer stärker in den Vordergrund drängenden Nationalsozialismus gewandt. Er sah es als vordringliche Aufgabe des politischen deutschen Katholizismus an, sich argumentativ gegen die NS-Ideologie zu wenden.[264] Als Christ habe man dem NS-Regime und seiner Ideologie kompromisslos zu widerstehen. 1930 gründete er die Zeitschrift „Illustrierter Sonntag", die später unter dem Titel „Der gerade Weg"[265] erschien und dem Historiker und Publizisten Fritz Gerlich[266] zwischen 1930 und 1933 als Plattform zum journalistischen Widerstand

---

[264] Rudolf Beck: Widerstand aus dem Glauben. Zum Verbot der katholischen Wochenzeitung „Der gerade Weg" am 13. März 1933, in: Allgäuer Geschichtsfreund, Blätter für Heimatforschung und Heimatpflege, Nr. 93, Kempten 1993, 135-157, hier: 135f.

[265] Illustrierter Sonntag. Das Blatt des gesunden Menschenverstandes (Nr. 1 vom 31. März 1929 bis Nr. 52 vom 27. Dezember 1931; Der gerade Weg – Deutsche Zeitung für Wahrheit und Recht (Nr. 1 vom 3. Januar 1932 bis Nr. 20 vom 8. März 1933). Politische Zeitung in der Weimarer Republik, die eindringlich vor Adolf Hitler und dem Nationalsozialismus warnte. Digitalisat im Online-Angebot der Bayerischen Landesbibliothek.

[266] Fritz Michael Gerlich (1883-1934), Dr. phil., Journalist und Archivar, 1930-1933 einer der wichtigsten Vertreter des publizistischen Widerstands gegen Adolf Hitler und den Nationalsozialismus, im Zusammenhang mit dem Röhm-Putsch umgekommen im KZ Dachau, s. Manfred Berger: Fritz Gerlich, in: BBKL, Bd.22, Herzberg 2003, Spalte 394-409; Erwein Freiherr von Aretin: Fritz Michael Gerlich. Prophet und Märtyrer. Sein Kraftquell, (2. erg. Aufl. mit einem Vorwort von Karl Otmar von Aretin), München 1983; Rudolf Morsey, Fritz Gerlich (1883-1934), in: Karl-Joseph Hummel/ Christoph Strohm (Hg.): Zeugen einer besseren Welt. Christliche Märtyrer des 20. Jahrhunderts, Kevelaer/Leipzig 2000, 37-57; Beck: Widerstand aus dem Glauben.

gegen Adolf Hitler und die Ideologie der NSDAP diente. Die Zeitung wurde finanziert von Fürst Erich von Waldburg-Zeil.
Zusammen mit P. Ingbert Naab[267] gehörte Gerlich zu den frühen Warnern vor der unheilvollen Entwicklung der NS-Bewegung in Deutschland und der von einer Regierung Hitler zu erwartenden Schreckensherrschaft.
Fürst Erich von Waldburg-Zeil und Gerlich lernten sich über den Eichstätter Freundschaftsbund kennen, wegen der Nähe zur stigmatisierten Therese Neumann[268] auch Konnersreuther Kreis genannt[269].
Es handelte sich um den Zusammenschluss von Persönlichkeiten, die sich um die Anerkennung Therese Neumanns bemühten, deren Rat und Unterstützung im Widerstand gegen den Nationalsozialismus suchten und von ihr zum Widerstand gegen die Hitler-Partei ermutigt wurden. Therese Neumann hielt sich sogar einmal vorübergehend zu einem Besuch auf Schloß Zeil auf. „Die berühmte Resel Neumann wird von der Familie Waldburg oft besucht und befragt"[270].
Zu den Mitstreitern und persönlichen Freunden des Fürsten gehörte auch Abt Adalbert von Neipperg OSB[271]. Mit ihm hatte Waldburg-Zeil unter dem Namen „Katholische Tatgemeinschaft" einen Zusammenschluss junger Adeliger gegründet, mit dem Ziel, „das geistige und politische Leben im christlichen Sinne zu erneuern"[272].
Im August 1930 kamen die Mitglieder auch zu einer Tagung auf Schloß Zeil zusammen. Zudem pflegte Erich Waldburg-Zeil Verbindungen zum Münchner Erzbischof Michael Faulhaber[273] und zu Bischof Konrad Graf von Preysing,

---

[267] P. Ingbert (Karl Borromäus) Naab OFMCap (Ordo Fratrum Minorum Capucinorum), (1885-1935), Angehöriger des Kapuzinerordens, Priesterweihe 1910, früher Widerstandskämpfer gegen die Ideologie des Nationalsozialismus. Erich Naab: Ingbert Naab, in: BBKL, Bd. 6, Herzberg 1993, Sp. 421-422.
[268] Therese Neumann, genannt Resl von Konnersreuth (1898-1962). Bauernmagd aus Konnersreuth/Oberpfalz, Ldkr. Tirschenreuth, bekannt geworden durch ihre Stigmata, Visionen und die ihr nachgesagte jahrelange Nahrungslosigkeit. 2005 Einleitung eines Seligsprechungsverfahren durch Bischof Gerhard Ludwig Müller, Regensburg. Konrad Fuchs: Neumann von Konnersreuth, Therese, in: BBKL, Bd. 14, Herzberg 1998, Sp. 1307-1313.
[269] Zum engeren Konnersreuther Kreis, auch Eichstätter Freundschaftsbund genannt, gehörten vor allem Dr. Fritz Gerlich, P. Ingbert Naab, Fürst Erich Waldburg-Zeil und dessen Generalbevollmächtigter Dr. Simon Schorer (1895-1989), die Eichstätter Hochschulprofessoren Dr. Franz Xaver Wutz (1882-1938) und Dr. Joseph Lechner (1893-1954), Erwein Freiherr von Aretin (1887-1952), Funktionär der Bayernpartei, Joseph Naber (1870-1967), Ortspfarrer von Konnersreuth, Edith Stein (1891-1942), Ordensname Teresia Benedicta a Cruce OCD, Philosophin und Ordensfrau sowie Gerlichs späterer Mitarbeiter, der Verlagskaufmann Dr. Johannes Steiner (1902-1995), der später den Verlag „Schnell & Steiner" mitbegründete.
[270] ArKe: 031 Annalen 1941, 18.6.1941, 64.
[271] Adalbert (Karl) Graf von Neipperg OSB (1890-1948), 1911 Eintritt in die Erzabtei Beuron, Priesterweihe 1920, 1929-1934 Abt von Neuburg bei Heidelberg, zeitweise Spiritual bei den Benediktinerinnen von St. Gabriel, 1948 ermordet in einem Kriegsgefangenenlager in Jugoslawien, s. Benedikt Pahl: Neipperg, Adalbert (Taufname Karl) Graf von, in: NDB, Bd. 19, Berlin 1999, 50f.
[272] Beck: Widerstand aus dem Glauben, 136. An die Adelstagung erinnert ein 1948 geschaffenes Gemälde in der Zeiler Schlossbibliothek „Der Geisteskampf der Gegenwart" von Egino Manal SDS, s. Beck: Widerstand aus dem Glauben, 157.
[273] Michael Kardinal von Faulhaber (1869-1952), Dr. theol., Priester der Diözese Würzburg, 1892 Priesterweihe, 1910-1917 Bischof von Speyer, 1917 bis zu seinem Tod Erzbischof von München und Freising. Faulhaber unterstützte zwar Fritz Gerlich. Seine Loyalität gegenüber den staatlichen Autori-

welcher eng mit dem Eichstätter Freundschaftsbund in Kontakt stand. Die in diesem Kreis vertretenen Positionen teilte Preysing voll und ganz.[274]

Auf Schloß Zeil konstituierte sich ein Gesprächs- und Freundeskreis, welcher sich mit der Ideologie des Nationalsozialismus kritisch auseinandersetzte, aber auch politisch-philosophische Fragen erörterte. Häufige Teilnehmer an diesen Gesprächen waren Prof. Romano Guardini und Pfarrer Josef Weiger, P. Franz Prinz zu Löwenstein SJ, Bruder der Fürstin Monika, P. Franz Georg von Waldburg-Zeil SJ, ein Cousin Fürst Erichs, aber auch Äbtissin Maria Benedicta von Spiegel OSB[275] aus der Benediktinerinnenabtei St. Walburg, Eichstätt. Eine enge Verbindung nach dort bestand auch über die jüngere Schwester des Fürsten, Ludowika Gräfin von Waldburg-Zeil[276], welche als Chorfrau Walburga in St. Walburg eingetreten war. Mit ihr fand ein reger Austausch statt. Sie war sich mit ihrem Bruder einig in Bezug auf die verheerende Wirkung der NS-Politik. Guardini und sein Freund Weiger gehörten zwar nicht zum „Konnersreuther Kreis", zählten aber zu den Persönlichkeiten, die während der NS-Zeit und in der Nachkriegszeit Fürst Erich durch ihr christliches Weltbild und durch gemeinsame politische Ziele freundschaftlich verbunden waren.

Über Guardini und den Quickborn-Arbeitskreis bestanden auch Verbindungen zur Schriftstellerin Ida Friederike Görres[277]. Sie war mit Fürstin Monika befreundet und hielt sich am Kriegsende mehrere Wochen mit ihrem Ehemann[278] als Bombenflüchtling in Zeil auf. Dort pflegte sie auch gute Kontakte zu den Benediktinerinnen.[279]

Unter Fürst Erich war Schloß Zeil „ein Ort mit geistiger Bewegung"[280], betonte Fürst Georg von Waldburg-Zeil, der als Heranwachsender an einigen Treffen des Gesprächs- und Freundeskreises teilgenommen hatte. Er berichtet, die in

---

täten behinderte jedoch eine entschiedenere Opposition zu den Nationalsozialisten. Klaus Fitschen: Michael von Faulhaber, in: BBKL, Bd. 24, Nordhausen 2005, Sp. 602-615.

[274] http://www.eichstaetter-dioezesangeschichtsverein.de/memoriale/preysing-konrad-graf-von, aufgesucht am 1.4.2015.

[275] Maria Anna Benedicta (Elisabeth) Freiin Spiegel von und zu Peckelsheim OSB (1874-1950), Profess 1902 in der Abtei Maredret/Belgien, 1926 Äbtissin der Benediktinerinnenabtei St. Walburg in Eichstätt, s. Josef Kürzinger: Spiegel von und zu Peckelsheim, Maria Anna Benedicta O.S.B., in: Lebensläufe aus Franken (LLF), Bd. 6 (1960), 521-531; Lebensbild unserer lieben hochwürdigen Mutter der hochwürdigen Frau, Frau M. Benedikta Spiegel von und zu Peckelsheim O.S.B. Äbtissin der Abtei St. Walburg zu Eichstätt in Bayern, hg. von der Abtei St. Walburg Eichstätt, als Manuskript gedruckt (1950). Der Verfasserin freundlicherweise zur Verfügung gestellt von Frau Äbtissin M. Franziska Salesia Kloos OSB, St. Walburg, Eichstätt.

[276] Ludowika von Waldburg zu Zeil und Trauchburg (1902-1991), als Chorfrau Walburga Konventualin von St. Walburg, 1952-1982, Priorin des 1937 von St. Walburg gegründeten Priorats St. Mildred, Minster b. Ramsgate, Grafschaft Kent/England.

[277] Ida Friederike Görres, geb. Elisabeth Friederike Reichsgräfin Coudenhove-Kalergi (1901-1971), Theologin und Schriftstellerin, bedeutend für die Entwicklung der Hagiographie, Ekkart Sauser: Ida Friederike Görres, in: BBKL, Bd. 17, Herzberg 2000, Sp. 471-473.

[278] Carl-Josef Görres (1905-1973), Ingenieur und Unternehmensberater.

[279] Mitteilung Fürst Georg an die Verfasserin, Leutkirch, 15.11.2012, ArKe: 031 Annalen 1945, 20.5.1945, 94.

[280] Mitteilung Fürst Georg an die Verfasserin, Leutkirch, 15.5.2012.

Zeil getroffenen Überlegungen seien auch in die Beratungen auf Herrenchiemsee[281] eingegangen.

Auch Äbtissin Scholastica von Riccabona habe seiner Erinnerung nach zeitweise an den Treffen teilgenommen. Mehrfach habe er sie in dieser Runde sitzen sehen. Fürst Georg berichtete auch, sein Vater habe die Äbtissin öfter in politischen Angelegenheiten um Rat gefragt. Er selbst war von seinem Vater über dessen Widerstandsbemühungen soweit informiert worden, wie es für einen damals 14 bis 15-jährigen Buben angemessen war. Rückblickend bemerkte er: „Meine Kindheit wurde mit dem Ausbruch des Krieges abrupt unterbrochen"[282]! Auch der Kreisauer Kreis sei an seinen Vater herangetreten, um ihn für den Widerstand zu gewinnen. Fürst Erich habe sich bei den Jesuiten in München, P. Alfred Delp SJ[283], P. Augustin Rösch SJ und seinem Schwager P. Franz zu Löwenstein SJ Rat geholt. Alle seien strikt gegen Hitler gewesen. Die älteren unter ihnen hätten aber ein Attentat auf Hitler abgelehnt. Man dürfe nicht den Chef einer im Amt befindlichen Regierung umbringen. Fürst Erich habe sich dieser Position angeschlossen.

Hitler offensiv entgegen zu treten, ihn vor ein ordentliches Gericht zu stellen und ihn für seine Verbrechen streng zu verurteilen sei rechtens, ihn zu töten verböte jedoch der o.g. Grundsatz. „Die Notwendigkeit, etwas gegen Hitler zu tun", sei eine Grundmaxime seines Vaters gewesen. Philosophie und Grundlage seines Denkens sei das Naturrecht gewesen. In diesem Zusammenhang erwähnte Fürst Georg auch den guten Kontakt zu Eugenio Pacelli[284], dem späteren Papst Pius XII., den Fürst Erich in dessen Zeit als Nuntius in München kennengelernt hatte.

Fürst Erich und seine Familie erfuhren wegen der Unterstützung Gerlichs und seiner entschiedenen Gegnerschaft zum Nationalsozialismus „noch jahrelang Hausdurchsuchungen, Gestapo-Verhöre und Schikanen aller Art"[285].

Umso höher ist die Entscheidung einzuschätzen, die heimatlosen Kellenrieder Ordensfrauen nach deren Vertreibung aus dem Kloster vorbehaltlos in seinem Hause aufzunehmen. Es ist davon auszugehen, dass durch die Zeiler Gespräche zumindest Äbtissin Scholastica vollständig über die nationalsozialistische Ideo-

---

[281] Im als „Altes Schloss Herrenchiemsee" bekannten ehemaligen Chorherrenstift (Kloster Herrenchiemsee) tagte vom 10. bis 23. August 1948 der Verfassungskonvent zur Ausarbeitung eines Diskussionsentwurfes für den Parlamentarischen Rat bezüglich des Grundgesetzes für die Bundesrepublik Deutschland, s. Peter Bucher, Einleitung, in: Deutscher Bundestag/Bundesarchiv (Hg.): Der Parlamentarische Rat 1948-1949. Akten und Protokolle, 2 Bde. Der Verfassungskonvent auf Herrenchiemsee, bearbeitet von Peter Bucher, München 1981, 7ff.
[282] Mitteilung Fürst Georg an die Verfasserin, 15.5.2012.
[283] P. Alfred Delp SJ (1907-1945), Ordensmann, Priester, Journalist, Widerstandskämpfer, Mitglied des Kreisauer Kreises, 1945 hingerichtet, s. Helmut Moll: Zeugen für Christus. Das deutsche Martyrologium des 20. Jahrhunderts, hg. im Auftrag der Deutschen Bischofskonferenz, 6, erweiterte und neu strukturierte Auflage, Bd. II, Paderborn u.a. 2015, 953-956.
[284] Eugenio Pacelli (1876-1958), Dr. theol et jur.can. Priester der Diözese Rom, Priesterweihe 1899, 1917 Nuntius in Bayern, 1920-1929 Nuntius für das gesamte Deutsche Reich, 1929-1939 Kardinalstaatssekretär, 1939-1958 als Pius XII Papst. Hugo Altmann: Pius XII., Papst, in: BBKL, Bd. 7, Herzberg 1994, Sp. 682-699.
[285] Beck: Widerstand aus dem Glauben, 155.

logie und Politik im Bilde war und jeweils zu entscheiden hatte, welche Informationen sie vertraulich an den Konvent oder einzelne Mitglieder der Gemeinschaft weitergab. Aus der Rückschau der Annalen des Jahres 1944 geht hervor, dass die Schwestern von den zeitgeschichtlichen Ereignissen und den Gräueltaten der Nationalsozialisten wussten, z. B. vom Massenmord an den Juden, den Zuständen in den Konzentrationslagern und der Vernichtung „unwerten Lebens" (Euthanasie). Davon betroffen war auch eine Nichte der Chorfrau Hemma Wenger.[286] Manche brisante Nachricht wurde nur hinter vorgehaltener Hand im Flüsterton weitergegeben.[287]

Vom Attentat auf Hitler am 20. Juli 1944 hatten die Schwestern aus der Zeitung erfahren.[288] „Aber besser davon nichts in den Annalen zu vermerken, geschweige denn die oben erwähnten Verbrechen. Überhaupt war es geraten, sich aller ‚Politik' zu enthalten – es konnte leicht gefährlich werden"[289].

Schloss Kißlegg und Bärenweiler

Schloß Zeil blieb nicht die einzige Zelle innerhalb des Fürstlich Waldburg-Zeilschen Besitzes. Nach der späteren Aufgabe der Quartiere im „Klösterle" und in Beuron, stellte Fürst Erich ab September 1941 sowohl Schloss Kißlegg[290] als auch das zu seinem Besitz gehörende Senioren- und Pflegeheim Bärenweiler[291] zur Verfügung. Die Betreuung des Altenheims geschah durch Barmherzige Schwestern aus Untermarchtal.[292]

Hier lebten bis zum Ende des Exils etliche der älteren, nicht mehr arbeitsfähigen Kellenrieder Klosterfrauen, u.a. die Chorfrauen Margaretha von Kripp, Rosalia Strobl sowie Sr. Scholastica Steinmaßl. Äbtissin Scholastica hatte die Laienschwester Gerarda Plank zur Pflegekraft der drei älteren Mitschwestern bestimmt.

Schloss Kißlegg war insbesondere als Refugium im Hintergrund in Betracht gezogen worden, falls Kellenried und Beuron doch noch vollständig hätten aufgegeben werden müssen. Das Schloss stand seit Januar 1941 nahezu leer und hätte im Notfall Platz für die gesamte Kommunität geboten. Für Fürst Erich war der Aufenthalt auch nur einiger weniger Schwestern wünschenswert, um das ihm

---

[286] ArKe: 031 Annalen 1944, Rückblick, 206f.
[287] Eine stets gut informierte Nachrichtenübermittlerin für die Schwestern war die Zeiler Postbeamtin Martha Reich, „Post-Martha". Sie führte das kleine, im Erdgeschoss des Schlosses untergebrachte Postamt von Schloß Zeil, s. ArKe: 031 Annalen 1944, Rückblick, 206.
[288] Das Attentat auf Hitler findet auch kurze Erwähnung im Tagebuch von Fürstin Monika: NZAZ: NL Monika Fürstin von Waldburg zu Zeil und Trauchburg, Tagebuch: „21. Juli 1944: Attentat auf den Führer durch Oberst Graf Stauffenberg."
[289] ArKe: 031 Annalen 1945, Rückblick, 206f. – geschrieben am 24.8.1979.
[290] ArKe: 031 Annalen 1941, 10.9.1941, 90. Neues Schloss Kißlegg, erbaut 1721-1727 von Johann Georg Fischer, bis 1903 im Besitz der Fürstlichen Familie Waldburg zu Zeil und Wurzach, danach Übergang an das Haus Waldburg-Zeil-Trauchburg, seit 1960 im Besitz der Marktgemeinde Kißlegg.
[291] Heute Fürstlich Waldburg Zeil'sches Senioren- und Pflegeheim, Kißlegg-Bärenweiler.
[292] ArKe: 031 Annalen 1941, 28.3.1941, 39.

anvertraute Erbe zu hüten, ehe sich eine neue Zweckbindung für das Haus ergab.²⁹³ Als erste „Ansiedlerinnen" zogen Chorfrau Agatha Schätzle und Sr. Veronika Stoffel ins Schloss ein.
Die Aufgabe der Nonnen sollte hauptsächlich darin bestehen, die Zimmer im Schloss in Ordnung zu halten, für vorübergehende Gäste die Küche zu führen und die Hauswäsche zu besorgen. Ein großer Raum neben der Küche wurde in drei Wohneinheiten umgewandelt. Die Schwestern hatten Zugang zur Kapelle und durften das kleine Oratorium im Schloss benutzen. Zur spirituellen Betreuung sagte Fürst Erich der kleinen Gemeinschaft einen Hausgeistlichen zu.²⁹⁴ Diese Aufgabe übernahm der Ortspfarrer von Kißlegg.
Mit Zeil, Kißlegg und Bärenweiler waren damit drei Zellen im Allgäu gebildet, die entfernungsmäßig gut zueinander erreichbar waren. Dies entsprach dem Bestreben der Äbtissin, die klösterliche Familie möglichst zusammen zu halten. Die häufigen Besuche untereinander, eigentlich nicht konform mit den strengen Klausurvorschriften, wurden von Abtpräses Molitor gebilligt. So riss der Kontakt nicht ab, und der monastische Zusammenhalt blieb trotz der räumlichen Trennung gewahrt.

Abb. 12a: Bärenweiler

Abb. 12b: Donzdorf

Ruhiger Aufenthalt im Schloss Donzdorf

Hausherr im Schloss Donzdorf war im November 1940 Joseph Graf von Rechberg und Rothenlöwen, ein jüngerer Bruder Chorfrau Theresias.²⁹⁵ Auch für ihn war es eine Selbstverständlichkeit, seine Schwester und drei weitere Benediktinerinnen im Schloss aufzunehmen. Auch die beiden anderen Brüder Frau There-

---

²⁹³ Ebenda: 27.8.1941, 86.
²⁹⁴ ArKe: 025-2, Fasc.1, Maschinenschriftliche Notiz von Frau Agatha Schätzle OSB an Sr. Veronika Stoffel OSB, August 1941, mit handschriftlichen Korrekturen von Fürst Erich Waldburg-Zeil.
²⁹⁵ Lt. Testament von Joseph Graf von Rechberg sind dessen Korrespondenzen im Gräflich Rechberg'schen Archiv Donzdorf noch gesperrt, Auskunft Dorothea Gräfin von Rechberg an die Verfasserin, Donzdorf 27.2.2013.

sias, Graf Otto und Graf Albrecht[296], waren sehr um die klösterlichen Gäste bemüht.[297]
Es handelte sich neben Frau Theresia um die beiden Chorfrauen Hemma Wenger und Placida Lipp sowie Sr. Philomena Schlude.
Graf Joseph und die übrige Familie Rechberg setzten alles daran, den Klosterfrauen das Leben im Schloß so erträglich wie möglich zu machen. Als Graf Josephs Nichte, Pia von Fürstenberg[298], die dem großen Haushalt vorstand, bemerkte, dass den Schwestern keine Ausgabe der Kirchenväterlesungen des Breviers[299] zur Verfügung stand, setzte sie sofort alle Hebel in Bewegung, um die fehlende geistliche Literatur zu besorgen.[300]
Frau Theresia und Frau Hemma befanden sich bereits im fortgeschrittenen Alter, so dass ihnen der Abschied von Kellenried besonders zusetzte. In der Ruhe von Donzdorf führten sie ein zurückgezogenes Leben, widmeten sich jedoch immer noch kleineren Arbeiten für die Gemeinschaft und begleiteten beständig alle Geschehnisse in der monastischen Familie mit ihrem Gebet.[301] In die Pfarrkirche St. Martinus gelangten sie über einen überdachten Gang in einen abgeteilten Chorbereich. Gelegentlich nahmen sie auch an der Hl. Messe in der Vinzentiuspflege[302], einer karitativen Stiftung der Familie von Rechberg, teil.[303]

Frau Hemma verstarb am 30. Oktober 1944 und fand ihre letzte Ruhestätte in der Grablege der Kreuzschwestern auf dem städtischen Friedhof in Donzdorf.[304] Als einzige der im Exil heimgegangenen Kellenrieder Benediktinerinnen war es in den letzten Kriegsmonaten nicht möglich gewesen, sie auf dem Kellenrieder Klosterfriedhof zu bestatten. Frau Theresia dagegen war trotz fortschreitender Altersschwäche und einer fast völligen Erblindung im Dezember 1945 die Rückkehr nach Kellenried beschieden.
In Donzdorf gab es im Laufe des Exils mehrere Wechsel bei den Schwestern. Schon nach mehreren Monaten übersiedelte Chorfrau Placida Lipp 1941 in die

---

[296] Otto Graf von Rechberg und Rothenlöwen zu Hohenrechberg (1892-1971) und Albrecht Graf von Rechberg und Rothenlöwen zu Hohenrechberg (1887-1983).
[297] ArKe: 031 Annalen 1941, 18.8.1941, 83f.
[298] Pia Freiin von Fürstenberg (1907-1984).
[299] Unter „Väterlesung" werden Texte aus alt- und frühchristlichen Werken der Kirchenväter, Kirchenlehrer und anderer Schriftsteller der östlichen und westlichen Kirche verstanden.
[300] ArKe: 031 Annalen 1940, 27.11.1940, 257.
[301] Ebenda.
[302] 1851 wurde die Vinzentiuspflege in Donzdorf von Mitgliedern der Gräflich von Rechbergschen Familie gestiftet. Die Kreuzschwestern von Straßburg übernahmen die Erziehung und Ausbildung von benachteiligten Mädchen, heute Vinzentius-Jugendhilfe und Vinzentius-Schule Donzdorf. Kreuzschwestern, gegründet 1848 in Straßburg von Adèle von Glaubitz als klösterliche Gemeinschaft mit karitativem Schwerpunkt, Hinwendung zu benachteiligten und behinderten Menschen. Das Kreuz, dessen Namen die Kongregation trägt, ist Zeichen für die Gemeinschaft mit Jesus, s. http://www.srdelacroix.fr/de/wer-sind-wir, aufgesucht am 4.8.2014; s. http://www.franzvonassisi.de/ueber-die-einrichtung-111, aufgesucht am 4.8.2014.
[303] Auskunft von Dorothea Gräfin von Rechberg und von Sr. Justina Leitsch, Kreuzschwester in Donzdorf, an die Verfasserin, 27.2.2013.
[304] Klosterchronik der Kreuzschwestern von Donzdorf 1944, 27. Der Verfasserin freundlicherweise zur Verfügung gestellt von Sr. Justina Leitsch, Donzdorf, 15.6.2013.

Stiftung Liebenau[305], wo sie bis 1945 verblieb. Am Kriegsende befand sich neben Chorfrau Theresia nur noch Sr. Juliana Pruner in Donzdorf. Alle Laienschwestern waren während ihres Aufenthaltes dort vor allem für die Betreuung der beiden alten Chorfrauen Theresia und Hemma zuständig.

Im Schloss Achstetten

Kurzfristig wurden nach der Aufhebung von St. Hildegard, Eibingen, im Juli 1941 auf Vermittlung von Graf Joseph auch einige Kellenrieder Benediktinerinnen auf Schloss Achstetten bei Laupheim[306], dem Besitz der Grafen Reuttner von Weyl untergebracht. Gräfin Katharina Reuttner, eine leibliche Schwester Chorfrau Theresias und Graf Joseph von Rechbergs war sofort bereit, der Bitte ihrer Geschwister nachzukommen[307]. In Achstetten kamen Frau Agatha Schätzle, Sr. Veronika Stoffel und Frau Josepha Schmidt unter.[308] Trotz der freundlichen Aufnahme erwies sich das Schloss für die kleine kontemplative Gemeinschaft als wenig geeignet.

In der Folgezeit kam es wiederholt zu Wechseln an den verschiedenen Verbannungsorten, die jedes Mal der veränderten Lage in den entsprechenden Zellen geschuldet war oder mit der persönlichen Situation einzelner Klosterfrauen in Verbindung standen, sei es aus gesundheitlichen oder arbeitstechnischen Gründen oder mit der Übernahme neuer Aufgaben innerhalb der Gemeinschaft.

Schwerer Anfang auf Schloss Isny

Auf Schloss Isny[309] fanden neben Chorfrau Benedicta von Quadt, die hier Heimrecht besaß[310], die Chorfrauen Rosalia Strobl und Margareta von Kripp sowie Sr. Veronika Stoffel für wenige Monate Zuflucht. Die Kellenrieder Annalen berich-

---

[305] Stiftung Liebenau, Meckenbeuren, Ortsteil Liebenau, Oberschwaben, ein aus christlicher Motivation heraus entstandenes, unabhängiges 1870 gegründetes Sozial- und Bildungsunternehmen, umfasst heute zahlreiche soziale Einrichtungen der Behindertenhilfe und der Altenhilfe sowie Bildungs- und Gesundheitseinrichtungen an rund 100 Standorten, s. Michael Schnieber: In unserer Mitte – der Mensch. Stiftung Liebenau, Tettnang 1995,
[306] Schloss Achstetten, Oberschwaben, Ldkr. Biberach, Wohnsitz der gräflichen Familie Reuttner von Weyl.
[307] Karl Graf Reuttner von Weyl (1872-1959) und Katharina Gräfin Reuttner von Weyl (1875-1955), geb. Gräfin von Rechberg und Rothenlöwen, s. ArKe: 031 Annalen 1941, 29.6.1941, 69.
[308] Ebenda, 68.
[309] Schloss Isny im Allgäu: 1096 als Benediktinerinnenkloster gegründet. 1803 fielen das Kloster St. Georg und St. Jakobus sowie die Stadt Isny an die Grafen von Quadt-Wykradt. Die Klosteranlage diente bis 1941 als gräfliches Schloss. Durch Verkauf 1942 an die Stadt Stuttgart. 1943-1945 von der Hitlerjugend genutzt. Nach 1945 bis 1996 geriatrische Klinik und Pflegeheim, heute Museum und Kunsthalle Friedrich Hechelmann, s. Nicola Siegloch: Vom herrschaftlichen Schloss zur Medizinisch-Geriatrischen Abteilung – das Klostergebäude im 20. Jhdt., in: Rudolf Reinhardt (Hg.): Reichsabtei St. Georg in Isny 1096-1802, Beiträge zur Geschichte und Kunst des 900j. Benediktinerklosters (im Auftrag der Kirchengemeinde St. Georg Isny und der Stadt Isny, Weißenhorn 1996, 275-286.
[310] ArKe: 031 Annalen 1940, 257.

ten über den schweren Anfang der vier Klosterfrauen. Wenige Tage vor der Räumung des Klosters war Graf Eugen Quadt[311] verstorben, der letzte der drei Brüder Frau Benedictas. Im Schloss hielt sich nur noch Fürstin Maria Anna auf. So kamen die Kellenrieder Benediktinerinnen in ein Trauerhaus, was ihre ohnehin missliche Situation zusätzlich erschwerte. Trotzdem wurden sie von der Fürstin-Witwe liebevoll und herzlich empfangen. In vier abgelegenen Zimmern des weitläufigen Schlosses waren sie ganz unter sich. Der Pfarrer der Ortsgemeinde wies ihnen im Presbyterium der Kirche ein verborgenes Plätzchen an und ließ ihnen fürsorglich eigens eine Lampe anfertigen, um den Gottesdiensttexten bei besserer Beleuchtung folgen zu können.[312]

Den Frauen war es in der Stille des Schlosses möglich, ihr bisheriges klösterliches Leben fortzusetzen, wenn auch innerhalb eines veränderten Rahmens. „So bildete sich in Isny eine ganz kontemplative Zelle, wo viel, viel gebetet wurde für die ganze monastische Familie"[313].

Am 29. Dezember 1940 nahm die kleine Gemeinschaft an der Primizfeier von P. Franz Graf von Tattenbach SJ[314] teil, einem Neffen der Chorfrau Benedicta von Quadt. Tattenbach war seit dem Eintritt seiner Tante in Kellenried dem Konvent stets verbunden. Sein Vater, Gottfried Graf Tattenbach[315], hatte den Altar in der Kellenrieder Klosterkirche gestiftet. Bei der Primiz trug P. Tattenbach ein von der Paramentenstickwerkstatt gestaltetes Messgewand, angefertigt aus dem Brautkleid seiner Schwester.[316]

Wegen des Verkaufs der Schlossanlage an die Stadt Stuttgart währte der Aufenthalt der Kellenrieder Benediktinerinnen in Isny allerdings nur wenige Monate.[317]

Aufnahme bei den Armen Schulschwestern im „Klösterle" Ravensburg

Unmittelbar nach der Beschlagnahmung von Weingarten hatte P. Prior Placidus bei den Armen Schulschwestern von Unserer Lieben Frau in Ravensburg ange-

---

[311] Eugen Graf von Quadt zu Wykradt und Isny (1887-1940).
[312] ArKe: 031 Annalen 1940, 27.11.1940, 258.
[313] Ebenda.
[314] P. Franz Graf von Tattenbach SJ (1910-1992), Jesuit in München, nach 1945 Kriegsgefangenenseelsorger in Frankreich, 1955-1959, Rektor am Pontificium Collegium Germanicum et Hungaricum de Urbe in Rom, Rektor der Hochschule der Jesuiten in München, engagierte sich für seinen Orden in Bildungsfragen in Mittelamerika. Tattenbach nahm auf Bitte seines Provinzials P. Augustin Rösch SJ am 8.12.1944 dem an den Händen gefesselten P. Alfred Delp SJ in der Justizvollzugsanstalt Tegel die letzten Gelübde seines Ordens ab, s. Rita Haub: Franz von Tattenbach SJ. Die Sorge um den Menschen steht im Mittelpunkt – Ein Erzieher für Mittelamerika, Kevelaer 2010.
[315] Gottfried Graf Tattenbach (1875-1961), verheiratet mit Marie Gräfin Quadt zu Wykradt und Isny (1883-1925).
[316] Marie-Gabrielle, Gräfin von Tattenbach, geb. 1913, Eheschließung 1939 mit Karl Graf von Schall-Riaucour (1908-1940).
[317] „Besonderen Wert legte die Fürstliche Familie auf eine Bestätigung von Seiten der Stadt, dass der Schlossverkauf auf Wunsch der Stadt erfolgte und dass sie, [die Fürstliche Familie], sich Verdienste für die Stadt Isny und damit zusammenhängend für die Partei und die Wehrmacht erworben hat." Siegloch: Vom herrschaftlichen Schloss, 280.

fragt, ob im Falle der Räumung von Kellenried ein Teil der Benediktinerinnen im „Klösterle" unterkommen könne, wie die Niederlassung der Schulschwestern in der ganzen Umgebung genannt wurde. Für die Schulschwestern waren die Benediktinerinnen keine Unbekannten. Mit den Jahren hatte sich ein gut nachbarschaftliches Verhältnis zwischen beiden Klöstern entwickelt. Oberin Tolentine Steger[318] war sofort bereit, die heimatlos gewordenen Kellenrieder Schwestern im Klösterle aufzunehmen, obwohl der Platz wegen des im Hause eingerichteten Lazaretts mehr als beengt war.

In der Chronik der Bayerischen Provinz der Armen Schulschwestern heißt es dazu: „Die letzten Oktober- und ersten Novembertage brachten große Aufregung und Sorge ins Klösterle. Die großen Klöster Württembergs mussten ihre Häuser räumen für Umsiedler aus Bessarabien. Auch Ravensburg war bedroht. Doch das untergebrachte Lazarett bot Schutz. Die Benediktinerinnen der Abtei Kellenried klopften hilfesuchend an die Ravensburger Pforte"[319].

Äbtissin Scholastica hatte bereits am 1. November mit Oberin Steger telefonischen Kontakt aufgenommen und begab sich am 4. November persönlich in Begleitung von Subpriorin Agnes Trescher nach Ravensburg, um die in Aussicht gestellten Räume in Augenschein zu nehmen.

Die Schulschwestern räumten in großherziger Weise den gesamten unteren Klausurgang und rückten selbst in den Mansardenräumen des Hauses eng zusammen. „Was tut's? Wir haben immer noch ein Dach über dem Kopf, während die armen Schwestern kein Plätzchen mehr haben, das sie ihr eigen nennen können"[320], kommentiert die Chronik der Ravensburger Niederlassung den Vorgang.

Die Kellenrieder Benediktinerinnen nahmen die neue Bleibe mit großer Dankbarkeit und Hochachtung an, „denn waren wir menschlich gesprochen keine geringe Last für sie, allein schon, was den Platz anbelangt, waren sie doch durch das Lazarett schon sehr eingeschränkt"[321].

Insgesamt übersiedelten sechs Chorfrauen und acht Laienschwestern, einschließlich der Priorin Placida ins Klösterle.

Die Schulschwestern sahen es als ein Glück an, dass die Wehrmacht der VoMi zuvorgekommen war. Sie hatten mit Kreisleiter Rudorf wiederholt schlechte Erfahrungen gemacht und waren sich sicher, dass er das „Klösterle" am liebsten

---

[318] Sr. Tolentine (Barbara) Steger (1873-1956), Eintritt in die klösterliche Bildungsanstalt der Armen Schulschwestern in München am 10. September 1887, Profess 1905, als Lehrerin tätig in verschiedenen Filialen des Ordens, ab 1938 in Ravensburg. Freundliche Auskunft an die Verfasserin von M. Consolata Neumann, Archivarin, Provinzialat der Armen Schulschwestern V.U.L.FR. München, 12.12.2014.
[319] Bayerische Provinz der Armen Schulschwestern von Unserer Lieben Frau, Zusammenfassung aller Geschehnisse in der Provinz seit ihrem Bestehen... bis 1945, hier: Oktober/November 1940, Auskunft M. Consolata Neumann an die Verfasserin, 2.4.2013.
[320] Chronik der Armen Schulschwestern V.U.L.FR., Filiale Ravensburg, Chronistin M. Dosithea, (Chronik A.S, RV) 1938-1958, 4.11.1940.
[321] ArKe: 031 Annalen 1940, 27.11.1940, 260.

als erstes „im Sturm genommen"[322] hätte, wenn nicht die Belegung durch das Lazarett erfolgt wäre.

Die Oberen der Klöster und anderen kirchlichen Einrichtungen sahen in der Aufnahme und Pflege verwundeter Soldaten in ihren Häusern das kleinere Übel. Sie betrachteten die Übernahme dieser Aufgabe als ihre christliche und vaterländische Pflicht an und stellten daher ihre Räumlichkeiten der Wehrmacht bereitwillig zur Verfügung.

Darüber hinaus erhofften sie sich durch die Kooperation mit dem Militär einen größeren Schutz vor der Beschlagnahmung durch die brutal vorgehenden zivilen Dienststellen, die völlig in der nationalsozialistischen Ideologie verhaftet waren: „Unter dem Eindruck der zunehmend gewaltsamen Übergriffe gegen Klöster erfüllten Vertragsangebote an die Wehrmacht jedoch etwa ab 1940 immer häufiger den Zweck der Vorwärtsverteidigung"[323]. So gingen auch die Schulschwestern davon aus, vorläufig in ihrem Hause bleiben zu können. Sie nahmen die Einquartierung der Benediktinerinnen gern auf sich, anstatt die Räumung des Hauses zu Gunsten der Umsiedler erdulden zu müssen. Fast die gesamte Zellenausstattung aus Kellenried gelangte bei der Übersiedlung mit nach Ravensburg. Aus Dankbarkeit für die selbstlose und tatkräftige Hilfe der Schulschwestern verlieh Äbtissin Scholastica der Oberin Tolentine die „Litterae caritatis".[324] Im Klösterle blieben stets ein bis zwei Zimmer reserviert für Äbtissin und Priorin, wenn sie in Ravensburg zu tun hatten.[325]

Einzeln oder zu zweit in kleinen „Zellen"

Außerhalb der größeren Stationen mussten für etliche Frauen, ihrer persönlichen Situation angemessen, andere Lösungen gefunden werden. Die schwer gichtkranke Sr. Dorothea Rendl fand gemeinsam mit ihrer Pflegerin Sr. Camilla Ohrwalder Unterkunft in Ravensburg, im Privathaushalt der dem Kloster Kellenried sehr verbundenen Frau Anna Beck.[326] Hier bestanden beste Voraussetzungen für eine liebevolle Pflege und die notwendige ärztliche Betreuung. Die seelsorgliche und monastische Begleitung war durch die Nähe zum Klösterle und zur Pfarrei St. Jodok[327] in Ravensburg gegeben. Täglich wurde die Kran-

---

[322] Chronik A.S, RV 1938-1958, 14.11. 1940.
[323] Mertens: Himmlers Klostersturm, 21.
[324] Litterae caritatis (Liebesbrief), beruht auf dem Augustinischen Freundschaftsbrief, datiert etwa 428. Festliches Dokument, drückt in benediktinischen Gemeinschaften als Zeichen der Dankbarkeit die Gebetsverpflichtung der Gemeinschaft für den/die Betreffende(n) aus, an die am Tag der Ausstellung jedes Jahr erinnert wird. Die „Litterae caritatis" erhielten auch Gottfried Graf von Tattenbach, Josefine Gräfin Quadt, Frau Anna Beck, Hausarzt Dr. Wörz und Frau Rosalia Marschall, s. ArKe: 031 Annalen 1941, Pfingsten 1941, 58; 031 Annalen 1942, 7.9.1942, 64.
[325] ArKe: 031 Annalen 1941, Pfingsten 1941, 58.
[326] Nähere Angaben zur Person nicht zu ermitteln, wohnhaft in Ravensburg, Georgstr. 22.
[327] St. Jodok, zweite Pfarrkirche Ravensburgs, erbaut im 14. Jahrhundert durch das Kloster Weißenau und den Rat der Stadt, zuständig für die Unterstadt, bis 1802 dem Kloster Weißenau inkorporiert, s. http://www.sankt-jodok.de, aufgesucht am 12.12.2104.

kenkommunion gebracht. Frau Beck erwirkte sogar beim Bischöflichen Ordinariat in Rottenburg die Erlaubnis, dass alle 14 Tage im Raum neben dem Krankenzimmer eine Hl. Messe gefeiert werden durfte.[328]
Beide Klosterfrauen, die sich selbst als „die Siedlerinnen" bezeichneten, verblieben bis zum Jahre 1944 im Hause Beck, bis der Tod sie Anfang des Jahres 1944 fast gleichzeitig erlöste.[329]
Sr. Elisabeth Link konnte auf Grund ihrer schweren Erkrankung durch großes Entgegenkommen der Oberin Benigna Schuster[330] im Riedlinger Krankenhaus aufgenommen werden, wo sie gute Pflege und Betreuung fand.[331]
Äbtissin Scholastica hatte angesichts der drohenden Räumung des Klosters zunächst auch in Erwägung gezogen, einen Teil der Nonnen in die Elternhäuser oder zu ihren Geschwistern zurückzuschicken.[332]
Nach Jahren des Lebens in der klösterlichen Gemeinschaft war jedoch eine solche Lösung als problematisch anzusehen.[333] Die monastischen Verpflichtungen wie Stundengebet, Brevier, Betrachtung und Klosteralltag in ein normales Familienleben zu integrieren, wären für beide Seiten zur Herausforderung geworden. Die Berufung zum monastischen Leben der jeweiligen Ordensfrau hätte in Gefahr geraten können. Eine eventuelle Entfremdung von Klausur und klösterlichem Tagesablauf wäre nicht auszuschließen gewesen. Die Herkunftsfamilien hätten akzeptieren müssen, dass ihre Tochter und Schwester „nicht mehr in der selben Weise zu ihnen gehörte" wie vor dem Eintritt ins Kloster.[334] Zu diesem Schluss war auch Abtpräses Raphael Molitor gekommen und riet daher dringend von einer solchen Lösung ab.
Im Frühjahr 1941 war Äbtissin Scholastica zu einer Besprechung mit dem Abtpräses zusammengekommen, wobei die im November 1940 bei der Räumung angesprochenen Fragen noch einmal ausführlich diskutiert und vertieft wurden.[335]
Molitor sah die Rückkehr in die eigene Familie als große Gefahr für eine mögliche Auflösung der Kommunität an. Wenn eine Konventualin die Rückkehr in die Familie wünsche, solle man ihr zureden, wenn sie darauf bestünde, sei sie zu exklausurieren. „Die Exklausurierte gehört noch zum Klosterverband, ist nicht ausgetreten, steht aber quo ad Gehorsam unter dem Bischof und muss das Heili-

---

[328] ArKe: 031 Annalen 1940, Ende November 1940, 261f.
[329] ArKe: 031 Annalen 1944, Rückblick 1944, 192.
[330] Sr. Benigna Schuster (1888-1958), Barmherzige Schwester vom Hl. Vinzenz von Paul, Profess 1932, Ausbildung als Fürsorgerin, Kranken- und Säuglingsschwester. Auskunft Sr. Anna Maria Bieg, Generalsekretärin Mutterhaus Untermarchtal, 14.6.2015.
[331] ArKe: 031 Annalen 1940, 253. Im Riedlinger Krankenhaus wirkten Barmherzige Schwestern vom Hl. Vinzenz von Paul (Vinzentinerinnen) von Untermarchtal, mit denen Kloster Kellenried in guter Verbindung stand.
[332] ArKe: 025.2-Fasc.1, Verteilungsliste Herbst 1940 mit handschriftlichem Vermerk „Für die äußerste Not geplant", ohne exaktes Datum.
[333] ArKe: 025-2 Fasc. 2, Notizbuch Äbtissin, Gespräch mit Abtpräses Raphael Molitor vom 1./2.4.1941; 117-124.
[334] ArKe: 031 Annalen 1940, 1.12.1940, 263.
[335] ArKe: 025-2 Fasc. 2,   Notizbuch Äbtissin, Gespräch mit Abtpräses,1./2.4.1941, 117-124.

ge Kleid ablegen"[336]. Mit dieser weise vorausschauenden Entscheidung wäre eine Rückkehr in die klösterliche Gemeinschaft jederzeit möglich geworden.
Das Experiment der Unterbringung in den Elternhäusern kam aber letztlich nicht zum Tragen. Der größte Teil der Schwestern konnte die Zeit des Exils unter klosterähnlichen Rahmenbedingungen verbringen.
Alle in Einzelstationen lebenden Benediktinerinnen hatten sich jedoch mit dem Phänomen der Entfremdung auseinanderzusetzen. Gleichwohl waren sie durch ihre tägliche Arbeit gefordert und dadurch weniger gefährdet, sich von ihrem eigentlichen Lebensentwurf zu entfernen.
Für das Exilleben in einer einzelnen Zelle stehen beispielhaft die Chorfrauen Walburga von Cetto, Josepha Schmidt und Cäcilia Biber.
Chorfrau Walburga absolvierte von 1942 bis 1945 eine dreijährige Krankenpflegeausbildung im Elisabethen-Krankenhaus in Ravensburg und nahm auch hier Wohnung.[337]
Chorfrau Josepha Schmidt arbeitete zwischen 1941 und 1945 als Chefsekretärin für den Leitenden Arzt des Wilhelmstifts in Isny, Dr. Mutschler[338]. Der Kontakt war vermittelt worden von Oberin Maria Karpa von Reute[339], deren Kommunität für den Pflegedienst des Krankenhauses in Isny verantwortlich war.[340]
Frau Josepha hatte sich zunächst in St. Hildegard und Schloss Achstetten aufgehalten. Da sie auf Grund einer chronischen Erkrankung zur körperlichen Arbeit kaum noch fähig war, fand sie in der Büroarbeit eine ihrer Situation angemessene Beschäftigung.
Die seit Beginn des Jahres 1939 festzustellende katastrophale Lage auf dem Arbeitsmarkt führte auch zu einem Mangel an Büroangestellten, vor allem der Bedarf an Stenotypistinnen vergrößerte sich ständig.[341] Dies verstärkte sich nach Kriegsausbruch noch erheblich, zumal auch die Wehrmacht dringend auf kompetente Bürokräfte angewiesen war. Insofern war Frau Josepha an ihrem Arbeitsplatz in Isny nicht nur höchst willkommen, sondern auch geschützt vor einer eventuellen behördlich verordneten anderen Tätigkeit.
Chorfrau Pudentiana von Kathrein absolvierte in Ravensburg auf Wunsch ihrer Eltern einen Lehrgang in Maschineschreiben, Stenografie und Englisch, „damit sie, wenn es je einmal in Frage käme, Büroarbeiten versehen kann"[342]. Während dieser Zeit wohnte sie im Klösterle bei den Armen Schulschwestern. Der be-

---

[336] Ebenda: Gespräch mit Abtpräses, 120.
[337] Brunnhuber/Kretz: Frauen, die das Leben lieben, 99.
[338] Städtische Heilstätte Wilhelmstift Isny, eröffnet 1908, 1942-1945 Luftwaffenteillazarett, danach Städtisches Krankenhaus, aufgelöst 2015.
[339] Oberin Sr. Maria Karpa (Hedwig) Saile OFM, Franziskanerin von Reute (1885-1968), Profess 1909, Generaloberin in Reute 1926-1950, s. Archiv Kloster Reute (ArReu): Totenzettel M. Karpa Saile.
[340] Hier wirkte von 1931 bis 1955 als Oberin Sr. Nicodemes (Emilie) Haag (1903-1974), Eintritt bei den Franziskanerinnen in Reute 1923, Profess 1926, Krankenpflegeexamen 1927. Sie war der Kellenrieder Kommunität sehr verbunden. Auskunft der Archivarin Sr. Antonie Maikler am 22.5.2015, s. auch ArKe: 031 Annalen 1941, 82.
[341] Dörte Winkler: Frauenarbeit im „Dritten Reich", Reihe Historische Perspektiven 9, hg. von Bernd Martin/ Hans-Jürgen Puhle/Wolfgang Schieder/August Heinrich Winkler, Hamburg 1977, 60 und 122.
[342] ArKe: 031 Annalen 1941, 18.6.1941, 64.

fürchtete Arbeitseinsatz außerhalb der klösterlichen Gemeinschaft wurde nicht notwendig. In Zeil versah Frau Pudentiana später den Dienst der Mesnerin in der Schlosskapelle.

Frau Cäcilia Biber hielt sich von Oktober 1942 bis Frühjahr 1943 mehrere Monate im Provinzialmutterhaus der Herz-Jesu-Missionsschwestern in Hiltrup bei Münster[343] auf, um sich in der Garten- und Baumpflege fortzubilden. Die Erfahrungen dort kamen ihr später in der Kellenrieder Ökonomie zugute. „Sr. Cäcilia Biber war eine passionierte Obstgärtnerin, die sich ausgezeichnet auf das Pfropfen und Okulieren verstand"[344], heißt es in einem Nachruf auf die engagierte Gartenexpertin.

Der Aufenthalt bei den Missionsschwestern geschah unentgeltlich. In den unsicheren Zeiten halfen sich Klöster und Ordensgemeinschaften untereinander, wo immer es möglich war.[345] Frau Cäcilia nahm im Winter 1944/45 nochmals an einem Obstbaukurs in Tettnang teil. Sie wohnte dort bei den Sießener Franziskanerinnen und „eroberte dort alle Herzen, nicht zuletzt die der Bauern, an deren Bäumen die Kursteilnehmer ihre Übungen machten, (außer Frau Cäcilia waren es lauter Bauernburschen)"[346].

Austritte aus der Gemeinschaft

Gleich zu Beginn des Exils verließen einige Kandidatinnen und Novizinnen im Einvernehmen mit der Äbtissin die Gemeinschaft. Gemessen an der Gesamtstärke des Konvents von insgesamt 66 Klosterfrauen im Jahre 1940, ist jedoch die Anzahl der Austritte mit nur sechs Nonnen während der gesamten Exilsjahre als gering zu bezeichnen. Unter den sechs Konventualinnen befanden sich drei Novizinnen, die im Einvernehmen mit der Äbtissin in ihre Elternhäuser zurückkehrten, da das Kloster ihnen unter den Bedingungen des Exils keine Möglichkeit zur Vorbereitung auf eine endgültige Bindung an den Orden (Profess) mehr bieten konnte.

Um den Kontakt untereinander aufrecht zu erhalten, aber auch aus der sich selbst aufgegebenen Verpflichtung heraus, die Umstände des Exils zu dokumentieren, wurde in jeder größeren Zelle „eine Art Chronik geschrieben, die dann in den verschiedenen Stationen zirkulierte, so dass alle auf dem Laufenden blieben und immer wieder voneinander hörten"[347]. Außerdem wurden die Briefe der

---

[343] Ordensgemeinschaft der Schwestern vom Heiligsten Herzen Jesu, (MSC=Missionariae Sacratissimi Cordis), gegr. 1900 für den Missionsdienst in der Südsee vom Herz-Jesu-Missionar P. Hubert Linckens (1861-1922), s. http://www.msc-hiltrup.de, aufgesucht am 3.2.2015.
[344] Brunnhuber/Kretz: Frauen, die das Leben lieben, 125.
[345] ArKe: 031 Annalen 1942, 29.11.1941, 81f.
[346] ArKe: 031 Annalen 1944, 2.12.1944, 171.
[347] ArKe: 031 Annalen 1940, Ende November 1940, 261. Rundbriefe chronologisch in 4 Bänden, Exils-Chronik-Rundbriefe Kellenried und Beuron, Bd. 1 1940-1945; Exils-Chronik-Rundbriefe Bärenweiler und Ravensburg, Bd. 2; Exils-Chronik-Rundbriefe Zeil, Teil 1, Bd. 3; 1941-1943, Exils-Chronik-Rundbriefe Zeil 1941-1944; Bd. 4 1944-1945 Zeil.

verschiedenen Klosterfrauen gesammelt und regelmäßig von einer Zelle zur nächsten weitergeleitet.[348]

Auf Äbtissin Scholastica kam die nicht einfach zu lösende Aufgabe zu, den Konvent in der Diasporasituation zu stärken und immer wieder auf die Grundpfeiler der monastischen Bestimmung hinzuweisen. „Das war ja von Anfang an das Bestreben teuerster Hochw. [ürdigster] Mutter, dass wir uns auf unseren monastischen Beruf, unsere heilige Regel umso bewusster einstellen, trotz der veränderten Verhältnisse. Die Umstellung, deren wir jetzt bedürfen, besteht nicht in der Hinwendung zu einer anderen Lebensform mit mehr tätigem Charakter, wie man auf den ersten Blick meinen könnte, dass die Welt es braucht, sondern an einem umso bewussteren Festhalten an den monastischen Idealen, so lange, bis der Herr uns kundtun wird, dass wir ihm in anderer Weise dienen sollen. Das war das geistige Programm für die Zeit unserer Verbannung"[349].
Nach der Übergabe von Kellenried an die VoMi hatte sich Äbtissin Scholastica am 13. November 1940 ebenfalls in die Erzabtei begeben. Die Chorverpflichtung (obligatio chori) war der Beuroner Gruppe, als der zu diesem Zeitpunkt zahlenmäßig größten, übertragen worden. Nach dem Grundsatz „wo der Abt, da die Abtei"[350], richteten sich zunächst alle Blicke des zerstreuten Konvents auf Beuron.

Im Fremden daheim – Klösterliche Einquartierung im Marschallhaus – die Ökonomie bleibt

Da die Volksdeutsche Mittelstelle die Ökonomie des Klosters nicht angetastet hatte, konnten dreizehn Klosterfrauen[351] unter der Führung von Subpriorin Agnes Trescher in Kellenried verbleiben. Der Verbleib auf der Klosterökonomie war bei der Beschlagnahmung des Klosters keineswegs eine großzügige Geste den Benediktinerinnen gegenüber. Letztlich ist es nicht nachzuvollziehen, nach welchen Kriterien die VoMi einigen beschlagnahmten Klöstern die Landwirtschaft beließ und gegen andere rigoros vorging. Im Rückblick von 1945 heißt es dazu: „Vom Stall ist noch zusagen, dass wir bei der Beschlagnahme den direkten Auftrag bekamen, die Landwirtschaft weiterzuführen, was auch geschah"[352].

Im erheblich größeren Kloster Sießen wurde nach anfänglichem Zugeständnis, die Ökonomie nicht anzutasten, das Klostergut im Januar 1941 noch nachträglich beschlagnahmt, mit der Begründung, es mangele an Unterbringungsmög-

---

[348] ArKe: Briefsammlungen der einzelnen Schwestern.
[349] ArKe: 031 Annalen 1940, 30.11.1940, 263.
[350] Ebenda: 13.11.1940, 247.
[351] Fr. Agnes Trescher, Fr. Scholastica Schwind, Fr. Hildegard Reuß, Fr. Laurentia Laurentius, Sr. Felicitas Walter, Sr. Petronilla Müller, Sr. Crescentia Koch, Sr. Meinrada Hug, Sr. Antonia Berger; Sr. Virgilia Streibl, Sr. Notburga Zisterer, Sr. Fidelis Dieringer, Sr. Teresita Lenz, Sr. Armella Welte.
[352] ArKe: 031 Annalen 1945, Rückblick, 484.

lichkeiten für die Arbeitskräfte. Dadurch bestünde die Gefahr, dass die Felder nicht ausreichend bewirtschaftet würden und die ernährungspolitisch wichtigen Erträge seien damit infrage gestellt.[353] Offensichtlich handelte es sich um eine Rachemaßnahme des Kreisleiters Drauz. Kloster Sießen verlor dadurch den lebenswichtigen Status als Selbstversorger[354].

Die Kellenrieder Chronistin berichtet, bei der Weiterführung der Landwirtschaft habe es sich um einen „direkten Auftrag" der nationalsozialistischen Behörden gehandelt.[355] Die Enteignung des landwirtschaftlichen Betriebs in Kellenried hätte den Anschein erwecken können, die Beschlagnahme des Klosters sei nicht, wie vorgeschoben, auf wenige Monate angelegt, sondern es handele sich um eine Dauerlösung. Die Aufrechterhaltung des Betriebs entsprach gleichwohl den ernährungspolitischen Vorstellungen der Nationalsozialisten. Also durften die auf dem Gut beschäftigen Klosterfrauen bleiben.

Sie lebten zwar als Hüterinnen der Klosterkirche und als Bewirtschafterinnen des Hofes weiterhin am angestammten Ort, hatten sich aber auf große räumliche und lebenspraktische Veränderungen einzustellen. „Keine Kartoffel darf weniger wachsen", hieß die Parole.[356]

Mit großer Bereitwilligkeit nahm Frau Rosalia Marschall, die Mitstifterin des Klosters, die Frauen in ihr kleines Bauernhaus auf. Sie akzeptierte nicht nur die klösterliche Einquartierung, sondern schloss sich auch der Lebensweise der Gemeinschaft „mit einem Ernst und einem Eifer an, dass es eine wahre Freude war"[357], berichtete die Kellenrieder Chronik.

Äbtissin Scholastica hatte bei ihrer Abreise nach Beuron die Kellenrieder Gruppe nicht ohne Sorge zurück gelassen. Angesichts der bevorstehenden Lagereinquartierung wähnte sie die kleine Schar schutzlos, dazu noch unter den sehr primitiven, ungewohnten Lebensverhältnissen. In allen anderen Stationen wurde daher für die „Wächter in Kellenried" ein tägliches „Salve Regina"[358] gebetet.[359]

Die Hinterbliebenen meisterten ihre Lage jedoch besser als zunächst angenommen. Sie waren in den ersten Wochen mit ganz praktischen Maßnahmen beschäftigt. So meldeten sie z.B. beim Postamt Ravensburg vorschriftsmäßig ihre Postanschrift auf das Marschallhaus um. Dies geschah trotz der einschneidenden

---

[353] Offensichtlich handelte es sich um eine Rachemaßnahme des Kreisleiters Drauz. Kloster Sießen verlor dadurch den lebenswichtigen Status als Selbstversorger, s. DAR: G 1.6/18, Mitteilung an das Kloster Sießen, 3.1.1941; Mertens: Klostersturm, 165; August Hagen: Die Kongregation der Schulschwestern vom Dritten Orden des Hl. Franziskus in Sießen, ein geschichtlicher Abriss zur Jahrhundertfeier, Stuttgart 1960, 82.
[354] Ebenda.
[355] ArKe: 031 Annalen 1945, Rückblick, 484.
[356] Parole beim Auszug aus dem Kloster, s. ArKe: 031 Annalen 1944, 196.
[357] ArKe: 032 Chronik 1940-1945, 1.
[358] Salve Regina (Gegrüßet seist du, Königin), marianische Antiphon, im Stundengebet der katholischen Kirche entweder nach der Vesper oder nach der Komplet gesungen, benannt nach den ersten beiden Worten des lateinischen Textes, vor 1054 entstanden und Hermann von Reichenau (Hermann der Lahme, Hermannus Contractus), Benediktiner der Abtei Reichenau, zugeschrieben.
[359] ArKe: 031 Annalen 1940, 22.11.1940, 253.

Zäsur in das Leben der Gemeinschaft mit einfachen, klaren Formulierungen, aus welchen jedoch der zwangsweise verfügte Exodus deutlich wird: „Am Dienstag, 12. November 1940, nachmittags 14.00 Uhr, haben wir die Räume unseres Klosters für rückwandernde Volksgenossen zu übergeben. Wir bitten Sie also, jede durch den Briefboten zuzustellende Post, Pakete, Telegramme etc. für unsere Abtei bei Frau Marschall, Kellenried Nr. 48, abgeben zu lassen. Wir bitten um die Freundlichkeit, die entsprechende Anordnung zu treffen. Besten Dank"[360]!

Die beengten Wohnverhältnisse nahmen die Schwestern als Herausforderung an, ihr Armutsgelübde konkret in die Tat umzusetzen, in einem „Haus, das an allen Ecken und Kanten aus den Fugen geht"[361]. Als Refektorium diente die Stube von Frau Marschall, das große Gastzimmer im ersten Stock war gleichzeitig Konvent, Celleratur, Bibliothek und Schlafzimmer, darüber hinaus noch voll gestellt mit Möbeln aus der Kloster-Celleratur. Die meisten Schlafstätten der 13 Schwestern befanden sich in der Ökonomie, die dortige Schusterstube wurde zum Konferenzort umgestaltet. Ein brauchbarer Herd war zwar vorhanden, jedoch für die Menge der zubereitenden Mahlzeiten erheblich zu klein. Küchenschwester Fidelis machte ihrem Namen alle Ehre und bewältigte diese Aufgabe mit dem nötigen Humor.
Zum Hauptproblem wurde das Wäschewaschen, da an kalten Wintertagen die gewaschene Wäsche schon im Korb gefror und nur unter großen Mühen getrocknet werden konnte.[362]
Die Schwestern in Kellenried waren anfangs auch damit beschäftigt, den einen oder anderen Gebrauchsgegenstand oder Utensilien aus der Sakristei von den umliegenden Bauernhöfen zurückzuholen. In der Hektik der Räumung, ohne vorhergehende systematische Planung, war manches eilig weggegeben worden, ohne die Notwendigkeit des täglichen Gebrauchs dabei zu berücksichtigen.
Alle neu eingerichteten größeren Stationen meldeten daher ihren Bedarf in Kellenried an. Diese Streifgänge in die Umgebung nahmen viel Zeit in Anspruch, so dass dem Kloster weniger gut gesonnene Zeitgenossen in Ravensburg schon mutmaßten, den Nonnen sei nur daran gelegen, einmal aus der Enge ihrer Klausur herauszukommen.[363]
Die Frauen gingen zunächst nur in Begleitung aus, d.h. mindestens zu zweit. Auf Dauer ließ sich diese Regelung jedoch nicht durchhalten. Wegen der außerordentlichen Zeitumstände wurde später die Erlaubnis erteilt, notfalls auch allein unterwegs zu sein.[364]

---

[360] ArKe: Celleratur [Mappe 4], Frau Josepha Schmidt OSB, Schreiben Abtei St. Erentraud, Kellenried an Postamt Ravensburg, 12. November 1940.
[361] ArKe: 031 Annalen 1940, 27.11.1940, 254.
[362] Ebenda, 255. Zeitweise trocknete man im Sommer die Wäsche in den Noviziatsräumen im Kloster. Durch die Kirche wurde die Wäsche hineingebracht und mit viel Mühe die Leiter hinauf durch das Loch in den Nonnenchor transportiert.
[363] ArKe: 031 Annalen 1940, 27.11.1940, 254.
[364] Ebenda: 6.-13.11.1940, Rückblick, 253.

Für die Kellenrieder Gruppe war es ungleich schwieriger, wieder zum monastischen Tagesrhythmus zurückzukehren. Die Abteikirche stand für Konventamt und Chorgebet zwar weiterhin zur Verfügung, war jedoch räumlich für die zahlenmäßig reduzierte Gemeinschaft verhältnismäßig groß. Äbtissin Scholastica hatte vor ihrer Abreise noch einige Regelungen für die geistlichen Zeiten festgelegt. So sollte das tägliche Gebet „privat", d.h. schweigend, verrichtet werden, in der Annahme, lautes Beten in der leeren Kirche sei angesichts des großen Arbeitspensums für die Frauen zu belastend. Das Bedürfnis, sich zum gemeinschaftlichen Gotteslob zusammenzufinden, war jedoch bei den Beteiligten groß und setzte sich schließlich durch. Frau Scholastica Schwind, die bisherige erste Kantorin, wurde kurzerhand zur Ökonomin ernannt, um den Gottesdiensten und Stundengebeten etwas mehr liturgischen Glanz und gesangliche Sicherheit zu verleihen. „Als solche blieb sie bei der Zerstreuung in Kellenried, und sie allein hatte den nötigen Schwung und Stimmbegabung mit wenigen das Amt täglich zu singen"[365].

Abb. 13: Blick in den Altarraum der Klosterkirche

---

[365] Ebenda: 27.11.1940, 255.

6. Geistliche Betreuung in den größeren Stationen

Regulierung der Gottesdienst- und Gebetszeiten

Kellenried und Ravensburg

Da der bisherige Spiritual, P. Martin Raßler OSB[366], mit nach Zeil übergesiedelt war, wurde die Kellenrieder Gruppe während der gesamten Zeit des Exils seelsorglich von P. Martin Schnell OSB betreut, einem Seckauer Benediktiner, der nach der Vertreibung aus seinem Stammkloster in Kellenried Zuflucht gesucht hatte und bis zum Kriegsende Unterkunft auf dem Schlössle bei Familie Pfeiffer fand. P. Martin war kein gebürtiger Steiermärker, nahm aber nach dem Ersten Weltkrieg die österreichische Staatsbürgerschaft an.[367] Er stammte aus Sigmaringen/Hohenzollern. Sein Werdegang wies ihn zunächst in die künstlerische Richtung. Noch in Sigmaringen durchlief er eine künstlerische Ausbildung, welche an der Kunstakademie Düsseldorf und in München abgeschlossen wurde. Besondere Fähigkeiten entwickelte er auf dem Gebiet des Zeichnens und in der Technik der Mosaikkunst. Mit 25 Jahren trat er in die Abtei Seckau ein und war an der dortigen Oblatenschule[368] als Lehrer für Zeichnen und für Tschechisch tätig. Hier erwiesen sich sein pädagogisches Geschick und seine große Sprachbegabung als hilfreich. Nach der Aufhebung von Kloster Seckau im April 1940 kam er am 20. Mai 1940 nach Kellenried und entfaltete hier für die Dauer von sechs Jahren eine segensreiche seelsorgliche Tätigkeit, versah unermüdlich die Dienste des Spirituals, leitete täglich das Konventamt für die Mitschwestern im Marschallhaus und erwies sich auch für die Nachbarn in der Umgebung als beliebter Ansprechpartner.[369]

Wenn P. Martin verhindert war, übernahmen die Patres von Weingarten den Dienst.[370] Engagiert in der Seelsorge für die im Marschallhaus verbliebenen Benediktinerinnen war auch Pfarrer Josef Hafner von Blitzenreute. Er erwies sich

---

[366] P. Martin Raßler OSB (1865-1956), Mönch der Abtei Maria Laach, 1896 Eintritt in Maria Laach, Priesterweihe 1889, von 1928 bis 1941 Spiritual in St. Erentraud Kellenried und im Exil in Zeil bis zum 7.11.1941.
[367] Heimatschein für P. Martin (Eugen) Schnell, ausgestellt von der Gemeinde Seckau, Bezirk Judenburg/Steiermark am 16.9.1925. Der Verfasserin freundlicherweise zur Verfügung gestellt von P. Dr. Othmar Stary OSB, Archivar der Benediktinerabtei Seckau/Steiermark.
[368] Oblatenschule = Gymnasium für den Ordensnachwuchs.
[369] P. Virgil Redlich OSB: Erinnerung an P. Martin Schnell OSB, in: Seckauer Hefte, 10. Jhg. 1947, 3-4, 103-107. Der Verfasserin zur Verfügung gestellt von P. Dr. Othmar Stary OSB.
[370] ArKe: 031 Annalen 1942, 20.1.1942, 7.

mehrfach als Retter in der Not, vor allem während einer längeren Krankheit von P. Martin, wo „er bei keinem Schneegestöber den weiten Weg nach Kellenried scheute“[371], um den Gottesdienst zu leiten oder den Schwestern die Kommunion zu spenden.

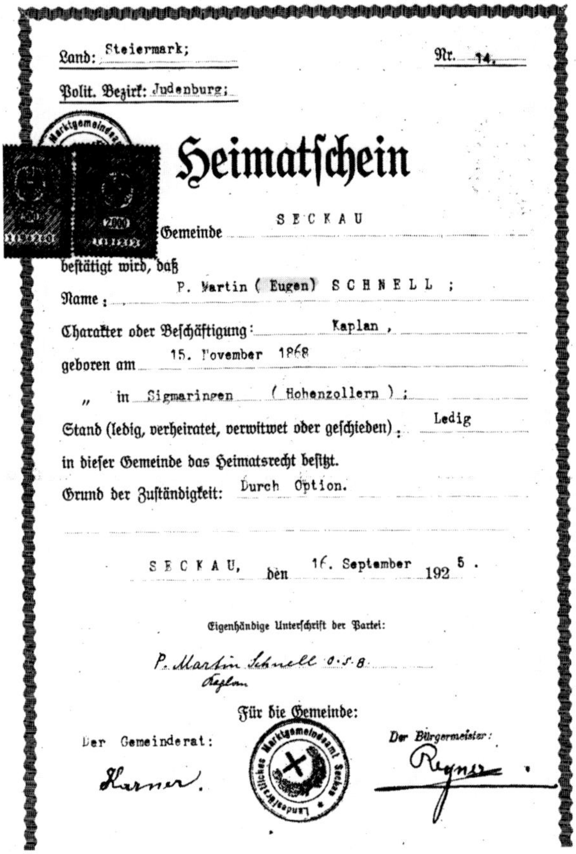

Land: Steiermark; Nr. 14.

Polit. Bezirk: Judenburg;

Heimatschein

Gemeinde SECKAU

bestätigt wird, daß

Name: P. Martin (Eugen) SCHNELL ;

Charakter oder Beschäftigung: Kaplan ,

geboren am 15. November 1868

" in Sigmaringen (Hohenzollern) ;

Stand (ledig, verheiratet, verwitwet oder geschieden): Ledig

in dieser Gemeinde das Heimatsrecht besitzt.

Grund der Zuständigkeit: Durch Option.

SECKAU, den 16. September 1925.

Eigenhändige Unterschrift der Partei:

P. Martin Schnell O.S.B.
Kaplan

Für die Gemeinde:

Der Gemeinderat: Karner.

Der Bürgermeister: Regner

Abb. 14: Heimatschein P. Martin Schnell OSB

Im Klösterle übernahm P. Placidus Schmitt von Weingarten, in Vertretung von Abt Conrad, einmal wöchentlich die Aufgabe des Beichtvaters. Hier war das bisherige „Bischofszimmer“ als Rekreations- und Arbeitszimmer für die Kellenrieder Benediktinerinnen hergerichtet worden.[372] Der große, helle Raum diente während der Gebetszeiten auch als provisorisches Oratorium. Bei feierlichen Anlässen nutzten die Benediktinerinnen für Vesper und Komplet die Kapelle der Schulschwestern. Das Offizium wäre theoretisch hier auch täglich möglich gewesen, wurde jedoch wegen der vielen Beter, die regelmäßig die Kapelle auf-

[371] ArKe: 033 Chronik 1940-1945, 6.
[372] ArKe: 031 Annalen 1940, Mitte November 1940, 260.

suchten, nicht in Betracht gezogen. Für das Chorgebet fehlte es an der nötigen Ruhe und Muße.
Zur Einübung des Amtes, an welchem beide Konvente teilnahmen, war anfangs Frau Scholastica Schwind, erste Kantorin von Kellenried, nach Ravensburg hinunter gekommen, um die Organistin der Schulschwestern in die Choralbegleitung einzuführen. Darüber hinaus erteilte sie auf Bitte von Oberin Steger dem Ravensburger Schwesternkonvent einige Choralstunden. Die Art und Weise des Chorals war in beiden Konventen unterschiedlich, so dass eine behutsame Annäherung der Choralpraxis beiden Seiten diente.[373]
Nach einigen Wochen der Unruhe setzte sich für die Kellenrieder Konventualinnen im Klösterle „die alte Tagesordnung in ora et labora mehr und mehr durch"[374]. Die wohltuende Zuwendung seitens der Schulschwestern machte ihnen das Los der Verbannung um einiges erträglicher.

Nicht ohne Probleme in der Erzabtei Beuron

In Beuron war zunächst Erzabt Benedikt persönlich um die geistliche Begleitung der Frauen besorgt. Er übertrug diese Aufgabe dann an Cellerar P. Leander Fischer[375], der fast täglich ins Gregoriushaus kam, um sich nach dem Wohlbefinden der Gäste zu erkundigen und ihnen monastischen Halt zu geben.
Jeden Morgen feierte abwechselnd einer der Beuroner Priestermönche mit den Frauen in der kleinen Kapelle das Konventamt. Einmal wöchentlich nahm sich Magister P. Ambrosius Würth OSB[376] die Zeit, den Mitschwestern eine geistliche Konferenz zu halten. So wählte er u.a. Philipper- und Kolosserbrief[377] zum Gegenstand der Betrachtung, wobei er „viel gütige Teilnahme für unsere Lage"[378] zeigte, wie die Annalen ausdrücklich bemerken. P. Dominikus Johner OSB[379] erteilte den Kellenrieder Schwestern regelmäßig Choralunterricht, ab 1942 gemeinsam mit den hinzugekommenen St. Gabrieler Benediktinerinnen.

Es ist davon auszugehen, dass die Beuroner Gruppe von allen Stationen in der Anfangszeit die beste geistliche Begleitung genoss. Gottesdienste, Stundengebe-

---

[373] Ebenda: 7.12.1940, 268.
[374] Ebenda: Mitte November 1940, 260.
[375] P. Leander (Heinrich) Fischer OSB (1904-1981), Mönch der Erzabtei Beuron, Profess 1930, Priesterweihe 1935, Cellerar von 1935 bis 1970, s. AEB: Totenchronik P. Leander Heinrich Fischer OSB.
[376] P. Ambrosius Würth OSB (1889-1972), Mönch der Erzabtei Beuron, Profess 1910, Priesterweihe 1913.
[377] S. http://www.bibelwissenschaft.de/bibelkunde/neues-testament/paulinische-briefe, aufgesucht am 7.8.2014. Paulus gründete in Philippi die erste christliche Gemeinde auf europäischem Boden. Kolossai war eine Kleinstadt etwa 170 km östlich von Ephesus mit einer bedeutenden jüdischen Minderheit.
[378] ArKe: 031 Annalen 1940, 15.11.1940, 252.
[379] P. Dominikus Johner OSB (1874-1955), Mönch der Erzabtei Beuron, Profess 1894, Priesterweihe 1898, Musikwissenschaftler, Komponist und Förderer des gregorianischen Chorals, s. Dominicus Johner: Neue Schule des gregorianischen Choralgesangs, Regensburg 1906 (Neuauflage 1937); Wolfgang Irtenkauf: Johner, Dominicus OSB, in: Friedrich Blume (Hg.): Die Musik in Geschichte und Gegenwart, Bd. 7, München u.a. 1989, 123f.

te, Beichtgelegenheit sowie geistliche Lesungen und Konferenzen waren täglich bzw. wöchentlich möglich. Der Rhythmus des Ordensprinzips „ora et labora" blieb dadurch zunächst weitgehend erhalten. Sehr bald aber traten die verschiedenen Auffassungen zwischen Äbtissin Scholastica und Erzabt Benedikt vor allem über die kontemplative Lebensform der Benediktinerinnen deutlich zu Tage. Die Fragen zeigten sich am Problem der Teilnahme der Schwestern in der Klosterkirche und am Maß der Arbeit.[380]

Die Frage, ob es den Frauen gestattet werden sollte, sich in der Abteikirche aktiv am Choralgesang der Mitbrüder zu beteiligen, bedurfte allerdings erst einer eingehenden Abklärung. Dass eine solche Beteiligung nicht möglich zu sein schien, empfanden die Schwestern als sehr schmerzlich, die ihnen zugewiesene Zuschauerrolle als wenig hilfreich. Einerseits waren sie dankbar, in Beuron liebevolle Aufnahme gefunden zu haben, andererseits fühlten sie sich in ihrer Eigenständigkeit behindert und in ihrer Eigenart als kontemplativ, zurückgezogen lebendes Frauenkloster nicht ernst genommen.

Aus diesem Bewusstsein heraus wandte sich Äbtissin Scholastica an Erzabt Benedikt Baur: „Ich habe es immer als unsere Pflicht und größte Ehre angesehen, im Namen der Kirche das heilige Offizium selber halten zu dürfen, die uns in der Profess und Consecration gegeben wird. Wenn wir nun durch die Güte H.V. [Hochwürdiger Vater] unsere kleine Abtei haben dürfen, (...) sollten wir auch hier unser gemeinsames Opus Dei feiern, nicht nur uns still dem Chor der H. Mitbrüder anschließen"[381].

Priorin Placida schloss sich der Meinung der Äbtissin voll und ganz an. Auch sie war für die Unterkunft in Beuron dankbar, befürchtete aber, dass das immer größer werdende Arbeitspensum, dem sich die Schwestern nicht entziehen konnten, dem monastischen Prinzip schaden könne. Die Lebensbedingungen in Beuron seien zwar gut, aber die Frauen hätten ein Anrecht auf monastisches Leben, „sofern nicht höhere Momente oder Zwang es unmöglich machen, diesem Anspruch Rechnung zu tragen"[382].

Da die Frage der unmittelbaren ordensrechtlichen Zuständigkeit für die Kellenrieder Benediktinerinnen geklärt werden musste, wandte sich Äbtissin Scholastica an den Abtpräses der Beuroner Kongregation, Raphael Molitor. Dieser teilte zwar entschieden die Position der Benediktinerinnen, fand aber bei Erzabt Benedikt kein Verständnis.

Schließlich wurde ein Kompromiss gefunden. Um ständige Reibereien zu vermeiden, unterließ es Molitor, zugunsten der Frauen härter durchzugreifen. Er riet sogar Äbtissin Scholastica um des Friedens willen notfalls an der Fronleichnamsprozession teilzunehmen. Zugleich legte er ihr aber nahe, die Schwestern allmählich zurückzunehmen von Beuron, „wenn die Umstände es erlauben"[383].

---

[380] ArKe: 025-2, Fasc.1, Priorin Placida zu Salm-Reifferscheid OSB, Gedanken zum Exil, ohne Tagesdatum, 1941, 2 S.
[381] Ebenda: Brief Äbtissin Riccabona an Erzabt Benedikt Baur, Beuron, 7. Januar 1941.
[382] Ebenda: Priorin Placida, Gedanken zum Exil, 1.
[383] ArKe: 025-2 Fasc. 2, Notizbuch Äbtissin, Gespräch mit Abtpräses, 123.

Schließlich wurde ein Kompromiss gefunden. Die Frauen zogen sich in ihr kleines Oratorium im Gregoriushaus zurück. Sie erhielten auf Bitte der Äbtissin einen ruhigeren Platz auf der Orgelempore, wo sie sich dem Offizium innerlich näher fühlen konnten.[384]

Äbtissin Scholastica warb in der Gemeinschaft um Verständnis für die gefundene Regelung: „Es ist der ausdrückliche Wunsch unseres Gastgebers – eines Gastgebers, der von unsäglicher Güte ist gegen uns – auf das wir Rücksicht nehmen, ohne aber unsere Überzeugung aufzugeben"[385].

Im Gregoriushaus durfte das Amt gemäß einer Sondererlaubnis des Erzbischöflichen Ordinariates in Freiburg bis auf Weiteres an den Sonn- und Feiertagen, später fast täglich, gesungen werden[386].

Die ordensrechtliche Zuständigkeit wurde im Sinne der Benediktinerinnen geklärt: Abt Conrad Winter von Weingarten blieb auf Bitten von Äbtissin Scholastica Kommissarabt für alle Kellenrieder Gruppen.

Abb. 15: Oratorium im Gregoriushaus

---

[384] ArKe: 031 Annalen 1940, 24.12.1940, 274.
[385] ArKe: 025-2 Fasc. 2, Notizbuch Beuron, Erlebnisse unseres Aufenthaltes im gastlichen Beuron vom 6.11.40-9.4.1941, Aufzeichnungen verschiedener Nonnen.
[386] ArKe: 031 Annalen 1940, 1.12.1940, 263.

7. Gottesdienst, Offizium und Konferenzen auf Schloß Zeil

P. Martin Raßler OSB und P. Hieronymus Kunert OSB – Spirituale in Kellenried und Zeil

In Zeil setzte P. Martin Raßler seinen Dienst als Spiritual in gewohnter Weise fort. „Seine Erfahrung als Novizenmeister in seinem Professkloster [Maria Laach] und in der brasilianischen Abtei Sao Paulo kam der Gemeinschaft bei dieser Aufgabe zugute"[387].
Bereits am Tage der Ankunft der Schwestern wurde das Gotteslob aufgenommen und fortan täglich gehalten, zunächst nur Vesper, Prim, und Komplet. Ein Martyrologium fand sich in der Schlossbibliothek, so dass alle Voraussetzungen für die Feier des gesamten Offiziums erfüllt waren.[388]
In allen Zufluchtsstätten war das Bemühen groß, an den monastischen Prinzipien festzuhalten, „vor allem wo und sobald es eben ging, das Opus Dei gemeinsam zu halten, Tischlesung, Silentium und vor allem die gegenseitige selbstlose Liebe und Ehrfurcht hochzuhalten"[389].
P. Martin Raßler verließ den Konvent und Schloß Zeil aus gesundheitlichen Gründen im November 1941 und kehrte über verschiedene Stationen in seine Heimatabtei Maria Laach zurück.
Ihm folgte P. Hieronymus Kunert OSB[390], Mönch der Abtei St. Matthias in Trier[391]. Auch St. Matthias war 1941 von den Nationalsozialisten beschlagnahmt worden. Die meisten der Trierer Konventualen fanden zunächst Zuflucht in der Abtei Maria Laach.
Kunert wechselte zu einem Zeitpunkt nach Zeil, als durch den Wegfall der Zellen Ravensburg und Beuron der größte Teil der Kommunität ebenfalls auf Schloß Zeil aufgenommen worden war.[392] Vor seinem Wechsel nach St. Matt-

---

[387] Brunnhuber/Kretz: Frauen, die das Leben lieben, 93.
[388] ArKe: 031 Annalen 1940, Ende November 1940, 259.
[389] ArKe: Exilsrundschreiben, Erster Rundbrief, Ende November 1940.
[390] P. Hieronymus (Gustav) Kunert OSB, (1876-1945), Mönch der Abtei Seckau/Steiermark und St. Matthias/Trier, Profess 1899, Priesterweihe 1904, Subprior, s. Totenchronik der Abtei des Hl. Eucharius zu St. Matthias in Trier für die Jahre 1945 und 1946, hier: P. Hieronymus Kunert OSB, 5-12.
[391] Die Geschichte der Abtei St. Matthias in Trier geht bis ins 3./4. Jhdt. zurück. Seit dem 12. Jhdt. wird in der romanischen Basilika das Grab des Apostels Matthias verehrt. In der Säkularisation aufgehoben, wurde St. Matthias 1922 von der Abtei Seckau/Steiermark neu besiedelt, das Kloster 1941 von den Nationalsozialisten beschlagnahmt. Die Abtei gehört heute der „Kongregation von der Verkündigung der seligen Jungfrau Maria (Congregatio Annuntiationis BMV)" an. St. Matthias ist seit 1991 mit dem 1972 wieder begründeten Priorat Kloster Huysburg in Sachsen-Anhalt verbunden und seit September 2004 zu einem Konvent zusammengeschlossen, s. http://www.abteistmatthias.de, aufgesucht am 12.12.2014.
[392] S. Kap. 9, Zeil wird größte Zelle und zur „Abtei" erhoben, S. 131.

hias, im Jahre 1930, hatte er mehrere Jahre als Lehrer für Latein und Deutsch an der Seckauer Oblatenschule gewirkt und bewährte sich auch in Trier in seinem alten Arbeitsgebiet. Die Schüler wurden hier vorgebildet für den Besuch des staatlichen Gymnasiums. Als die Schulbehörde ihm 1935 die Lehrbewilligung entzog, arbeitete Kunert eine Zeitlang als Lehrer für Latein, Deutsch und Griechisch an der Oblatenschule in der Abtei St. Joseph, Gerleve. 1938 kehrte er nach Trier zurück und wurde hier 1939 zum Subprior ernannt. In der Mattheiser Totenchronik heißt es von Kunert, er sei der geborene Lehrer und Erzieher gewesen, „der mit größter Gewissenhaftigkeit seinen Unterricht gab"[393]. Seine Tätigkeit in Zeil als Spiritual und ordentlicher Beichtvater bei den Mitschwestern von St. Erentraud umfasste das tägliche Konventamt und die Wochenbeichte der Nonnen, geistliche und aszetische Konferenzen[394] für die Chorfrauen, an Sonn- und Festtagen sakramentalen Segen, darüber hinaus Aushilfe in der Zeiler Pfarrkirche im Beichtstuhl und auf der Kanzel. Er führte von Zeil aus eine ausgedehnte Korrespondenz, vor allem mit den zerstreut lebenden Mitbrüdern, und widmete sich neben umfangreichen Studien auch gern der Feldarbeit.[395]

Da Kunert fern der klösterlichen Heimat, ohne den Beistand seines Abtes und den Trost der Mitbrüder in Zeil diese Welt verlassen musste, war Äbtissin Riccabona der Meinung, ihm angesichts des Todes seitens der Kellenrieder Gemeinschaft so gut wie möglich, die Kommunität zu ersetzen und ihm auf seinem letzten Gang beizustehen. Er war dafür sehr dankbar, bat noch kurz vor seinem Tode die Mitschwestern um ihr Gebet: ‚Commendo me in orationes vestras'[396].

Seelsorgliche Betreuung erfuhren die Schwestern in Zeil, wie auch in Kellenried, durch Abt Conrad Winter als Extraordinarius[397]. Er kam mehrfach vom Rösslerhof[398] zum Beichthören und zu Konferenzen in die beiden Hauptzufluchtsorte.

P. Franz Georg von Waldburg- Zeil SJ und P. Franz Prinz zu Löwenstein SJ

Auch P. Franz Georg von Waldburg-Zeil SJ[399], ein Cousin Fürst Erichs, den Benediktinerinnen bereits seit jungen Jahren verbunden[400], war häufiger Gast auf

---

[393] Klosterarchiv St. Matthias (ArSt.Ma), Totenchronik P. Hieronymus Kunert OSB, 7.
[394] Aszetik = Lehre vom Streben nach christlicher Vollkommenheit.
[395] ArSt.Ma: Totenchronik P. Hieronymus Kunert OSB, 9.
[396] Commendo me in orationes vestras (Empfiehl mich Eurem Gebet); s. ArKe: 031 Annalen 1945, 26.2.1945, 34f.
[397] Confessarius extraordinarius = außerordentlicher Beichtvater.
[398] Rösslerhof = gegründet von der Abtei Weingarten im 13. Jhdt. als landwirtschaftliches Gut, etwa 2 km vom Kloster entfernt. Während der Beschlagnahmung der Abtei von 1940 bis 1945 Aufenthaltsort des Abtes und verschiedener Mönche, heute in Privatbesitz.
[399] P. Franz Georg Graf von Waldburg zu Zeil und Trauchburg SJ (1903-1983), Priesterweihe 1933, s. P. Richard von Aretin SJ: Nachruf P. Franz Georg von Waldburg-Zeil SJ (1901-1983), in: Oberdeutsche Provinz SJ, Rundbrief Nr.4/1983, 11-12.

Schloß Zeil. Nach seiner Priesterweihe und des vom Jesuitenorden vorgeschriebenen Terziats begann P. Franz Georg seine geistliche Tätigkeit als Prediger und Volksmissionar in Süddeutschland. Der Beginn seiner Arbeit fiel in die sich zuspitzende Auseinandersetzung der Nationalsozialisten mit der katholischen Kirche. Durch sein Rednertalent und die Fähigkeit, auf seine Zuhörer zugehen zu können, erwarb er sich deren Vertrauen. „Es war dies eine seiner besten Charaktereigenschaften, die Hochschätzung der Mitmenschen"[401], heißt es in seinem Nachruf.

In Zeil bemühte er sich in vielfältiger Weise und mit großem Engagement um die geistliche Begleitung der Benediktinerinnen, als Leiter der Konventämter, der geistlichen Konferenzen und nicht zuletzt als geschätzter Gesprächspartner und Ratgeber von Äbtissin Scholastica von Riccabona. „Für ihn war seine adelige Herkunft kein bloßes Privileg aus einer großen Vergangenheit, sondern ein persönlicher Auftrag für (…) ein besonderes Engagement in der Kirche und in der Gesellschaft"[402]. Mit dieser Auffassung stand er der Linie seines Cousins, Fürst Erich, nahe und hegte wie dieser eine abgrundtiefe Abneigung gegenüber dem NS-Regime.[403]

P. Franz Prinz zu Löwenstein SJ[404], ein jüngerer Bruder der Fürstin Monika, stellte sich ebenfalls bei seinen Besuchen auf Schloß Zeil den Nonnen gern als Zelebrant zur Verfügung. Seine jesuitische Ausbildung hatte er u.a. als Schüler der Brüder Rahner[405] am Canisianum in Innsbruck absolviert. Von 1941 bis 1943 nahm er als Sanitätsgefreiter am Russland-Feldzug teil, bis ihn der sogenannte Jesuitenerlass aus der Wehrmacht entließ.[406] Danach arbeitete er in verschiedenen pastoralen Feldern, vor allem in der Jugend- und Priesterseelsorge.[407]

Eltern: Augustinus, Graf von Waldburg zu Zeil und Trauchburg (1873-1948) und Maria Immakulata Emma Mathilde Flora Charlotte, Gräfin von Beroldingen (1880-1943).
[400] P. Franz Georg hielt am 4.9.1933 seine Nachprimiz in St. Erentraud, s. ArKe: 031 Annalen 1933, 70. Der Kontakt nach Kellenried war über seine Tante, Priorin Placida zu Salm-Reifferscheid OSB, zustande gekommen.
[401] P. Richard von Aretin SJ, Nachruf P. Franz Georg von Waldburg-Zeil SJ, 11.
[402] Ebenda, 12.
[403] S. Kap. 12, Verhör von P. Franz Georg von Waldburg-Zeil SJ, S. 194.
[404] P. Franz Prinz zu Löwenstein-Wertheim-Rosenberg SJ (1909-1990), Bruder der Fürstin Monika Waldburg-Zeil, Priesterweihe 1939, s. P. Lothar Jenders SJ: Nachruf P. Franz Prinz zu Löwenstein-Wertheim-Rosenberg (1908-1990) SJ, in: Oberdeutsche Provinz SJ, Rundbrief Nr. 2/1990, 14-16.
[405] P. Hugo Rahner (1900-1968) SJ, Prof. Dr. theol. et phil., Historiker und Theologe; P. Karl Rahner SJ (1904-1984), Prof. Dr. theol., bedeutender Theologe des 20. Jahrhunderts. Die Brüder Rahner waren Cousins der Priorin und späteren Äbtissin Agnes Trescher OSB, s. ArKe: 033 Totenchroniken, M. Agnes Luise Trescher 1899-1981, 4.
[406] Der Führererlass Hitlers vom 31.5.1941 beinhaltete, alle Jesuiten aus dem aktiven Wehrdienst zu entlassen und als „n.z.w." (= nicht zu verwenden) einzustufen, s. Erwin Bücken SJ: „Schmeißt sie raus, wir brauchen sie nicht!" Gedenken an die „Entlassung" der Jesuiten-Soldaten, s. http://www.conspiration.de/syre/files/nzv.html, aufgesucht am 25.3.2015.
Ein Führererlass oder eine Führerverordnung war eine Anordnung von Adolf Hitler, die für alle Behörden und alle deutschen Staatsangehörigen auf dem Gebiet des Deutschen Reiches Gesetzeskraft hatte. Die Bestätigung eines Führererlasses durch andere Verfassungsorgane war weder notwendig noch vorgesehen. Ein Führererlass konnte geltendes Recht verändern oder neues Recht setzen.
[407] P. Lothar Jenders SJ: Nachruf P. Franz Prinz zu Löwenstein SJ, 15f.

Die Annalen berichten über ihn am Benediktus-Tag 1944, als er in der Schlosskapelle das Konventamt feierte: „Er hat die alten Orden sehr schätzen gelernt. Er meinte konstatieren zu können, dass sie eine bessere Charakterbildung hervorbringen als die neuzeitlichen. Er bewundert die Fröhlichkeit und Freiheit des Geistes, der in den Abteien herrscht, (er machte seine Beobachtungen vor allem in Lichtenthal)"[408].

In seinem Nachruf werden besonders seine seelsorglichen Fähigkeiten, gekennzeichnet von einer tiefen Frömmigkeit, eiserner Disziplin und persönlicher Anspruchslosigkeit hervorgehoben.[409]

Sein älterer Bruder P. Dr. Felix Prinz zu Löwenstein SJ[410], ein profunder Kenner der katholischen Sozialleitre, weilte seit Kriegsbeginn in der Internierung in Indien. Zuvor war auch er häufiger Gast auf Schloß Zeil gewesen. Zeitzeugen berichten, dass die Predigten der drei Jesuiten in der Pfarrkirche bei den Gottesdienstbesuchern als spirituelle Höhepunkte galten. „Die Ansprachen des wortgewaltigen P. Franz Georg Waldburg-Zeil SJ hinterließen bei den Zuhörern einen nachhaltigen Eindruck. In Vortragsweise und Erscheinungsbild unterschied er sich von den feinsinnigen, liebenswürdigen Löwenstein-Brüdern"[411].

Alle drei Jesuitenpatres waren entschiedene Gegner des Nationalsozialismus und begaben sich gern in die schützende Atmosphäre auf Schloß Zeil, wo sie sich im Kreise Gleichgesinnter frei äußern konnten.

Der Zeiler Ortspfarrer Paul Mohr[412] engagierte sich in Notfällen ebenfalls als Leiter der Gottesdienste für die Gemeinschaft, vor allem, wenn Spiritual P. Hieronymus Kunert abwesend war. Pfarrer Mohr nahm dabei Bezug auf die benediktinische Liturgie und auf die Kongregationsgeschichte: „Der H.H. Pfarrer Paul Mohr von Zeil hält das Requiem in der Schlosskapelle für die hochseligen Gründeräbte Beurons[413]. Es ist das erste Amt, das uns der Hochw. H. Pfarrer hält. Er singt ausnehmend schön und richtig Choral und auch sonst bemühte er

---

[408] ArKe: 031 Annalen 1944, Benediktustag, 11.7.1944, 78: Cistercienserinnenabtei Lichtenthal (lat. Abbatia B.M.V. Lucidæ Vallis), Baden-Baden, gegr. 1245, s. 750 Jahre Kloster Lichtenthal. 1245-1995. Cistercienserinnenabtei Lichtenthal. Festschrift zum Klosterjubiläum, Lichtenthal, Baden-Baden, 1995; s. http://www.abtei-lichtenthal.de, aufgesucht am 15.1.2015.
[409] Jenders: Nachruf P. Franz Prinz zu Löwenstein SJ, 15.
[410] P. Dr. Felix Prinz zu Löwenstein-Wertheim-Rosenberg SJ (1907-1986), s. P. Josef Dratzl SJ: Nachrufe, P. Felix Löwenstein SJ, gestorben am 21. Oktober 1986, in: Oberdeutsche Provinz SJ, Rundbrief Nr.5/1986, 9-10.
[411] Auskunft Archivleiter Beck am 12.1.2015.
[412] DAR: Registratur, Personalakte Paul Mohr (1910-1998), Priester der Diözese Rottenburg, Priesterweihe 1934, ab 1937 Kaplaneiverweser, 1939-1977 Pfarrer an St. Mariae Himmelfahrt in Schloß Zeil, Dekan ab 1962, 1984 Ernennung zum Geistlichen Rat, verstorben im Ruhestand in Isny/Allgäu.
[413] Maurus (Rudolf) Wolter OSB (1825-1890), Dr. phil., Benediktiner, Gründer und erster Leiter der Beuroner Kongregation, gemeinsam mit seinem Bruder Placidus Mitbegründer der Erzabtei Beuron. Placidus (Ernst) Wolter OSB, (1828-1908), Benediktiner, erster Abt von Maredsous (Belgien) und zweiter Erzabt von Beuron und der Beuroner Benediktinerkongregation. Die Brüder Wolter sind Wiederbegründer des benediktinischen Mönchtums in Deutschland im 19. Jahrhundert. http://www.orden-online.de/wissen/w/wolter-maurus; http://www.benediktinerlexikon.de/wiki/Wolter,_Placidus, aufgesucht am 12.12.2014.

sich (wie er scherzend sagte), alles so zu machen, dass die lieben Benediktinerinnen zufrieden sein können"[414].

Nach dem Tode von P. Hieronymus im Februar 1945 erbat Äbtissin Scholastica einen Nachfolger bei Abtpräses Molitor. Wegen der Kriegszeit und der Einberufung zahlreicher Priestermönche der Beuroner Kongregation zur Wehrmacht erwies sich eine Besetzung der Stelle als Spiritual in Zeil als außerordentlich schwierig. Für einige Wochen übernahm Mohr vertretungsweise ganz den Gottesdienst für die Nonnen. „Es sind das alles fühlbare Mehrbelastungen von H.H. Pfarrer. Aber er ist gerne zu allem bereit. Man könnte sich kaum einen hilfsbereiteren taktvolleren Menschen vorstellen"[415], heben die Klosterannalen von 1945 den Einsatz Pfarrer Mohrs lobend hervor.

Romano Guardini und die Kellenrieder Kommunität

Große Wertschätzung genoss der Einsatz von Prof. Romano Guardini bei den Kellenrieder Klosterfrauen. Der bekannte Priester, Theologe und Philosoph hatte sich während seiner Zeit als akademischer Lehrer wissenschaftlich und seelsorglich in besonderer Weise für die Erneuerung und Vertiefung des christlichen Glaubens eingesetzt. Eine seiner besonderen Interessen galt der liturgischen Bewegung. Er engagierte sich in der katholischen Jugendbewegung der Zwanzigerjahre, vor allem im Jugendbund Quickborn[416], dessen geistlicher Mentor er wurde. Hier brachte er neue Formen für die Gestaltung des katholischen Gottesdienstes ein. Mit der Liturgie der Benediktiner in Beuron war er 1907/1908 erstmals in Berührung gekommen.

Als einer der bedeutendsten Vertreter der katholischen Glaubenslehre des 20. Jahrhunderts setzte er in der für ihn charakteristischen interdisziplinären Sichtweise bedeutsame Impulse in der Liturgie, der Religionsphilosophie, der Pädagogik, der Ökumene und der allgemeinen Geistesgeschichte. Seine Werke waren gleichermaßen geschätzt von Katholiken wie von Protestanten.

---

[414] ArKe: 031 Annalen 1941, 8.7.1941, 69.
[415] ArKe: 031 Annalen 1945, 27.2.1945, 41.
[416] Quickborn, katholischer Jugendbund, gegründet 1909 in Schlesien, bedeutend für die Jugendbewegung und Liturgische Bewegung, verstand sich als Kultur- und Lebenserneuerungsbewegung, Ausbau der mittelalterlichen Burg Rothenfels am Main, 1939 aufgelöst, 1946 neu gegründet, Mitgliedsverband des Bundes der Deutschen Katholischen Jugend (BDKJ). 1966 Teilung in den Quickborn-Arbeitskreis und den Bund christlicher Jugendgruppen. Heute bemüht sich der Quickborn-Arbeitskreis vor allem um eine moderne Umsetzung des christlichen Glaubens, http://quickborn-ak.de, aufgesucht am 12.12.2014; Meinulf Barbers: Restauration oder Neubesinnung? Das Schicksal der Bündischen Jugendbewegung in Deutschland nach 1945, am Beispiel des Quickborn 1945 bis 2001, in: Archiv für schlesische Kirchengeschichte (65), Münster 2012, 257-284.

Nach Verlust seines Lehrstuhls 1939 in Berlin zog er sich angesichts der zunehmenden Bombardierung von 1943 bis 1945 nach Mooshausen im Allgäu[417] zurück. Hier war Josef Weiger, einer seiner besten Freunde, als Pfarrer tätig. Weiger, geboren und aufgewachsen auf Schloß Zeil, trat 1903 als Frater Martin in die Erzabtei Beuron ein, verließ diese aber schon nach weniger als zwei Jahren und nahm das Theologiestudium in Tübingen auf, um Weltpriester der Diözese Rottenburg zu werden. Hier begegnete er erstmals Guardini, mit dem er in theologischen und liturgischen Fragen völlig übereinstimmte. Daraus entwickelte sich eine lebenslange Freundschaft, die während Guardinis Aufenthalt in Mooshausen vertieft wurde.

Auch mit Pfarrer Weiger trafen die Kellenrieder Benediktinerinnen häufiger zusammen und fanden in ihm einen Freund und Förderer des benediktinischen Offiziums. Weigers liturgische Publikationen, vor allem zur Eucharistie und Mariologie, fügten sich thematisch in hohem Maße in die geistliche Lebenswelt der Schwesterngemeinschaft ein.[418]

Bereits seit 1917 hatte sich in Mooshausen ein Freundeskreis Gleichgesinnter gebildet, der auch dem Schloß Zeil verbunden war.[419] Dadurch erlangte Mooshausen überregionale Bekanntheit.

Guardini hatte sich 1935 in seiner religionsgeschichtlichen Schrift „Der Heiland"[420] offen gegen die Mythologisierung der Person Jesu ausgesprochen, wie sie von der völkischen Bewegung Deutsche Christen (DC)[421] propagiert wurde. Dagegen hob er die enge Verbundenheit von Christentum und „jüdischer Religion" hervor und begründete diese mit der historischen Person Jesu.[422]

---

[417] Mooshausen, zwischen Leutkirch im Allgäu und Memmingen, am Ursprung des Illerkanals gelegen, in der Nähe der Mündung des Flüsschens Aitrach in die Iller.
[418] Josef Weiger Liturgisches Marienbuch, Mainz 1924; Liturgisches Totenbuch, Mainz 1924; Liturgisches Wochenbuch, Mainz 1925; Mutter des neuen und ewigen Bundes, Würzburg 1936; Der Leib Christi in Geschichte und Geheimnis, Würzburg 1950; Maria von Nazareth, München 1954.
[419] Neben Josef Weiger und Romano Guardini engagierte sich auch die Bildhauerin Maria Elisabeth Stapp (1908-1995) im Mooshausener Freundeskreis. Dazu gehörten u.a. auch der seines Amtes enthobene Hermann Binder, Direktor des Eberhard Ludwigs-Gymnasiums in Tübingen, der Künstler Wilhelm Geyer (1900-1968), welcher enge Kontakte zur „Weißen Rose" besaß sowie Dr. Erwin Planck, ermordet im Januar 1945 im Zusammenhang mit dem Attentat vom 20. Juli 1945. Das Pfarrhaus von Mooshausen dient heute als Gedenkstätte für Romano Guardini, Pfarrer Josef Weiger und Maria Elisabeth Stapp und ist internationaler Treffpunkt für geistige und kulturelle Seminare. Mooshausen gehört zu den Denkorten an Oberschwäbischen Erinnerungswegen im Landkreis Ravensburg, s. Hanna-Barbara Gerl-Falkovitz: Das Pfarrhaus von Mooshausen, Aitrach: Mooshausen, in: http://www.dsk-nsdoku-oberschwaben.de/de/erinnerungswege/landkreis-ravensburg/aitrach-das-pfarrhaus-von-mooshausen.html, 1 S., aufgesucht am 7.8.2015.
[420] Romano Guardini: Der Heiland, Mainz 1935.
[421] Deutsche Christen (DC), eine rassistische, antisemitische und am Führerprinzip orientierte Strömung im deutschen Protestantismus, 1932-1945 Angleichungsversuch an die Ideologie des Nationalsozialismus. Leonore Siegele-Wenschkewitz (Hg.): Christlicher Antijudaismus und Antisemitismus. Theologische und kirchliche Programme Deutscher Christen, Arnoldshainer Texte, Bd. 85, Frankfurt 1994, 201ff.
[422] Vgl. Hanna-Barbara Gerl-Falkovitz: Christologie als Macht gegen die Ideologie. Zu Guardinis Zeitdiagnose, Vortrag bei der Fachtagung „Der Herr – gegen die Heilbringer. Die Christologie Romano Guardinis nach 75 Jahren. Versuche einer Würdigung", am 29.4.2013 im Zisterzienserstift Heiligenkreuz, s. http://zeitzubeten.org/2013/04/29/romano-guardinis-der-herr-bericht-zur-fachtagung-in-stift-heiligenkreuz-1, aufgesucht am 17.12.2014.

In Mooshausen verfasste Guardini auch die nach dem Krieg veröffentlichte theologisch-politische Schrift „Der Heilbringer"[423], in der er Hitlers Versuch, sich als Heilsbringer darzustellen, als totalitaristisch entlarvte.
Guardini und Weiger wurden ständig von der Gestapo observiert. Weiger hatte sich bereits 1923 in der „Frankfurter Allgemeinen" kritisch mit der NS-Ideologie auseinander gesetzt.[424] Guardinis Schriften wurden nachweislich von einem Teil der sich im Widerstand gegen den NS-Staat befindlichen studierenden Jugend gelesen, u.a. von Willi Graf und Hans und Sophie Scholl von der Weißen Rose, die sich daraus das geistige Rüstzeug für ihre Abwehr gegen das Regime holten und sich aus Guardinis Werken Notizen machten.[425] Im Kreis um Guardini und Weiger befanden sich eine Reihe entschiedener Gegner des nationalsozialistischen Regimes. Dadurch „lebten die Freunde im idyllischen Pfarrhaus von Mooshausen im politischen Dauerrisiko"[426].

Guardinis Vorträge im Pfarrsaal von Zeil vermittelten dem Konvent der Benediktinerinnen über die Dauer von zwei Jahren wertvolle Anregungen und Hilfen für das geistliche Leben in der Verbannung. In der Passionswoche 1943 hielt er u.a. eine Vortragsreihe über die Erlösung, an der auch die Schwestern teilnahmen.
Auch Fürstin Monika vermerkte in ihrem Tagebuch mehrfach die Besuche Guardinis und Weigers auf Schloß Zeil und hob die Wertschätzung hervor, die Guardini im ganzen Ort Zeil genoss.[427]

Die Kellenrieder Gemeinschaft betonte besonders seine eindrucksvolle Zusammenschau christlicher und kultureller Werte in einer Zeit des Unrechts, des Untergangs und der Hoffnungslosigkeit: „Der Zustrom zu den Vorträgen ist groß. Wir leben in Zeiten, welche die Sehnsucht nach ewigen Werten weckten, dadurch, dass sie uns den Untergang jahrtausendeüberdauernder Kulturwerte vor Augen führen, wie es noch nie in so furchtbaren Ausmaßen geschehen ist in der Weltgeschichte. Auch jeder Einzelne ist aus der Behaglichkeit seiner irdischen Existenz herausgerissen und sieht sich Gott und den ewigen Dingen wieder näher gerückt. So wird unsere Zeit zum großen Aufruf an die Menschheit, sie straft und ist doch wieder Heimsuchung Gottes in des Wortes vollster Bedeutung"[428].
Über die Vorträge hinaus, die sich auch regen Zuspruchs der fürstlichen Familie sowie Zuhörern aus der gesamten Umgebung erfreuten, stand Guardini dem

---

[423] Romano Guardini: Der Heilbringer in Mythos, Offenbarung und Politik. Eine theologisch-politische Besinnung, Stuttgart 1946.
[424] Gerl-Falkowitz: Das Pfarrhaus von Mooshausen, 1.
[425] Ebenda; Detlef Bald/Jakob Knab (Hg.): „Die Stärkeren im Geiste. Zum christlichen Widerstand der Weißen Rose", Essen 2012; Barbara Schüler: Im Geiste der Gemordeten – Die „Weiße Rose" und ihre Wirkung in der Nachkriegszeit, Paderborn 2000; Barbara Beuys: Sophie Scholl – Biografie, München 2010, 261.
[426] Gerl-Falkovitz: Das Pfarrhaus von Mooshausen, 1.
[427] NZAZ: NL Fürstin Monika, Tagebuch, Einträge 2.9.1941 und 15.11.1943: Prof. Guardini in Zeil: Predigt Reich Gottes, Betrachtung.
[428] ArKe: 031 Annalen 1945, 19.3.1945, 48.

Konvent häufig als Zelebrant mit Ansprache und Predigt zur Verfügung. Er nahm auch hin und wieder als gern gesehener Gast an den Konferenzen der benediktinischen Gemeinschaft teil.

Im Januar 1944 referierte Guardini im Beisein von Fürst Erich und Fürstin Monika, des Erbgrafen Georg sowie P. Franz zu Löwenstein SJ über das 13. Kapitel des ersten Korintherbriefes.[429] Da es sich um eine Konferenz des „Klosters" handelte, fand diese auch in den Räumen der Schwestern statt, d.h. in der Abtei, welche in ein kleines, sehr passendes Auditorium verwandelt worden war.[430] Guardinis Kommentar über das „Hohe Lied der Liebe" fand allerseits Anerkennung. „Nach seiner Auffassung ist Cor. I, 13 zu Unrecht als Hohes Lied der Liebe bezeichnet worden. Denn was der Hl. Paulus hier lehren will, ist gerade jene Liebe, welche im Alltag geübt werden muss. Die ganze Stelle ist aus ihrem Zusammenhang heraus zu verstehen. Sie muss gedeutet werden im Hinblick auf die Streitigkeiten, welche in Korinth – dem Sorgenkind des Hl. Paulus – entstanden waren und die sich um die heiligsten Dinge, ja sogar um die Gaben des Hl. Geistes drehten. Und dem gegenüber spricht der Hl. Paulus ein Machtwort, indem er ihnen im 13. Kap. den Weg der Liebe zeigt, der zum Aufbau des Leibes Christi führt"[431].

Als Glanzpunkt bezeichnet die Kellenrieder Chronik Guardinis tiefsinnige Erwägung „Das Paradies einst und jetzt", „welche zeigte, wie der Herr im wiederhergestellten Paradiese der hl. Kirche sich gewissermaßen einen Privatgarten geschaffen hat, in den er jene Menschen stellt, die ihm ungeteilt gehören, deren Wollen, Denken, Freuen und Mühen Gott ist"[432].

Die Annalistin stellte dem Referenten das Zeugnis einer beeindruckenden Persönlichkeit aus, der jedes Wort in der ihm eigenen bescheidenen Weise zum „Träger eines tiefen, erfassenden Inhaltes"[433] zu gestalten wusste.

Der Stellenwert der geistlichen Impulse durch Guardini kommt auch im Osterrundbrief der Äbtissin von 1945 zum Ausdruck: „Sie haben so Wunderschönes von der Erlösung gehört (durch die Vorträge von H.H. Prof. Guardini), dass ich nur wünschen kann, es werde Ihnen Ostern nun im vollen Maße ein Tag der Erlösung werden"[434].

Als Guardini 1945 an die Universität Freiburg berufen werden sollte[435], nahmen die Kellenrieder Annalen ausdrücklich Bezug darauf. „Wir freuen uns für ihn, den es zu ‚verkünden' drängte und noch mehr für die jungen Leute, die nach dem Zusammenbruch des sog. ‚Dritten Reiches' nach Wahrheit, Licht und Worten des Lebens hungern"[436].

---

[429] Hohelied der Liebe (1 Kor.13,1-13).
[430] ArKe: 031 Annalen 1944, 20.1.1944, 15.
[431] Ebenda, 15f.
[432] ArKe: 032 Chronik 1940-1945, 8.
[433] ArKe: 031 Annalen 1944, 20.1.1944, 15f.
[434] ArKe: 031 Annalen 1945, 1.4.1945, 58.
[435] Guardini nahm den Ruf nicht an, sondern übernahm an der Eberhard Karls-Universität in Tübingen den Lehrstuhl für Religionsphilosophie und christliche Weltanschauung.
436 ArKe: 031 Annalen 1945, Ende August 1945, Rückblick, 225.

P. Justinus Albrecht OSB

Nach dem Tode P. Hieronymus Kunerts übernahm der aus Grüssau vertriebene Benediktiner P. Justinus Albrecht[437], ein gebürtiger Württemberger, die Aufgabe des Spirituals für die Zeiler Gruppe. Für die Kellenrieder Benediktinerinnen war es ein Glücksfall, dass P. Justinus nach den Wochen der Flucht aus Schlesien und der Ankunft in der Abtei Neresheim[438] eine neue Aufgabe suchte. „Es war nicht leicht, in dieser priesterarmen Zeit einen passenden Ersatz für R.P. Subprior zu bekommen. Was aber für Grüssau ein Unglück war, das war für uns ein Glück"[439].

Albrecht hatte seine Studien an der Benediktiner-Hochschule San Anselmo in Rom[440] mit dem zweifachen Doktorat abgeschlossen. In Grüssau war er bis 1943 Prior und machte sich einen Namen als wortgewaltiger Prediger, der gern zu Einkehrtagen, Volksmissionen und Exerzitien im damaligen Erzbistum Breslau und in anderen deutschen Diözesen berufen wurde.

Als Stellvertreter seines Abtes, Albert Schmitt, genoss er das Vertrauen seines Oberen[441] und besaß reiche Erfahrung in seelsorglichen, liturgischen und organisatorischen Fragen. Albrecht, seit seinem Eintritt in die Abtei Emaus in Prag der liturgischen Bewegung gegenüber aufgeschlossen, war Romano Guardini bereits 1923 in Grüssau begegnet, als dort der Quickborn-Bundestag stattgefunden hatte.[442] In seiner Zeit als Annalist des Klosters Grüssau teilte er zumindest in der Anfangsphase der NS-Zeit die Position Albert Schmitts und verteidigte dessen Auffassung, ein Brückenschlag zwischen katholischer Kirche und Nationalsozialismus sei nicht unmöglich.[443] Wie und zu welchem Zeitpunkt er sich davon später distanzierte, lässt sich anhand der bisher erschlossenen Quellen nicht belegen.

Albrecht zelebrierte und predigte auch in der Zeiler Pfarrkirche und kam bei der Gemeinde gut an: „R.P. Justin wird nicht umsonst der ‚Guardini' Schlesiens genannt. Er versteht es meisterhaft, aus der Fülle seiner Christusergriffenheit und

---

[437] Justinus (Vitus) Albrecht OSB, Dr. phil. et theol.(1876-1956), Mönch der Abtei Emaus, Prag und Grüssau/Niederschlesien, Ceremoniar und Bibliothekar in Emaus, Lektor für Philosophie an der Hausschule, Gastdozent an der Universität Prag, theologisch-asketischer Schriftsteller, seit 1923 Konventuale von Grüssau, 1927-1943 Prior, 1946-1956 Spiritual in der Benediktinerinnenabtei St. Erentraud, Kellenried b. Ravensburg, Angaben nach Brigitte Lob: Albert Schmitt O.S.B. – Abt in Grüssau und Wimpfen, Köln u.a. 2000, 314; Ambrosius Rose: Kloster Grüssau, Stuttgart 1974, 231.
[438] Die Benediktinerabtei Neresheim, gegründet 1095 als Augustiner-Chorherrenstift, 1802 aufgehoben, liegt oberhalb der Stadt Neresheim im Ostalbkreis (Württemberg). Seit der benediktinischen Neugründung 1919 gehört sie der Beuroner Kongregation an. Die Klosterkirche St. Ulrich und Afra, ein Spätwerk Balthasar Neumanns, gilt als einer der bedeutendsten sakralen Bauten des Spätbarock, s. http://www.abtei-neresheim.de, aufgesucht am 13.12.2014.
[439] ArKe: 031 Annalen 1945, 27.3.1945, 55f.
[440] Päpstliches Athenaeum Sant'Anselmo (ital.: Pontificio Ateneo Sant'Anselmo) ist die internationale Hochschule des Benediktinerordens mit Sitz in Rom, gegründet 1888, s. http://www.santanselmo.org, aufgesucht am 12.12.2014.
[441] Lob: Albert Schmitt, 262.
[442] Ebenda, 65.
[443] Archiwum Państwowe we Wrocławiu (APW), Rep. 83, Syg. 32, Annalen des wiedererstandenen Gnadenhauses Mariae zu Grüssau, 11.

seiner vom H. Geiste bewirkten Begeisterung (im wahrsten Sinne des Wortes) zu den Gläubigen zu sprechen"[444], bemerkten die Klosterannalen anerkennend im Frühjahr 1945.
Als Schüler des renommierten Hochschullehrers P. Dr. Joseph Gredt OSB[445] in San Anselmo besaß Albrecht die Fähigkeit, schwierige Sachverhalte leicht und verständlich darzustellen. Viele Kellenrieder Ordensfrauen profitierten später von Albrechts profunden Kenntnissen in Philosophie und Theologie.[446] „Unzähligen Priestern und Laien hat er dadurch Lebenswerte vermittelt, die kostbar und unvergänglich waren und von ihnen wieder weitergegeben wurden"[447].

Mönche der Beuroner Kongregation bei Gottesdienst und Konferenzen

Während der gesamten Exilsdauer kamen auch andere Mönche der Beuroner Kongregation hin und wieder nach Zeil, um dort für die Mitschwestern das Konventamt oder Konferenzen zu halten. Neben Abt Conrad Winter waren dies einige Mönche von Weingarten, P. Benedikt Eisele OSB, der im Oktober 1941 P. Martin Raßler vertrat und P. Vinzenz Steinhart OSB. Die Jahresexerzitien 1944 hielt P. Vinzenz Oberhammer OSB von Neresheim. Verschiedene Patres aus den Konventen in Trier und Beuron, u.a. P. Magister Ambrosius Würth OSB (Beuron), P. Willibrord Hauk OSB und P. Rabanus Heddergott OSB[448] (beide Trier) kamen zu Besuch, um P. Hieronymus Kunert zu treffen oder verbrachten als Wehrmachtsangehörige ihre Urlaubstage in Zeil. Stets waren dies auch für die Frauen aufbauende und tröstende Begegnungen.
Auch Abtpräses Raphael Molitor fand im Oktober 1942 den Weg nach Zeil. In einer geistlichen Konferenz über den Philipperbrief[449] verglich Molitor die Exilssituation der Kellenrieder Benediktinerinnen mit der des hl. Paulus bei sei-

---

[444] ArKe: 031 Annalen 1945, 2.4.1945, 59f.
[445] Joseph (Auguste) Gredt OSB (1863-1940), Dr. theol., Priesterweihe 1886, Eintritt in die Benediktinerabtei Seckau 1889, Profess 1891, Philosoph, Autor und Professor für Philosophie am Collegio San Anselmo in Rom, s. Pius Engelbert OSB: Sant' Anselmo in Rom. Kolleg und Hochschule – Von den Anfängen (1888) bis zur Gegenwart, St. Ottilien 2012, 132-136.
[446] ArKe: 032 Chronik der Abtei St. Erentraud Kellenried Christkönigsfest 1945 bis Christkönigsfest 1946, 1f.
[447] ArKe. 031 Annalen 1956, 10.11.1956, 335.
[448] P. Benedikt Eisele OSB (1906-1994), Mönch der Abtei Weingarten, Profess 1926, Priesterweihe 1931; P. Vinzenz Steinhart OSB (1869-1960), Mönch der Abtei Weingarten, Profess 1889, Priesterweihe 1893; P. Vinzenz Oberhammer OSB (1885-1954), Mönch der Abtei Neresheim, Profess 1910, Priesterweihe 1914, Prior; P. Ambrosius Würth OSB (1889-1972), Mönch der Erzabtei Beuron, Profess 1910. Priesterweihe 1913; P. Willibrord Hauk OSB, geb.1912, Mönch der Abtei St. Matthias Trier, Profess 1936, Priesterweihe 1941; P. Rabanus Heddergott OSB (1913-2005), Mönch der Abtei St. Matthias Trier, Profess 1934, Priesterweihe 1938, Prior, 1976-1981 Abt von Tholey.
[449] Philippi, antike Stadt in Mazedonien, gegr. ca. 356 v. Chr. als Bollwerk gegen die Thraker durch Philipp II. von Mazedonien. Zur Zeit des Neuen Testaments war Philippi eine römische Kolonie. Paulus befand sich zur Zeit der Abfassung des Philipperbriefes in einer für ihn sehr bedrohlichen Lage. Er ist gefangen und muss mit dem Todesurteil rechnen. Trotzdem hatte er Hoffnung, s. Phil. 1,3-26, http://www.bibelwissenschaft.de/bibelkunde/neues-testament/paulinische-briefe/philipper, aufgesucht am 22.1.2015.

nem Aufenthalt in Phillippi „mit deutlichen Anspielungen auf das, was wir hier erleben. In der Stelle exinanivit semetipsum[450] sieht Rms.[451] die Grundlage des Ordenslebens"[452], bemerkten die Klosterannalen anlässlich dieses denkwürdigen Besuches.

Molitors mehrtägiger Aufenthalt auf Schloß Zeil galt auch der Suche nach einem angemessenen Ausweichquartier für ihn selbst. Da sein Kloster Gerleve ebenfalls beschlagnahmt war, lebte er eine Zeitlang in Heidelberg. Da sein Aufenthalt dort nicht länger möglich war, trug er sich auf Einladung des Fürsten Erich mit dem Gedanken, sich eventuell im Schloss Kißlegg niederzulassen. Für die dort lebenden Kellenrieder Mitschwestern hätte er für diesen Fall das Amt des Spirituals übernehmen können. Nach Besichtigung des Objekts nahm er jedoch Abstand mit der Begründung, die Lage des Schlosses mitten in der Stadt sei ihm zu unruhig.[453] Anfang November kam Schloss Kißlegg anlässlich eines überraschenden Besuchs des Priors von Gerleve, P. Maurus Ammermann OSB[454] erneut als Domizil für Abtpräses Raphael Molitor ins Gespräch, wiederum ohne Ergebnis.[455] Die Pläne wurden später nicht mehr aufgegriffen.[456]
Im Oktober 1943 kam auch Abt Basilius Ebel von St. Matthias in Trier[457] für mehrere Tage nach Zeil, feierte mit den Schwestern das Konventamt und berichtete über seinen Wirkungskreis in Fulda, wo er nach der Beschlagnahmung seiner Abtei Zuflucht gefunden hatte.[458]
Bei den verschiedenen Geistlichen handelte es sich um ausgesprochen hoch gebildete Persönlichkeiten, offen und kompetent für die benediktinischen Spiritualität und Liturgie und in ihrer Grundhaltung regimekritisch. Insgesamt können alle genannten geistlichen Begleiter als Gegner des Nationalsozialismus bezeichnet werden, auch wenn sich. in den vorhandenen Quellen darüber keine detaillierteren Aussagen finden. Das gesamte geistige und religiös-kulturelle Umfeld, sowohl auf Schloß Zeil als auch in Kellenried, lässt jedoch kaum einen anderen Schluss zu.
Für die Frauen bedeutete die Begegnung mit den verschiedenen Priestern eine unverhoffte Bereicherung. Trotz der Verbannung aus ihrem Stammkloster profitierten sie von der Vielfalt der geistlichen Begleitung, wie sie es in Kellenried in dieser Intensität nicht erfahren hätten.

---

[450] Exinanivit semetipsum = Er entäußerte sich selbst, Phil. 2,7.
[451] Rms. = Reverendissimus (lat.) = Hochwürdigster.
[452] ArKe:031 Annalen 1942, 5.10.1942, 74.
[453] ArKe:031 Annalen 1942, 3.10.1942, 72f.
[454] P. Maurus Ammermann OSB, geb. 1913, Mönch der Abtei St. Joseph Gerleve, Profess 1934, Priesterweihe 1939, Prior.
[455] ArKe: 031 Annalen 1942, 3.11.1942, 82.
[456] Abt Raphael fand eine Unterkunft in Baden-Baden und später in Beuron, bis zu seiner Rückkehr nach Gerleve.
[457] P. Basilius (Heinrich) Ebel OSB (1896-1968), Dr. theol. et phil., Theologe und Musikwissenschaftler, Mönch der Abtei Maria Laach, Profess 1922, Priesterweihe 1924, 1939-1946 Abt von St. Matthias Trier, 1946-1966 Abt von Maria Laach, s. http://www.orden-online.de/wissen/e/ebel-basilius, aufgesucht am 28.3.2015.
[458] ArKe: 032 Chronik 1940-1945, 6.

Geistliche Konferenzen und Rundbriefe von Äbtissin Scholastica und Priorin Placida

Eine der wesentlichen Aufgaben der Äbtissin bestand darin, das monastische Leben, zu welchem sich mit der Bindung an die Gemeinschaft jede Ordensfrau verpflichtet hatte, zu wahren und zu vertiefen. In der Zerstreuung bedeutete dies für Äbtissin Scholastica eine enorme Herausforderung, da der persönliche Kontakt nur am jeweiligen Aufenthaltsort möglich war. Ihre lebhafte Reisetätigkeit von Zelle zu Zelle bis zum Kriegsende lässt erahnen, welche Mühen und Strapazen sie auf sich nahm, um ihrer Aufgabe gerecht zu werden.

„Praktisch und lebensnah stellte Äbtissin Scholastica in Konferenzen und Kapitelansprachen die Verbindung her zwischen klösterlichem Alltag und den Weisungen Benedikts oder den Texten der Liturgie. Sie gab Anregungen zur geistlichen Lesung, vor allem zur persönlichen Aneignung der Heiligen Schrift in Betrachtung und Studium und zur Beschäftigung mit der Theologie der Kirchenväter"[459]. Diese Aussage von Mitschwestern traf insbesondere auch auf die Exilszeit zu.

Nachdem Beuron als größte Station 1941 aufgegeben werden musste, wechselte die Äbtissin halbjährig ihren Hauptstandort, hielt sich den Winter über in der Regel in Kellenried auf und weilte während der Sommermonate auf Schloß Zeil. Dies geschah im Wechsel mit Priorin Placida zu Salm, so dass in den beiden größten Zellen jeweils eine Leitungspersönlichkeit anwesend war. Die Chorverpflichtung wurde von Beuron nach Zeil übertragen.

Nach dem Tode Priorin Placidas verblieb die Äbtissin ständig in Zeil. Zur Nachfolgerin Frau Placidas wurde Frau Agnes Trescher OSB bestimmt[460], die wegen ständig zu regelnder Angelegenheiten in Kellenried dauerhaft im Marschallhaus verblieb und nur hin und wieder nach Zeil zu Besuch kam.

Äbtissin Scholastica besuchte regelmäßig die übrigen Stationen und war von Ravensburg über Beuron, Donzdorf, Kißlegg, Bärenweiler über das Jahr häufig unterwegs. Je nach Möglichkeit, insbesondere wenn sich günstige Fahrgelegenheiten ergaben, besuchte sie auch die Mitschwestern in den verschiedenen Einzelzellen.

Darüber hinaus hielt sie Kontakt mit Erzabt Molitor, mit den Oberen der übrigen Klöster der Beuroner Kongregation sowie mit den Hausleitungen der klösterlichen Einrichtungen und Institutionen, die der Abtei St. Erentraud besonders verbunden waren. Entweder hatten diese sich bereit erklärt, Kellenrieder Konventualinnen aufzunehmen, oder sie waren auf sonstige Weise in die Exilsangelegenheiten eingebunden.

---

[459] Brunnhuber/Kretz: Frauen, die das Leben lieben, 93.
[460] ArKe: Äbtissin Scholastica von Riccabona: Exilsrundschreiben 1940-1945, 1 gebundenes Heft; Rundschreiben vom 28. Oktober 1943.

So schenkte Oberin M. Karpa von Reute der Abtei Kellenried im November 1941 eine Reliquie der Guten Beth[461]. Dies war als Zeichen besonderer Anerkennung gedacht und sollte den Benediktinerinnen während der Zeit der Verbannung Schutz gewähren.

Die Verbindung zu den benachbarten Frauenklöstern wurde für die normalerweise streng klausurierte Kellenrieder Gemeinschaft zunehmend enger und wichtiger. Vor allem mit dem Klösterle in Ravensburg, den Reutener Franziskanerinnen, den Untermarchtaler Vinzentinerinnen[462] und den Franziskanerinnen von Sießen[463] befand man sich in einer Schicksalsgemeinschaft. Man unterstützte sich gegenseitig, wo und wann immer es sich ergab. Während des Exils wurden auf diese Weise wertvolle Kontakte geknüpft, die sich auch nach Kriegsende noch auf lange Zeit bewähren sollten.

Äbtissin Scholasticas schriftlich verfasste geistliche Konferenzen und Rundbriefe[464] wanderten auf dem Postwege von Zelle zu Zelle und sorgten dafür, die monastischen und benediktinischen Grundlagen in der ganzen Gemeinschaft lebendig zu halten. Sie griff damit eine lange Tradition in der Beuroner Kongregation auf. Bereits der erste Erzabt, Maurus Wolter, hatte sich mit der Notwendigkeit der geistlichen Unterweisung der Ordensmitglieder auseinandergesetzt.[465]

Äbtissin Scholastica legte u.a. die Regel des hl. Benedikt unter den Bedingungen der ungewohnten neuen Lebensumstände aus. Immer wieder rief sie zur Reflektion über die eigene Berufung auf und gab Hilfestellung, die alltäglichen Erfahrungen im Exil mit der monastischen Spiritualität in Einklang zu bringen. Gottsuche und Nachfolge Christi standen dabei im Mittelpunkt, aber auch die Bedeutung des Ordensprinzips „ora et labora", die Untrennbarkeit von Gotteslob und Arbeit sowie der Gehorsam und die Bindung an die klösterliche Gemein-

---

[461] Elisabeth Achler oder Elsbeth Achler, auch „Elisabeth von Reute", bekannt als Gute Beth oder „Elisabetha Bona", geb. 25. November 1386 in Waldsee; gest. 25. November 1420 in Reute, Ordensschwester und Mystikerin, Mitbegründerin des Klosters Reute. Ihr Leben ist mit den kirchlichen Reformbestrebungen des 15. Jahrhunderts verbunden. Friedrich Wilhelm Bautz: Achler, Elisabeth, in: BBKL, Bd. 1, Hamm 1990, Sp. 18.

[462] Ehemaliges Schloss Untermarchtal, erbaut 1573-1576, seit 1886 Kloster der Vinzentinerinnen = Orden der Barmherzigen Schwestern vom hl. Vinzenz von Paul, seit 1891 Mutterhaus. Der Orden hat sich in den Dienst von Kindern und Jugendlichen, von kranken, alten, armen, hilfsbedürftigen und suchenden Menschen gestellt. 1940-1945 von den Nationalsozialisten beschlagnahmt, Zur Kongregation gehört u.a. auch das Marienhospital in Stuttgart, seit 1970 Mitglied der Föderation Vinzentinischer Gemeinschaften, s. Mertens: Himmlers Klostersturm, 156; http://www.untermarchtal.de, aufgesucht am 3.1.2015.

[463] Kloster im Bad Saulgauer Ortsteil Sießen im Landkreis Sigmaringen/Württemberg, von 1260 bis 1803 Dominikanerinnenkloster, ab 1860 Niederlassung der Kongregation der Franziskanerinnen von Sießen, mit dem Schwerpunkt Bildung und Erziehung der weiblichen Jugend. 1940-1945 von den Nationalsozialisten beschlagnahmt, s. Mertens: Himmlers Klostersturm, 155; http://www.klostersiessen.de, aufgesucht am 3.1.2015.

[464] ArKe: Scholastica von Riccabona: Exilsrundschreiben, Konferenzen in der Exilszeit, 3 gebundene Hefte.

[465] Maurus Wolter: Elementa. Die Grundlagen des Benediktinischen Mönchtums, Beuron 1955, aktualisiert in: Schütz/Rath: Der Benediktinerorden; „Kommt einer neu und will das klösterliche Leben beginnen". Erste Hinführung zum benediktinischen Leben in der Beuroner Benediktinerkongregation, Beuroner Benediktinerkongregation 2000, in: http://www.benediktiner-orden.de, aufgesucht am 5.1.2015.

schaft. Dabei ließ sie auch nicht die Bedeutung benediktinischen Lebens für Kirche und Welt außer Acht. Immer wieder wählte sie Beispiele aus der Heiligen Schrift, vor allem aus den Psalmen, aus den Evangelien, der Apostelgeschichte und den Paulus-Briefen, die dem Konvent in den Jahren der Zerstreuung Kraft und Mut geben sollten.

Einen der bedeutsamsten Rundbriefe verfasste sie an Fronleichnam 1941, also etwa ein halbes Jahr nach der Verbannung aus Kellenried. Hier fasste sie alle wesentlichen Punkte des Mönchstums noch einmal zusammen, ging auf die Grundaussagen der Gelübde, die besondere Verbundenheit jeder Ordensfrau mit Gott ein, auch ohne den gewohnten Schutz der Klausur, und wies auf die Notwendigkeit der täglichen Schriftlesung hin, trotz der veränderten äußeren Rahmenbedingungen. „Das Herzstück unseres Lebens bleibt das heilige Offizium, und es muss immer unser gemeinschaftliches Offizium bleiben, indem die monastische Familie von St. Erentraud miteinander vor Gott steht"[466], betonte die Äbtissin. Sie bezog sich auch auf die bisher unveränderte Möglichkeit, in allen Exilsstationen noch die Ordenstracht anlegen zu dürfen: „Wir haben noch alle die Gnade, das heilige Kleid tragen zu dürfen. Täglich müssen wir dafür danken und den Herrn bitten, dass wir es nie unwürdig tun"[467]. Äbtissin Scholastica verdeutlichte den Wert der Ordenskleidung als Sinnbild des monastischen Ideals und gab der Hoffnung Ausdruck, dass niemand aus der Gemeinschaft diese ablegen möge, außer unter einem „äußeren moralischen Zwang"[468]. Schließlich ging sie auf eine eventuelle Veränderung der „Stabilitas loci" während der Zeit der Verbannung ein. Wenn diese auf Druck genommen würde, so bliebe doch das Bewusstsein zur „familia St. Erentrudis" zurückzukehren, sobald sich eine Möglichkeit dazu ergäbe.

Ihren Rundbrief von „Quadragesima"[469] 1942 schloss sie mit einem Zitat aus dem Hebräerbrief, der ihr passend schien für die Situation der zerstreuten Gemeinschaft: „Ich bitte euch, Brüder, nehm t dieses Wort der Ermahnung gut auf"[470].

An diesem Beispiel wird die solide theologische Basis deutlich, auf der Riccabona sich bewegte. Sie hatte die Schlussworte ihres Rundschreibens mit Bedacht gewählt und knüpfte an die Worte des Verfassers an, der sich im Hebräerbrief an eine Gemeinde wendete, die auf ihrer Wanderung durch die Wüste im Glauben müde und schlaff geworden war und deren Vertrauen und Hoffnung nachgelassen hatten.[471]

In der Wüstenwanderung des Volkes Israel sah Äbtissin Scholastica, ähnlich wie der Verfasser, eine Parallele zur Zeitenwanderung, durch welche die ihr anver-

---

[466] ArKe: Exilsrundschreiben Fronleichnam 1941; Annalen 1941, 5. August 1941, 77.
[467] Ebenda, 78.
[468] Ebenda: Die Schwestern erlebten bis zum Kriegsende keine Beeinträchtigung in Bezug auf die Ordenskleidung. Anm. der Verfasserin.
[469] ArKe: Exilsrundschreiben, Februar 1942, „Quadragesima".
[470] Neues Testament (NT), Briefe, Hebräer, 13, 22, vergl. http://www.die-bibel.de/bibelwissen/inhalt-und-aufbau/neues-testament/briefe/der-brief-an-die-hebraeer, aufgesucht am 22.12.2014.
[471] NT: Briefe, Hebräer 12,12 und 10,35-36.

trauten Frauen zu gehen hatten. Das Ziel dieser Wanderschaft konnte nur in festem Gottvertrauen erreicht werden, getragen von einem unerschütterlichen Glauben, welcher auch Krisen und schwierige Situation zu meistern versuchte. Zeitgeschichtliche Ereignisse wurden dabei nicht ausdrücklich genannt, sind jedoch aus vielen Zeilen herauszulesen. Nach einem großen Luftangriff im Herbst 1944, bei welchem die Schwestern in Zeil den Luftschutzkeller aufsuchen mussten, drängte es die Äbtissin, in der bedrängten Notlage, ihren Konventualinnen Trost zu spenden und ihnen für das weitere zu erwartende Kriegsgeschehen das nötige geistliche Rüstzeug mit auf den Weg zu geben. „Es ist doch ein Trost zu wissen, dass der liebe Gott uns so schützt. Nicht nur das Düstere der Zeit, auch das Schöne, Erfreuliche wollen wir sehen. Es ist ganz gut, dass wir es jetzt auch ein wenig zu spüren bekommen, was andere schon jahrelang in ganz anderen Ausmaßen durchmachen mussten"[472].

Priorin Placida von Salm, als Stellvertreterin der Äbtissin, war ebenfalls in die geistliche Betreuung eingebunden. Als ehemalige Konventualin von St. Gabriel, 1924 von Äbtissin Benedicta zu Schwarzenberg für Kellenried bestimmt, hatte sie lange an Heimweh nach ihrem Stammkloster gelitten. Dies hinderte sie jedoch nicht „vom ersten Augenblick ihrer Übersiedlung an, sich restlos und mit allen ihren Kräften und Fähigkeiten, für St. Erentraud einzusetzen. (…) Am geistigen Aufbau von St. Erentraud hat sie ganz entscheidend mitgeholfen und mitgeprägt" bekunden die Annalen anlässlich ihres Todes am 20. Juni 1943 auf Schloß Zeil.[473]

Ihr reiches Wissen in der Theologie, in der Kirchen- und Ordensgeschichte, darüber hinaus ihre profunde Kenntnis der Benediktusregel ließ sie vor und während der Exilszeit dem gesamten Konvent bei vielen Konferenzen und geistlichen Lesungen zuteil werden.[474] Die Klosterannalen priesen die „Wohltaten geistlicher Belehrung, wenn der Rahmen auch enger gezogen ist wegen der vielen Arbeit. Aber sie dient ja noch ganz anders als in früheren Jahren dem Fortbestand des monastischen Lebens"[475].

---

[472] ArKe: Exilskonferenzen, „Luftschutzkonferenz" vom 30.7.1944.
[473] ArKe: 031 Annalen 1943, 22.6.1945, 49.
[474] Ebenda, 51.
[475] ArKe: 031 Annalen 1942, 23.10.1942, 78.

8. Im Zeichen der Kriegswirtschaft – politische Voraussetzungen

Grundzüge des nationalsozialistischen Frauenbildes

Die nationalsozialistische Ideologie wies der Frau nur eine begrenzte Teilhabe an der Gestaltung der Gesellschaft zu. Ideale wie Treue, Pflichterfüllung, Leidensfähigkeit, Opferbereitschaft und Selbstlosigkeit galten als vorrangiges Leitbild. Entscheidungen im Alltag, erst recht solche von Tragweite, sollten allein dem Mann vorbehalten sein. Emanzipatorische Entwicklung und Förderung der Frau als gleichberechtigte Partnerin hatten in der Weltanschauung der Nationalsozialisten keinen Platz.

Zum Wohle der Volksgemeinschaft stand in der NS-Ideologie vor allem die Mutterschaft der Frau im Vordergrund. Während der Mann als Ernährer und für das äußere Wohl der Familie Verantwortung trug, bestand die „natürliche" Aufgabe der deutschen Frau darin, möglichst viele Kinder zu gebären, sie in nationalsozialistischer Gesinnung aufzuziehen und damit zur Ausbreitung der „arischen Rasse" beizutragen.[476] Das so deklarierte Frauenbild wurde damit Bestandteil der nationalsozialistischen Rassenpolitik, „die ein ausgeweitetes deutsch-germanisches Großreich, ein nationalsozialistisches Utopia, anstrebte"[477].

Die Struktur in den Familien war in der Regel hierarchisch und patriarchalisch, an vorindustriellen Wertmaßstäben orientiert, die Mädchenerziehung primär auf Heirat und Haushaltserziehung ausgerichtet. Auch Berufsausbildungen und Bildungschancen standen ganz im Zeichen dieser Vorstellungen und waren damit weitgehend eingeschränkt. Positiv standen die Nationalsozialisten der Arbeit von Frauen in der Landwirtschaft gegenüber. Diese bildete im Zuge des Autarkiebestrebens ein wichtiges Anliegen der nationalsozialistischen Wirtschaftspolitik.

Für den überwiegenden Teil der Frauen hatte allerdings auch vor der NS-Zeit keine Gleichberechtigung stattgefunden. Die Vorstellung der NSDAP von Aufgabe und Funktion der Frau besaß, abgesehen von der Rassenideologie, insoweit nichts typisch Nationalsozialistisches, sondern ergab sich bereits aus der Tradition des Kaiserreichs. Auch im Vergleich mit anderen Staaten ist festzustellen,

---

[476] Carolin Bendel: Die deutsche Frau und ihre Rolle im Nationalsozialismus, in: Zukunft braucht Erinnerung, das online-Portal zu den historischen Themen unserer Zeit, 3. Oktober 2007, s. http://www.zukunft-braucht-erinnerung.de/die-deutsche-frau-und-ihre-rolle-im-nationalsozialismus, aufgesucht am 23.1.2015.
[477] Winkler: Frauenarbeit, 185.

„dass Deutschland in Bezug auf Praktizierung und Anerkennung der Gleichberechtigung von Frauen, vor allem im Beruf, kein Sonderfall war"[478].

Hitler selbst hielt bis zum Kriegsende an einer überkommenen Gesellschaftsordnung fest, nach der der Mann die Familie ernähren solle, die Frauen für Haushalt und Kinder zu sorgen hätten, „eine Vorstellung, die schlankweg anachronistisch war"[479].

Diesem nationalsozialistischen Klischee entsprach die Lebensform katholischer Ordensfrauen nicht annähernd und traf daher auf großes Unverständnis und Ablehnung. „Das Dritte Reich war absolut unfähig, die geistliche Lebensgrundlage einer Schwesternschaft zu verstehen, viel weniger, sie zu ertragen. Gottgeweihte Jungfräulichkeit, Ordensstand, Pflege der Schwachen als Beruf oder Berufung (…), dieses bewusste Leben aus der Hingabe an Gott stand im krassen Gegensatz zu dem verlogenen ‚positiven Christentum', dem versteckten Anti-Christentum, dem Rassenwahn und der Gewalttätigkeit"[480].

Die kontemplativ ausgerichtete Gemeinschaft der Benediktinerinnen von Kellenried wurde vor allem während der Kriegsjahre mit den Auswirkungen der ideologischen Vorstellungen des Nationalsozialismus konfrontiert.

Aufrüstung und Kriegswirtschaftsverordnung

Mit zunehmender Aufrüstung machte sich im Deutschen Reich ein spürbarer Arbeitskräftemangel bemerkbar, so dass die Beschränkungen für den Arbeitseinsatz von Frauen ab Mitte der Dreißigerjahre aufgeweicht wurden und vor allem bei Kriegsausbruch und während des Krieges zu einem Wechsel in der NS-Politik führten. Dabei änderte sich nicht die ideologische Grundposition, sondern die bisherige dogmatische Einstellung wich einer pragmatischen Zielführung, welche jedoch in keiner Phase des Krieges konsequent durchgehalten wurde.

Schon wenige Tage nach Kriegsbeginn, am 4. September 1939, trat die bereits von langer Hand vorbereitete Kriegswirtschaftsverordnung der Reichsregierung in Kraft.[481] Das Gesetz diente der Umsetzung der staatlich gelenkten Kriegswirtschaft. Bereits am 28. August 1939 waren Lebensmittelmarken und Bezugsscheine für bestimmte Konsumgüter, Kleidung, Heiz- und Treibstoffe zu einer „gerechten Versorgung" der Bevölkerung über ein flächendeckendes Verteilungssystem eingeführt worden. Wichtige Nahrungsmittel und Konsumgüter wurden der staatlichen Bewirtschaftung und einer von oben verordneten Preisbildung unterworfen. Diese betraf Güter und Leistungen jeder Art, alle Bedürf-

---

[478] Ebenda, 37.
[479] Ebenda, 175.
[480] Hermann Tüchle: Die Barmherzigen Schwestern von Untermarchtal. Zur 125jährigen Tätigkeit der Vinzentinerinnen im Bistum Rottenburg-Stuttgart, Ostfildern 1983, 105.
[481] RGBl I: Kriegswirtschaftsverordnung vom 4. September 1939, 1609; RGBl I 1942, Ergänzung zur Kriegswirtschaftsverordnung, 25. März 1942, 147f.

nisse des täglichen Lebens, darüber hinaus die gesamte landwirtschaftliche, gewerbliche und industrielle Erzeugung.
Neu war das in der Kriegswirtschaftsverordnung geregelte, bisher unbekannte Delikt „Kriegswirtschaftsverbrechen", welches den verbotenen Handel mit rationierter Ware oder deren Diebstahl sowie den Raub von Feldfrüchten, Schwarzschlachten oder –brennen und unrechtmäßigen Bezug von Lebensmittelkarten oder deren Diebstahl unter strenge Strafen stellte. Trotzdem entwickelte sich wegen der zunehmend unzureichenden Versorgungslage bis zum Kriegsende eine illegale Untergrundwirtschaft, bei welcher Tausch- und Schleichhandel die eng gesetzten Grenzen der staatlich verordneten Zwangswirtschaft weiträumig umgingen. Daran konnten auch die drakonischen Gegenmaßnahmen der NS-Behörden wenig ändern.

Zu Kriegsbeginn wurde zur Steigerung der allgemeinen Produktion das tägliche Arbeitspensum von 8 auf 10 Stunden verlängert, ein allgemeiner Lohnstopp verordnet und der Anspruch auf Urlaub aufgehoben.[482]
Der Staat versuchte, den Einsatz der Arbeitskräfte an den „Brennpunkten des Bedarfs"[483] zu orientieren, wobei die Rüstungsfertigung absolute Priorität besaß. Die Kriegswirtschaft galt als vierte Waffengattung. „Einsatzfreude und Einsatzbereitschaft der ‚Heimatfront' mussten gleichzeitig und gleichgewichtig gewährleistet werden, wenn ein längerer Krieg durchgestanden und erfolgreich beendet werden sollte"[484]. Insofern kam der Regelung des Arbeitseinsatzes eine zentrale Bedeutung zu.
Den Arbeitsämtern, in enger Abstimmung mit den Kreisleitern, fielen dabei neue Aufgaben und eine Erweiterung ihrer Machtfülle zu.[485] Arbeitsplatzwechsel, die in normalen Zeiten dem Wettbewerb gedient hätten, bedurften in jedem Einzelfall der Zustimmung des Arbeitsamtes. Dies galt auch für die Land- und Forstwirtschaft.
Frei werdende Arbeitskräfte hatten sich unverzüglich für die Vermittlung in einen anderen Einsatz zu melden, auch Neueinstellungen bedurften der Zustimmung des Arbeitsamtes. Davon ausgenommen waren angesichts der akuten Mangellage nur Beschäftigungen im Bergbau und in der Landwirtschaft. Auf

---

[482] Zur Kriegswirtschaftsverordnung und Lohnpolitik im ersten Kriegsjahr, s. Marie-Luise Recker: Nationalsozialistische Sozialpolitik im Zweiten Weltkrieg, Studien zur Zeitgeschichte, hg. vom Institut für Zeitgeschichte, München 1985, 26-53. Die lohnpolitischen Maßregeln der Kriegswirtschaftsverordnung wurden in ihrer Mehrheit am 21.8.1940 wieder aufgehoben, ebenda, 57.
[483] Ebenda, 58.
[484] Ebenda, 59.
[485] Durch den Führererlass vom 21.12. 1938 (RGBl.1938,1892) wurden die Aufgaben und Befugnisse des Präsidenten der Reichsanstalt für Arbeitsvermittlung und Arbeitslosenversicherung, gegr. 1927, auf den Reichsarbeitsminister übertragen und die Hauptstelle in Berlin mit der Abteilung II c (Arbeitsvermittlung und Arbeitseinsatz) des Reichsarbeitsministeriums (RAM) zur neuen Hauptabteilung V vereinigt. Die Landesarbeitsämter und Arbeitsämter wurden als unmittelbare Reichsbehörde dem RAM unterstellt. Der Präsident führte seine Aufgaben als Staatssekretär im Reichsarbeitsministerium weiter, s. Hans-Walter Schmuhl: Arbeitsmarktpolitik und Arbeitsverwaltung in Deutschland 1871-2002, zwischen Fürsorge, Hoheit und Markt. (Beiträge zur Arbeitsmarkt- und Berufsforschung, BeitrAB 270), Nürnberg 2003.

diese Weise konnte die Kontrolle über den Arbeitsmarkt nahezu lückenlos abgesichert werden.
Für die Nationalsozialisten hatte die Kriegswirtschaft vorrangig der Reichsverteidigung zu dienen. Soziale Aspekte oder beruflicher Werdegang spielten bei der Vermittlung in den Arbeitsprozess nur eine nachgeordnete Rolle.[486]
Kontrollinstrument war u.a. das Arbeitsbuch, zu dessen Führung in der Regel alle Arbeitnehmer und Arbeitnehmerinnen verpflichtet waren.[487]
Für Kellenried war das Arbeitsamt Ravensburg zuständig unter seinem damaligen Leiter, einem Regierungsrat Dr. Rohrer, für Zeil die Ravensburger Nebenstelle in Leutkirch[488].

Der Direktor des Diözesancaritasverband Rottenburg, Dr. Alfons Baumgärtner[489], bemühte sich im Einvernehmen mit dem Präsidenten des Deutschen Caritasverband Prälat Dr. Benedict Kreutz[490], die Regelung für Ordensleute in Bezug auf das Arbeitsbuch und die darin enthaltene Verpflichtung zur Sozial- und Krankenversicherung verbindlich zu klären und hielt es für rechtmäßig, „dass Ordensschwestern, die eine gemeinnützige Tätigkeit aus überwiegend sittlichen und religiösen Motiven ausüben, nicht arbeitsbuchpflichtig sind", auch wenn dafür ein Entgelt gezahlt wird, analog zur Regelung für NSV- und Rotkreuzschwestern, Diakonissen und Ordensschwestern in der Krankenpflege.
Auch Arbeiten für die Wehrmacht, z.B. nähen von Uniformstücken, putzen und waschen von Gemüse, packen für Heeresapotheken etc. fielen unter das Prädikat „religiös, sittlich, gemeinnützig". Es war auch bei Aufträgen für die Wehrmacht angeraten, die Arbeitsvereinbarungen grundsätzlich mit den Klöstern als solche, nicht mit den einzelnen Schwestern abzuschließen. Die Oberen konnten so die Bereitstellung der Schwestern selbst regeln und auch die Vergütung entgegen

---

[486] Recker: NS-Sozialpolitik, 61 f.
[487] Gesetz über die Einführung eines Arbeitsbuches, 26. Februar 1935, (RGBl. I, S. 311). Zuständig für alle Arbeitsbuchfragen war das Reichsarbeitsministerium, letztverantwortlich Staatssekretär Dr. Friedrich Syrup (1881-1945), 1927-1938 Präsident der Reichsanstalt für Arbeitsvermittlung und Arbeitslosenversicherung, s. http://www.bundesarchiv.de/aktenreichskanzlei/1919-1933/0011/adr/adrsz/kap1_1/para2_559.html, aufgesucht am 2.2.2015.
[488] Dr. Albin Rohrer (geb. 1886), Vorstand des Arbeitsamtes Ravensburg, lebte von 1931 bis 1951 in Ravensburg, s. StAR: Einwohnerkartei, Mitteilung des Leiters des Stadtarchivs Ravensburg, Dr. Andreas Schmauder, an die Verfasserin, 3.6.2015. Der Leiter der Nebenstelle Leutkirch konnte nicht ermittelt werden.
[489] Alfons Baumgärtner (1904-1976), Dr. theol., Priester der Diözese Rottenburg, 1928 Priesterweihe, 1939-1976 Diözesancaritasdirektor der Diözese Rottenburg mit Sitz in Stuttgart. Mitglied der Deutschen Liga der Freien Wohlfahrtspflege, des Landesausschusses für Hooverspeisung und dem zur Verteilung ausländischer Liebesgaben.
[490] Benedict Kreutz (1879-1949), Dr. rer.pol., Priester der Erzdiözese Freiburg, 1902 Priesterweihe, 1921-1949 Präsident des Deutschen Caritasverbandes, s. Hans-Josef Wollasch: Benedict Kreutz (1879-1949), in: Zeitgeschichte in Lebensbildern, hg. v. Jürgen Aretz/Rudolf Morsey/Anton Rauscher, Bd. V, Mainz 1982, 118-133; Hans-Josef Wollasch: Benedict Kreutz, in: Staatslexikon (StL) 7 II, 701-703.

Im Zeichen der Kriegswirtschaft – politische Voraussetzungen

nehmen. Den Firmen gegenüber verpflichteten sich die Klöster, die Lieferung zu übernehmen und zu garantieren.[491]
Sollten die Schwestern gezwungen werden, ein Arbeitsbuch zu führen, etwa durch die Gestapo, so müsse man sich dagegen wehren, auch wenn es sich um eine Tätigkeit handle, die nicht unbedingt das Prädikat „religiös, sittlich, gemeinnützig" trage. Bei Schwierigkeiten möge die Zentrale des Deutschen Caritasverbandes in Freiburg eingeschaltet werden, deren Linie bezüglich des Arbeitsbuches unbedingt einzuhalten sei.[492]

Auf Grund dieser Bestimmungen ist davon auszugehen, dass die Aufnahme der Arbeit der Benediktinerinnen im land- und forstwirtschaftlichen Bereich sowie die Anfertigung von Lazarettschuhen in Heimarbeit auf Schloß Zeil keiner besonderen Genehmigung bedurfte, sondern lediglich angezeigt werden musste. Bereits im Sommer 1941, bei einer Unterredung zwischen Abtpräses Molitor und Äbtissin Scholastica, stand fest, ein Arbeitsbuch solle „nur im äußersten Fall" akzeptiert werden.[493]

Im Falle der als Lagerköchin verpflichteten Sr. Veronika Stoffel[494] teilte Cellerarin Agnes Trescher im Februar 1943 dem Diözesancaritasverband in Stuttgart mit, die Schwester sei ausdrücklich angewiesen worden, sich auf keinen Fall ein Arbeitsbuch aufdrängen zu lassen.[495]
Die Kellenrieder Benediktinerinnen waren in die allgemeine Lohnordnungspolitik der Kriegswirtschaft nicht miteinbezogen. Sie besaßen auch keine Krankenversicherung und zahlten nicht in die Rentenkasse ein. Vom Aufenthalt auf Schloß Zeil hat sich ein Bündel von Zahnarztrechnungen erhalten, die sämtlich aus der privaten Schatulle des Klosters beglichen wurden.[496] Bei Krankenhausaufenthalten hoffte man auf die Barmherzigkeit und Großzügigkeit der aufnehmenden Häuser, die sich im Falle der Benediktinerinnen, soweit dies festzustellen ist, überwiegend in der Trägerschaft der befreundeten Vinzentinerinnen von Untermarchtal bzw. der Franziskanerinnen von Reute befanden, u.a. im Elisabethenkrankenhaus Ravensburg, im Krankenhaus Leutkirch, im Marienhospital Stuttgart und im Krankenhaus Riedlingen. Der Gesundheitszustand der meisten Schwestern war trotz der Kriegsjahre im Allgemeinen gut.
Die Kriegswirtschaft insgesamt brachte keine effektiven Ergebnisse, da sie gekennzeichnet war von vielen unübersichtlichen, unkoordinierten, nebeneinander

---

[491] ArKe: 025-2, Fasc.1, Dienstverpflichtung, Arbeitseinsätze der Schwestern Dokument „Das Arbeitsbuch".
[492] ArKe: Celleratur [Mappe 2], Rundschreiben Diözesan-Caritasverband Rottenburg an die Ordensgemeinschaften der Diözese, 20.4.1942, betr. Arbeitsbuch.
[493] ArKe: 025-2 Fasc. 2, Notizbuch Äbtissin, Eintrag ohne Datum und Jahr, vermutlich Sommer 1941.
[494] Die Tätigkeit von Sr. Veronika Stoffel ist ausführlich beschrieben in Kap. 14, Abschnitt „Einsatz von Ordensfrauen im „Lager" Kellenried", S. 226.
[495] ArKe: Celleratur [Mappe 2], Schreiben Frau Agnes Trescher an DiCV, Kellenried, 22.2.1943.
[495] ArKe: Celleratur [Mappe 2], Schreiben Frau Agnes Trescher an DiCV, Kellenried, 22.2.1943.
[496] ArKe: Celleratur [Mappe 1] Zeil 1942-1945, Zahnarztrechnungen. Dr. Fuoß, Leutkirch, Dentist F. Schweinberger, Leutkirch u.a.

existierenden Behörden und Entscheidungsträgern, die vielfach konkurrierend gegeneinander arbeiteten, anstatt ein gemeinsames Konzept zu verfolgen.[497] Eine zentrale Regulierungsinstanz fehlte.

Frauen in der Kriegswirtschaft

Allgemeine Lage

Bei Kriegsbeginn war die Lage auf dem Arbeitsmarkt katastrophal. Gemäß der Volks- und Berufszählung von 1939 wäre eine große Anzahl erwerbsfähiger Frauen einsatzfähig gewesen, jedoch wurden zunächst nur 50.000 Frauen dienstverpflichtet. Nach der Statistik gab es 948.000 nicht erwerbstätige, aber arbeitsfähige ledige Frauen und über 5,4 Millionen nicht erwerbstätige, aber arbeitsfähige verheiratete Frauen ohne Kind, alle zwischen 15 bis 60 Jahren.[498]
Auch in der Landwirtschaft bestanden erhebliche Engpässe bei den Arbeitskräften. Um dem Mangel abzuhelfen, sollten im Frühjahr 1941 im Verbund von Reichsarbeitsministerium, den Arbeitsämtern und den Dienststellen des Reichsnährstandes alle auf dem Lande oder in Kleinstädten lebenden nicht erwerbstätigen Frauen in der Landwirtschaft eingesetzt werden, im Notfall unter Zwang. Diese Maßnahme brachte nicht den gewünschten Erfolg und verschwand schließlich von der Bildfläche.
Da Hitler der Überzeugung war, der Krieg sei nur von kurzer Dauer (Blitzkrieg-Strategie), rückte er vom Anspruch eines umfassenden Fraueneinsatzes ab und blieb bis zum Kriegsende, trotz entgegen gesetzter Meinungen der übrigen Verantwortlichen für die Kriegswirtschaft, bei seiner ablehnenden Haltung. „Damit wurden die ideologischen Forderungen der NSDAP zur Frauenarbeit weitgehend berücksichtigt"[499]. Das Regime konnte sich letztlich nicht entschließen, alle vorhandenen Ressourcen für die Rüstungsfertigung optimal auszunutzen.[500]

---

[497] Für die Rüstung war Hermann Göring (1893-1944) als Leiter der Vierjahresplanbehörde verantwortlich, General Georg Thomas (1890-1946) stand dem Wehrwirtschafts- und Rüstungsamt vor (bis 1942), Fritz Todt (1891-1942) amtierte als Reichsminister für Bewaffnung und Munition. Im Rahmen des von Hitler 1936 verkündeten Vierjahresplans wurde die private Wirtschaft gezwungen, sich innerhalb von vier Jahren auf Erfordernisse der Kriegsbereitschaft einzustellen. Genauer Wortlaut in: Wilhelm Treue: Dokumentation: Hitlers Denkschrift zum Vierjahresplan 1936, Vierteljahrshefte für Zeitgeschichte, Jg. 3, Heft 2, 1955, 184-210; J. Adam Tooze: Ökonomie der Zerstörung, Die Geschichte der Wirtschaft im Nationalsozialismus. Aus dem Englischen von Yvonne Badal, München 2007, 247-255.
[498] Zitiert nach Winkler: Frauenarbeit, 60, s. auch Jutta Wietog: Volkszählungen unter dem Nationalsozialismus. Eine Dokumentation zur Bevölkerungsstatistik im Dritten Reich, Berlin 2001; Gesetzliche Grundlage der Volks-, Berufs- und Betriebszählung, s. 1939 RGBl. I, 281 / VO vom 21. Januar 1939 im Reichsministerialblatt – abgedruckt in: Statistik des Deutschen Reiches, NF Bd. 552,1, Nachdruck Osnabrück 1975.
[499] Winkler: Frauenarbeit, 89.
[500] Bei den übrigen kriegführenden Nationen wurde der generelle Fraueneinsatz konsequent umgesetzt, z.B. in Großbritannien, Frankreich und den USA.

Der größte Teil der in der Kriegswirtschaft tätigen Frauen stammte aus der Arbeiterschaft und der Schicht der kleinen Angestellten. Sie hatten zur Hauptsache die Lasten zu tragen, die sich für die erwerbstätige Bevölkerung im Krieg ergaben, „und sie gaben sich keine Mühe, ihren Unwillen darüber zu verbergen"[501].
Bei der halbherzigen Umsetzung einer Frauendienstpflicht spielte auch die Überlegung eine Rolle, es könne zu einer übermäßigen Belastung der „inneren Front" und zu Unruhen in der Bevölkerung kommen. Dies galt es unter allen Umständen zu vermeiden. Stattdessen sollten die Lücken auf dem völlig rüstungsbezogenen Arbeitsmarkt aus den Reihen der Kriegsgefangenen und Millionen von Arbeitskräften aus den eroberten Gebieten, vor allem aus Osteuropa, geschlossen werden. Diese übernahmen in der Regel die schwere Arbeit. Dadurch war es den deutschen Frauen möglich, körperlich leichtere und damit attraktivere Tätigkeiten auszuüben. „Dies entsprach durchaus den ideologischen Vorstellungen Hitlers"[502]. Er setzte auf den Einsatz der Ostarbeiterinnen und Fremdarbeiterinnen.
Gleichwohl kam es im Verlauf des Krieges immer wieder zu neuen Versuchen, Frauen in die Kriegswirtschaft einzubinden, zunächst auf freiwilliger Basis, aber auch durch weitere Verordnungen, die ihren jeweiligen Zweck jedoch nicht erfüllten.

Kellenrieder Benediktinerinnen im Arbeitseinsatz

Ausgangslage – wirtschaftliche Grundlage des Klosters Kellenried 1940

Mit der Vertreibung aus dem Kloster im November 1940 ergab sich für die Benediktinerinnen nicht nur die Frage nach geeigneten Quartieren, sondern auch die Sorge, wie künftig der Lebensunterhalt für 60 Frauen bestritten werden sollte. Das seit Jahrhunderten gelebte Ordensprinzip „ora et labora" war für die Gemeinschaft durch die unauflösliche Symbiose von Gebet und Arbeit erprobt. Die Benediktusregel definiert die klösterliche Arbeit nicht als Selbstzweck, sondern schreibt vor, „dass jegliches Tun des Menschen immer wieder in das Lob Gottes einmünden müsse"[503]. Diese Rückbindung an Gott bestimmt den gesamten Tagesablauf in einem ständig wiederkehrenden Rhythmus von Gebet und Arbeit. Über allem steht die Weisung des hl. Benedikt: „Nichts darf dem Gottesdienst vorgezogen werden"[504].
Nach dieser Ordnung hatte sich bisher das Leben der Gemeinschaft in der Zurückgezogenheit des Klosters vollzogen. Geistliche Lesung, Chorgebet, Eucharistiefeier und die Pflichten für die Organisation des Klosters, die tägliche Ver-

---
[501] Winkler: Frauenarbeit, 110.
[502] Ebenda, 124.
[503] Benedikt von Nursia hl. Das Mönchtum, http://www.benediktiner.de, aufgesucht am 1.12.2014.
[504] Benediktus-Regel, 43, 3.

sorgung und die Sicherung des Lebensunterhalts, wechselten dabei miteinander ab.
Seit der Neugründung in Kellenried waren mit der Ökonomie, der Alabasterwerkstatt und der Paramentenstickerei drei wichtige Arbeitsbereiche zur Erwirtschaftung des Lebensunterhaltes aufgebaut worden. Landwirtschaft und Gartenbau dienten darüber hinaus der Selbstversorgung. Viele handwerkliche Tätigkei-Tätigkeiten und Reparaturen, zu welchen man gegebenenfalls Hilfe von außen hätte holen müssen, wurden mit eigenen Kräften in der Hausmeisterei erledigt. So gab es u.a. eine Tischlerei, eine Schusterei, eine Nähstube für das weiße und schwarze Vestiar. Alle anfallenden Hausarbeiten wie Kochen, Backen, Waschen, Bügeln, sämtliche Reinigungsaktionen, auch Buchbinden und Anstreicharbeiten wurden ausnahmslos von den Schwestern selbst übernommen. Die Tischlerarbeiten von Sr. Notburga Zisterer erfreuten sich besonderer Qualität, welche, wie die Klosterchronik berichtete, über das „Niveau einer Durchschnittsarbeit"[505] weit hinaus ging.

Vorbeugende Maßnahmen für ein Leben außerhalb der Klausur

Auf ein Leben außerhalb der Klausur, fern von der klösterlichen Abgeschiedenheit und Geborgenheit, waren bei der Beschlagnahmung des Klosters weder Äbtissin noch irgendeine der Konventualinnen vorbereitet.
Es kam nun darauf an, vor allem in den größeren Zellen Kellenried, Beuron und später Zeil, die Arbeit neu zu organisieren, sie den staatlichen Vorgaben anzupassen und mit dem monastischen Leben in Einklang zu bringen. Die strengen Klausurvorschriften bedurften in allen Stationen einer Lockerung.[506]
Als die Unterkunft im Klösterle im Frühjahr 1941 zur Disposition stand, hatte Äbtissin Scholastica schon erwogen, für einige der Konventualinnen Aufgaben in kirchlichen oder karitativen Einrichtungen zu finden. In der Bahn war sie zufällig auf die Schwester-Assistentin von Untermarchtal getroffen und erfuhr von der bevorstehenden Aufhebung der Reservelazarette und der damit einhergehenden Gefahr für jüngere Ordensfrauen, in der Rüstungsindustrie verpflichtet zu werden. Dies sollte nach dem Willen der Äbtissin unter allen Umständen vermieden werden.
Im Mai 1941 begab sie sich persönlich nach Untermarchtal. Sie blieb über Nacht und beriet sich lange mit Oberin M. Euphemia Burger[507] wegen einer eventuellen Krankenpflegeausbildung einiger Benediktinerinnen in Filialen der Untermarchtaler Kongregation. Die Kellenrieder Annalen geben deutlich den Grund der Überlegungen an, „zur Sicherung vor den Zugriffen des Arbeitsamtes, eine

---

[505] Brunnhuber/Kretz: Frauen, die das Leben lieben, 92f.
[506] ArKe: 031 Annalen 1940, 15.11.1940, 252f.
[507] Sr. Euphemia (Agnes) Burger (1889-1970), Eintritt in die Kongregation 1914, Profess 1918, ausgebildet in der Krankenpflege, kaufmännische Weiterbildung, 1932-1935, Assistenzschwester der Generaloberin, 1935-1949 Generaloberin. Auskunft der Archivarin Sr. Maria Imelda Zeh an die Verfasserin am 3.2.2015.

Gefahr, welche uns seit Frühjahr 1941 wie ein Gespenst immer wieder verfolgte und zu vielen Sorgen, Neuordnungen, aber auch zu ganz großem Gottvertrauen Anlass gab"[508].

Im Raume standen auch krankenpflegerische Ausbildungen im Kloster Reute sowie Einsätze als Mesnerinnen, Katechetinnen, Gemeindehelferinnen oder Mithilfe in katholischen Kindergärten im Bistum Rottenburg oder auch an anderen Orten.

Eine generelle Übernahme in den Dienst der Caritas wurde ebenfalls ins Auge gefasst. Der Cellerar von Beuron, P. Leander Fischer, nahm Kontakt zum Präsidenten des Deutschen Caritasverbandes, Dr. Benedict Kreutz, auf, der dem Vorhaben grundsätzlich positiv gegenüber stand.[509] Kreutz erwies sich während des Dritten Reiches als entschiedener Gegner des Regimes und setzte sich u.a. tatkräftig für die Belange der Ordensgemeinschaften ein. Obwohl der DCV, ebenso wie die Innere Mission, 1933 nicht gleichgeschaltet wurde, musste er sich den Freiraum für die Caritasarbeit gegenüber der Nationalsozialistischen Volkswohlfahrt (NSV) in zähen Verhandlungen stets neu erkämpfen. Bei den in der Planung befindlichen Bestrebungen des Regimes, alle weiblichen Pflegekräfte im Deutschen Reich zentral zu organisieren, wäre er bereit gewesen, auch die 70.000 katholischen Ordensfrauen in die von ihm gegründete „Reichsgemeinschaft katholischer Caritasschwestern"[510] zu übernehmen.[511]

Kreutz galt als kontaktfreudiger, gewandter Verhandlungspartner mit großem diplomatischem Geschick, als „Praktiker und Organisator der sozialen Hilfe, in Sozialpolitik und Volkswirtschaft bewandert"[512]. Er stand in engem Gedankenaustausch mit der Bischofskonferenz, die gern auf sein persönliches Netzwerk zurückgriff. „Die Geheime Staatspolizei stufte ihn als scharf und prägnant gegen den Nationalsozialismus eingestellt ein"[513].

Der Ordensausschuss hatte der Bischofskonferenz im November 1941 Richtlinien für das weitere Vorgehen und Verhalten in den aufgehobenen Ordensgemeinschaften vorgelegt und befasste sich dabei auch mit der spezifischen Situation der weiblichen Kommunitäten: „Bei Frauenorden: Hier kann das Gemeinschaftsleben vielleicht durch gemeinsame Unterbringung in der Krankenpflege, in der Pfarrhilfe, in Küster- und Organistendienst mit der Möglichkeit gemeinsamen Wohnens in gewissem Umfang aufrecht erhalten werden. Es ist darauf Wert zu legen,

---

[508] ArKe: 031 Annalen 1941, 23.5.1941, 55; s. auch ArKe: 025-2 Fasc. 2, Notizbuch Äbtissin, Besprechung mit V.A. Conrad, Jänner 1939, Gelübde, 125f.
[509] ArKe: 031 Annalen 1941, 19.3.1941, 34. Ein Schriftverkehr zwischen Fischer und Kreutz lässt sich im Archiv des Deutschen Caritasverbandes e.V. nicht feststellen. Auskunft Gabriele Witolla M. A., Archivleiterin, Bundeszentrale DCV, an die Verfasserin, Freiburg, 21.5.2015.
[510] „Reichsgemeinschaft freier Caritasschwestern", gegründet 1937 von Benedict Kreutz, um die katholischen freien Krankenschwestern dem Zugriff der nationalsozialistischen Pflegeorganisationen zu entziehen, s. http://www.caritas-gemeinschaft-bayern.de, aufgesucht am 14.3.2015; Hans-Josef Wollasch: Beiträge zur Geschichte der deutschen Caritas in der Zeit der Weltkriege. Zum hundertsten Geburtstag von Benedict Kreutz (1879-1949), Freiburg i. Breisgau, 1978, 165f.
[511] Wollasch: Kreutz, in: StL 7 II, 702.
[512] Wollasch: Beiträge zur Geschichte der deutschen Caritas in der Zeit der Weltkriege, 10f.
[513] Wollasch: Kreutz, in: StL 7 II, 703.

dass die Ordensfrauen in möglichst geordnete Rechtsbeziehungen zu den Kirchengemeinden gestellt werden"[514].
Auf Grund dieser Richtlinien kam es auch zu Umfragen im Bistum Rottenburg, um den Bedarf für diese Aufgaben zu ermitteln.[515] Dies führte zu verschiedenen konkreten Angeboten an die Kellenrieder Gemeinschaft. So suchten die benediktinische Oblatengemeinschaft „Maria vom Sieg" in Günzburg und das katholische Pfarramt St. Mariae Himmelfahrt Neuburg a.d. Kammel (Landkreis Günzburg) drei bis vier Schwestern, die Pfarrämter in Singen und Balingen baten um Gemeinde- und Sakristeischwestern. In der katholischen Kirchengemeinde St. Margareta in Margrethausen[516] wurde eine fachliche Mitarbeit im Kindergarten benötigt. Über die ehemalige Novizin Maria Loofs[517], die dem Konvent auch nach ihrem Austritt verbunden blieb, kam ein Kontakt zum Stadtpfarrer von Innsbruck[518], P. Sigmund Rathmann OPraem[519] zustande. Dieser war auf der Suche nach einer kompetenten Mesnerin und hoffte auf Hilfe aus Kellenried. Alle Anfragen und Überlegungen in diese Richtung wurden jedoch nicht weiter verfolgt, da sich der größte Teil der Kommunität zunächst in Beuron, dann auf Schloß Zeil zusammenfand.

In Beuron – Alabasterwerkstatt, Paramentenstickerei und Lazarettdienst

Bereits im ersten Jahr nach der Neugründung in Kellenried ergab sich auf Initiative von Erzabt Raphael Walzer die Möglichkeit, eine Alabastergießerei als „Filiale" der Beuroner Kunstwerkstätten einzurichten. Als bewährte Lehrmeister betätigten sich die beiden Beuroner Brüder Fidelis Failer und Maximin Kretzmeier[520].
In Kellenried wurden die zuvor in Beuron geschaffenen Modelle abgegossen und danach zum Verkauf angeboten, vornehmlich über die katholischen Kunst- und Buchhandlungen. Es entstand ein fester Kundenstamm von etwa 300-400 Firmen, die von Kellenried beliefert wurden. „Ein beträchtlicher Teil der Bestel-

---

[514] Zitiert nach Bleistein (Hg.): Augustin Rösch – Kampf gegen den Nationalsozialismus, Anlage 4 zu Nr. 9: Richtlinien des Ausschusses für Ordensangelegenheiten, 137.
[515] S. Archiv des Erzbistums München und Freising (EAM): NL Faulhaber, Nr. 8185, Schreibmaschinenhektographie. Überschrift. Richtlinien. Vermerk: Streng vertraulich, publiziert in: Ludwig Volk: Akten Kardinal Michael von Faulhabers 1917-1945, Bd. II, 1935-1945, 2. Aufl., Mainz 1984, 839-847.
[516] Margrethausen ist seit 1975 ein Stadtteil von Albstadt im Zollernalbkreis.
[517] Maria Loofs (Sr. Immaculata OSB), geb. 1916, Benediktinerin in St. Erentraud Kellenried, ausgetreten im März 1939.
[518] Die Pfarrei St. Ingenuin & Albuin in Innsbruck-Hötting wird bis heute von Prämonstratensern des Stiftes Wilten betreut.
[519] P. Sigmund Rathmann OPraem (1907-1977), Prämonstratensermönch im Kloster Wilten, Stadtpfarrer von Innsbruck, s. http://www.premontre.org/chapter/Rathmann-1282.html, aufgesucht am 12.12.2014. OPraem = Abkürzung für den Orden der Prämonstratenser (Candidus *et* Canonicus Ordo Praemonstratensis = Weißer und Kanonischer Orden von Prémontré).
[520] Br. Fidelis Failer OSB (1870-1954), Profess 1891 und Br. Maximin Kretzmeier OSB (1885-1950), Profess 1911. Mönche der Erzabtei Beuron.

lungen kam aus den Vereinigten Staaten"[521]. Mit der Zeit expandierte die Alabasterwerkstatt auf erfreuliche Weise und wurde zur Haupteinnahmequelle der jungen Gemeinschaft, nicht zuletzt dank der künstlerischen Begabung und des Geschicks einiger Klosterfrauen, welche mit eigenen Entwürfen überzeugen konnten.[522] Leiterin der Werkstatt war Chorfrau Mechtildis Locher.[523]

Nach dem 1940 erzwungenen Umzug nach Beuron blieb die gute Auftragslage zunächst bestehen, wurde jedoch jäh unterbrochen, als die räumlichen Voraussetzungen sich erheblich verschlechterten. Im Gregoriushaus wurden Ende Februar 1941 im Rahmen der Kinderlandverschickung etwa 60 Jungen untergebracht.[524] Die Kellenrieder Schwestern mussten enger zusammenrücken, stets in der Sorge, dass ihnen auch diese Räume genommen werden könnten.[525]

Auch die Lage in Beuron wurde zunehmend unsicherer. Als Anfang April 1941 fünfzehn aus der Abtei St. Gabriel verbannte Benediktinerinnen angekündigt wurden und die in St. Gabriel untergebrachten Kellenrieder Nonnen innerhalb einer kurzen Zeitspanne zurückkehren mussten, war der Platzmangel kaum mehr zu kompensieren. Äbtissin Scholastica entschloss sich, in Zeil eine Sammelzelle einzurichten.[526] Fürst Erich und Fürstin Monika hatten ihr Einverständnis dazu bereits signalisiert.

So kam es zum eiligen Packen und zum erneuten Aufbruch innerhalb weniger Tage. „Wir schieden mit einer ganz großen Dankbarkeit von Beuron, wo wir den Winter hindurch so viel Gutes empfangen durften und wir ein so schönes Familienleben hatte, das uns wirklich die „Verbannung" und die veränderten Verhältnisse leicht machte"[527].

Die St. Gabrieler Schwestern blieben zunächst noch aus und kamen erst am 28. März 1942 nach der endgültigen Enteignung und Verbannung aus der Steiermark in Beuron an. Insgesamt waren es sechzehn Laienschwestern und neun Chorfrauen.[528]

Angesichts der fortlaufenden Einberufungen Beuroner Mönche zur Wehrmacht machte sich in der Erzabtei der Arbeitskräftemangel empfindlich bemerkbar.

---

[521] Brunnhuber/Kretz: Frauen, die das Leben lieben, 91.
[522] Vor allem betätigten sich hier die Sr. Dorothea Rendl und Chorfrau Magdalena Grossek, s. Brunnhuber/Kretz: Frauen, die das Leben lieben, 90f.
[523] ArKe. 031 Annalen 1940, 231. Während des Exils war Frau Mechtildis zunächst mit der gesamten „Alabastergilde" in Beuron, in Zeil Fortsetzung der Arbeit, später Mitarbeit bei Versorgungsaufgaben und kriegswichtiger Beschäftigung, danach zurück ins Marschallhaus, hier Ausübung des Amtes einer „Hausfrau", s. ArKe: 033 Totenchronik aus der Abtei St. Erentraud, Sr. Mechtildis Locher, 103ff.
[524] ArKe: 031 Annalen 1941, 28.7.1941, 73; Kinderlandverschickung, ab Oktober 1940 längerfristige Unterbringung von Schulkindern sowie Mütter mit Kleinkindern aus den vom Luftkrieg bedrohten deutschen Städten in weniger gefährdeten Gebieten, s. Gerhard Kock: „Der Führer sorgt für unsere Kinder" – Die Kinderlandverschickung im Zweiten Weltkrieg, Paderborn 1997.
[525] ArKe: 032 Chronik 1940-1945, 3.
[526] ArKe: 031 Annalen 1941, 7.4.1941, 43.
[527] ArKe: 025-2 Fasc. 2, Notizbuch Beuron.
[528] ArKe: 031 Annalen 1942, 25.3.1942, 28f; ArKe: Chronik der Abtei St. Gabriel, vom 1. Januar 1941 – zum Exil, 5f.

Erzabt Benedikt Baur wandte sich wiederholt an Äbtissin Scholastica mit der eindringlichen Bitte um Hilfe, insbesondere für die Küche.
In Kellenried, wie auch in Zeil, war jedoch niemand entbehrlich. Es hätte nahe gelegen, die Gipswerkstatt aufzulösen und die dort beschäftigten Nonnen in der Küche einzusetzen. Da aber die Werkstatt außerordentlich gut florierte und die Einnahmen dringend benötigt wurden, blieb der Betrieb vorläufig bestehen, der Kücheneinsatz wurde lediglich für den Notfall vereinbart. Ersatzweise sollten die noch zu erwartenden St. Gabrieler Schwestern den Küchendienst übernehmen.
Äbtissin Scholastica war froh, dass dieser Kompromiss gefunden wurde. Einerseits sah sie sich in der Pflicht, Beuron in dieser schweren Zeit zu helfen, andererseits lag ihr aber das Wohl ihres Konvents am Herzen. Die Alabaster-Aufträge häuften sich in den nächsten Wochen in einem bis dahin unbekannten Ausmaße, so dass Erzabt Baur geradezu von einer „Mission" in dieser gottesfernen Zeit sprach, welche den Kellenrieder Benediktinerinnen „durch die Verfertigung und Verbreitung von Gipsfiguren" zugefallen sei.[529]
Als die ehemalige Choralschule der Kinderlandverschickung zugewiesen wurde, musste die Alabasterwerkstatt in den „Kunstflügel" des Klosters ausweichen.[530] Im März 1942 wurden fast alle Gebäude der Erzabtei zum Wehrmachtslazarett umgewandelt, die Alabasterwerkstatt kam nun endgültig zum Erliegen. Handwerkszeug und Materialien wurden verpackt und nach Zeil verbracht. Zwei der insgesamt sechs Gipserinnen siedelten nach Zeil über, die letzten vier der Gruppe wurden in den Lazarettdienst übernommen. Sie halfen beim Nähen, Backen und in der Küche.[531] Dadurch entgingen sie dem Einsatz in der Rüstungsindustrie. Für Äbtissin Scholastica war die Zustimmung zur Übernahme der Schwestern in den Lazarettdienst keine leichte Entscheidung. Erstmals wurde damit eine Arbeit außerhalb des klösterlichen Lebens aufgenommen: „Denn ohne Notwendigkeit bzw. deutlichen Fingerzeig Gottes wollte Hochw.[würdigste] M.[utter] die Ihren nicht einer äußeren Berufstätigkeit zuführen, denn sie sah es als ihre heilige Pflicht an, die ihr Anvertrauten, auch in den ganz anderen Verhältnissen für unser verborgenes, der heiligen Regel entsprechendes Leben zu bewahren, soweit dies nur immer möglich war"[532].
Rechtsstellung und Vergütung der im Heeresdienst eingesetzten Ordensfrauen waren 1941 generell über den Deutschen Caritasverband mit der Wehrmacht geregelt worden. Die nach dieser Verordnung herangezogenen Ordensfrauen standen in keinem arbeitsrechtlichen Verhältnis zum Heer, ihr Treueverhältnis zum Mutterhaus wurde nicht angetastet. Sie galten als „notdienstverpflichtet für das Mutterhaus zur Verwendung bei der Wehrmacht"[533]. Dies galt auch für die St. Gabrieler und die übrigen im Lazarett tätigen Schwestern.

---

[529] ArKe: 031 Annalen 1941, Pfingsten 1941, 59; s. auch ebenda: 1.12.1941, 109.
[530] Ebenda: 15.9.1941, 92.
[531] ArKe: 032 Chronik 1940-1945, 4.
[532] ArKe: 031 Annalen 1942, 25.1.1942, 13.
[533] Heeresverordnungsblatt Teil B, Bl. 18, Nr. 676 vom 27.9.1941, 415ff., Abschrift in ArKe: Celleratur [Mappe 2].

Im Juli 1941 hatte Äbtissin Scholastica trotz des großen Eigenbedarfs einer kurzfristigen Anfrage zur Aushilfe in der Beuroner Backstube zugestimmt. Sr. Romana Göbl[534], die damals bereits im 66. Lebensjahr stand und in Kellenried das Backen für die Gemeinschaft besorgt hatte, sollte für 14 Tage nach Beuron fahren, da dort während eines Choralkurses alle zur Verfügung stehenden Kräfte ausfielen.[535] Aus den 14 Tagen wurden schließlich vier Jahre, in denen Sr. Romana als „Erzbäckerin"[536] für das tägliche Brot in Kloster und Lazarett sorgte und dazu noch für die Kinderlandverschickung im Gregoriushaus und in der Hostienbäckerei tätig war.[537]

Außer den Kellenrieder und St. Gabrieler Benediktinerinnen arbeiteten noch verschiedene andere Frauengemeinschaften im Beuroner Lazarett, und zwar Vinzentinerinnen, Liobaschwestern[538], Benediktinerinnen von der Ewigen Anbetung in Bonn-Endenich[539] und Schwestern von der göttlichen Vorsehung aus dem Elsass[540].

Unter den Schwestern bestand trotz der beengten Wohnsituation ein gutes Einvernehmen. Gegenseitige Hilfe und Unterstützung waren selbstverständlich. Durch die gemeinsame Kongregationszugehörigkeit fühlten sich die St. Gabrieler und die Kellenrieder Klosterfrauen besonders miteinander verbunden und waren glücklich, wieder ein „monastisches Familienleben" führen zu können.[541] „Mit ihnen haben die Unsrigen in treuer schwesterlicher Gemeinschaft 3 ½ Jahre lang Freud und Leid getragen"[542], bemerkte die Kellenrieder Klosterchronik im Rückblick.

Paramentenstickerei und NS-Verordnungen zum deutschen Handwerk

Paramentenwerkstätten gehören traditionsgemäß zu den besonderen Aufgaben und zur wichtigen Erwerbsquelle vieler Frauenorden. In Kellenried bestand schon seit 1924 ein Paramentstickatelier, unter der Leitung von Chorfrau Gab-

---

[534] ArKe: 033 Totenchroniken, Sr. Romana (Kreszenz) Göbl, 29. April 1875 in Engelsberg/Obb., gest. 31. Januar 1947 in Kellenried, Bäckerin.
[535] ArKe:031 Annalen 1941,14.7.1941, 71.
[536] Ebenda: Zitat, 71.
[537] ArKe: 031 Annalen 1944, Rückblick, 197; ArKe: Chronik von Beuron 1941-1946, 21.
[538] Benediktinerinnen von der heiligen Lioba, benediktinische Schwesternföderation, gegründet in den 20er Jahren des 20. Jahrhunderts von M. Benedikta Föhrenbach (1883-1961), der Leiterin des Kinderkrankenhauses St. Hedwig in Freiburg, 1927 als Regularoblatinnen-Kongregation kanonisch errichtet, Verbindung des monastischen Tageslaufs (Chorgebet) mit sozial-caritativem Einsatz, s. http://www.kloster-st-lioba.de, aufgesucht am 13.3.2015.
[539] Kloster Mariahilf der Benediktinerinnen von der Ewigen Anbetung Bonn-Endenich, gegründet 1857, beschlagnahmt 1941, 2001 aufgelöst, s. Mertens: Himmlers Klostersturm, 201f.; Anja Ostrowitzky: Bonn, in: Marcel Albert: Frauen mit Geschichte. Die deutschsprachigen Klöster der Benediktinerinnen vom Heiligsten Sakrament, St. Ottilien 2003, 59-103.
[540] ArKe: 031 Annalen 1942, 4.6.1942, 26 und 42; Chronik von Beuron 1941-1946, 21.
[541] ArKe: 031 Annalen 1942, 25.3.1942, 28.
[542] ArKe: 032 Chronik 1940-1945, 4.

riela Wilczek[543], einer gebürtigen Wienerin, die bereits in St. Hemma das Atelier begründet hatte. Ihre Nachfolgerinnen, die Chorfrauen Agatha Schätzle und Christina Knäpple, qualifizierten sich weiter bei den Franziskanerinnen in Sießen und bauten die Auftragslage kontinuierlich aus.[544]

Schon seit der Mitte des 19. Jahrhunderts existierte im Deutschen Reich eine gesetzliche Regelung für den Nachweis der Erlaubnis zur Ausübung eines Handwerks und zur Aufnahme eines selbstständigen handwerklichen Gewerbebetriebes. Diese war auf dem Grundsatz der Gewerbefreiheit aufgebaut und knüpfte sich an strenge Bedingungen. Während der Kaiserzeit wurden die Handwerksschutzbestimmungen durch den sogenannten „Kleinen Befähigungsnachweis"[545] verschärft. Demnach waren zur Anleitung von Lehrlingen in Handwerksbetrieben nur noch Personen berechtigt, die eine Meisterprüfung abgelegt hatten. Ein eigenständiges Handwerksrecht außerhalb der Gewerbeordnung existierte nicht.[546]

In die Zeit des Nationalismus fielen umfassende Zulassungsregelungen zur selbstständigen Ausübung eines Handwerks sowie der Neuordnung des handwerklichen Berufsstandes. Die „Dritte Verordnung über den vorläufigen Aufbau des deutschen Handwerks"[547] brachte im Handwerksrecht eine grundlegende Neuerung durch die Einführung des „Großen Befähigungsnachweises"[548]. Der selbstständige Handwerksbetrieb wurde „als stehendes Gewerbe" nur den in der Handwerksrolle eingetragenen Personen mit Meisterbrief gestattet.

Meister durften ihre Lehrlinge nur noch in dem Gewerk ausbilden, in dem sie selbst ihre Qualifikation erworben hatten. Ziel des Gesetzgebers war die Verbesserung der Qualität des Handwerks und die Sicherung des Leistungsprinzips.[549] Gegen die angestrebte Professionalisierung wäre grundsätzlich nichts einzuwenden gewesen, wenn sie nicht im Sinne der NS-Ideologie ausgelegt worden wäre. Das Handwerk hatte sich dem Führerprinzip unterzuordnen, und die neoständischen gesellschafts- und rassenpolitischen Vorstellungen des Dritten Reiches konnten sich damit durchsetzen.[550]

---

[543] Chorfrau Gabriela (Wilhelmine) Wilczek OSB (1882-1935), Benediktinerin in St. Hemma Gurk und St. Erentraud Kellenried, Profess 1907.
[544] Brunnhuber/Kretz: Frauen, die das Leben lieben, 92.
[545] Gewerbenovelle vom 30. Mai 1908.
[546] Andreas Bierich: Ausnahmen im Berufszulassungsrecht der Handwerksordnung, Diss. jur. Universität Osnabrück 2009, 1-5.
[547] Dritte Verordnung über den vorläufigen Aufbau des deutschen Handwerks vom 18. Januar 1935 (RGBl. I S. 15).
[548] Ingo Stüben: Das Deutsche Handwerk – Der große Befähigungsnachweis (Meisterbrief) als Kriterium des Marktzutritts, Hamburg 2006.
[549] Bierich, Ausnahmen im Berufszulassungsrecht, 3f.; http://www.hwk-stuttgart.de/handwerk-regional/das-handwerk/geschichtliches.html, aufgesucht am 4.2.2015.
[550] Der 1919 als Hauptspitzenorganisation der Gewerbe- und Handwerkervereinigungen gegründete Reichsverband des deutschen Handwerks wurde im Zuge der Gleichschaltung 1933 aufgelöst und am 3.5.1933 durch den Reichsstand des Deutschen Handwerks ersetzt. Dieser wurde 1939 als Reichsgruppe Handwerk in die Reichswirtschaftskammer überführt, s. Daniela Kahn: Die Steuerung der Wirtschaft durch Recht im nationalsozialistischen Deutschland. Das Beispiel der Reichsgruppe Industrie, Frankfurt a. M., 2006, 230f.

Die Umstrukturierung des Handwerks betraf auch die Paramentenstickerei in Kellenried. Mit allen diesbezüglichen Fragen waren der Deutsche Caritasverband und die zuständigen Caritasdirektoren der Diözesen befasst. Im Dezember 1937 wandte sich Diözesancaritasdirektor Baumgärtner von Rottenburg an die klösterlichen Paramentenstickereien der Diözese und erläuterte die Folgen der „Dritten Verordnung".[551]

Der Vorsitzende der Fuldaer Bischofskonferenz, Kardinal Bertram, hatte zuvor Prälat Kreutz vom Deutschen Caritasverband mit Verhandlungen im Reichswirtschaftsministerium beauftragt, um zu prüfen, wie im Falle der klösterlichen Werkstätten verfahren werden sollte. Es ging vor allem um die Erhebung von Umfang und Größe der Einrichtungen sowie um deren wirtschaftliches Arbeitsvolumen und alle unternehmerische Aktionen, u.a. um die Ermittlung von Einnahmen durch Spenden, um Entgelte kirchlicher Auftraggeber und die Lieferung an wirtschaftliche Unternehmer außerhalb des kirchlichen Marktes. Davon sollte abhängen, ob die klostereigenen Werkstätten im Sinne der „Dritten Vorordnung" zu behandeln seien oder die Möglichkeit eines eigenen Weges bestünde.[552]

Im Jahre 1938 befasste sich die Vollversammlung der Fuldaer Bischofskonferenz mit der Frage der Qualifizierung der ordenseigenen Werkstätten und bat den Deutschen Caritasverband, sich beim Reichsstand des deutschen Handwerks für die Sicherung und Weiterführung der Paramentenstickereien einzusetzen. Bei der fortschreitenden Gegnerschaft des Regimes zu den Ordensgemeinschaften war mit Beeinträchtigungen zu rechnen, welche die wirtschaftliche Grundlage der betroffenen Klöster empfindlich getroffen hätte.

Daher galt es vorbeugend, die in der Paramentik tätigen Schwestern zu der geforderten Meisterprüfung anzumelden, zumal in den kommenden Jahren ein Eintrag in die Handwerksrolle bei einem Jahresumsatz von mindestens 4.000 RM verpflichtend werden könnte.

Der Deutsche Caritasverband richtete daher halbjährige Vorbereitungskurse ein.[553] Vorgeschrieben war eine viermonatige praktische Arbeit in einer Paramentenwerkstatt zur Anfertigung des Meisterstücks. Daran schloss sich eine auf den gesetzlichen Bestimmungen beruhende zweimonatige theoretische Ausbildung an. Die Kurse ermöglichten einen erleichterten Zugang zur Meisterprüfung, da nicht nur die vorangegangene Gesellenprüfung, sondern auch der Nachweis einer fünfjährigen praktischen Tätigkeit in der Paramentenstickerei zur Teilnahme berechtigte. Sollte in einem Kloster keine Ausbildungsmöglichkeit bestehen, hatte man sich in diesem Fall nach einer auswärtigen Paramentenwerkstatt umzusehen. Wichtig sei die Sicherstellung des Nachwuchses, da

---

[551] ArKe: Cellerarut [Mappe 2], Schreiben Diözesancaritasdirektor Baumgärtner an die Benediktinerinnenabtei St. Erentraud Kellenried, Stuttgart, im Dezember 1937.
[552] Ebenda.
[553] Ein solcher Vorbereitungskurs bestand im Sommer 1942 auch im Kloster Hegne am Bodensee. Sr. Eulalia Radke OSB (1912-2002), Benediktinerin der Abtei vom Hl. Kreuz Herstelle, Profess 1936, nahm daran teil und besuchte während ihres Aufenthalts in Hegne die Kellenrieder Schwestern im Marschallhaus, s. ArKe: 031 Annalen 1942, 14.7.1942, 50f.

davon die Existenz vieler Klöster abhänge. Die Meldung der infrage kommenden Ordensfrauen sollte bis spätestens zum 31.12.1939 erfolgen.[554]
Die beiden Kellenrieder Chorfrauen Agatha Schätzle und Christina Knäpple nahmen daraufhin am Vorbereitungskurs in Ulm teil und legten 1938 mit gutem Erfolg die Meisterprüfung im Stickerhandwerk ab.[555] Diese berechtigte auch zur Ausführung anderer verwandter handwerklicher Aufgaben, z.B. Näharbeiten.[556] Die Paramentenstickerei der Abtei St. Erentraud Kellenried wurde in die Handwerksrolle eingetragen.[557]
In der Folgezeit absolvierte noch die Triennalprofesse Sr. Gabriela Steinmetz bei den beiden Meisterinnen ihre Ausbildung zur Stickerin. Sie legte ihre Gesellenprüfung im September 1942 als Lehrgangsbeste vor der Innung[558] in Ulm ab. Als Gesellenstück arbeitete sie eine Palla[559] mit zwei Pfauen, ein bekanntes Symbol, welches in der Paramentik stets gute Resonanz findet.

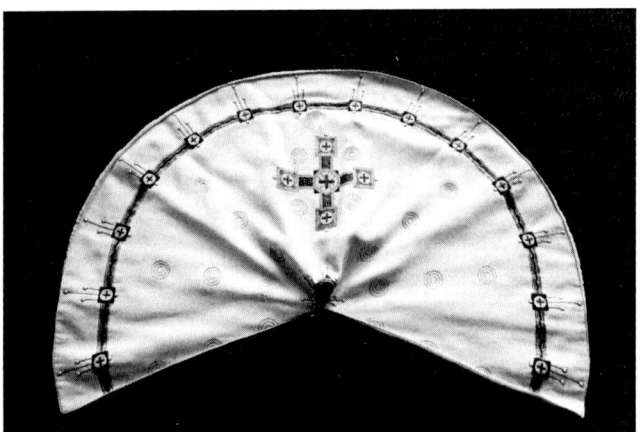

Abb. 16: Ziborienmäntelchen aus der Paramentenstickerei

---

[554] ArKe: Celleratur [Mappe 2], Schreiben Direktor Dr. K. Joergel, Deutscher Caritasverband (DCV), an die Benediktinerinnenabtei St. Erentraud Kellenried, Freiburg, 18.10.1938.
[555] S. ArKe: Mappe 402-2, Fasc.1, Kunstwerkstätten ältere (Stickatelier), Dokumente zur Ablegung der Meisterprüfung Knäpple und Schätzle.
[556] ArKe: Celleratur [Mappe 2], Schreiben Joergel, DCV an St. Erentraud Kellenried.
[557] Eintrag in die Handwerksrolle 1938, s. ArKe: Celleratur [Mappe 2}, Brief Kreishandwerkerschaft Wangen, 23.7.1943.
[558] Innung = in Deutschland fachliche Interessenvertretung einer Berufsgruppe des Handwerk, organisiert auf lokaler bzw. regionaler Ebene, meist für eine Großstadt oder einen Landkreis. Nach der Machtergreifung der Nationalsozialisten wurden die Innungen – etwa 1935 – gleichgeschaltet und unselbstständige Teilverbände des Reichsinnungsverbandes (RIV).
[559] Palla (lat. Pallo), doppeltes Stück weißes Leinen, etwa 12-18 cm im Quadrat, verstärkt durch ein eingenähtes Stück Pappe, verwendet bei der Liturgie der Hl. Messe in der römisch-katholischen Kirche und im evangelisch-lutherischen Abendmahlsgottesdienst. Die Palla bedeckt den Kelch, um eine Verunreinigung des Messweins zu verhüten, s. Helmut Fußbroich: Sachlexikon zur liturgischen Kirchenausstattung, Stuttgart 2013, 118.

Alle drei Klosterfrauen konnten während der Dauer der Kurse im Kindergärtnerinnen-Seminar der Reutener Franziskanerinnen in Ulm wohnen.[560]
Bei der Verbannung aus Kellenried, im November 1940, siedelte die „Stickgilde" mit der Alabasterwerkstatt nach Beuron über und setzte hier zunächst die Arbeit fort. Als die räumlichen Verhältnisse dort eine weitere Betätigung unmöglich machten, wurde die Paramentenstickerei nach Zeil verlegt. „Der Stickbetrieb schien doch einige Sicherheit in der ‚Arbeitsfrage' zu bieten. Und es wurde beschlossen, die jüngeren Mitschwestern da zu beschäftigen"[561]. Mit umfangreichem Gepäck erreichten die Schwestern am 9. April 1941 ihr Ziel und wurden am Bahnhof Unterzeil von einem Traktor der Fürstlichen Domanialverwaltung samt großem Lastwagen erwartet und zum Schloss hinaufgefahren. Die Möbel der Stickzelle, einschließlich Rahmen und Böcken, blieben wegen einer Frachtsperre zunächst in Beuron zurück und gelangten erst später nach Zeil.[562]

Veränderung der Kriegslage 1941/1942

Die räumlichen und arbeitsmäßigen Veränderungen der Kellenrieder Frauen im Frühjahr 1941 waren hauptsächlich der veränderten Kriegslage geschuldet. Am 22. Juni 1941 kam es zum Überfall der Wehrmacht auf die offensichtlich überraschte Sowjetunion. Als sich Ende 1941 nach ersten deutschen Erfolgen erwies, dass die sowjetische Armee nicht durch einen Blitzkrieg niedergeworfen werden konnte und der Arbeitskräftemangel im Reich durch die vielen Einberufungen zur Wehrmacht immer dringlicher wurde, ernannte Hitler im März 1942 Fritz Sauckel zum Generalbevollmächtigten für den Arbeitseinsatz (GBA), welcher für die hektisch angekurbelte Rüstungsindustrie vor allem Arbeitskräfte aus den eroberten Gebieten im Osten rekrutierte.[563]
Mit der veränderten Kriegslage 1942, dem Rückzug der Wehrmacht aus Afrika, vor allem dem Verlust von Stalingrad im Januar 1943, einem Ereignis, welches bei der Bevölkerung traumatische Wirkung auslöste und bei vielen Deutschen den Glauben an den Endsieg tief erschütterte, zerbröckelte allmählich die deutsche Front, einhergehend mit hohen Personalverlusten der Wehrmacht. Die Ausrufung des „totalen Krieges" durch Goebbels[564] im Februar 1943 sollte noch einmal alle Kräfte mobilisieren.

---

[560] ArKe: 031 Annalen 1942, 21.9.1942, 72.
[561] ArKe: 031 Annalen 1941, 25.3.1941, 38.
[562] Ebenda: 9.4.1941, 44.
[563] Fritz Sauckel (1894-1946), seit 1927 NSDAP-Gauleiter in Thüringen, 1942-1945 Generalbevollmächtigter für den Arbeitseinsatz, verantwortlich für Deportation und Organisation von etwa fünf Millionen ausländischer Arbeitskräfte nach Deutschland, s. Rüdiger Hachtmann: Sauckel, Fritz, in: NDB, Bd. 22, Berlin 2005, 448f; Tooze: Ökonomie der Zerstörung, 566ff. bis Ende.
[564] Joseph Goebbels (1897-1945), einflussreicher Politiker während der Zeit des Nationalsozialismus, enger Vertrauter Hitlers, 1933-1945 Reichsminister für Volksaufklärung und Propaganda, Leiter der Reichskulturkammer. Heinrich Fraenkel: Goebbels, Paul Joseph, in: NDB, Bd. 6, Berlin 1964, 500-503.

Der immer dringlicher werdende Bedarf an Arbeitskräften, der mit der schwächer werdenden und schließlich ganz ausbleibenden Rekrutierung ausländischer Arbeitskräfte nicht mehr zu decken war, führte 1943 zur Einführung einer allgemeinen Meldepflicht.

Erst im letzten Kriegsjahr, „als mit dem militärischen Vormarsch der Alliierten die Rekrutierungsbasis für weitere Fremdarbeiter buchstäblich zusammenschmolz, sollte dann die Rückbesinnung auf die eigenen Reserven erfolgen"[565].

Die Auswirkungen dieses groß angelegten, letztlich aber zum Scheitern verurteilten Programms bekamen auch die Benediktinerinnen von Kellenried bis zum Kriegsende zu spüren.

Abb. 17: Luftaufnahme von Schloß Zeil

---

[565] Recker: NS-Sozialpolitik, 193.

9. Zeil wird größte Zelle und zur „Abtei" erhoben

„Die Lage auf dem Berge mit der herrlichen Aussicht, fern vom Getriebe der Welt, ließ Schloß Zeil wie ein zweites Montecassino erscheinen, ganz dazu geeignet, die Pax benedictina zu verwirklichen und eine Stätte des Gotteslobes zu werden"[566].

Zu den bereits in Zeil lebenden sechs Klosterfrauen waren im Frühjahr 1941 acht aus Beuron hinzugekommen, fünf kamen aus dem Klösterle. Die übrigen im Klösterle untergebrachten Benediktinerinnen wechselten zunächst nach St. Hildegard/Eibingen, St. Gabriel/Bertholdstein, Bärenweiler und Kellenried. „An Karsamstag, 12. April 1941, kamen fünf Mitschwestern aus St. Gabriel zurück, die beiden letzten waren erst am 1. April nach dort abgereist, drei blieben in Zeil, zwei in Bärenweiler"[567]. Die fünf aus St. Hildegard zurückgekehrten Ordensfrauen verteilten sich nach ihrem denkbar kurzen Zwischenaufenthalt in Achstetten auf Isny, Kellenried, Zeil und Bärenweiler.[568] Vor allem Bärenweiler bedeutete für die älteren Klosterfrauen in einem gut behüteten, angenehmen Aufenthaltsort angekommen zu sein, „und das ganze Bärenweiler erscheint als ein seltenes schönes, friedliches Plätzchen in dieser wild bewegten Zeit"[569].

Nach dem großen Umzug vom April 1941 gab es nur noch geringfügige Veränderungen der Aufenthaltsorte. Zeil erweiterte sich mit einer Anzahl von etwa 25 Nonnen zur größten Zelle. Es bot sich an, die bisherige Chorverpflichtung von Beuron nach hier zu übertragen. Gleichwohl wurde auch in Kellenried das Offizium trotz des großen Arbeitspensums weitgehend eingehalten. „So hatten die Mächte, die das Gotteslob in St. Erentraud zum Verstummen bringen wollten, gerade das Gegenteil erreicht, das ganze Exil hindurch gab es zwei (…) Stätten, an denen Tag für Tag mit nie erlahmendem Eifer und in aller Hingabe das Gotteslob für die Kirche und die ganze Menschheit dargebracht wurde"[570], lautete das Resumé der Annalen zum Jahresabschluss 1945.

Als Wohnung stellte Fürst Erich der Gemeinschaft das ganze obere Stockwerk zur Verfügung, in welchem die Schwestern bisher schon vier Zimmer benutzt hatten.

---

[566] ArKe: 032 Chronik 1940-1945, 3.
[567] ArKe: 031 Annalen 1941, 12.4.1941, 46.
[568] Ebenda: 3.7.1941, 69 und 18.8.1941, 82f.
[569] Ebenda: April 1941, 12.4.1941, 48.
[570] ArKe. 031 Annalen 1945, 10.10.1945, 360.

Drei Schlafsäle mit je sechs bis acht abgeteilten Zellen wurden eingerichtet, der bisherige große Schlaf- und Arbeitsraum bot Platz für die Stickzelle, gleichzeitig für das Schwarze Vestiar. Hier wurden auch die Tuniken für alle anderen Zellen ausgebessert.[571]

Die Äbtissin erhielt das große Eckzimmer im unteren Stock, dem sich ein weiterer Raum als Oratorium anschloss. Hier wurde tagsüber der größte Teil des Offiziums verrichtet, auch die Reliquie der hl. Erentrudis fand einen Ehrenplatz. Die Schlosskapelle, ein düsterer, dunkler Raum, der bisher nur selten benutzt worden war, war in der Regel Ort des täglichen Konventamtes, auch Vesper und Komplet fanden hier statt.

Als erste Maßnahme gestalteten die Nonnen die Kapelle wohnlicher, achteten auf peinliche Sauberkeit, schmückten den Altar mit Blumen, so dass der Raum bald sein „abschreckendes Äußere" ganz verlor.[572]

Fürst Erich ließ im August 1942 eine kleine wertvolle Barockorgel aus dem Jahre 1711 in die Kapelle bringen, Erbgraf Georg fertigte dafür in seiner Schreinerei ein passendes Podium, so dass die feierlichen Gottesdienste angemessen gestaltet werden konnten.[573] Zum Jahresabschluss 1942 gab das Instrument jedoch seinen Geist auf. „Wie gewohnt schlossen wir das Jahr mit sakramentalem Segen und einem dankbaren Te Deum. Mit dem sich zu Ende neigenden Jahr ging auch der Orgel in der Schlosskapelle der Lebensodem aus. Offenbar fürchtete sie sich, ihren 231 Jahren noch ein weiteres anzufügen. Als sie den Segen begleiten sollte, pfiff und stöhnte sie so jämmerlich, das H. [ochwürdigste] M. [utter] das Zeichen zum Aufhören gab"[574]. Als Ersatz diente später ein Harmonium.

Auf Anregung von Fürstin Monika erhielt die Kapelle im November 1942 einen neuen Anstrich, eine Arbeit, welche ausnahmslos von den Nonnen erledigt wurde. Darüber berichten die Annalen: „Die Fürstin wünscht, dass die Schlosskapelle geweißelt wird. Bei ihrer großen Gottesfurcht möchte die Fürstin uns die Arbeit übertragen, denn sie wollte es verhüten, dass da, wo das Allerheiligste aufbewahrt wird, Arbeiter lachen und ihre Späße machen (...). Während mehrerer Tage sah man an allen Wänden und in allen Höhen und Tiefen unsere lb. Schwestern tätig. Die zahlreichen Heiligen und Reliquiare wurden auch einer gründlichen Reinigung unterzogen, die sich wirklich lohnte. Denn als die lieben Heiligen in der Kapelle wieder ihre Plätze bezogen, leuchteten sie im Glanze einer nie dagewesenen Verklärung, ebenso die Reliquiare wie überhaupt alles, was sich in unserer Kapelle befindet"[575].

Bei den Bombenangriffen der späteren Kriegsjahre fungierte die Kapelle auch als provisorischer Luftschutzkeller für die Schlossbewohner.[576]

---

[571] ArKe: 031 Annalen 1941, 2.4.1941, 41.
[572] Ebenda: 40ff.
[573] ArKe. 031 Annalen 1942, 8.8.1942, 56f.
[574] Ebenda: 31.12.1942, 98.
[575] Ebenda: 11.11.1942, 84.
[576] ArKe: 031 Annalen 1945, 23.2.1945, 42.

Vielseitige Beschäftigung auf Schloß Zeil

In der Abgeschiedenheit von Zeil fühlten sich die Schwestern zunächst persönlich sicher, vor allem kam ihnen die ausgezeichnete Möglichkeit zur Fortsetzung des klösterlichen Lebens entgegen.
Die bedrohlichen Zeitverhältnisse zwangen jedoch zu Umstellungen des „opus laboris". Die Paramentenstickerei, welche mit dem Umzug von Beuron nach Zeil verlagert worden war, bot keine Sicherheit mehr vor der drohenden Dienstverpflichtung.
Frau Magdalena Grossek, welche gerade zur Subpriorin in Zeil ernannt worden war, begab sich Mitte Mai 1941 nach Ulm und traf dort auf die Innungsobermeisterin der Wäscheschneider- und Stickerinnung, Frau Elisabeth Kruttschnitt[577], die seit den Meisterprüfungen der Chorfrauen Agatha Schätzle und Christina Knäpple in gutem Kontakt zu den Kellenrieder Schwestern stand.
Die Abtei Kellenried war seit 1938 Mitglied der Wäscheschneider- und Sticker-Innung Ulm. Kruttschnitt informierte informell darüber, dass die Paramentenstickerei als kunstgewerbliche Betätigung in Zukunft keine Sicherheit mehr böte vor der Anforderung der Frauen in die Rüstungsbetriebe.
Wie nahe liegend diese Auskunft war, zeigt ein ablehnendes Schreiben der Kreishandwerkerschaft Ravensburg vom Oktober 1941 an das Kloster Kellenried bezüglich der Ausstellung eines Bezugsscheins für Spinnstoffwaren. Die Genehmigung wurde mit der Begründung verweigert, es handele sich „während der jetzigen Verhältnisse" bei einer Verwendung für kirchliche Zwecke nicht um einen lebensnotwendigen Bedarf. Die Schwestern mögen sich zur Bestreitung ihres Lebensunterhalts auf die Ausführung von Wehrmachtsaufträgen umstellen. Dafür sei die Kontaktaufnahme mit der Firma Ostermaier[578] in Aulendorf zu empfehlen, welche noch Kapazitäten für Heeresaufträge habe.[579]

Fehlende Werkstoffe waren jedoch nicht das Haupthindernis für die Aufgabe der künstlerischen Arbeit. Die Nonnen besaßen noch einen großen Vorrat an Materialien, der ihnen für einen längeren Zeitraum die Weiterarbeit ermöglicht hätte. Angesichts der Warnung aus Ulm galt es aber, sich nach einer anderen kriegs- oder versorgungswichtigen Beschäftigung umzusehen, um die jüngeren Frauen und Schwestern vor der Dienstverpflichtung zu schützen.[580] Äbtissin Scholastica beriet sich mit Fürst Erich. Dieser wusste Rat und wies auf die Waldarbeit in seinem umfangreichen Besitz hin.

---

[577] Elisabeth Kruttschnitt-Söll, Innungsobermeisterin der Wäscheschneider- und Stickerinnung Ulm. Weitere Angaben zur Person nicht zu ermitteln. Als Kruttschnitt beim Großangriff in Ulm am 17.12.1944 mit ihrer Familie völlig ausgebombt wurde, versorgten die Kellenrieder Benediktinerinnen von Zeil aus die Familie sofort mit dem Nötigsten, s. ArKe: Exils-Chronik-Rundbriefe, Bd. 3, 1941-1943, Teil 1, Zeil, Weihnachten 1944, 3.
[578] Nähere Angaben über die Firma nicht zu ermitteln.
[579] ArKe: 025-2, Fasc. 1, Schreiben Kreishandwerkerschaft Ravensburg an Benediktinerinnenabtei Kellenried, 14.10.1941.
[580] ArKe: 031 Annalen 1941, 14.5.1941, 49.

Aus Klosterfrauen werden Waldarbeiterinnen

Der Wald als Element nationalsozialistischer Ideologie

Natur, Heimat und Deutscher Wald bildeten seit 1933 wichtige Elemente der NS-Ideologie. Die Nationalsozialisten betonten den Stellenwert der traditionsgemäßen Verbundenheit der Deutschen mit dem Wald und versuchten, diese als etwas typisch Deutsches darzustellen. Die lange Mythengeschichte, welche die Deutschen schlechthin als Waldvolk bezeichnete, sollte die Untrennbarkeit von Volk und Wald markieren. Diesen Mythos machten sich die Nationalsozialisten zu eigen und nutzten ihn als Basis für ihre völkischen und rassenideologischen Vorstellungen. Der Mythos „Waldvolk" leitete sich von der von Tacitus verfassten „Germania" ab[581], dokumentierte sich in der Zeit der Romantik in Lyrik und Prosa, darüber hinaus in der Märchen- und Sagenwelt und wurde in der nationalistischen Ära des deutschen Kaiserreichs im ausgehenden 19. und zu Beginn des 20. Jahrhunderts zu politischen Zwecken eingesetzt und schließlich vom Nationalsozialismus wirkungsvoll instrumentalisiert.[582] Die Landschaftspflege wurde in den Naturschutz einbezogen und mit Begriffen wie artgemäße germanisch-deutsche Kulturlandschaft mit Blut-und-Boden-Gedankengut verknüpft.[583] Nach Kriegsbeginn änderte sich die Waldbewirtschaftung grundlegend. Nicht mehr der maximale Gewinn der Betriebe stand im Vordergrund, sondern der Nutzen für die ganze Volksgemeinschaft. Bereits vor dem Kriege, als die Vorbereitungen dazu auf Hochtouren liefen, wurde der wichtige Rohstoff Holz in großen Mengen benötigt. Die Versorgung mit Holz war daher das wichtigste Anliegen für die Forstwirtschaft. Der Dauerwaldaspekt, also der größtmögliche Holzzuwachs, trat innerhalb der Kriegswirtschaft in den Hintergrund, obwohl die Dauerwaldidee der nationalsozialistischen Ideologie eigentlich viel näher stand als der Wirtschaftswald.[584]

„Im Zuge der Autarkiebestrebungen des Dritten Reiches, die das Ziel der Selbstversorgung mit Rohstoffen hatten, wurde die nachhaltige Forstwirtschaft de facto aufgegeben und musste einer Wirtschaft, die zur Deckung des Holzbedarfes diente, weichen. Die von den Nationalsozialisten propagierte naturgemäße Waldwirtschaft wurde durch den naturgemäßen Wirtschaftswald ersetzt"[585].

---

[581] Germania, kurze ethnografische Schrift des römischen Schriftstellers und Politikers Tacitus über das Volk der Germanen, seit der Frühen Neuzeit mit erheblicher Breitenwirkung. Die problematische Rezeptionsgeschichte wird in der neueren Forschung kritisch betrachtet, s. Christopher B. Krebs: Ein gefährliches Buch – Die „Germania" des Tacitus und die Erfindung der Deutschen, München 2012.
[582] Johannes Zechner: „Ewiger Wald und ewiges Volk". Die Ideologisierung des deutschen Waldes im Nationalsozialismus, Freising 2006.
[583] Karl Kovacs: Der Wald als ideologisches Instrument im Dritten Reich, Hausarbeit, Albert Ludwigs-Universität Freiburg, 2006, 6.
[584] Peter-Michael Steinsiek: Forst- und Holzforschung im „Dritten Reich" (Freiburger Schriften zur Forst- und Umweltpolitik), Bd. 18, Remagen 2008, 3.
[585] Kovacs: Der Wald als ideologisches Instrument im Dritten Reich, 3.

Dieser Auffassung musste sich auch Fürst Erich von Waldburg-Zeil beugen und mit den wenigen zur Verfügung stehenden Kräften den Arbeitsanfall bewältigen. Er nutzte geschickt die „Blut-und-Boden-Ideologie" der Nationalsozialisten aus und pochte bei den Behörden auf deren Einhaltung. Ohne ausreichendes Fachpersonal könne er die geforderten Zielvorgaben nicht erfüllen, bekundete er der Arbeitsverwaltung gegenüber.[586] Alois Graf Waldburg-Zeil bezeichnete die Idee seines Vaters, die Nonnen als Waldarbeiterinnen zu beschäftigen, als „geniale Lösung" des politischen Problems.[587]

Abb. 18: Klosterfrauen bei der Waldarbeit

Da in Zeil alle einheimischen Facharbeiter zur Wehrmacht eingezogen worden waren, war für Fürst Erich und die neuen Waldarbeiterinnen aus der Klostergemeinschaft der „Arbeitseinzug in jeder Hinsicht sehr erwünscht und eine Rettung für beide Teile"[588].
Es hätte seitens der NS-Behörden nahe gelegen, die arbeitsfähigen Klosterfrauen in der Munitionsfabrik Urlau bei Leutkirch einzusetzen.[589] Eine Weigerung wäre ausgeschlossen gewesen und hätte unliebsame Folgen nach sich gezogen. Die gefahrvolle Arbeit führte häufig zu Unfällen und zu bleibenden gesundheitlichen Schäden. Aus Zeitzeugenberichten ist bekannt, dass diejenigen Frauen, welche

---

[586] Auskunft Fürst Georg an die Verfasserin, 15.5.2012.
[587] Auskunft Alois Graf Waldburg-Zeil an die Verfasserin, Argenbühl-Ratzenried, 12.8.2012.
[588] ArKe: 031 Annalen 1941, 14.5.1941, 49.
[589] Gebhard Blank: Dienstverpflichtet in der Muna Urlau. Zeitzeugenberichte von Frauen, die während des Krieges in der Heeresmunitionsanstalt Urlau arbeiteten, in: Wolfegger Blätter, hg. von der Fördergemeinschaft des Bauernhausmuseums Wolfegg e.V., Ausgabe 1/2008, 28-23. Das Personal umfasste 1942 etwa 800 Personen, davon in der Mehrheit Frauen und Mädchen, sowie Zwangsarbeiter und Kriegsgefangene, welche bis Kriegsende hier gefährliche Munitionsarbeit verrichten mussten, 18; Till Bastian: Das Allgäu und der moderne Krieg, Erinnerungen an das Kriegsende in Leutkirch, in: Oberland, Heft 2, 2003, 29-28; Gebhard Blank/Bettina Kahl/Matthias Hufschmid: Die Geschichte der Muna Urlau, hg. von der Heimatpflege Leutkirch e.V., 2. Aufl. Leutkirch 2008.

sich unerlaubt aus der Fabrik entfernten, als Fahnenflüchtige betrachtet wurden und mit empfindlichen Strafen belegt wurden.[590] Die Abordnung nach Urlau hätte das Ende des klösterlichen Lebens auf Schloß Zeil bedeutet.

„Tausende von jungen Bäumchen gesetzt"

Der Arbeitseinsatz der Schwestern in Zeil während der Kriegsjahre sei „halb legal" gewesen, erinnert sich der damals dreizehnjährige Fürst Georg von Waldburg-Zeil. Zuständig sei das Arbeitsamt Wangen gewesen, welches auch die regelmäßigen Kontrollen durchführte. Möglicherweise wurde die Betätigung der Nonnen durch einen dem Hause Waldburg-Zeil wohlgesonnenen Beamten geschützt.[591] Archivleiter Beck sprach von einem „Hausnazi", wie Fürst Erich einen hohen Parteifunktionär aus der Nähe von Schloß Zeil zu nennen pflegte. Dieser war dem Hause Waldburg-Zeil verbunden, in Stuttgart bei der Regierung tätig und wurde stets bei „kleineren heiklen politischen Angelegenheiten" bemüht. Zu diesen zählte auch Aufenthalt und Arbeitsleistung der Schwestern. Nach den nationalsozialistischen Vorschriften hätten die jüngeren Frauen in der Rüstungsindustrie eingesetzt werden müssen. Fürst Erich deklarierte jedoch die Aufforstungen als überaus wichtige Maßnahmen für Volk und Reich.[592]
Tatsache ist, dass die Schwestern in kein reguläres Arbeitsverhältnis übernommen wurden. Dies war insofern für beide Teile günstig, da die Verpflichtung zur Führung eines Arbeitsbuches für die Ordensfrauen ohnehin entfiel.[593] Regelmäßige Arbeitsamtkontrollen und die vorgegebene tägliche Arbeitsstundenzahl, welche sich im Kriegsverlauf ständig erhöhte, mussten aber in Kauf genommen werden. „Und in der Tat, wenn das Arbeitsamt seine Erkundigungen über uns einzog, war es jedesmal sehr zufrieden, ja erstaunt, dass wir so vielseitig beschäftigt waren"[594].

Bereits wenige Tage nach der Vereinbarung über die Waldarbeit, am 19. Mai 1941, erfolgte eine erste Einführung durch Forstdirektor Moosmeier persönlich. Anfangs nahmen nur sechs der jüngeren Schwestern daran teil und wurden zunächst in die Kunst des Aufastens eingeführt, eine Tätigkeit, welche in den nächsten Jahren neben der Betreuung junger Baumpflanzungen zu den Hauptaufgaben der Nonnen gehörte. Mit der Zeit wurden weitere Schwestern „in die Geheimnisse des Waldes eingeführt"[595]. Die Arbeit erstreckte sich über die gan-

---

[590] Blank: Muna-Urlau, 23.
[591] Auskunft Fürst Georg an die Verfasserin,15.5.2012.
[592] Auskunft Archivleiter Beck an die Verfasserin am 2.7. 2012.
[593] S. Kap. 8, Abschnitt „Kellenrieder Benediktinerinnen im Arbeitseinsatz", S. 119.
[594] ArKe: 032 Chronik 1940-1945, 4.
[594] ArKe: 032 Chronik 1940-1945, 4.
[595] ArKe: 031 Annalen 1941, 19.5.1941, 52.

zen Sommermonate. Revierförster Schinzler[596], der den neuen Mitarbeiterinnen anfangs mit einer gewissen Skepsis begegnet war, schätzte deren Leistung später sehr hoch ein. „Frau Magdalena und Frau Christina, welche die Arbeit gut zu organisieren verstehen und selbst abwechselnd mit den Frauen und Schwestern kommen, genießen sein ganzes Vertrauen"[597].
Als Schinzler im März plötzlich 1945 verstarb, wies die Annalistin in einem kleinen Nachruf auf das gute Verhältnis zwischen ihm und den Waldarbeiterinnen hin: „Die Waldleute haben sehr viel mit Herrn Schinzler zu schaffen gehabt. Unter seiner Leitung wurde sein ganzes Revier aufgeschafft. Er liebte den Wald und hatte viel Verständnis für seine zweckmäßige Förderung. Unsere Waldleute, vor allem Fr. Subpriorin Magdalena und Frau Christina haben sehr viel bei ihm gegolten"[598].
Die Nonnen trugen bei der Arbeit den Habit und über den Hauben die im Winter selbst gefertigten Strohhüte, ein unverkennbares Bild, welches sich den Bewohnern und Besuchern von Zeil bald einprägte. Die Klosterchronik von Zeil vermittelt einen anschaulichen Bericht von der Waldarbeit. „Zum Teil mussten die Mitschwestern die Löcher selbst machen. Am Morgen zogen sie jeweils aus, wirklich ein herrlicher Anblick. In einem mit Tüchern umwundenen Kochtopf wurde das Mittagessen mitgenommen & alles, was man einen ganzen Tag benötigt. Nachdem gegen 9.000 Bäumchen gepflanzt waren, gingen sie wieder zu anderen Arbeiten über & säuberten die verschiedenen Gärten mit den jungen Baumpflanzungen von allem wilden Gesträuch"[599].

„Chefin" der im Wald beschäftigten Schwestern war Frau Christina Knäpple. An vielen Tagen gingen alle verfügbaren Kräfte mit in den Wald zum Tannenzapfensammeln. Diese ersetzten das Holz zum Anfeuern, welches nicht unbegrenzt verfügbar war.[600] Im Laufe der Jahre entwickelten sich die Nonnen zu einsatzfähigen und kompetenten Fachkräften, welche die zur Wehrmacht eingezogenen Forstarbeiter voll und ganz zu ersetzen vermochten. Die Annalen vom Winter 1944 berichten über ein großes Bäumepflanzen, welches „dann mit einigen 1000 jungen Bäumchen seinen Höhe- und Schlusspunkt erreichte"[601].
Aus den Jahren 1943 bis 1945 sind zwei Notizbücher mit genauen Aufzeichnungen der Arbeitsbereiche in Zeil und Kißlegg einschließlich der geleisteten Arbeitszeit erhalten. Allein für den Zeitraum vom 25. Januar bis 13. Mai ergaben sich 278,5 Arbeitsstunden für das Forstamt. Die Anzahl der gesetzten Baumpflanzungen für das gesamte Jahr 1944 betrug 10.745 Setzlinge.[602]

---

[596] Franz Schinzler (1890-1945), Fürstlich-Waldburg-Zeilscher Revierförster; ArKe: Fotosammlung, unsortiert, Totenzettel Franz Schinzler.
[597] ArKe: 031 Annalen 1941, 18.9.1941, 93.
[598] ArKe: 031 Annalen 1945, 21.3.1945, 49.
[599] ArKe: Exils-Chronik-Rundbriefe, Bd. 3, 1941-1943, Zeil, 10.5.-3.6.1943, 1.
[600] ArKe: 031 Annalen 1941, 19.5.1941, 54.
[601] ArKe: 031 Annalen 1944, 27./28.4.1944, 60f.
[602] ArKe: 025-2, Fasc. 2, 2 Notizbücher mit handschriftlichen Eintragungen für alle Arbeitsbereiche in Zeil und Kißlegg, 1943, 1944 und 1945. Nach Kriegsende wurden die Aufzeichnungen für die Ökonomie bis einschließlich September 1945 fortgesetzt. Das Auftragsbuch endet am 29.9.1945.

Angesichts des großen Arbeitspensums bedurfte die Frage des Offiziums von Zeit zu Zeit einer Anpassung. Auch für Konferenzen und Lectio gab es wenig Spielraum.[603]

Äbtissin Scholastica stand mehrfach vor der Entscheidung, die Gebetszeiten zu verkürzen, um einerseits die vorgegebene Arbeitszeit einzuhalten, andererseits aber auch den monastischen Rhythmus nicht zu verlieren. „Trotz der vermehrten und vielgestaltigen Arbeit erlitt der hl. Chordienst keine wesentliche Einschränkung, wenn auch manches vereinfacht werden musste. Im tiefsten Grunde war ja alle Arbeit nichts anderes als eine Schutzmauer für das Opus Dei und unser ganzes monastisches Leben, die uns bewahren sollte vor dem Auseinandergerissen werden"[604].

In der Vereinbarkeit von Gebet und Arbeit waren die Schwestern durchaus erfinderisch. Fürst Georg erinnert sich, dass im Wald aus gefällten Baumstämmen ein „Viereck" hergerichtet war. Mittags wurde der Esel „Buxi" mit den Chorbüchern beladen und trabte vom Schloss in den Wald, wo die Schwestern gemeinsam die Mittagshore beteten. Anschließend kehrte Buxi auf bekanntem Wege wieder zum Schloss zurück.[605]

Abb. 19a: Wald   Abb. 19b: Widmung von Forstmeister Günther, 1. Mai 1961

Feldarbeit, kleine Landwirtschaft und Hühnerhaltung

Neben der Waldarbeit halfen die Schwestern Jahr für Jahr saisonweise bei der Heuernte, oftmals bei einer halben Stunde Anmarschweg. Auch die Äbtissin ging nach Möglichkeit mit hinaus und beteiligte sich. Der Bericht über die Heuernte im Juni 1942 veranschaulicht ein riesiges anstrengendes Arbeitspensum. Insgesamt waren nur vier bis sechs Schwestern eingesetzt, und zwar wochenlang den ganzen Tag über. „Aber der Gedanke, dadurch unser Hiersein, d.h. den Be-

---

[603] ArKe: 031 Annalen 1941, Mai 1941, 53.
[604] ArKe: 032 Chronik 1940-1945, 4.
[605] Auskunft Fürst Georg an die Verfasserin, 12.5.2012.

stand des monastischen Lebens zu sichern, gab allen die Kraft und Einsatzbereitschaft. Unsere Hilfe war sehr nötig. Denn es fehlte auch heuer an Arbeitskräften, und die Arbeit lastete zum größten Teil auf Frauen. Zwei Frauen waren es auch, die die ausländischen Arbeiter einübten. Für den Mittagstisch kommen die Mitschwestern jeweils in die Gutsverwaltung"[606].

Hier waren sie ungestört, auch beim Heuen hielten sie sich etwas abseits von den übrigen Helfern, die den Klosterfrauen stets mit Respekt begegneten und Rücksicht auf deren Status nahmen. Dies war der christlich geprägten Atmosphäre von Zeil geschuldet und wurde von Äbtissin und Konvent dankbar aufgenommen.

Nach der Heuernte standen Beerenlese und Gartenarbeit an.

Der Fürst hatte den Schwestern schon im Mai 1941 zwei kleine Gemüsegärten zugewiesen. Da es sich um noch unbebautes Grasland handelte, musste Sr. Maura Riester mit Gehilfinnen die Gärten unter großen Mühen nur mit Hilfe des Spatens erst einmal anlegen. Auch in Kißlegg musste der Garten bestellt werden. Die schwere Arbeit des Umgrabens konnte nur mit Hilfe des Verwalters von Bärenweiler[607], der zum Pflügen kam, bewältigt werden. Sr. Gerarda Plank, die von einem Bauernhof in der Steiermark stammte und daher mit allen landwirtschaftlichen Arbeiten vertraut war, arbeitete viel mit und war eine große Stütze.

Später kam zu den beiden Gärten noch ein Acker für Wintergemüse in der Nähe der Bahnstation Unterzeil hinzu, etwa 30 Minuten Fußweg vom Schloss entfernt. Dieser Krautacker brachte ergiebige Ernten, so dass riesige, voll beladene Wagen von der Gutsverwaltung zum Schloss heraufgefahren werden konnten. „So waren wir mit Gemüse gut versorgt für den Winter. Wir konnten sogar in der Stadt lebenden Freunden und Bekannten mit kleinen Gemüsesendungen eine Freude machen"[608].

Neben dem kleinen Selbstversorgerbetrieb übernahmen die Schwestern auch noch den Waldburg-Zeilschen Hofgarten. Da auch hier die bisherigen Gehilfen wegen ihrer Einberufung nicht mehr zur Verfügung standen, schaffte der Gärtner die Arbeit nicht mehr allein.[609]

Die zur körperlichen Arbeit weniger fähigen Nonnen machten sich trotzdem nützlich. Häufig gingen sie zum „Teesammeln" hinaus. Sie pflückten Heil- und Wildkräuter, Beeren und Pflanzen, die sich zur häuslichen Teezubereitung eigneten und darüber hinaus die Hausapotheke bereicherten.[610] Zum Geburtstag des

---

[606] ArKe: 031 Annalen 1942, 25.6.1942, 48f. Zum Brand in Kellenried, s. 46ff.
[607] Verwalter in Bärenweiler war zu dieser Zeit ein Neffe von Generalvikar Kottmann. Die Stiftungsurkunde von Bärenweiler besagte, der Verwalter müsse unverheiratet sein. Fürst Erich machte jedoch in diesem Fall eine Ausnahme, da er sich die Schaffenskraft dieses kompetenten Mitarbeiters erhalten wollte, s. ArKe: 031 Annalen 1942, 10.1.1942, 5.
[608] ArKe: 031 Annalen 1942, 19.10.1942, 76.
[609] Ebenda: 7.4.1942, 33.
[610] Ebenda; Mitteilung Alois Graf Waldburg-Zeil an die Verfasserin, 18.8.2012.

Fürsten am 21.8.1941 überreichten ihm die Schwestern eine aus 22 Kräutern gemischte Packung mit der originellen Aufschrift „Zeilon-Tee".[611]
Die Anfänge des Hühnerhofes mit Hühnern aus Kellenried datieren von Ende August 1942. Mit Genehmigung der Behörden wurde das Geflügel nach Zeil transportiert und dort zunächst für die Unterbringung der sechs kostbaren Legehennen ein alter Hühnerwagen wieder aufgefrischt. Die Eierproduktion für den Eigenbedarf war für den Küchenbetrieb außerordentlich wichtig. Die Schwestern führten in Zeil ihren eigenen Haushalt und nutzten als Selbstversorger jede Gelegenheit, sich von Lebensmittelmarken und Bezugsscheinen soweit als möglich unabhängig zu machen. So wundert es nicht, dass der Hühnerhaltung in den Annalen immer wieder besondere Aufmerksamkeit geschenkt wird: „Nun hatten wir also 18 Hühner und einen stolzen Hahn dazu. Sie fühlten sich gleich sehr wohl in der neuen Villa. Eine Drahtumzäunung, die in der jetzigen Zeit fast eine Unmöglichkeit ist, konnte auch noch beschafft werden"[612]. Später nahmen die Schwestern noch den Waldburg-Zeilschen Hühnerhof in ihre Obhut, so dass der Arbeitsbereich sich noch um ein weiteres Element vergrößerte, „und die fürstlichen Hühner, die friedlich zusammen mit den unsrigen hausen, brauchen auch ihre Extra-Bestimmung"[613].

Abb. 20a: Hühnerhaltung   Abb. 20b: Ökonomieschwester auf dem Wagen beim Abladen

Im November 1944 ergaben sich auf Grund der angespannten Ernährungslage neue Gartenbewirtschaftungspläne. Nach einer ausführlichen Besprechung mit Fürst und Fürstin, dem Gärtner und dem Verwalter der Ökonomie wurde der Rasenplatz vor dem Schloss auf Forderung des Ernährungsamtes in eine große Ackerfläche umgewandelt. Dabei schien die Mithilfe der Benediktinerinnen mangels anderer Arbeitskräfte dringend erforderlich. „Für uns wäre die neue Arbeit wieder eine Sicherstellung, die uns vor dem Auseinandergerissenwerden

---

[611] ArKe: 031 Annalen 1941, 21.8.1941, 84.
[612] ArKe. 031 Annalen 1942, 23.8.1942, 60.
[613] ArKe: 031 Annalen 1944, 28.4.1944, 60.

schützt, indem sie uns den Anforderungen der Zeit entsprechend beschäftigt"[614], heißt es im Kommentar der Annalen.
Der große Gemüsegarten wurde schließlich im Frühjahr 1945 angelegt und erwies sich in den folgenden Monaten als Segen für die Schlossbewohner und die zahlreich zusätzlich dort untergebrachten Flüchtlinge und Evakuierten.[615] Obwohl in den letzten Kriegstagen vom Arbeitsamt in Sachen Arbeitseinsatz nichts mehr für die Frauen zu befürchten war, „so ist der Gemüsegarten vor dem Haus doch eine ganz wichtige Angelegenheit. An ihm hängt das Wohl vieler (Fürstliche Familie, Evakuierte etc.), denn mit Recht wird man mit großer Lebensmittelknappheit rechnen müssen"[616].
Ein Grasland in einen Gemüsegarten umzuwandeln, erfordert viel Zeit, Kraft und Anstrengung. Dank der zähen Ausdauer von Frau Christina und den Schwestern macht das Unternehmen gute Fortschritte"[617], bekunden die Annalen Anfang Mai 1945. Den Garten bezeichnete man humorvoll mit „Gemeinnützige christliche Gemüseanlage"[618].

Hilfe in Haus, Küche und Kinderbetreuung

Bereits beim Einzug 1941 war Äbtissin Scholastica daran gelegen, dass „wo immer eine Not war", die Nonnen im Schloss ihre Hilfe anboten. So half auf Bitte der Fürstin täglich eine Schwester in der Schlossküche und beim Bügeln. Eine andere, Sr. Blandina Rist, arbeitete nach überstandener schwerer Erkrankung stundenweise als Aushilfe auf dem Waldburg-Zeilschen Gut „Marienhof" und half beim Flicken. Sie erfreute sich dort großer Beliebtheit. Die Ehefrau des Verwalters, Theresia Bubek, bedauerte die Abwesenheit Sr. Blandinas während der Krankheitsphase sehr und war betrübt, dass das „Schwesterl" nicht mehr kommen konnte. „Wenn es da ist, sagte sie, ist doch wenigstens etwas Geweihtes im Haus"[619].
Noch im Sommer 1945 trat Sr. Franziska Wagner bei Frau Bubek die Stelle einer ständigen Hausgehilfin an und betreute als Kinderfrau deren beiden Kinder.[620]
Wegen der erneuten Einberufung Fürst Erichs zur Wehrmacht im September 1941[621] lag die Verantwortung für Familie und Haus allein in den Händen von

---
[614] Ebenda: 10.11.1944, 152.
[615] ArKe: 031 Annalen 1945, 2.7.1945, 134.
[616] Ebenda: 7.5.1945, 87.
[617] Ebenda.
[618] Ebenda: Zusammenfassung, 145. Zu den Einnahmen und Ausgaben, s. auch ArKe: Journal in Zeil, handschriftliche Einträge der Einnahmen und Ausgaben 1942-1943 und Schusterreparaturen 1942-1944.
[619] ArKe: 031 Annalen 1942, 16.10.1942, 77.
[620] ArKe: 031 Annalen 1945, Rückblick, 139.
[621] Fürst Erich hatte bereits den Frankreich-Feldzug 1940 mitgemacht und sollte nach einer zehntägigen Ausbildung in Horb dem Afrika-Corps der Wehrmacht zugeteilt werden, s. ArKe: 031 Annalen 1941, 8.9.1941, 88.

Fürstin Monika. Dies erforderte ihre ganze Arbeitskraft. Da die jüngsten Kinder ständiger Obhut bedurften, der kleine Eberhard machte gerade seine ersten Gehversuche, bat die Fürstin bei den Schwestern um Aushilfe, zunächst nur während des Urlaubs der fest angestellten Kinderschwester. Diese Aufgabe fiel Chorfrau Gabriela Steinmetz zu, einer ausgebildeten Kindergärtnerin und Jugendleiterin, welche vor ihrem Klostereintritt bereits Erfahrungen in ihrem Beruf gesammelt hatte.[622]

Da sich auf Schloß Zeil eine Reihe von französischen Kriegsgefangenen befand, besorgten die Schwestern auch deren Wäsche, ein nicht immer angenehmes Unterfangen: „(…) welches gute Werk dann Frau Gabriela zum letzten Abschluss führt, indem sie mit viel Liebe die scheußlichsten Kleidungsstücke wieder nett flickt und herrichtet und oft einen ganzen Tisch wieder zurückgeben kann. Die gleiche Wohltat erfahren auch die polnischen Zivilarbeiter"[623]. Subpriorin Magdalena Grossek, die der polnischen Sprache völlig mächtig war, übersetzte häufig für die Polen.[624] Desgleichen betätigte Chorfrau Maria Bayländer sich bei den gefangenen Franzosen als Dolmetscherin, vor allem wenn mit ihnen „längere offizielle Gespräche geführt werden mussten"[625].

Mitarbeit in Kanzlei und Verwaltung, Vertretung in Archiv und Bibliothek

Mithilfe in der Waldburg-Zeilschen Kanzlei und Verwaltung bot sich ebenfalls an. Hier arbeitete vor allem Frau Dr. Johanna Guntli, die einzige Schweizerin im Konvent, eine promovierte Germanistin, der nach ihrem Eintritt in Kellenried das Amt der Chronistin und Annalistin übertragen worden war, eine Aufgabe, welcher sie sich mit großer Sorgfalt und viel Engagement widmete.

Als Schweizer Staatsbürgerin wurde sie während des Exils nicht zum Arbeitseinsatz verpflichtet, war also nicht zur Waldarbeit eingeteilt.[626] In der Kanzlei gab es eine Fülle schriftlicher Arbeiten und Korrespondenzen zu erledigen, bei der Frau Johanna sich als Sekretärin und Schreibkraft bewährte. Sie versah den ausgedehnten Post- und Paketdienst des Konvents und verfasste als Abteisekretärin den regelmäßigen Rundbrief an die Schwestern in der Zerstreuung.[627] In den Wintermonaten, während die Waldarbeit ruhte, standen ihr Frau Christina Knäpple, teilweise auch Frau Pudentiana von Kathrein zur Seite.[628]

---

[622] ArKe: 033 Totenchroniken. Zur Erinnerung an Sr. Gabriela Anna Margaretha Steinmetz aus der Abtei St. Erentraud, 119ff.
[623] ArKe: Exils-Chronik-Rundbriefe, Bd. 3, Teil 1, Zeil, 20.1.-10.2.1944, 1.
[624] Ebenda.
[625] Ebenda: 16.9.-5.11.1943, 2.
[626] ArKe: 033 Totenchronik: Zur Erinnerung an Sr. Johanna Evangelista Lucie Guntli aus der Abtei St. Erentraud 1904-1994, 9.
[627] ArKe: 031 Annalen 1945, Rückblick, 145.
[628] ArKe: Exils-Chronik-Rundbriefe, Bd. 3, Teil 1, Zeil, 1.3.-11.3. 1943, 1.

Frau Maria Bayländer vertrat während der Jahre auf Schloß Zeil in Bibliothek und Archiv den zur Wehrmacht eingezogenen Archivrat Dr. Rudolf Rauh[629]. Bei der verantwortungsvollen Aufgabe fühlte sie sich „so recht in ihrem Element"[630], da sie bereits in Kellenried als Bibliothekarin und Archivarin auf langjährige Erfahrungen zurückgreifen konnte und diese nun in ihre Tätigkeit in Zeil einbrachte. Zur Gründungskolonie von St. Erentraud gehörend, hatte sie an den Anfangsschwierigkeiten des Klosters teilgenommen und wusste auch in Zeil mit den neuen Herausforderungen umzugehen. „Sie war der lebendige Bücherkatalog und wusste auswendig, wo jedes Buch seinen Platz hatte. Sie besaß einen guten Spürsinn für Neuanschaffungen. Es heißt, dass ihr sämtliche Buchhändler und Antiquariate zu Dienste standen (…). Die ‚Dame im Archiv', wie sie zuweilen genannt wurde, war eine geachtete Persönlichkeit auf Schloß Zeil. Man könnte sagen: Diese Jahre in Zeil waren die eigentliche Glanzzeit ihres Lebens"[631].

Abb. 21: In der Bibliothek

Die Aufgabe als Archivarin wäre der Klosterfrau Maria Bayländer trotz aller fachlichen Voraussetzungen nicht so ohne weiteres zugefallen, selbst wenn sie sich im Laienstand befunden hätte. Der Arbeitsplatz war nur frei, weil der eigentliche Stelleninhaber Soldat geworden war. Gemäß der nationalsozialistischen Ideologie sollte die Beschäftigung von Frauen in gehobenen Positionen

---

[629] Rudolf Rauh (1908-1973), Dr. phil., trat 1937 als Archivar in den Dienst des Hauses Waldburg-Zeil und war bis 1973 Archivdirektor des Waldburg-Zeil'schen Gesamtarchivs in Schloß Zeil und des Waldburg-Wolfegg'schen Gesamtarchivs in Wolfegg. Auskunft Archivleiter Beck an die Verfasserin, 12.1.2015.
[630] ArKe: 033 Totenchronik aus der Abtei St. Erentraud: Chorschwester Maria Bayländer, gestorben 28. Dezember 1966, 2.
[631] ArKe: 033 Totenchronik Maria Bayländer, 2.

nur im Ausnahmefall genehmigt werden. „Mit dem Krieg war also keine ideologische Tendenzwende zu einer grundsätzlich positiven Einstellung gegenüber weiblichen Akademikern und Beamten eingetreten. Frauen dienten nach wie vor in qualifizierten Berufen und Positionen als befristete Lückenbüßer, solange nicht genug männliche Aspiranten zur Verfügung standen – quasi als akademisches Reserveregiment ohne Anspruch auf Einsatz"[632].

Für Fürst Erich galten in diesem Fall jedoch andere Maßstäbe. Der ideologische Hintergrund der Nationalsozialisten beeindruckte ihn in keiner Weise. Er brauchte für das große Archiv dringend Ersatz, und so traf es sich vorzüglich, dass sich unter den Kellenrieder Klosterfrauen eine kompetente Fachkraft befand, der er voll vertrauen konnte.

Zu Frau Marias Aufgaben gehörten auch regelmäßige Schlossführungen, denen sie sich engagiert und mit viel Sachverstand widmete. „In der üblichen Weise wurden die beiden Truchseß-Zimmer gezeigt, die Bibliotheken, welche immer noch auf eine ordnende Hand warten und schließlich die Silberkammer, in welcher auch viele wertvolle Codices geborgen sind seit Kriegsausbruch. Manches wertvolle Stück war ehemaliges Klostergut von Weißenau oder Weingarten und wurde in bedrängten Zeiten nach Zeil geflüchtet"[633], beschreibt die bücherkundige Annalistin Johanna Guntli die vorgefundenen Bibliotheksschätze.

Auslagerung der Württembergischen Landesbibliothek nach Zeil

Ende November 1942 gelangten zwei riesige Möbelwagen mit kostbaren Beständen der Landesbibliothek Stuttgart nach Schloß Zeil. Wegen der drohenden Bombengefahr wurden die Bücher aus der gefährdeten Landeshauptstadt in Sicherheit gebracht. Ein ähnliches Depot befand sich in der Abtei Neresheim. „Dort wurden die Kirchenväter untergebracht, in Zeil die Denkmäler der deutschen Literatur, viele tausende von Bänden"[634].

Auch die Chronik der Landesbibliothek informiert über drei Transporte und bestätigt für den 16. November 1942 die Lieferung des Bestandes „deutsche Dichter"[635]. Im April 1943 erfolgten noch zwei weitere Transporte mit Beständen aus der Württembergischen Wirtschaftsgeschichte.[636] Unter der Leitung von Biblio-

---

[632] Winkler: Frauenarbeit, 125.
[633] ArKe: 031 Annalen 1942, 5.8.1942, 55.
[634] Ebenda: 7.12.1942, 86.
[635] WLB-Stuttgart: Handschriftliche Chronik der Bibliothek aus den Jahren 1913 bis Anfang 1945. 16. November [1942: „Nach Schloß Zeil gehen 2 Möbelwägen mit Büchern aus dem Fach 'Deutsch. Dichter'. Dr. Hoffmann, Nagel u. Föll stellen die Bücher dort in den Tagen vom 16.-19. Nov[ember] auf, 284. Auskunft Dr. Hans-Christian Pust, Abteilungsleiter Karten und Graphische Sammlungen an der Württembergischen Landesbibliothek Stuttgart, an die Verfasserin, 20.1.2015.
[636] WLB-S: Handschriftliche Chronik, 10. April [1943]: „2 Möbelwägen mit Fol.- u. 4 Bänden aus der Württ. Gesch. gehen nach Schloß Zeil ab. (Es handelt sich um 1466 Folio- u. 1677 Quartbände.)" 299; 20. April [1943]: „2 Möbelwägen mit Beständen der L.-Bibl. gehen nach Friesenhofen-Rimpach u. Schloß Zeil ab. (Wirt. Recht: 266 Fol. Bde., 1453 Quart-Bde., 31303 Okt.-Bde., 10 fol. Kaps., 8 Qu. Kaps. u. 58 Oct.-Kaps., auch ein Teil der Wirt. Gesch.)", 301.

theksrat Dr. Wilhelm Hoffmann[637] und seiner Mitarbeiter Föll und Nagel[638] schafften viele helfende Hände innerhalb von nur drei Tagen die umfangreiche Büchermenge in die Archivräume des Schlosses. „Schulkinder, Gefangene und ‚die Schwestern' (d.h. wir!) wurden dazu aufgeboten"[639]. Für die Bücher waren eigens Regale angefertigt worden, so dass sogleich eine ordnungsgemäße Einstellung vorgenommen werden konnte. Mit großer Spannung wurden Bücher erwartet, die hier geborgen werden sollten vor den feindlichen Fliegern. In der Rekreation hörte man auf einmal den Traktor & siehe da, er führte einen riesigen Möbelwagen mit sich, der von uns allen mit großer Teilnahme & nicht geringer Neugierde begrüßt wurde, vom Fenster der Abtei aus. Frau Maria stürzte sogleich in die Tiefe, um mit Würde die ihr anvertrauten Pfänder entgegen zu nehmen"[640], heißt es in den Rundbriefen aus Zeil.
Bei der Ordnung der Bestände war auch Frau Hildegard Reuß eine wertvolle Hilfe. Die Annalistin Frau Johanna Guntli äußerte sich als studierte Germanistin mit Interesse zu den Inhalten der eingetroffenen Werke: „Es ist nicht alles monastisch, was da eingestellt wird, aber einmal fand sich doch die hl. Regel unter den Schätzen der althochdeutschen Literatur in der Übersetzung des Notker von St. Gallen"[641].
Über den dritten Büchertransport, am Passionssonntag 1943, heißt es im Rundbrief aus Zeil: „Mit unserer Hilfe wurden sie in einem ganz kleinen Raum hinter der Halle untergebracht. Befriedigt fuhren die Herren von der Landesbibliothek am Mittwoch wieder nach Stuttgart zurück & kamen gerade in den großen Fliegerangriff hinein. Ihr Haus blieb verschont & ebenfalls die Landesbibliothek"[642]. Frau Maria war während der Abwesenheit von Dr. Rauh auch mit dem Schriftverkehr in der Angelegenheit der Stuttgarter Bestände befasst.[643] Sie gewann bald das besondere Vertrauen des Direktors der Landesbibliothek. Als Beispiel dafür steht die Beauftragung, im Februar 1943 einen wertvollen Codex nach Leutkirch zum Fotografieren zu bringen.[644]
Die leitenden Mitarbeiter der Landesbibliothek statteten Äbtissin Scholastica eigens einen Dankesbesuch für die geleistete Hilfe ab. „Es sei hier auf dem Lande, so meinten sie, so viel ungebrochene Lebens- und Arbeitskraft, wie man sie in den Städten nicht mehr findet"[645].

---

[637] Wilhelm Hoffmann (1901-1986), Dr. phil., Bibliothekar, seit 1933 im wissenschaftlichen Bibliotheksdienst, 1937 Bibliotheksrat, 1945-1970 Direktor der Württembergischen Landesbibliothek (WLB), 1948-1952 in Personalunion auch Leiter der Universitätsbibliothek Tübingen, Auskunft Dr. Hans-Christian Pust, WLB, 18.6.2015.
[638] Föll, Hausverwalter, später Betriebsassistent an der in WLB; E. Nagel, Beamter des Mittleren Dienstes an der WLB, weitere Daten lassen sich nicht ermitteln. Auskunft Dr. Hans-Christian Pust, WLB, 18.6.2015.
[639] ArKe: 031 Annalen 1942, 7.12.1942, 86.
[640] ArKe: Exils-Chronik-Rundbriefe, Bd. 3, Zeil, 2.-21.11.1942.
[641] Ebenda: 1.3.-11.3. 1943, 1.
[642] ArKe: Exils-Chronik-Rundbriefe, Bd. 3, Zeil, 1.4.-27.4.1943, 3.
[643] Auskunft Archivleiter Beck an die Verfasserin, 12.1.2105.
[644] ArKe: Exils-Chronik-Rundbriefe, Bd. 3, Zeil, 12.2.-21.3.1943, 4.
[645] ArKe: 031 Annalen 1942, 7.12.1942, 87.

Im Waldburg-Zeilschen Gesamtarchiv befinden sich ebenfalls Mitteilungen über die Auslagerung der Landesbibliothek und die Mithilfe der Kellenrieder Schwestern.[646]

Am 18. November 1942 wurde über die Einlagerung bestimmter Bestände der Landesbibliothek auf Schloß Zeil ein Vertrag geschlossen, vertreten durch Dr. Hoffmann und S.D. Fürst Erich von Waldburg-Zeil, vertreten durch dessen Generalbevollmächtigten Dr. Schorer.[647]

Die Buchbestände wurden bald nach Kriegsende, im Sommer 1945, nach Stuttgart zurückgeführt.[648]

Messkoffer für Wehrmachtspfarrer

Die als Sicherheit gedachte Qualifizierung der Paramentenstickerei, um einem anderweitigen Arbeitseinsatz zu entgehen, fiel letztlich dem Diktat der Kriegswirtschaftsverordnung zum Opfer. Obwohl es immer noch Aufträge gab, blieb die Paramentenstickerei nur bis Mitte 1942 in Betrieb. Die Werkstatt wurde offiziell auf Grund einer Verfügung des Reichswirtschaftsministeriums von Ende Februar 1940 am 1.1.1943 still gelegt.[649] Die Verfügung besagte, „dass Betriebe mit kriegswirtschaftlich nicht wichtiger Erzeugung ‚rücksichtslos stillzulegen' sind und die hierbei freiwerdenden Arbeitskräfte den Rüstungsbetrieben zur Verfügung zu stellen seien"[650].

Die Stilllegung der Paramentik ist aus einem Schreiben der Abtei an die Kreishandwerkerschaft Wangen ersichtlich, als diese eine Erhebung zur Beschäftigungslage im Handwerk durchführte.[651] Die letzte offizielle Arbeit aus der Hand der Stickerinnen waren „drei Kaseln[652], zwei für Bekannte in Ravensburg, eine für eine Marianische Kongregation in Stuttgart"[653].

Der de facto ruhende Stickbetrieb wurde von Zeit zu Zeit in geringem Umfang wieder aufgenommen, vor allem während der Winterzeit, wenn keine Waldarbeit möglich war. Zu den kleinen klösterlichen Ausstellungen, welche jährlich anlässlich des Scholastica-Festes für Konvent und Gäste präsentiert wurden, zeigten die Stickerinnen Proben ihres Könnens. Sogar noch im letzten Kriegs-

---

[646] NZAZ: NL Erich Fürst von Waldburg-Zeil.
[647] Ebenda.
[648] Ende August 1945 befanden sich die Bücher noch in Zeil, s. 031 Annalen 1945, 26.8.1945, 223. Das genaue Datum des Abtransports lässt sich nicht ermitteln, Auskunft WLB-S und Archivleiter Beck.
[649] ArKe: Cellleratur [Mappe 2], Benediktinerinnenabtei St. Erentraud an Kreishandwerkerschaft Wangen, Kellenried, 23.7.1943.
[650] Recker: NS-Sozialpolitik, 76.
[651] ArKe: Cellleratur [Mappe 2], Benediktinerinnenabtei St. Erentraud an Kreishandwerkerschaft Wangen, Kellenried, 23.7.1943.
[652] Kasel oder Casel· (von lat. casula = Häuschen) ist ein liturgisches Gewand, das ursprünglich den ganzen Körper umhüllte. Obergewand der Priester und Bischöfe, das bei der Zelebration der Messe getragen wird. Die Kasel folgt dem Kanon der liturgischen Farben. Fußbroich: Sachlexikon der liturgischen Kirchenausstattung, 110f.
[653] ArKe: 031 Annalen 1942, 20.7.1942, 52.

winter, Februar 1945, vermelden die Annalen die Anfertigung von Kelchwäsche, eines Sakramententuchs und zwei angefangenen Chorröcken[654], dazu eine neue Christkönigs-Kasel und die Restaurierung der Scholastica-Kasel, angefertigt aus dem Brautkleid der Äbtissin.[655] Später kamen noch sechs Pluviale[656] für Beuron, verschiedene Kaseln und ein Traghimmel[657] für die Kirche von Unterzeil hinzu.[658]

Verkaufen konnten die Schwestern diese Produkte nur noch in ihrem internen Umfeld, z.B. innerhalb der Kongregation oder an befreundete Geistliche.

Zunächst fertigte die Stickwerkstatt während der Wintermonate 1942/43 noch Messkoffer für Wehrmachtspfarrer an. Die Herstellung der Messkoffer ging auf eine Idee des Beuroner Konventualen P. Mauritius Schurr OSB[659] zurück. Danach sollten Priestersoldaten „auf kleinstem Raum das Nötige für die Feier der Hl. Messe im Lazarett oder auf dem Kriegsschauplatz unauffällig bei sich haben"[660].

Die Caritas-Kommission der Fuldaer Bischofskonferenz griff die Anregung auf, so dass in allen Diözesen an verschiedenen Stellen, in Pfarrgemeinden, klösterlichen Gemeinschaften und auf privater Ebene zahlreiche Messtaschen und Messkoffer entstanden. Bestellungen und Weiterleitung an die Wehrmacht liefen über den Kath. Deutschen Frauenbund in Stuttgart[661]. Von dort erhielten die Kellenrieder Schwestern auch das Metallmaterial.[662]

Auch P. Cellerar Leander Fischer von Beuron hatte sich in Stuttgart eine Messkofferausstattung bestellt, unter der Bedingung, diese solle von den Kellenrieder Benediktinerinnen in Zeil gearbeitet werden. „Und so half wieder einmal alles zusammen. Der Stab, auf den nur noch Gold aufgenäht wurde, ist noch ein Andenken an unsere lb. Frau Rosalia [Strobl] selig. Sie hat ihn im Winter 1940/41

---

[654] Chorrock oder Rochett (von althochdeutsch roccus „Rock") = ein bis zu den Knien reichendes, gefaltetes und manchmal verziertes, weißes Leinengewand, oft an Ärmeln und Saum mit Spitzen besetzt. Fußbroich: Sachlexikon der liturgischen Kirchenausstattung, 126.
[655] ArKe: 031 Annalen 1945, 9.2.1945, 21.
[656] Pluviale = von lat. pluvia „Regen", daher urspr. Bezeichnung für einen Regenmantel, auch Cappa, Chor-, Rauch-, Segens- oder Vespermantel genannt, seit dem 10. Jhdt. ein liturgisches Gewand der Westkirche. Fußbroich: Sachlexikon der liturgischen Kirchenausstattung, 123f.
[657] Traghimmel = In der römisch-katholischen Kirche wird ein Baldachin zumeist als Himmel oder Traghimmel bezeichnet und bei Sakramentsprozessionen, z.B. der Fronleichnamsprozession, über dem Allerheiligsten getragen. Fußbroich: Sachlexikon zur liturgischen Kirchenaustattung, 82.
[658] ArKe: 032 Chronik 1940-1945, 4.
[659] P. Mauritius Schurr OSB (1909-1987), Mönch der Erzabtei Beuron, Profess 1929, Priesterweihe 1934.
[660] Berta Stehle: Rede anlässlich der Feierstunde zum 40j. Jubiläum des Württembergischen Landesausschusses des Kath. Deutschen Frauenbundes (KDFB), Untermarchtal, 29.10.1958, 8. Gedrucktes Manuskript, freundlicherweise der Verfasserin zur Verfügung gestellt vom KDFB der Diözese Rottenburg-Stuttgart am 10.3.2015; Annette Schleinzer: Frauen machen sich stark – über die Geschichte des Frauenbundes, Stuttgart 1998, 114f. Berta Stehle (1894-1973), erste Landessekretärin des Württembergischen Landesausschusses des KDFB.
[661] Kath. Deutscher Frauenbund (KDFB) e.V., gegründet 1903 in Köln als Teil der damaligen Frauenbewegung, eingetragener Verein katholisch und ökumenisch engagierter Frauen mit deutschlandweit 220.000 Mitgliedern; Gründung des Württembergischen Landesausschusses 1918, Stehle, Rede zum 40j. Jubiläum 4; Schleinzer: Frauen machen sich stark, 114.
[662] ArKe: 031 Annalen 1942, 1.1.1942, 3f.

in Isny gefertigt. R.P. Cellerar war hoch erfreut über all die Herrlichkeiten des Koffers und dankte sehr herzlich in einem längeren und begeisterten Schreiben"[663].
Die Zeiler Chronik vom Frühjahr 1942 beschreibt die Resonanz auf die kunsthandwerklich erstklassig angefertigten Exemplare aus der Paramentenwerkstatt:"(…) welch große Freude die Messkoffer im fernen Russland bereiten & wie glücklich die Soldaten sind außer der Feier der hl. Messe in den Paramenten wieder einmal Kulturarbeit zu sehen in diesem so unkultivierten Land"[664].
Obwohl die Arbeit im weitesten Sinne den Soldaten an der Front diente, konnten die Messkoffer mengenmäßig nur in bescheidenem Umfang hergestellt werden und boten auf Dauer keine Sicherheit vor einem auswärtigen Arbeitseinsatz.

Neue Meldepflicht für Frauen – Lazarettschuhe ersetzen den Stickbetrieb

Bereits während der Sommermonate 1942 gab es ernsthafte Überlegungen, kriegswichtige Arbeiten zu finden, welche den Stickbetrieb ganz ersetzen könnten. Durch einen Hinweis der Sießener Franziskanerinnen in der Haushaltungsschule Aulendorf, welche Textilarbeiten für die Wehrmacht fertigten[665], wandten sich die Kellenrieder Schwestern an die Tricot-Fabrik Götz in Weingarten[666]. Die Antwort war jedoch abschlägig, da die notwendige Anzahl von mindestens 20 einsatzfähigen Mitarbeiterinnen unter den Bedingungen einer Ganztagsbeschäftigung nicht erreicht werden konnte.[667]
Schließlich fand sich im Verbund mit den Armen Schulschwestern in Ravensburg eine tragfähige Lösung. Der Oberstabszahlmeister aus dem zum Lazarett umfunktionierten Elisabethen-Krankenhaus hatte Äbtissin Scholastica auf die Möglichkeit hingewiesen, Lazarettschuhe für verwundete Soldaten herzustellen, „welche wagenweise benötigt würden". Die dazu benötigten Stoffreste versprach er zu liefern.[668]

---

[663] Ebenda: 31.12.1942, 97.
[664] ArKe: Exils-Chronik-Rundbriefe, Bd. 3, Teil 1, Zeil, 20.2.-3.3.1942.
[665] Der Mietvertrag für die Räume der Sießener Haushaltungsschule in Aulendorf war von Oktober 1941 bis Oktober 1945 kriegsbedingt aufgehoben und von der Strickwarenfirma Nußbaumer mit 20-25 Arbeiterinnen aus ihrem bereits bestehenden Fabrikbetrieb belegt. Gefertigt wurde Kleidung für Heereszwecke. Die Sießener Franziskanerinnen wurden in den Betrieb übernommen. Die Schwestern waren dem Ehepaar Nußbaumer sehr dankbar, dass sie ihnen ermöglichten, neben der Arbeit ihr klösterliches Leben aufrecht zu erhalten. Auskunft der Sießener Archivarin Sr. Benita Gramlich an die Verfasserin, Sießen, 23.2.1015.
[666] Textilmarke „Götzburg", gegründet 1893 von Gregor Götz in Margrethausen (heute Albstadt), seit 1989 Firma Götzburg Wäsche GmbH (jetzt: ceceba-Götzburg Verwaltungsgesellschaft) in Balingen (Zollernalbkreis). In den Raum Ravensburg-Weingarten kam das Familienunternehmen im Jahr 1942 mit der Eröffnung einer Näherei in Weingarten, 1948 Errichtung einer neuen Fabrikanlage an der Ettishofer Straße, das spätere Charmor-Werk. Der Firmensitz der Götz AG wurde 1994 wieder nach Albstadt-Margrethausen verlegt (1998 Firma Götz Mode GmbH und Co KG), s. Norbert Kruse (Hg.): Weingarten. Von den Anfängen bis zur Gegenwart, Biberach 1992, 441.
[667] ArKe: 031 Annalen 1942, 5.6.1942, 44.
[668] Ebenda.

Die Äbtissin entschloss sich nur schweren Herzens, die Paramentenstickerei zugunsten der Schuhe aufzugeben. Die Vereinbarkeit dieses traditionellen Kunsthandwerks mit den monastischen Grundlagen hatte sich über Jahrzehnte vorzüglich bewährt. „Aber es musste ja sein, um den Bestand unseres monastischen Lebens hier zu sichern. Und um den Kern zu retten, ist wohl kein Opfer zu groß"[669].

In der Kriegswirtschaft gab es schon längst Streit um wirtschaftliche Prioritäten: „Die Textilindustrie litt zunehmend unter Nachwuchsmangel. Der wesentliche Stamm weiblicher Fabrikarbeiter war schon seit Jahren überaltert. Dessen ungeachtet erhielten die Textilfabriken immer mehr Wehrmachtsaufträge, von der Fertigung der Uniformen bis zu Fallschirmen"[670].

Der Bedarf der Wehrmacht an Personal in sämtlichen Bereichen wuchs mit Fortdauer des Krieges und den hohen Verlusten ständig an. Jede Wehrmachtshelferin sollte einen Soldaten ersetzen. Allgemein bevorzugten Frauen den Einsatz im zivilen Wirtschaftssektor oder in der Land- und Hauswirtschaft, im Büro sowie als Pflegekraft in Lazaretten statt in der Rüstungsindustrie.

Das Angebot aus Ravensburg entsprach den Bedürfnissen der Textilindustrie und kam auch den Kellenrieder Nonnen in vollem Umfang entgegen, da sie in einem kriegswichtigen Sektor arbeiten konnten, ohne ihr ruhiges Domizil auf Schloß Zeil verlassen zu müssen.

Sr. Meinrada Hug, die Kellenrieder Schusterin, wurde im Reservelazarett Klösterle in die neue Kunst eingeführt und für die Fertigung der Lazarettschuhe ausgebildet. Aus Stoffstreifen wurden zunächst unzählige Zöpfe geflochten und dann zu Schuhen zusammengenäht.[671] Aus dem Klösterle gelangten regelmäßig riesige Ballen mit Stoffresten nach Zeil, so dass die Produktion aufrecht erhalten werden konnte, sofern keine Engpässe bei der Materiallieferung eintraten.

Dies war umso wichtiger als ab 1943 eine neue Meldepflichtverordnung auf die arbeitsfähigen Frauen im gesamten Deutschen Reich zukam.

Auf Grund der hohen Kriegsverluste benötigte die Wehrmacht im Winter 1943 eine Anzahl von 700.000 neuen einsatzfähigen Soldaten. Durch Führererlass vom 13. Januar 1943 wurden die Obersten Reichsbehörden ermächtigt, alle Männer und Frauen, deren Arbeitskraft für Aufgaben der Reichsverteidigung nicht oder nicht voll ausgenutzt war, zu erfassen und ihre Leistungsfähigkeit zum Einsatz zu bringen. Das Ziel war, die wehrfähigen Männer für den Fronteinsatz freizumachen.[672]

So kam es zur Einführung einer Meldepflicht, welche den totalen Kriegseinsatz vorbereiten sollte.[673] Bis Ende Juni 1943 wurden bei den Arbeitsämtern knapp

---

[669] Ebenda: 20.7.1942, 53; ArU.L.Fr.: Chronologische Notizen Filiale Ravensburg 1942.
[670] Winkler: Frauenarbeit, 122.
[671] ArKe: 031 Annalen 1942, 20.7.1942, 54.
[672] Recker: NS-Sozialpolitik, 182.
[673] RGBl 1943 I: 27. Januar 1943. Verordnung des Generalbevollmächtigten für den Arbeitseinsatz über die Meldung von Männern und Frauen für Aufgaben der Reichsverteidigung, 67.

3,15 Millionen meldepflichtiger Personen registriert, von denen aber nur die Hälfte, nämlich 1,6 Millionen als einsetzbar galten.[674]
Zu den meldepflichtigen Frauen gehörten auch die Kellenrieder Benediktinerinnen. Der Deutsche Caritasverband stellte im Februar 1943 für die kontemplativen Orden, welche über keinerlei eigene karitative Einrichtungen verfügten, wichtige Hinweise zusammen. Diese betrafen u.a. die vorgeschriebene wöchentliche Mindestarbeitszeit von 48 Stunden und deren eventuelle Unvereinbarkeit mit den staatlichen Vorgaben und den Gebetszeiten. Der DCV ging von der Annahme aus, es sei allgemeiner Wunsch der Gemeinschaften, nach Möglichkeit bei Kriegsarbeiten eingesetzt zu werden, die im Konvent selbst geleistet werden könnten. Den Ordensleitungen wurde empfohlen, sich über die Arbeitsfrage umfassend zu orientieren und bei Kontakten mit dem zuständigen Arbeitsamt die Hilfe des Ordinariats bzw. des Diözesancaritasdirektors in Anspruch zu nehmen. Wichtig schien es, bei der Abgabe der Meldebögen den kontemplativen Charakter der Gemeinschaft darzulegen, den Tagesplan auf die 48-stündige Wochenarbeitszeit umzustellen und die Tätigkeit jeder einzelnen Ordensfrau, auch der Alten und Kranken, detailliert und sorgfältig aufzuschlüsseln. Ferner sei es für jede Kommunität ratsam, die ständige Verbindung zu einem in christlicher Trägerschaft stehenden Krankenhaus zu suchen, um im Falle eines vom Arbeitsamt verlangten Einsatzes außerhalb der Gemeinschaft, die dafür geeigneten Schwestern dort unverzüglich als Hilfskraft einstellen zu können.[675]
Die Meldebögen der betroffenen Klöster wurden ab sofort in regelmäßigen Abständen über den Diözesancaritasverband an die Arbeitsämter weitergeleitet.[676]
Im November 1943 teilte Priorin Agnes Trescher auf eine vorangegangen Abfrage dem Ordinariat nachdrücklich mit, die Gemeinschaft könne keine Arbeitskräfte für den Rüstungseinsatz abstellen, da alle arbeitsfähigen Frauen sowohl in Kellenried als auch in Zeil, in Beuron und den übrigen Stationen fest in die dortigen Arbeitsprozesse eingebunden seien und die übrigen Schwestern alters- oder krankheitsbedingt für den geforderten Einsatz nicht infrage kämen.[677]
Umso wichtiger schien es, die Arbeitsfragen vor Ort so zu gestalten, dass die drohende Dienstverpflichtung nicht greifen konnte.

---

[674] Recker: NS-Sozialpolitik, 185.
[675] ArKe: 025-2, Fasc.1, Schreiben DCV, Betr. Meldung der contemplativen Orden auf Grund der neuen Meldeverordnung für den Arbeitseinsatz (vom 27.1.1943), Freiburg i.Br., 11.2.1943, gez. Dr. Jörgel.
[676] Für die Kellenrieder Kommunität liegen verschiedene Meldebögen aus den Jahren 1943-1945 vor, welche die vom DCV empfohlenen Kriterien voll und ganz berücksichtigten, s. ArKe: Cellleratur [Mappe 2], Meldebögen zur Weiterleitung an die Arbeitsämter 1943-1945.
[677] Ebenda: Schreiben Abtei St. Erentraud an Bischöfliches Ordinariat Rottenburg betr. Abgabe von Arbeitskräften seitens kirchlicher Stellen für Zwecke des Rüstungseinsatzes, bezugnehmend auf Schreiben Nr. A, 2827, gez. Frau Agnes Trescher OSB:

Verlegung der Schusterei nach Zeil

Im Juli 1942 wurde die klostereigene Schusterei von Kellenried nach Zeil verlegt. Diese Maßnahme diente einmal mehr der Sicherung vor dem Rüstungseinsatz. Darüber hinaus wurden die Maschinen der Werkstatt zur Fertigung der Wehrmachtsschuhe benötigt.[678] Die Schusterei, unter Leitung von Sr. Meinrada Hug, fand im Einvernehmen mit der Fürstin ihren neuen Platz in einem Raum neben der Abtei, der dem Konvent bisher als Sprechzimmer gedient hatte. Dieses verschob sich in den nächsten Raum, der bisher als Gastzimmer genutzt worden war. „So dehnen wir uns nach allen Seiten hin mehr und mehr aus. Wir beginnen wirklich, wie Frau Priorin sagt, immer mehr bodenständig zu werden, ohne dass es unseren Gastgebern je einmal zu viel würde"[679], beschrieben die Klosterannalen die Erweiterung des klösterlichen Bereiches auf Schloß Zeil.

Im März 1943 erhielt der einzige noch in Frage kommende Schuster der Gemeinde Zeil den Gestellungsbefehl zur Wehrmacht. Fürstin Monika bat Sr. Meinrada, ihr Handwerk auf ganz Zeil auszudehnen und besprach diese Angelegenheit mit dem Innungsmeister. In Anbetracht der Kriegsverhältnisse erhielt Sr. Meinrada das Recht, das Schusterhandwerk öffentlich auszuüben, mit Anspruch auf Materialbelieferung.[680] Es erwies sich als ein Glücksfall, dass der Geschäftsführer Meier der Schumacher-Einkaufsgenossenschaft in Leutkirch, genannt ‚Rohstoffmeier'[681], „in seiner Jugend Postulant von Beuron gewesen war und daher dem Orden des hl. Benedikt sein uneingeschränktes Wohlwollen bewahrt hatte. Mehrfach kam er nach Schloß Zeil, um Sr. Meinrada mit Rat und Tat zur Seite zu stehen"[682].

Ihr eigentlicher Lehrmeister war jedoch Br. Crispin Elsässer von Weingarten, dem sie ihre fachlichen Kenntnisse und Fertigkeiten zu verdanken hatte.[683] Mit nur drei Gehilfinnen bewältigte Sr. Meinrada während der gesamten Exilszeit die große Arbeitslast mit Geduld und Ausdauer. Sie erntete für ihre Arbeit viel Lob und freute sich, dass sie auf diese Weise ihren Mitmenschen helfen und dienen konnte.[684]

Auch Br. Columban Braig[685] von Beuron fand im Frühjahr 1944 für acht Tage den Weg nach Zeil und unterstützte die Schusterwerkstatt mit seinem Wissen

---

[678] ArKe: 031 Annalen 1942, 20.7.1942, 52f.
[679] Ebenda.
[680] Das Unternehmen lautete auf Sophie Hug, s. ArKe: Celleratur [Mappe 2], Brief Benediktinerinnenabtei St. Erentraud an Kreishandwerkerschaft Wangen, Kellenried, 22.7.1943, u.a. Nachweis über die Genehmigung zur Ausübung des Schusterhandwerks durch die Gauwirtschaftskammer Württemberg-Hohenzollern, Abtl. Handwerk vom 3.6.1943.
[681] ArKe: 031 Annalen 1945, 13.10.1945, 363.
[682] ArKe: 033 Totenchroniken, Sr. Meinrada Hug, gest. 5.4.1951, 54.
[683] Fr. Crispin (Johann) Elsässer OSB, (1906-1998), Mönch der Abtei Weingarten, Profess 1928, Schuhmachermeister, s ArKe: 551 W, Fasc.2, Mappe Weingarten, „Vor 50 Jahren die Profeß abgelegt – Br. Crispin, der schuhmachende Mönch", in: Schwäbische Zeitung, 28.7.1978, Nr. 171.
[684] ArKe: 033 Totenchroniken, Sr. Meinrada Hug, gest. 5.4.1951, 54.
[685] Fr. Columban Braig OSB (1896-1962), Mönch der Erzabtei Beuron, Profess 1930.

und Können. „Der gute Bruder, der auch ein großes Original ist vor dem Herrn, brannte geradezu vor Verlangen, uns allüberall Gutes zu tun und mit Rat und Tat zu helfen. Und in unseren drei Schwestern fand er auch wohl vorbereitete und in Schw. Meinrada eine in langer Erfahrung erprobte Schülerin. Die Kundschaft hat großes Vertrauen zu ihr und nimmt immer noch zu"[686].
Die Kontaktpflege zu den Kunden oblag Frau Agatha Schätzle. Die Kundenliste konnte vom Vorgänger übernommen werden.[687]
Die Klausur wurde durch die Schusterwerkstatt nicht gestört.[688] Als gegen Kriegsende immer mehr Evakuierte und Flüchtlinge nach Zeil kamen, wuchs die Zahl der außerklösterlichen Kunden auf 400. „Und manch verzweifeltes Schuhwerk, dass kein Schuster mehr flicken wollte, hat sie zur Freude seines Besitzers wieder in Stand gesetzt"[689].
Von Zeil aus versorgte Sr. Meinrada auch die übrige zerstreute klösterliche Gemeinschaft mit Schuhwerk. In den Exilsjahren stieg der Verschleiß enorm an. Die Schwestern waren vielfach zu Fuß unterwegs, verrichteten ungewohnte Arbeiten in der freien Natur und strapazierten dadurch ihre Schuhe weitaus mehr als zuvor in der Klausur. Dies traf auch auf die übrige Arbeitskleidung zu. Ständig mussten Tuniken und Habite genäht oder ausgebessert werden. Der Bezug der notwendigen Stoffe war schwierig, da dafür ein Einwilligungsbescheid vorgelegt werden musste. Einen offiziellen Kleiderzuschuss erhielten nur Frau Walburga von Cetto als Krankenpflegeschülerin im Elisabethen-Krankenhaus Ravensburg und die in Beuron im Lazarett tätigen Benediktinerinnen.[690]
Auch die fürstliche Familie nahm Sr. Meinradas Künste gern in Anspruch. So fertigte sie u.a. für die junge Gräfin Osy ein Paar feine Wildlederschuhe. Erbgraf Georg erfreute sich eines wahren Meisterstücks aus der Werkstatt Sr. Meinradas. Sie fertigte für den gerade eingezogenen jungen Luftwaffenhelfer ein wärmendes Fuchsfell für seine Knobelbecher, damit die Füße beim Wachestehen nicht kalt wurden. „Besondere Freude bereiteten die feinen, warm gefütterten Schuhe für Graf Georg, um die ihn seine Kameraden beneiden"[691].
Eine Übersicht im Kellenrieder Archiv über die Aufträge in der Flickschusterei gibt einen Einblick in die umfangreiche Arbeit und informiert auch über die Einkünfte: Reparaturen aller Art, Hinterkappen für Kinder- und Erwachsenenschuhe, Gummiabsätze, „Eiserle" für Schuhe, Ledersohlen-spitzen, Schuhe neu genäht, Bergschuhe sohlen, mit Nägeln beschlagen, Sandalenriemchen, Spangen erneuern, diverse Näharbeiten, anfertigen neuer Schuhe, Pelzbesätze, Aktenmappen für die Gräfinnen Osy und Resi, Jagdtasche für Fürst Erich, Riester nä-

---

[686] ArKe: 033 Annalen 1944, 16.4.1944, 51f.
[687] ArKe: Celleratur, 3 Auftragsbücher der Schusterei, April 1944-1945.
[688] ArKe: Exils-Chronik-Rundbriefe, Bd. 3, Teil 1, Zeil, 1.3.-11.3. 1943.
[689] ArKe: 033 Totenchroniken, Sr. Meinrada Hug, 54.
[690] ArKe: Celleratur [Mappe 2], Schreiben DCV, Dr. Becker/Dr. Kreutz an die caritativen Schwestern-Mutterhäuser, Betr. Schwesternkleidung, Freiburg i. Br., 6.3.1943; Ebenda: Schreiben Benediktinerinnenabtei St. Erentraud an DCV, mit der Bitte um Ausstellung eines Einwilligungsbescheides, Kellenried, 10.3.1943.
[691] ArKe: 031 Annalen 1944, 25.12.1944, 187.

hen, Hausschuhe nähen, Henkel für Tasche, Schuhe weiten, schwärzen, Stoffschuhe mit Leder besetzen, Überschuhe kleben, etc.[692]

In einem Brief der Äbtissin an Fürst Erich von Dezember 1943 würdigte diese den guten Erfolg aller Tätigkeiten: „Auch die Arbeit geht gut, und wie ich höre, trägt die Waldarbeit schon gute Früchte. Momentan sind wir zu 26 hier! Die Schusterei blüht, je mehr Schuster einberufen werden. Ich freu' mich, dass Sie bald schon sehen werden, wie ‚bodenständig' Kellenried in Zeil geworden ist"[693]! Sr. Meinradas Betrieb war Mitglied der Kreishandwerkerschaft Wangen und zahlte ordnungsgemäß den Jahresbeitrag, leistete jedoch nicht die sogenannte Adolf-Hitler-Spende.[694]

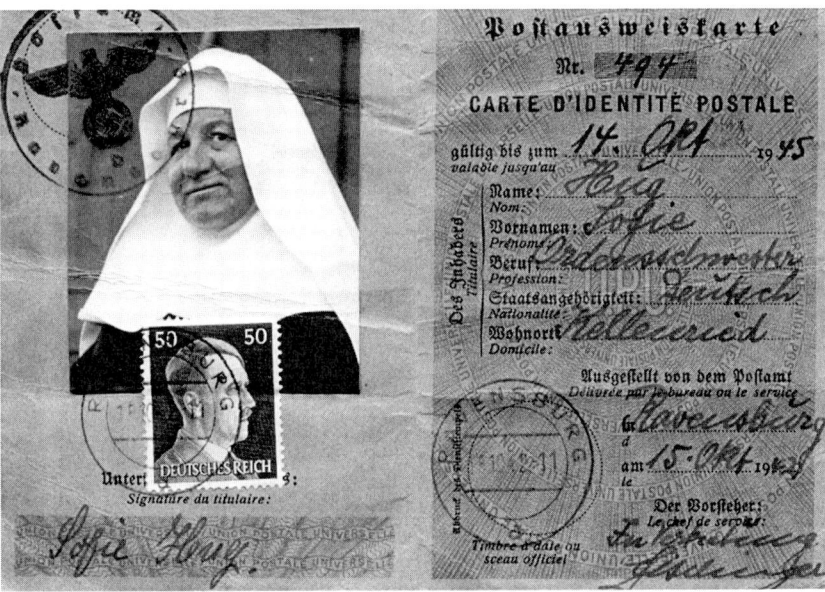

Abb. 22: Sr. Meinrada Hug OSB, Postausweis

---

[692] ArKe: Celleratur, 3 Auftragsbücher der Schusterei, April 1944-1945.
[693] NZAZ: NL Fürst Erich: Brief Äbtissin Scholastica an Fürst Erich, Schloß Zeil, 12.12.1943.
[694] ArKe: Celleratur [Mappe 1], Zeil 1942-1945, Rechnung für Jahresbeitrag der Schuhmacherei Hug auf Schloß Zeil vom 1.4.1943 bis 1.4.1944 = RM 10,70; Adolf Hitler-Spende der deutschen Wirtschaft, eingeführt am 1.6.1933 vom Reichsstand der Deutschen Industrie (RStDI), zugunsten der NSDAP. Die Abgabe war dazu bestimmt, den „nationalen Wiederaufbau" zu unterstützen. De facto standen die Geldmittel Hitler zur persönlichen Disposition zur Verfügung, s. http://www.uni-protokolle.de/Lexikon/Adolf-Hitler-Spende_der_deutschen_Wirtschaft.html, aufgesucht am 24.5.2015.

10. Totaler Krieg und Vollbeschäftigung

Im Verlaufe des Jahres 1944 erreichten die Schwestern in Zeil die vorgeschriebene Vollbeschäftigung. Eine Notiz von März 1944 lässt darauf schließen, dass auch das Arbeitsamt an der Leistung der Ordensfrauen nichts auszusetzen hatte: „Am Nachmittag erschien das Arbeitsamt. Es zeigte sich zufrieden über unsere landwirtschaftliche Tätigkeit im Sommer, erkundigte sich aber nach unseren Winterarbeiten. Als es aber hörte, wie vielseitig die ‚Schwestern' auch im Winter beschäftigt sind (Arbeit an den Lazarettschuhen, Waschen und Flicken für Zivil-Arbeiter und Gefangene, Kanzlei, Schusterei für die Gemeinde, Hilfe im Haushalt der Gutsverwaltung, im Keller und etwaigen Winterarbeiten) wurde es von aufrichtiger Bewunderung erfasst und meinte: ja, ja, ich weiß schon, diese Leute leisten immer mehr als die anderen"[695].

Was den Schwestern verborgen blieb, ist die Tatsache, dass die Meldepflichtaktionen im gesamten Reichsgebiet von Anfang an zum Scheitern verurteilt waren. Das Dritte Reich schöpfte die eigenen Ressourcen trotz des dringenden Bedarfs nicht voll aus. Am 22.7.1944 wurde Goebbels zum Reichsbevollmächtigten für den totalen Kriegseinsatz ernannt.[696] Das Alter für meldepflichtige Frauen ließ er auf 50 Jahre heraufsetzen und die Sechzigstundenwoche einführen[697], eine Maßregel, „die mit Verordnung vom 31. August 1944 für alle Betriebe und Verwaltungen verfügt wurde, an denen Arbeitsanfall und Produktionslage dies erforderlich machten"[698]. In Bezug auf die Frauenarbeitseinsätze gab es ein hektisches Hin und Her mit widersprechenden Anordnungen. Ab September 1944 kam es zu großen Fertigungseinbrüchen in der Rüstungsindustrie. Die Parole von einer letzten „totalen" Kriegsanstrengung zur Bezwingung der feindlichen Übermacht griff nicht mehr.[699]

Dörte Winkler führt die mangelnde Umsetzung der Pläne von Sauckel, Goebbels und Speer[700] auf Hitlers „prinzipielle, dogmatische Ablehnung jeder Maßnahme, die nach seiner Meinung deutsche Frauen, vor allem verheiratete, hätte überlas-

---

[695] ArKe: 031 Annalen 1944, 24.3.1944, 43f.
[696] RGBl 1944 I: Führererlass über den totalen Kriegseinsatz am 25.7.1944, 161. Die Ernennung von Goebbels stand auch unter dem Eindruck des Attentats auf Hitler vom 20.7.1944.
[697] RGBl I 1944: Verordnung über die Sechzigstundenwoche vom 31.8.1944, 191.
[698] Recker: NS-Sozialpolitik, 273.
[699] Ebenda, 287.
[700] Albert Speer (1905-1981), Architekt, Rüstungsorganisator in der Zeit des Nationalsozialismus und ab 1942 Reichsminister für Bewaffnung und Munition. Ludolf Herbst: Speer, Berthold Konrad Hermann Albert, in: NDB, Bd. 24, Berlin 2010, 644-646.

ten können"[701], zurück. Er setzte stattdessen auf den Einsatz von Ostarbeiterinnen und Fremdarbeiterinnen.

Die Arbeit auf Schloß Zeil nahm trotz der neuen Kriegsverordnungen ihren üblichen Verlauf. In den Annalen von Juli 1944 heißt es: „Der totale Kriegseinsatz verschärfte in diesen Tagen auch wieder die Bestimmungen für den Arbeitseinsatz. Frauen sind von jetzt an bis zu 50 Jahren meldepflichtig. Wenn man sich auch wieder einmal strenge Rechenschaft darüber geben musste, ob auch alle genügend und entsprechend beschäftigt seien, so konnte vorläufig doch alles beim Alten bleiben"[702].

Allerdings machte der zehnstündige Arbeitstag eine neue Offiziumsordnung notwendig, „eine der Forderungen der Zeit (…) seit dem verschärften Kriegs- und Arbeitseinsatz"[703]. Eine Notiz von Frau Christina Knäpple vom Jahresende 1944 macht den gewaltigen Arbeitsaufwand deutlich, den die Schwestern allein in Zeil „im Dienste des Vaterlandes"[704] aufbrachten. An Arbeitsstunden wurden geleistet: Ökonomie: 3.064, Forstamt: 1.661, Hühner: 1099, Hofhaltung: 490, Wäsche für Kriegsgefangene und Zivilarbeiter: 1259, insgesamt: 7.574,5 Stunden.[705]

Miete und Vergütung

Die monatliche Vergütung aller Dienstleistungen in Zeil ist im „Journal" der Äbtissin Riccabona niedergelegt, welches sie für die Exilszeit auf Schloß Zeil anlegte.[706] Demnach erhielten die Klosterfrauen für den gesamten Arbeitseinsatz auf Schloß Zeil bis Juni 1942 von der Fürstlichen Domanialkanzlei einen monatlichen Pauschalbetrag von 80 RM ausgezahlt, welcher mit zunehmender Arbeitsstundenzahl bis 1945 auf 90 RM erhöht wurde.[707]

Eine Pensionsrechnung der Fürstlichen Domanialkanzlei für Unterkunft und Verpflegung vom Sommer 1941 weist für den Zeitraum von November 1940 bis Juni 1941 eine Summe von 3.239 RM aus. Für die Unterkunft wurden pro Monat 150,00 RM berechnet.[708]

Einen solchen Betrag hätten die Schwestern aus eigenen Reserven für die Dauer der fünf Exilsjahre niemals aufbringen können. Erst mit der Aufnahme der verschiedenen Dienstleistungen für das Haus Waldburg-Zeil und der Einrichtung eines eigenen Haushalts wurden die für den Aufenthalt entstandenen Kosten aus

---

[701] Winkler: Frauenarbeit, 141.
[702] ArKe: 031 Annalen 1944, 27.7.1944, 93.
[703] Ebenda: 18.9.1944, 117.
[704] Ironisch zu verstehende Bemerkung der Annalistin, s. ArKe: 031 Annalen 1945, Rückblick, 196.
[705] Ebenda.
[706] ArKe: Äbtissin Scholastica, Notizbuch „Journal" in Zeil 1942-1943, Schusterei-Reparaturen 1942-1944.
[707] Ebenda: Schwesternvergütung von der Fürstlichen Domanialkanzlei, bis Juni 1942 80,00 RM, ab Juli 1942 90 RM.
[708] NZAZ: Fürstliche Domanialkanzlei, Pensionsrechnung für die Abtei St. Erentraud, Kellenried, 28.7.1941.

der Entlohnung für die geleistete Arbeit beglichen oder auch mit der Entlohnung verrechnet. So betrug die Miete für das Jahr 1943 insgesamt RM 900,00. Die Mietzahlungen wurden von den Benediktinerinnen stets in bar übergeben.[709]
Gezahlt wurde die Miete allerdings nur pro forma. „Wir zahlten und buchten sie jeden Monat, bekamen sie aber immer irgendwie zurück"[710], schreibt die Chronistin rückblickend. Die Einnahmen der Schusterei entsprachen den damals üblichen Vorschriften. Sie erfolgten zwar auf den Namen von Sr. Meinrada (Sophie) Hug, kamen jedoch der gesamten Kommunität zugute.[711]
Die Annalistin Johanna Guntli bewertete die finanzielle Lage des Konvents während der Exilszeit als zufriedenstellend, ein Lichtblick in der sonst so schwierigen Situation der Zerstreuung. „Aber gerade in jenen Jahren ging es unseren ‚Finanzen' ausnahmsweise gut, was vor- und nachher nicht mehr vorgekommen ist. Denn die in verschiedenen Stationen aufgeteilte Familie war leichter durchs Leben zu bringen als zuvor"[712]. Mit den Arbeiten in Zeil verdienten die Schwestern ihren Lebensunterhalt, dazu kamen immer wieder einmal Spenden. Regelmäßig konnte sogar auf das Postscheckkonto von Kellenried Geld eingezahlt werden. Die dortigen Mitschwestern sorgten im Gegenzug für die dauernde Unterstützung mit Lebensmitteln.[713]

Arbeitsleistungen für die Kommunität in den kleineren Zellen

Die in Ravensburg, Bärenweiler, Donzdorf und Liebenau untergebrachten Klosterfrauen kamen alters- oder krankheitsbedingt für den Arbeitsprozess nicht mehr infrage. Trotzdem unterstützen sie im Rahmen ihrer Möglichkeit die Kommunität nach Kräften. Frau Placida Lipp, zunächst in Donzdorf, fertigte feine Arbeiten für die Stickzelle. Als sie aus gesundheitlichen Gründen nach Liebenau wechselte, ging sie den dortigen Schwestern zur Hand und half hauptsächlich in der Küche und beim Nähen.[714]
In die Abgeschiedenheit von Schloss Donzdorf kam nur selten jemand von der Kommunität. Trotzdem blieben die beiden alten Frauen, Frau Theresia und Frau Hemma mit ihrer Betreuerin, Sr. Ruperta Streibl, später Sr. Juliana Pruner, dem Kloster auch aus der Ferne eng verbunden. Frau Hemma nähte mit großer Präzision Häubchen und Schleier für das weiße Vestiarium, und Frau Theresia strick-

---
[709] ArKe: Celleratur [Mappe 1], Zeil 1942-1945, Quittung der Waldburg Zeilschen Domanialkanzlei, Zentralverwaltung für erhaltene Miete RM 900,00 vom 1.1.1943-31.12.1943.
[710] ArKe: 031 Annalen 1945, 26.10.1945, 414.
[711] ArKe: Journal in Zeil ab 1942, Schusterei-Reparaturen 1942-1944. Die Auflistung der Einnahmen für die Schuhreparaturen geschah in zwei Posten, getrennt nach Allgemeinheit und fürstlicher Familie, letztere in kleinem Sonderheft. Die Aufträge und Einnahmen steigerten sich von Monat zu Monat. Im Januar 1944 lagen sie bei 178,50 RM, im Januar 1945 sogar bei 403,40 RM. Ihren höchsten Stand erreichten sie im Mai 1945 mit 527,00 RM. Die Statistik endet mit Juli 1945 mit Einnahmen von 335,85 RM.
[712] ArKe: 031 Annalen 1945, 30.6.1945, 134.
[713] Ebenda: 26.10.1945, 414.
[714] ArKe: Exils-Chronik-Rundbriefe, Bd. 1, Kellenried, 8.12.1941, 1; Annalen 1942, 7.9.1942, 64.

te unermüdlich zum Wohle der gesamten Gemeinschaft Strümpfe in allen Größen, trotz ihres fortschreitenden Augenleidens.[715] Das Interesse beider Frauen, der Kommunität zu helfen, war in der Einsamkeit von Donzdorf groß. Sr. Ruperta half neben der Sorge um die beiden alten Mitschwestern zusätzlich noch in der Schlossküche aus, eine wichtige Maßnahme, um dem Rüstungsdienst zu entgehen.[716]

Obwohl die Zelle in Donzdorf nach außen die meisten Bezüge zur Welt aufwies, Frau Theresia befand sich mit ihren Mitschwestern im eigenen Vaterhaus, so war man sich doch auf beiden Seiten voll bewusst, dass die wahre Heimat von Frau Theresia das Kloster war. „Und es ist wirklich erbauend, mit welcher Vornehmheit und Zurückhaltung und nichts vergessender Sorge die Brüder um Frau Theresia bemüht sind"[717].

Auch die älteren Schwestern in Bärenweiler, welche keine schwere Arbeit mehr verrichten konnten, bemühten sich im Rahmen ihrer Möglichkeit, der Kommunität zu dienen. Frau Margaretha von Kripp malte und stickte, nicht nur zum Zeitvertreib, sondern ihre Produkte dienten als willkommene kleine Geschenke bei verschiedenen Anlässen. So hatte ihr Fürst Erich den Auftrag gegeben, Familienwappen des Hauses Waldburg-Zeil zu malen, bei welchem sie Ihr Können unter Beweis stellte.[718] Sr. Scholastica Steinmaßl flickte und nähte für das weiße Vestiarium. Die Erzeugnisse ihres Fleißes nahmen monatlich ihren Weg in einem „ansehnlichen Paket"[719] ins Marschallhaus nach Kellenried und nach Zeil. Die dritte im Bunde, Sr. Gerarda Plank, arbeitete unermüdlich in Garten und Feld und wurde von der Schlossverwaltung in Bärenweiler außerordentlich geschätzt.[720]

Auf dem Klostergut in Kellenried

Grundlagen nationalsozialistischer Agrarwirtschaft und –Politik

Die nationalsozialistische Agrarwirtschaft ist als Bestandteil der nationalsozialistischen Blut- und Boden-Politik zu verstehen, eine agrarpolitische Ideologie, in welcher bäuerliche Lebensformen idealisiert und mit rassistischen und antisemitischen Gedanken verknüpft waren, mit dem Ziel, einen Gegenpart zur Urbanisierung zu bilden. Damit eng verbunden war die Volk ohne Raum-Theorie, die sich der Eroberung neuer Siedlungsgebiete als „Lebensraum im Osten" ver-

---

[715] ArKe: 031 Annalen 1941, 18.8.1941, 83; Annalen 1942, 16.10.1942, 75.
[716] Ebenda: 23.10.1942, 80.
[717] ArKe: 031 Annalen 1944, 30.3.1944, 46f.
[718] ArKe: 031 Annalen 1945, 10.2.1945, 22.
[719] ArKe: 031 Annalen 1941, 14.7.1941, 71.
[720] Ebenda.

schrieben hatte.[721] Bereits unmittelbar nach der Machtübernahme begann die Regierung damit, die Landbevölkerung für eine ihrer Ideologie angepasste Agrarpolitik zu motivieren und die landwirtschaftlichen Erträge zu steigern, um die Ernährungslage möglichst autark anzulegen. Ausschlaggebend für das neue Agrarprogramm war Reichsbauernführer Walter Darré[722], welcher 1942 von Herbert Backe[723] als Landwirtschaftsminister abgelöst wurde.

Ab Herbst 1933 wurden alle landwirtschaftlichen Betriebe im Deutschen Reich verpflichtend im sogenannten Reichsnährstand (RNST) zusammengefasst, Dies bedeutete das Ende des freien Marktes für landwirtschaftliche Produkte.[724]
Der RNST schloss sämtliche Bereiche der Ernährungswirtschaft zusammen und kontrollierte damit den gesamten Nahrungssektor.[725]
Agrarwirtschaft und –Politik wurden 1936 in den sogenannten Vierjahresplan integriert, in welchem die private Wirtschaft gezwungen wurde, innerhalb von vier Jahren die Voraussetzungen zur Kriegsbereitschaft zu schaffen.[726] Der Vierjahresplan verfolgte vor allem das Ziel, die Wehrfähigkeit der Deutschen wieder herzustellen. Die Ankurbelung der Wirtschaft sollte die Versorgung des deutschen Volkes in allen Bereichen gewährleisten.[727]

Die Aufgaben des Reichsnährstandes waren nicht nur wirtschaftlicher, sondern auch erzieherischer Natur und sollten die Volksgemeinschaft stärken.[728] Auf

---

[721] Zentralbegriff der NS-Ideologie, Versuch, eine innere Abhängigkeit zwischen rassen-, wirtschafts- und agrarpolitischen Vorstellungen herzustellen, s. Uffa Jensen: Blut und Boden, in: Wolfgang Benz/Herman Graml/Hermann Weiß (Hg.): Enzyklopädie des Nationalsozialismus. 3. Aufl., Stuttgart 1998, 399f; Daniela Münkel: Nationalsozialistische Agrarpolitik und Bauernalltag, Campus-Forschung 735, Frankfurt/M. u.a. 1996, 95ff; Bernd Holtwick: Bauernkult und Leistungssteigerung. Die württembergische Landwirtschaft im Spannungsfeld von Ideologie und wirtschaftlichen Anforderungen, in: Axel Burkarth/Bernd Holtwick: Dorf unterm Hakenkreuz, Diktatur auf dem Land im deutschen Südwesten 1933-1945, hg. von der Landesstelle für Museumsbetreuung Baden-Württemberg und der Arbeitsgemeinschaft der sieben regionalen ländlichen Freilichtmuseen in Baden-Württemberg, Ulm 2009, 30.
[722] Walter Darré (1895-1953), Agrarpolitiker, Schriftsteller und SS-Funktionär, Berater Hitlers in landwirtschaftlichen Angelegenheiten und Leiter der gesamten deutschen Agrarpolitik der Reichsführung, bis 1942 Reichsbauernführer, Reichsminister für Ernährung und Landwirtschaft, Verfechter der „Blut-und-Boden-These", s. Heinz Haushofer: Darré, Walther, in: NDB, Bd. 3, Berlin 1957, Nachdruck 1971, 517; Tooze: Ökonomie der Zerstörung, 205-211.
[723] Herbert Backe (1896-1947), Dipl. Landwirt, SS-Obergruppenführer, verantwortlich für die Hungerpolitik als Instrument des rassenideologischen Vernichtungskrieges im Osten, s. Wilhelm Meinhold: Backe, Herbert, in: NDB, Bd. 1, Berlin 1953, 504f; Bertold Alleweldt: Herbert Backe. Eine politische Biographie, Berlin 2011.
[724] Ständische Organisation der Agrarwirtschaft und Agrarpolitik im Deutschen Reich in den Jahren 1933 bis 1945, die als Körperschaft des öffentlichen Rechts (Selbstverwaltungskörperschaft) mit eigener Satzung sowie eigenem Haushalts-, Beitrags- und Beamtenrecht eingerichtet war, s. Münker: Nationalsozialistische Agrarpolitik, 100-106; Tooze: Ökonomie der Zerstörung, 224-236.
[725] Münkel: Nationalsozialistische Agrarpolitik, 100ff.
[726] Ebenda, 112; Tooze: Ökonomie der Zerstörung, 247-255; Genauer Wortlaut des Vierjahresplans, in: Wilhelm Treue: Dokumentation: Hitlers Denkschrift zum Vierjahresplan 1936, Vierteljahreshefte für Zeitgeschichte, Jg. 3, Heft 2, 1955, 184-210.
[727] Tooze: Ökonomie der Zerstörung, 264.
[728] Münkel: Nationalsozialistische Agrarpolitik, 101f.

dem zweiten Reichsbauerntag vom 11. bis 18. Oktober 1934 in Goslar war erstmals die „Erzeugungsschlacht" ausgerufen worden, eine Kampagne, mit der jeder Bauer aus Verantwortung für die Volksgemeinschaft unbedingt zur Produktionssteigerung beitragen sollte.[729] Jeder Hofbesitzer musste jährlich 2 RM (Reichsmark) pro 1000 RM Einheitswert abgeben. Dem Reichsnährstand unterstanden 20 Landesbauernschaften, diesen unterlagen 521 Kreisbauernschaften und diesen wiederum 50.153 Ortsbauernschaften.[730]

Für das NS-Regime besaß die Versorgung des Militärs und der zivilen Bevölkerung mit ausreichender Nahrung nach den Erfahrungen des Ersten Weltkrieges einen hohen Stellenwert. Die Frage der Ernährungspolitik stellte einen bedeutenden Faktor der Kriegsüberlegungen dar. Landwirtschaftliche Produkte spielten eine große Rolle bei der als sicher geltenden Annahme, sich vor einer eventuellen Handelsblockade der alliierten Kriegsgegner schützen zu müssen. Zu den Maßnahmen gehörte auch die Einführung eines Festpreissystems für alle wichtigen landwirtschaftlichen Produkte, so dass die Regulierung des Marktes über den Preis ausgeschaltet wurde. Immer mehr landwirtschaftliche Produkte unterlagen der staatlichen Kontingentierung, Selbstvermarktung und Eigenherstellung landwirtschaftlicher Erzeugnisse wurden verboten. Es bestand eine Ablieferungspflicht für sämtliches Getreide, welches über den Eigenversorgungssatz hinaus ging.[731] Zu diesem Zweck wurden u.a. Getreidesilos errichtet, die über das ganze Reichsgebiet verteilt waren.[732]
Die praktische Umsetzung der Ablieferung unterlag einer ständigen Überwachung durch die Wirtschafts- und Ernährungsämter. Für jeden Hof über fünf Hektar wurden von der Kreisbauernschaft Marktkarten angelegt, auf denen Lieferungserwartungen und tatsächlich geleistete Ablieferungen eingetragen wurden. Hofbegehungskommissionen führten Kontrollen in den landwirtschaftlichen Betrieben durch. Sie setzten auch die Kontingente für jeden Hof fest und waren befugt, gegebenenfalls in die Betriebsgestaltung und -führung einzugreifen.[733]
„Um sicher zu stellen, dass sich die Produktion so effizient wie nur möglich entwickelte, begann der RNST seine Kontroll- und Überwachungsmaßnahmen auf jedes Feld, jede Scheune und jeden Melkstall im Lande auszudehnen"[734].
Zu den Zwangsmaßnahmen der Kontrollbehörden gehörte auch die Stilllegung von „volkswirtschaftlich unnötigen" Betrieben, wenn z.B. Ausnutzungs- und Arbeitsumfang nicht den Vorstellungen der Kontrollbehörde entsprachen.[735]

---

[729] Eine solche Kampagne war bereits 1925 unter der Bezeichnung „Battaglia del Grano" = Weizenschlacht von Mussolini durchgeführt worden, s. Münkel: Nationalsozialistische Agrarpolitik, 110; Stephanie Degler/Jochen Streb: Die verlorene Erzeugungsschlacht: Die nationalsozialistische Landwirtschaft im Systemvergleich, in: Jahrbuch für Wirtschaftsgeschichte (2008), Heft 1, 161-181.
[730] Tooze: Ökonomie der Zerstörung, 225f.
[731] Münkel: Nationalsozialistische Agrarpolitik, 122.
[732] Tooze: Ökonomie der Zerstörung, 485.
[733] Münkel: Nationalsozialistische Agrarpolitik, 125f.
[734] Tooze: Ökonomie der Zerstörung, 225.
[735] Münkel: Nationalsozialistische Agrarpolitik, 108.

Verstöße gegen die Ablieferungspflicht wurden mit empfindlichen Strafen belegt. Es kam dabei wiederholt zu Denunziationen.

Die Ortsbauernführer waren die nächsten unmittelbaren Ansprechpartner der Höfe in ihren Gemeinden. Ihre Mitgliedschaft in der NSDAP galt nicht als zwingend, wurde verständlicherweise aber gern gesehen. Offenbar zog es die NSDAP in den ländlichen Regionen vor, Personen mit diesem Leitungs- und Führungsamt zu betrauen, die in der dörflichen Gemeinschaft akzeptiert waren und für ihre Aufgabe eine gewisse Fachkompetenz besaßen. Andererseits wurde von ihnen erwartet, dass sie die Agrarpolitik der Partei loyal vertraten und vor Ort durchsetzten.[736]

Die Orts-, Kreis- und Landesbauernführer des Reichsnährstandes waren in ihren Entscheidungen nicht mehr frei. Gemäß des „Führerprinzips" hatten sie sich in eine strenge hierarchische Ordnung einzugliedern und sich ganz in den Dienst der nationalsozialistischen Agrarpolitik zu stellen. Während des Krieges erfuhren sie einen erheblichen Machtzuwachs.[737]

Letztlich erwiesen sich jedoch alle Bestrebungen, die deutsche Kriegsernährungswirtschaft autark zu machen, als nicht realisierbar. Die Abhängigkeit von Importen, insbesondere bei Futtermitteln und Fetten blieb bis zum Kriegsende bestehen.[738]

Die Mitgliedschaft im Reichsnährstand war Zwang und betraf alle in der Landwirtschaft tätigen Personen einschließlich der Be- und Verarbeitung landwirtschaftlicher Erzeugnisse.[739] Auch das landwirtschaftliche Gut der Kellenrieder Benediktinerinnen hatte sich dem Reichsnährstand unterzuordnen und die Bewirtschaftung nach den gesetzlichen Vorgaben auszurichten.

Agrarpolitik in der Gemeinde Berg

In der Gemeinde Berg amtierte als Ortsbauernführer Josef Knitz, als NSDAP-Ortsgruppenleiter Josef Thurner. Das Amt des Bürgermeisters bekleideten während des Krieges nacheinander Adalbert Waldraff und Dominikus Sterk[740].

Nach Zeitzeugenberichten war Sterk damals der einflussreichste Mann in der Gemeinde Berg. Zusammen mit Ortsbauernführer Knitz sei es ihm gelungen,

---

[736] Zur Rolle der Ortsbauernführer, s. Münkel: Nationalsozialistische Agrarpolitik, 168-176.
[737] Mehrere Ortsbauernschaften wurden zu einer Kreisbauernschaft (1938 rd. 52000) zusammengefasst. Zur Rolle der Kreisbauernführer, s. Münkel: Nationalsozialistische Agrarpolitik, 142-151.
[738] Reinhold Reith: „Hurra die Butter ist alle!" – „Fettlücke" und „Eiweißlücke" im Dritten Reich, in: Michael Pammer/Herta Neiß/Michael John (Hg.): Erfahrung der Moderne, Festschrift für Roman Sandgruber zum 60. Geburtstag, Stuttgart 2007, 403-426.
[739] Unter Landwirtschaft verstand das Gesetz auch die Forstwirtschaft, den Gartenbau, die Fischerei und die Jagd, s. Münkel: Nationalsozialistische Agrarpolitik, 101.
[740] Josef Knitz (1887-1972), Ortsbauernführer in der Gemeinde Berg; Josef Thurner (1881-1960), Ortsgruppenleiter der NSDAP in der Gemeinde Berg; Adalbert Waldraff (1909-1944), Bürgermeister 1938-1940; Dominikus Sterk (1886-1953), Bürgermeister 1940-1945. Auskunft Standesamt Berg am 10.6.2015; Koppmann: Berg im Dritten Reich, 175 und 176.

„das Gemeindeerleben einigermaßen in den gewohnten Bahnen zu halten"[741]. Darunter fiel auch die religiöse Praxis, die keine wesentliche Beeinträchtigung erfuhr.
Knitz galt als besonnener und ruhiger Mann, der den Schwestern gegenüber nicht feindlich gesinnt war. „In stark katholisch geprägten Gegenden, wo der Katholizismus eng mit dem Alltagsleben der Menschen verbunden war, stieß die NS-Kirchenpolitik bei vielen Menschen auf Ablehnung"[742], stellte Christine Arbogast in ihrer Untersuchung über die örtlichen Parteiinstanzen fest. Dies mag auf Knitz ebenfalls zugetroffen haben. Manches Widersprüchliche im Verhalten einiger an verantwortlicher Stelle tätiger Funktionäre lässt sich nur aus deren individueller Sozialisation deuten. „Ohne Personen lassen sich ideologische Systeme und Strukturen nicht erklären, ergänzend zur Sozial-, Struktur- und Alltagsgeschichte, in welche das Einzelschicksal eingeordnet wird"[743].
Über Konflikte oder Auseinandersetzungen mit dem auf der Ökonomie verbliebenen Konvent ist nichts bekannt. Von daher drohte von dieser Seite keine unmittelbare Gefahr wegen eines eventuellen Verstoßes gegen die Ernährungswirtschaft. Knitz war nachweislich kein Parteigenosse und schien sich in Bezug auf die Kellenrieder Ökonomie korrekt verhalten zu haben.
Josef Knitz bekleidete bereits vor 1933 und nach 1945 das Amt des Ortsobmannes der Bauern von Berg. Die Söhne Engelbert und Hermann Knitz[744] berichten, ihr Vater habe immer wieder „betont", dass er kein PG[745] gewesen sei. Seine kritische Haltung habe sich ihnen gezeigt, als er während des Krieges den Frontverlauf betrachtet und den Krieg verurteilt habe, auch Dritten gegenüber. Herrmann Knitz wurde vom Vater aufgefordert, darüber Stillschweigen zu wahren. Knitz' Funktionen als Ortsbauernführer hätten u.a. darin bestanden, die Ablieferungspflichten der Bauern zusammen mit Thurner zu kontrollieren, Kriegsgefangene bzw. Zwangsarbeiter als Hilfskräfte auf die Höfe zu verteilen, die Benzinzuteilung in der Gemeinde zu regeln, den Urlaub der Frontsoldaten zu genehmigen, die zum Ernteeinsatz nach Berg zurück kamen. Herrmann Knitz erinnert sich, sein Vater habe Gespräche mit Nonnen aus Kellenried geführt, bei denen es um die Ablieferungspflicht für Lebensmittel und um die Bitte auf deren Reduzierung für die Klosterökonomie ging.[746]
Gemessen am Verhalten vieler anderer Ortsbauernführer in der Region[747] setzten sich Knitz und Thurner für ihre Landwirte ein und versuchten, jeden Verdacht

---

[741] Ebenda, 175.
[742] Arbogast: Herrschaftsinstanzen, 76.
[743] Kißener/Scholtyseck: Nationalsozialismus in der Provinz, Zur Einführung, in: Kißener/Scholtyseck: Die Führer in der Provinz, 14.
[744] Hermann Knitz, geb. 1934; Engelbert Knitz, geb. 1930, beide wohnhaft in Baienfurt, Landkreis Ravensburg.
[745] PG = Parteigenosse.
[746] Das Interview mit Engelbert und Hermann Knitz führte Jan Koppmann am 13.5.2015 auf Bitte der Verfasserin.
[747] Vgl. Kap. 11, Die benachbarten Klöster Untermarchtal und Sießen, S. 177.
[748] GArB: Akte 389-398 – Ernährungs- und Wirtschaftsamt Ravensburg, hier: 389, Verhängung von Ordnungsstrafen bei Eierablieferung, Milch- Fett- und Eierwirtschaftsverband Stuttgart, Blücherstr. 4,

eines Verstoßes gegen die Ablieferungspflicht von ihnen abzuwenden. Gleichzeitig schützten sie sich damit auch selbst. Sie wehrten sich z.b. im Juli 1943 gegen den Vorwurf des Milch,- Fett- und Eierwirtschaftsverbandes in Stuttgart, das Ablieferungssoll für Eier sei in Berg nicht erfüllt worden. Die vermeintlichen Übeltäter wären zur Rechenschaft zu ziehen und zu bestrafen gewesen. Anhand der von ihnen eingehend geprüften Listen stellten Knitz und Thurner übereinstimmend fest, der Vorwurf sei absolut ungerechtfertigt. Eine Bestrafung sei „deshalb das größte Unrecht, wobei wir nur Un- und Widerwille in das Volk hineintragen würden, was aber vermieden werden muss"[748].

Jan Koppmann hält in seiner Untersuchung über „Berg im Dritten Reich" fest, dass die Bauern zunächst von den Errungenschaften des Reichsnährstandes profitierten. Auf Grund stabiler Agrarpreise, Entschuldungsprogrammen und Zuschüssen für Modernisierungsmaßnahmen[749] erlebten sie anfangs eine gute Zeit und erfuhren hohes Prestige. „Von daher ist es zu verstehen, dass es zwischen den Bauern und der Partei auch vor Ort keine Konflikte gab"[750]. Wer geschickt war, umging die Ablieferungspflicht „und durfte den neugierigen Blicken der Kontrolleure nicht alles zeigen, was an Vorräten vorhanden war"[751].

Arbeitskraft und Arbeitsbedingungen – zwischen Milch- und Getreideproduktion, „Hitler-Miste" und Transportproblemen

Als den Schwestern bei der Beschlagnahmung der Abtei die Ökonomie zur weiteren Bewirtschaftung belassen wurde, sahen sie sich mit den Anforderungen der Kriegswirtschaftsverordnung konfrontiert. Die Bewirtschaftung der Ökonomie erfolgte ohne jede Hilfe von außen. Für die benötigten Futtermittel und andere Materialien waren beim Bürgermeister in Berg Bezugsscheine zu beantra-

---

6.7.1943, an den Bürgermeister Berg, Betr. Verhängung von Ordnungsstrafen wegen mangelnder Eierablieferung 1941/42. Geprüft werden sollten Eierablieferungskarte, Personaldatei, im Verhältnis vom Selbstversorgerbedarf und dem Ablieferungssoll. Antwort Knitz und Thurner am 23.7.1943.

[748] GArB: Akte 389-398 – Ernährungs- und Wirtschaftsamt Ravensburg, hier: 389, Verhängung von Ordnungsstrafen bei Eierablieferung, Milch- Fett- und Eierwirtschaftsverband Stuttgart, Blücherstr. 4, 6.7.1943, an den Bürgermeister Berg, Betr. Verhängung von Ordnungsstrafen wegen mangelnder Eierablieferung 1941/42. Geprüft werden sollten Eierablieferungskarte, Personaldatei, im Verhältnis vom Selbstversorgerbedarf und dem Ablieferungssoll. Antwort Knitz und Thurner am 23.7.1943.

[749] S. ArKe: Celleratur [Mappe 5], Briefe, Landwirtschaft 1936-1962, Fa. J.B. Hagen, Ravensburg, Landmaschinen und Reparaturwerkstätte, Angebot an Abtei Kellenried über eine Zentrifugalhochdruckpumpe zum Preis von RM 842,75, mit dem Vermerk „Das Reich gewährt einen Zuschuss von 25 %".

[750] Koppmann: Berg im Dritten Reich, 176.

[751] Ebenda, 179.

gen.⁷⁵² Sogar der Zubehör für das klostereigene Fahrrad, welches dringend für die Milchlieferungen gebraucht wurde, fiel unter die Antragsvorschriften.⁷⁵³

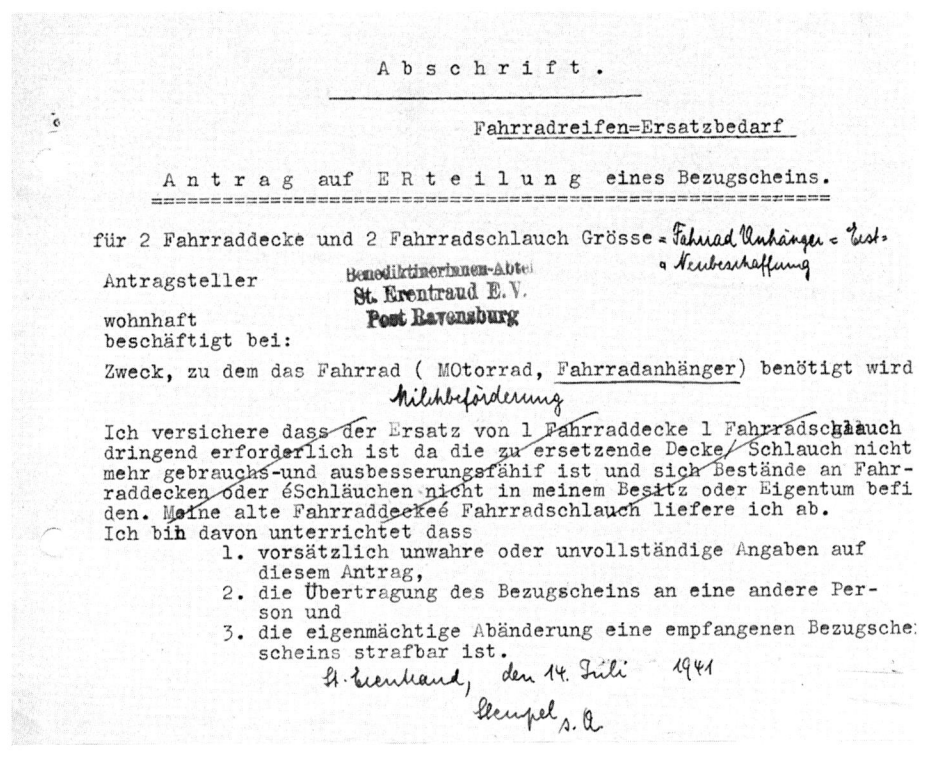

Abb. 23: Antrag für Fahrradzubehör

Alle anfallenden Arbeiten wurden von den Frauen selbst erledigt, sogar das Leeren der Sickergrube im Marschallhaus, Abdichten des Schweinestalls, Dachreparaturen für den Grünfutter-Silo-Schuppen, Fertigung einer Strohtür für den Stall, Spengler-, Schreiner- und Malerarbeiten. Selbst das Pflastern eines Zuweges übernahmen die Schwestern.

Eine besondere Herausforderung stellten die Maßnahmen für eine neue Gülle- und Dunganlage dar.⁷⁵⁴ Das Förderprogramm der NS-Agrarwirtschaft sah u.a.

---

[752] ArKe: Celleratur [Mappe 5], Briefe, Landwirtschaft 1936-1962, u.a. Fa. Engelbert Mayer, Weingarten, Filiale Mochenwangen, Landesprodukte, Aufforderung an Benediktinerinnenabtei St. Erentraud Kellenried die nötigen Futtermittelscheine für 6 Zt. Schweinemastfutter beim örtlichen Bürgermeister zu beantragen, 25.7.1940.
[753] ArKe: Celleratur [Mappe 5], Antrag der Benediktinerinnenabtei Kellenried an Bürgermeister Berg auf Erteilung von Fahrradreifen-Ersatzbedarf und Neuanschaffung Fahrradanhänger, 14.7.1941.
[754] ArKe: Exils-Chronik-Rundbriefe, Bd.1, Kellenried, 15.11.1942, 1.

Zuschüsse zur Verbesserung des Düngens vor.[755] Auch die Bauern in der Gemeinde Berg profitierten davon und legten eine sogenannte „Hitler-Miste"[756] an. Durch ein spezielles Sammelsystem des Sickersaftes konnte mehr Dung gewonnen und dadurch das Grundwasser weniger belastet werden. Neben den Dunganlagen erhielten die Bauern auch Zuschüsse zur Errichtung von Grünfütter-Behältern, den sogenannten „Hitler-Silos".[757]

Mit der Anlage der neuen Gülle- und Dunganlage bei noch winterlichen Temperaturen waren die Kräfte der Kellenrieder Schwestern überfordert, so dass sie beim Erdaushub Hilfe benötigten. Die beachtliche Arbeitsleistung der Frauen dokumentiert sich anschaulich in einem Rundbrief vom März 1944:

„Sie fuhren nicht mit zwei, sondern mit vier Schlitten und brachten es in der ersten Woche auf mindestens 100 Fuhren, die sie an den ersten Tagen allein schafften, während sie später vom Lager Hilfe zum Aufladen bekamen. In der nächsten Woche ging der Betrieb so weiter. Schw. Franziska musste den Handwerkern vorarbeiten und Baumstämme schälen"[758].

Manchmal halfen die Nachbarn mit dem Traktor oder mit schwereren Geräten aus. Da während des Krieges alle verfügbaren Ressourcen der Rüstungsindustrie zukamen, wurde die bis etwa 1943 geförderte Produktion von schweren landwirtschaftlichen Maschinen, z.B. Traktoren, um etwa 90 % gekürzt und im letzten Kriegsjahr ganz eingestellt.[759]

Im Laufe der ersten Kriegsjahre war es den Schwestern gelungen, einige kleinere landwirtschaftliche Geräte anzuschaffen, z.B. wurde im September 1941 ein Kartoffelroder gekauft, welcher sich bei der reichlichen Ernte dieses Jahres bewährte.[760] Insgesamt mangelte es jedoch, wie in allen anderen Betrieben, an Kunstdünger, dessen Produktion auf derselben Stickstoffbasis beruhte wie bei der Pulverherstellung.[761]

Die Zugarbeit in der Landwirtschaft geriet in den letzten beiden Kriegsjahren zunehmend zum Problem. Pferde waren Mangelware und mussten vielfach durch Ochsengespanne ersetzt werden. „Die Apokalypse der landwirtschaftlichen Mechanisierung zeichnete sich auch im Detail unübersehbar ab"[762].

---

[755] ArKe: Celleratur [Mappe 5], Antrag der Benediktinerinnenabtei Kellenried an Bürgermeister Berg auf Reparatur und Verbesserung der Güllegrube und -miste, 11.3.1944.
[756] Übliche Bezeichnung der Berger Landwirte für die Gülle- und Dunganlage, Auskunft Jan Koppmann an die Verfasserin, 2.2.2015.
[757] Koppmann: Berg im Dritten Reich, 176; ArKe: Celleratur [Mappe 5], Fa. Paul Lechner Stuttgart, Lieferschein für Benediktinerinnenabtei St. Erentraud Kellenried über 75 kg Palesit-Dachanstrich, 30.7.1942; Bürgermeister Sterk stellte der Benediktinerinnenabtei St. Erentraud Kellenried die entsprechende Dringlichkeitsbescheinigung für den neuen Dachanstrich des 1939 angelegten Grünfutter-Silos am 8.8.1942 aus.
[758] ArKe: Exils-Chronik-Rundbriefe, Bd. 1, Kellenried, 12.3.1944, 1.
[759] Klaus Hermann: „Maschinen braucht das Land" – Die Mechanisierung der südwestdeutschen Landwirtschaft 1933-1945, in: Burkarth/Holtwick: Dorf unterm Hakenkreuz, 168ff.
[760] ArKe: 031 Annalen 1941, 19.10.1941, 98.
[761] Götz Aly: Hitlers Volksstaat, Frankfurt a.M. 2005, 195.
[762] Klaus Hermann: "Maschinen braucht das Land", 170.

Totaler Krieg und Vollbeschäftigung

Ein Ochsengespann besaß auch die Klosterökonomie in Kellenried, welches den Frauen stets gute Dienste leistete. Im Winter 1942 hatten die Nonnen noch auf den Erwerb eines Traktors gehofft. Äbtissin Scholastica stimmte zwar dem Ankauf zu, aber es ließ sich keine Zugmaschine mehr beschaffen. „So muss man sich weiter mit den braven Ochsen begnügen"[763].

Abb. 24: Ökonomieschwester mit Ochsengespann

Zur Ablieferungsstelle nach Ravensburg oder nach Niederbiegen zu gelangen wäre ohne das Gespann kaum möglich gewesen. Wie wertvoll diese Transportmöglichkeit war, zeigt sich in verschiedenen Berichten über die reich ausgefallene Apfelernte im Herbst 1941. Die Chronistin vermerkt eine große Anzahl von Kisten, welche an die Sammelstelle in Ravensburg abgeliefert wurden, dazu vieles für den eigenen Bedarf eingekellert oder vermostet.[764]
Über weitere Lieferungen von 42 Kisten Kartoffeln an die Sammelstelle Ravensburg geben die Annalen im November 1941 Auskunft. Die Abgabestelle für Honig befand sich an einer anderen Sammelstelle, die auf der anderen Seite von Berg lag. Dazu schreibt die Chronistin: „Sie [die Schwestern] kamen in ein kleines Kramlädele mit allem, was man sich auf dem Lande nur wünschen kann. Der Honig sollte flüssig sein zum Abliefern"[765].
Auch über die Verteilung von Lebensmitteln an Obdachlose, Bombenflüchtlinge, Familien aus dem Osten und sogar an Italiener wird berichtet, vermutlich aus den nicht abgelieferten Beständen des Eigenbedarfs.
Durch Frau Cäcilia Bibers Sachkenntnis in der Baumpflege konnte in fast allen Jahren eine überreiche Kirschenernte erzielt werden. Im Oktober 1942 lieferten die Schwestern zwei Zentner Kirschen an die Sammelstelle ab. Die restliche Ernte, soweit nicht selbst verarbeitet, wurde an die Nachbarn zu 20 Pfennig pro Korb verkauft.[766] Etwa 23 Zentner Obst brachte Frau Cäcilia im Oktober 1943

---

[763] ArKe: 031 Annalen 1942, 6./7.12.1942, 85f.
[764] ArKe: 031 Annalen 1941, 19.10.1941, 98.
[765] ArKe: Exils-Chronik-Rundbriefe, Bd. 1, Kellenried, 9.11.1941, 1.
[766] Ebenda: Kellenried, 8.9.1942, 2; 031 Annalen 1942, 15.7.1942, 52.

mit dem Ochsengespann nach Niederbiegen.[767] Bei der Kirschenernte in Kellenried halfen in verschiedenen Jahren auch die vier ältesten fürstlichen Kinder aus Zeil, von denen die Annalen vermerken, sie seien „außerordentlich lieb und anspruchslos" gewesen.[768]
Der Wollanfall aus der gewonnenen Schafswolle musste bei der Reichswollverwertung in Ulm angemeldet und nach dort versandfertig gemacht werden. Hier wurde der Preis festgesetzt und auf das Konto des Klosters überwiesen. Die private Vermarktung war hier grundsätzlich untersagt.[769]
Eine besondere Rolle spielte die Milchwirtschaft. Dazu gehörten die sorgfältige Pflege des Stalls und die Aufzucht neuer Rinder.[770] Tägliche Lieferungen an die OMIRA[771] sind bis zum Kriegsende in den Annalen dokumentiert.[772] Auch hier mussten die Ablieferungsvorschriften streng eingehalten werden. Bei Zuwiderhandlung gegen die Milchablieferung oder Schwarzbuttern waren die verhängten Geld- oder Gefängnisstrafen erheblich.[773] Die Registrierungsstelle für Milch befand sich bei Landwirt Johannes Berger[774] in Baienbach. Die Bezahlung erfolgte je nach Fettgehalt zuzüglich der Reichsunterstützung durch die OMIRA.[775]

Das Milchauto war bei den begrenzten Transportkapazitäten der letzten Kriegsmonate und nach Kriegsende oft die letzte Möglichkeit, von der Anhöhe in Kellenried ins Tal und umgekehrt zu gelangen. Davon machten Äbtissin und Konventualinnen sowie mehrere Besucher reichlich Gebrauch. Bei der Beerdigung von Sr. Dorothea Rendl im Januar 1944 kamen sogar die Trauergäste mit dem Milchauto zum Friedhof.[776]
Die Ökonomie-Schwestern erwiesen sich bei verschiedenen Anlässen als außerordentlich kreativ. Mit dem Ochsengespann wurde zu Pfingsten 1942 eine beträchtliche Ladung in die Klosterkirche heraufgeschafft, darunter ein Harmonium, hohe Pontifikalkerzen, rote Teppiche und ein Kronleuchter.[777] Anlässlich

---

[767] ArKe: Exils-Chronik-Rundbriefe Bd. 1, Kellenried, Oktober 1943, 2.
[768] ArKe: 031 Annalen 1944, 25.7.1944, 86.
[769] ArKe: Celleratur [Mappe 5], Schreiben Fa. Reiff Wolle GmbH an Benediktinerinnenabtei St. Erentraud, Betr. Schafwolleinsendung, Ulm, 3.6.1938.
[770] ArKe: 031 Annalen 1944, 9.8.1944, 100.
[771] OMIRA = Oberland-Milchverwertung Ravensburg GmbH, gegründet 1929 in Ravensburg zur Verarbeitung und Vermarktung der regionalen Milch. Der Schwerpunkt lag auf der Produktion von Butter und Trockenmilch, s. http://www.omira.info, aufgesucht am 12.2.2015;
[772] Beginn der Zusammenarbeit mit der OMIRA war der 1.10.1938, s. ArKe: Celleratur [Mappe 5], Schreiben OMIRA an Benediktinerinnenabtei St. Erentraud, Ravensburg, 27.9.1938.
[773] Münkel: Nationalsozialistische Agrarpolitik, 380f.
[774] Johannes Berger (1898-1972), Käsemeister in Baienbach. Er stellte auf seinem Betrieb Butter und Käse her. Freundliche Auskunft der Tochter, Antonia Schramm geb. Berger, Ingolstadt, an die Verfasserin, 17.5.2015.
[775] ArKe: Celleratur [Mappe 5], Schreiben OMIRA an Benediktinerinnenabtei St. Erentraud, Ravensburg, 28.11.1941.
[776] ArKe: Exils-Chronik-Rundbriefe, Bd. 1, Kellenried, 16.1.1944, 2.
[777] Ebenda: Kellenried, Dreifaltigkeitssonntag 1942.

des Besuches von Äbtissin Maria Rosa Fritsch von Cronenwald OSB[778], St. Gabriel, funktionierten die Schwestern im Juli 1944 ihren kleinen Wagen („Gummiwägele") zur Kutsche mit Sitzgelegenheit um, so dass die Äbtissin damit standesgemäß von Niederbiegen nach Kellenried hinauf befördert werden sollte. Letztlich kam Äbtissin Fritsch von Cronenwald jedoch mit dem Milchauto im Marschallhaus an.[779]

Als die Schwestern während eines Tieffliegerangriffs im August 1944 mit dem Gespann nach Ravensburg unterwegs waren, brachten sie sich samt dem Ochsen im Graben in Sicherheit[780], eine lebensgefährliche Situation, die sich später glücklicherweise nicht mehr wiederholte. Bei Botengängen oder Frachtgutgeschäften in Ravensburg hütete Frau Anna Beck in der Regel die Ochsen in ihrem Garten in der Georgstraße, welche nahe beim Bahnhof liegt.[781]

1944 profitierten die Schwestern überraschend von frei gewordenen Pferden aus dem „Lager" Untermarchtal[782]. Da der Busverkehr eingestellt worden war, brauchte das „Lager" Kellenried für die vielen Frachten ein geeignetes Beförderungsmittel. Als Stall diente die überflüssig gewordene Garage. Die Grasflächen vor der Kirche wurden eingezäunt und für die Pferde übergeben. Das Futter sicherte Ortsbauernführer Knitz zu, und für die Wagen wurde ein kleiner Schuppen angebaut. Die Pferde kamen auch der Ökonomie zugute, da damit Frachten aus dem Kloster an die Bahn transportiert oder vom Lager mitgebracht werden konnten. Ansonsten standen dafür nur Ochsengespann oder Handwagen zur Verfügung.[783]

Abb. 25: Ökonomieschwester mit Hund

---

[778] Maria Rosa Fritsch von Cronenwald OSB, Benediktinerin von St. Gabriel (1898-1954), Profess 1926, Äbtissin von St. Gabriel 1943-1954.
[779] ArKe: 031 Annalen 1944, 16.7.1944, 90.
[780] ArKe: Exils-Chronik-Rundbriefe, Bd.1, Kellenried, 6.8.1944, 1
[781] ArKe: 031 Annalen 1944, 16.7.1944, 90.
[782] Ebenda: 27.7.1944, 95. Das „Lager" Untermarchtal wurde von Juni bis August 1944 vollständig zugunsten der Wehrmacht (Lazarett) geräumt, s. Grasmannsdorf: Umsiedlungslager, 102.
[783] ArKe: 031 Annalen 1944, 27.7.1944, 95f.

Die Winterarbeit in Kellenried entsprach den üblichen Gepflogenheiten aller landwirtschaftlichen Betriebe, sobald die Arbeit im Freien ruhte.
Als Beispiel sei der außergewöhnlich kalte Winter im Jahre 1942 angeführt: „Überall türmen sich so Schneemassen, wie man sie seit Menschengedenken nicht mehr erlebt hat"[784]. Während der Wintermonate wurden Körbe, Matten, Säcke ausgebessert, Obst gedörrt, in der Bauhütte für den täglichen Bedarf geschreinert und Strohhüte für die Sommerarbeit geflochten.
Die Schwestern nutzen auch die Zeit, um sich von der übergroßen Arbeitslast der Sommer- und Herbstzeit zu erholen.[785] Insgesamt war das Arbeitspensum aller in der Landwirtschaft beschäftigten Frauen enorm und stieg im Verlaufe des Krieges ständig an. Die vorgeschriebene Arbeitsstundenzeit von 10 Stunden wurde bei weitem überschritten. „Mehrere zeitgenössische Untersuchungen zur Bestimmung der täglichen Arbeitszeit von Bäuerinnen kommen auf einen Wert von 16 und 19 Stunden"[786].
Immer wieder fuhren einige der Frauen zur Erholung nach Zeil, „um da oben monastische Luft zu schöpfen im Opus Dei, in den Konferenzen von teuerster Hw. M. und im Gemeinschaftsleben (...). Auch die jährlichen Exerzitien riefen viele Mitschwestern in die „Abtei" Zeil"[787].
Im August 1942 verbrachte auch Frau Rosalia Marschall einige Erholungstage auf Schloß Zeil. „Sie durfte – wie auch im Marschallhaus – überall dabei sein, im Refektorium, in der Rekreation und bei der Arbeit. Sie ist nun ganz eingelebt in die klösterlichen Bräuche und macht mit einer geradezu rührenden Gewissenhaftigkeit alles mit"[788], berichten die Klosterannalen über den Besuch.
Mit zunehmender Kriegsdauer machten sich wie überall auch in Kellenried die allgemeinen Beeinträchtigungen in der Landwirtschaft durch Betriebsstoffmangel und Fliegeralarme bemerkbar.[789]

Abgabeverordnung und andere behördliche Vorschriften
Kartoffeln nach Trier und Eibingen

Auf Grund der strengen Lebensmittelvorschriften war es nicht ohne weiteres möglich, Ernteüberschüsse an notleidende Bekannte, Freunde oder benachbarte Klöster abzugeben. Es ist davon auszugehen, dass dies allenthalben trotzdem geschah, vor allem, als gegen Kriegsende die Ernährungslage immer problematischer wurde.
Die Kellenrieder Ökonomie hatte im Jahre 1941 einen großen Überschuss an Kartoffeln erwirtschaftet. So lag es nahe, die beiden zur Kongregation gehörenden Abteien St. Matthias Trier und St. Hildegard Eibingen damit zu versorgen.

---

[784] ArKe: 031 Annalen 1942, 14.12.1942, 89.
[785] Ebenda, 90.
[786] Zitiert nach Münkel: Nationalsozialistische Agrarpolitik, 441.
[787] ArKe: 032 Chronik 1940-1945, 3f.
[788] ArKe: 031 Annalen 1942, 5.8.1942, 55.
[789] ArKe: 031 Annalen 1944, 18.6.1944, 75.

Dafür bedurfte es eines Antrags an den Gartenbauwirtschaftsverband Württemberg, Stuttgart, zumal beide Klöster außerhalb Württembergs lagen. Der Bitte um Ausfuhr von Kartoffeln wurde nicht stattgegeben, mit der Begründung, die Ernteerträge müssten in der Region verbleiben.
Auch überschüssiges Obst und Gemüse nach Zeil und Beuron zu schicken, bedurfte der Genehmigung. Frau Cäcilia Biber hatte argumentiert, die Adressaten seien in beiden Fällen Mitglieder der Kommunität und durch die Beschlagnahmung 1940 in mehrere Gruppen geteilt worden. In Kellenried sei man gezwungen, das überschüssige Obst an die Abgabestelle zu verkaufen, während die Mitschwestern das Obst in Sigmaringen oder Leutkirch überteuert einkaufen müssten. Dies stelle eine unzumutbare Härte dar.[790] Frau Cäcilia erhielt ausnahmsweise die Bewilligung, das Stein- und Kernobst zu versenden, was sonst an Adressaten außerhalb des Landkreises Ravensburg nicht gestattet gewesen wäre. Die dortige Bezirksabgabestelle musste informiert und die Genehmigung auf den Frachtbriefen eingetragen werden.[791]

Ankauf von Nutztieren – Zuchtschwein und Rind aus Beuron, Kükenhaltung

Als die Klosterökonomie in Beuron ein Zuchtschwein erstand, wurde diese zunächst harmlos erscheinende Begebenheit den Schwestern fast zur Falle. Im Dezember 1942 sollte das Tier per Frachtgut mit der Bahn nach Niederbiegen befördert werden. „Doch heute kauft man nicht ohne weiteres. Da gehört der Bauernführer und die Genehmigung dazu (Frachtbrief) etc."[792], heißt es im Rundbrief aus Kellenried. Daraus wird deutlich, dass auch der landwirtschaftliche Betrieb in Kellenried vom Wohlwollen des Orts- bzw. Kreisbauernführers abhing. Der Schweinetransport verzögerte sich um zwei Tage und stellte die Schwestern vor Transport- und Quittierungsprobleme. Wäre das Tier nicht mehr aufgetaucht, hätte dies eine behördliche Untersuchung zur Folge gehabt. Auf Schwarzschlachten, heimliche Viehverkäufe von Vieh oder Schleichhandel z.B. standen laut Kriegswirtschaftsverordnung hohe Strafen.[793] Im April 1944 kam es noch einmal zum Erwerb eines Nutztieres aus Beuroner Beständen. Diesmal handelte es sich um ein Rind, welches pünktlich in Niederbiegen eintraf und „im Triumph" von zwei Schwestern hinaufgeführt wurde. „Vor dem Marschallhaus wurde es von allen mit Freuden empfangen und von den frommen Köchinnen mit geweihtem Brot und Salz gefüttert"[794].

---

[790] ArKe: Celleratur [Mappe 5], Antrag Benediktinerinnenabtei St. Erentraud an den Vorsitzenden des Gartenbauwirtschaftsverbandes Württemberg, Herrn Siess, Kellenried 29.7.1941.
[791] ArKe: 031 Annalen 1941, 19.5.1941, 53; Annalen 1942, 27.8.1942, 61; ArKe: Celleratur [Mappe 5], Brief Gartenbauwirtschaftsverband Württemberg, Der Vorsitzende an die Benediktinerinnenabtei Kellenried, Betr. Obstlieferungen, 4.8.1941.
[792] ArKe: Exils-Chronik-Rundbriefe, Bd. 1, Kellenried, 14.12.1942.
[793] Münkel: Nationalsozialistische Agrarpolitik, 383.
[794] ArKe: 031 Annalen 1944, 23.4.1944, 55.

Zur obligatorischen Nutztierwirtschaft gehörte auch die Geflügelzucht. Auf dem Kellenrieder Klostergut, später auch in Zeil, spielte die Hühnerhaltung eine große Rolle. Die Schwestern machten 1940 gern von den kurios anmutenden „Reichsrichtlinien für die Kükenverbilligungsaktion" Gebrauch und stellten einen Antrag auf Beschaffungsbeihilfe für Junggeflügel. Dem Antrag wurde stattgegeben. Demzufolge wurden 110 Küken erworben mit einem Preisnachlass von RM 0,10 pro Tier, anzuweisen über die Oberkasse der Landesbauernschaft.[795]

Aus den Akten der Kellenrieder Celleratur geht hervor, dass der Verwaltungsaufwand innerhalb des Reichsnährstandes enorm war und viel Zeit und Kraft in Anspruch nahm. Neben der praktischen Arbeit auf dem Klostergut galt es, sich auch dieser Aufgabe zu stellen, um den Betrieb kompetent zu führen und nicht durch eventuelle Unachtsamkeiten in das Visier der Kontrollbehörden zu geraten.

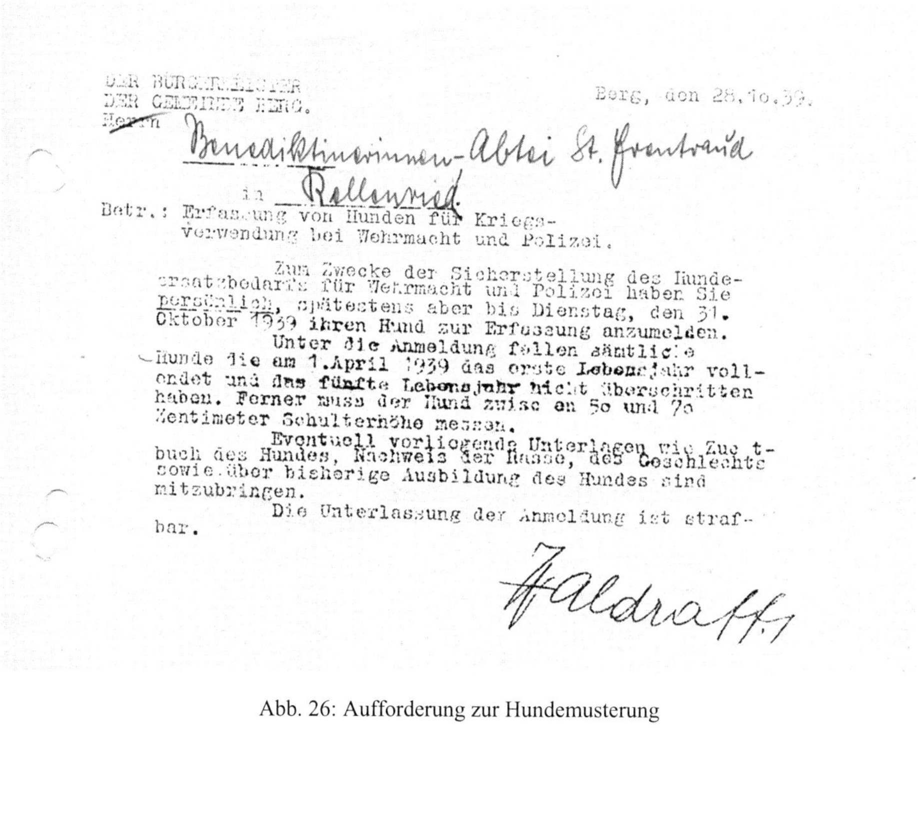

Abb. 26: Aufforderung zur Hundemusterung

---

[795] ArKe: Celleratur [Mappe 5], Reichsnährstand, Landesbauernschaft Württemberg, Verwaltungsrat an Benediktinerinnenabtei Kellenried, Betr. Beschaffungsbeihilfe für Junggeflügel, Stuttgart, 20.6.1940.

Hundemusterung für die Wehrmacht

Seltsame Blüten trieb die Aufforderung zu einer behördlichen Hundemusterung für Wehrmachts- und Polizeizwecke im Dezember 1943.[796] Sr. Teresita Lenz wurde ausersehen, den klostereigenen Hund Mohrle in Fronhofen beim Bürgermeisteramt vorzuführen. „In aller Herrgottsfrühe öffneten sich die Türen und Jung und Alt, Männer oder Frauen, Kinder oder Mädchen zu Fuß oder Rad strömten in Begleitung der Hausköter, groß und klein, alt und jung, reinrassig oder undefinierbar nach Fronhofen"[797], teilte die Kellenrieder Chronistin nicht ohne Ironie der übrigen Gemeinschaft mit. Da nur größere Hunde mit einer Schulterhöhe von 50 und 70 cm infrage kamen, durfte der Kellenrieder Klosterhund wieder an seinen Platz zurückkehren. Auch die Beuroner Klosterchronik berichtet von einer ähnlichen Hundeschau.[798]

Verdunklung der Klosterkirche

Auch die Verdunklungsanordnung zwang die Schwestern Weihnachten 1941 zu einer ungewöhnlichen Maßnahme. Dank des unerschöpflichen, in diesem Fall nicht ungefährlichen Unternehmungsgeistes der Ökonomieschwestern gelang es, die Fenster in der Klosterkirche mit großen schwarzen Tüchern zu verhängen. „Die Verdunklung war eine sehr wichtige und wesentliche Vorbereitung auf Weihnachten. Sie ermöglichte, dass das Mitternachtsamt am Hauptaltar gefeiert werden konnte"[799].

Abtransport der Glocken

Mit Wehmut wurde zum Jahresbeginn 1942 in Kellenried, aber auch in der ganzen Umgebung, die Abnahme der Glocken aufgenommen. Verantwortlich dafür war die Reichsstelle für Metalle in Berlin, eine ausführende Stelle des Reichswirtschaftsministeriums, welche die Zuteilung der Rohstoffe und die Verwendung der Produkte steuerte. Die Glockenverordnung galt der Einschmelzung und der Metallgewinnung für die Rüstungsindustrie.[800] Pro Kirche wurde nur eine Läuteglocke zugestanden, meistens die leichteste. Auf diese Ausnahme hatte auch Zimmermeister Hermann Briemle in Weiler hingewiesen, der offiziell beauftragt war, die Glocken abzunehmen.

---

[796] Eine solche Anordnung war auch schon kurz nach Kriegsausbruch vom Bürgermeister in Berg an alle Hundehalter ergangen, s. ArKe: Celleratur [Mappe 5], Anordnung Bürgermeister Waldraff, betr. Erfassung von Hunden für Kriegsverwendung bei Wehrmacht und Polizei, Berg, 28.10.1939.
[797] ArKe: Exils-Chronik-Rundbriefe, Bd. 1, Kellenried, 5.12.1943.
[798] ArBeu: Chronik 1940-1945, 50.
[799] ArKe: 031 Annalen 1941, 17.12.1941, 114.
[800] Gerhard Werle: Justiz-Strafrecht und polizeiliche Verbrechensbekämpfung im Dritten Reich, Verordnung zum Schutz der Metallsammlung des deutschen Volkes vom 29.3.1940, 304f.

Die zentrale Erfassung aller Glocken im Bistum Rottenburg geschah im Frühjahr 1940 durch das Bischöfliche Ordinariat.[801]
Die drei Glocken der Kellenrieder Klosterkirche waren 1933 von der Firma Georg Wolfart in Lauingen/Donau gegossen worden. Ein viertes Signalglöckchen gehörte nicht zum Geläute und wurde deshalb vom Kloster reklamiert, um die nötigen Zeichen innerhalb des Klausurgebietes, vor allem in Feld und Wald, geben zu können.[802] Die Schwestern beriefen sich auf ihren staatlich anerkannten Status als eigene Rechtspersönlichkeit (e.V.) und baten, wie vom Landratsamt empfohlen, das Ordinariat in Rottenburg um eine entsprechende Bestätigung.[803]

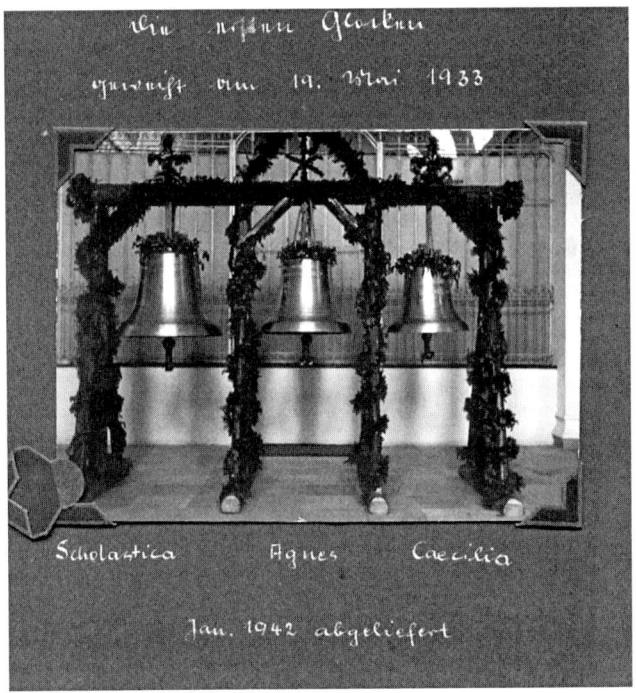

Abb. 27: Glocken Scholastica, Agnes, Cäcilia,
abgeliefert im Januar 1942

---

[801] ArKe: Celleratur [Mappe 2], Dokument einer Aufzählung von 4 Glocken ohne Datum; Brief Benediktinerinnenabtei Kellenried an Bischöfliches Ordinariat Rottenburg, Betr. Abgabe der Glocken, 2.4.1940.
[802] Ebenda: Eilbrief GV Kottmann an alle Pfarrämter, nachrichtlich an die Klöster bez. der vom Reichswirtschaftsminister verfügten Richtlinien zur Glockenabnahme, betr. Ordnungserlass A 8 437 vom 26.11.1941; Ebenda: Benediktinerinnenabtei Kellenried an Landratsamt Ravensburg, betr. Kirchenglocken, 9.2.1942.
[803] Ebenda: Brief Benediktinerinnenabtei Kellenried an Bischöfliches Ordinariat Rottenburg, betr. Glockenabnahme, 12.2.1942.

Trotz der beigebrachten Bescheinigung wurde der Beschwerde nicht stattgegeben, auch die kleine Feldglocke musste abgeliefert werden. Zimmermeister Briemle hatte deswegen nochmals bei der vorgesetzten Dienststelle interveniert. Er teilte den Nonnen mit: „Ich werde Ihnen dieses Glöcklein gern wieder auf Ihrem Turm aufhängen, wenn es möglich ist"[804]. Obwohl Briemle in der Sache nichts erreichte, ist seine Intervention doch ein Beweis für die Wertschätzung, die er dem Kloster gegenüber zum Ausdruck brachte.
Eine Entschädigung wurde nicht gezahlt, da die Ablieferungspflicht als Beitrag für den „großdeutschen Freiheitskampf" verstanden wurde.
Am Tag vor der Abnahme (19.1.1942), wollten die Schwestern dieses für alle bedrückende Ereignis nicht sang- und klanglos verstreichen lassen und ließen zum Amt und zur Vesper alle Glocken läuten. „So fuhren dann Sr. Meinrada und Ancilla durch die Winde hinaus und ließen die Glocken noch einmal feierlich erklingen, während wir die Terz anhuben"[805].

Neue Gefahr für die Klosterökonomie

Trotz der ständigen Kontrollen und Überwachungsaktionen war die Bewirtschaftung der Klosterökonomie keineswegs dauerhaft gesichert. Immer wieder interessierten sich Abordnungen und Kommissionen verschiedener Herkunft für das Haus, zumal das Konventsgebäude nach der Vertreibung der Nonnen ein ganzes Jahr leer stand.
Es galt weiterhin, auf der Hut zu sein. „Die Katze ist auf dem Sprung", bemerkte die Chronistin Johanna Guntli angesichts einer Information aus „sicherer Quelle", auch Kirche und Ökonomie sollten der Beschlagnahmung zum Opfer fallen.[806]
Mitte September 1941 versuchte der Diözesancaritasverband in Stuttgart, sich durch eine allgemeine Erhebung in den Klöstern ein Bild über den Eingriff des Staates in die Dienstverpflichtungen für Klosterfrauen zu machen. Cellerarin und Subpriorin Agnes Trescher teilte daraufhin dem DCV mit, es habe in Kellenried ein Herr vom Arbeitsamt vorgesprochen und sich nach der Anzahl der auf der Ökonomie beschäftigten Schwestern und nach eventuellen Zivilangestellten erkundigt. „Als er erfuhr, dass wir keine männlichen Arbeitskräfte beschäftigen und die ganze Arbeit in der hiesigen Landwirtschaft von den hiesigen Schwestern geleistet wird, hielt er seine Mission für erledigt"[807]. In den übrigen Exilstationen hatten bis dahin noch keine Arbeitsamtkontrollen stattgefunden.

---

[804] Ebenda: Mitteilung Zimmermeister Hermann Briemle an Klosterverwaltung St. Erentrudis, Weiler bei Berg, 11.2.1942.
[805] ArKe: Exils-Chronik-Rundbriefe, Bd.1, Kellenried, 4.1.1942, 1. Die heutigen Glocken der Klosterkirche wurden nach Kriegsende neu gegossen. An den Kosten beteiligte sich auch Herzogin Marie von Württemberg mit einer Spende, s. ArKe: Briefwechsel Adel, Fasc. Brief Herzogin Marie von Württemberg an Äbtissin Riccabona, Altshausen, 12.12.1950.
[806] ArKe: 032 Chronik 1940-1945, 2.
[807] ArKe: Celleratur [Mappe 2], Brief Abtei St. Erentraud an DCV in Stuttgart, Kellenried, 25.9.1941.

Im Juni 1942 erschien eine fünfköpfige Kommission, die sich nicht weiter vorstellte, zeigte großes Interesse an der Ökonomie und versetzte die Schwestern in Angst und Schrecken. Mit der Beschlagnahmung der Landwirtschaft wäre der letzte Draht zum Klostergebäude und zur Kirche gekappt und auch eine der wichtigsten Erwerbsquellen für die Klosterfrauen verloren: „Gott sei Dank blieb der unheimliche Besuch ohne Folgen"[808], atmete die Chronistin erleichtert auf.
In welche Zwänge die Schwestern leicht hätten geraten können, beweisen die ständig steigenden Arbeitszeitnormen und die damit verbundenen regelmäßigen Kontrollen durch das Arbeitsamt.
Im Januar 1940 war das tägliche Arbeitspensum mit gewissen Ausnahmen auf 10 Stunden festgelegt worden. Die Nachtarbeit für Frauen und Jugendliche wurde nur auf Grund besonderer Ausnahmen genehmigt.[809]
Bereits am Pfingstmontag 1942 hatte Äbtissin Scholastica wegen der großen Arbeitsbelastung ein vereinfachtes Offizium angeordnet.[810]
Im Sommer 1942 drohte verstärkt die Gefahr der Kriegsdienstverpflichtung. Da der Versuch, Frauen auf freiwilliger Basis für die Rüstungsindustrie zu gewinnen, nicht den gewünschten Erfolg brachte, suchte die Arbeitsverwaltung durch sogenanntes Auskämmen und Stilllegen von Betrieben händeringend nach bisher nicht genutzten Ressourcen.[811] Es erhebt sich daher die Frage, ob das Interesse der Kommission an der Ökonomie auf diesem Hintergrund zu sehen ist. Äbtissin Scholastica sah sich daher gezwungen, das Offizium in Kellenried der Situation anzupassen.
„Da die Gefahr, vom Arbeitsamt für irgendein kriegswichtiges Unternehmen angefordert zu werden (…) wieder sehr akut geworden ist, schien es ratsamer zu sein, die Vesper nicht mehr mitten am Tage oben in der Kirche zu halten. H.M. bestimmte, dass sie über den Sommer unten im Marschallhaus gehalten werden und zwar nur noch rezitiert. Das bedeutete für die so eifrigen Lobsängerinnen Gottes ein großes Opfer, was sie aber großherzig brachten"[812]. Die Äbtissin wollte auch vorbeugend dem Vorwurf aus dem Wege gehen, die vorgeschriebene Arbeitszeit sei durch die Gebetseinheiten unterbrochen worden. Die Gefahr einer Denunziation war täglich gegeben. Durch die Bereitschaft vieler Zuträger wurden Verstöße gegen die Reichsnährstandsverordnungen angezeigt und bestraft.[813] Es war Aufgabe der Kreisleiter, den Arbeitseinsatz der Frauen in enger Zusammenarbeit mit der NS-Frauenschaft[814] zu organisieren. Dabei boten sich zahlreiche Gelegenheiten, unliebsame Personen zu denunzieren und zu drangsa-

---

[808] ArKe: 031 Annalen 1942, 25.6.1942, 48.
[809] Recker: NS- Sozialpolitik, 52.
[810] ArKe: 031 Annalen 1942, 24.5.1942, 39f.
[811] Winkler: Frauenarbeit, 110.
[812] ArKe: 031 Annalen 1942, 3.7.1942, 49.
[813] Münkel: Nationalsozialistische Agrarpolitik, 479.
[814] NS-Frauenschaft (NSF), gegründet 1931 als Zusammenschluss mehrerer nationaler und nationalsozialistischer Frauenverbände, zielte auf die Einbindung der Frauen in das Regime sowie deren ideologische Beeinflussung ab.

lieren.⁸¹⁵ Gleichwohl ist während der gesamten Kriegszeit in Bezug auf die Kellenrieder Benediktinerinnen kein Fall von Denunziation bekannt geworden.

---

⁸¹⁵ Arbogast: Herrschaftsinstanzen, 64.

11. Ein Blick auf die benachbarten Klöster Untermarchtal und Sießen

Am Beispiel der Untermarchtaler Vinzentinerinnen und der Sießener Franziskanerinnen wird deutlich, auf welch unsicherem Boden sich die Kellenrieder Kommunität bewegte. In den Strudel des oft nach Belieben angewendeten Deliktparagrafen der Kriegswirtschaftsverordnung gerieten im Sommer 1941 die Untermarchtaler Schwestern. Es handelte sich dabei um den Vorwurf, sie hätten „Erzeugnisse, die zum lebenswichtigen Bedarf der Bevölkerung gehören, beiseite geschafft oder zurückgehalten und dadurch böswillig die Deckung dieses Bedarfs gefährdet, u.a. habe die Generalökonomin Tausende von Eiern nicht abgeliefert, sondern im Lazarett verbraucht und habe 2000 Eier ins Marienhospital nach Stuttgart geschickt"[816]. Die Anzeige hatte der für Untermarchtal zuständige Kreisbauernführer getätigt, obwohl die Vinzentinerinnen im Sinne der Kriegswirtschaftsverordnung bis dahin als Selbstversorger gegolten hatten und die Anklage auf nicht gesicherten Angaben beruhte.[817] Offensichtlich sollte hier ein Exempel statuiert werden, um die Kongregation zur Selbstauflösung zu zwingen. Es kam im Sommer 1942 vor dem Sondergericht in Stuttgart zu einem Strafverfahren, bei welchem mehrere Schwestern und weitere Personen, die mit dem Kloster in geschäftlichen Beziehungen gestanden hatten, zu Haft- und Geldstrafen verurteilt wurden. Das Vermögen der Kongregation mit allen ihren Filialen war bereits am 8. Juli 1941 eingezogen worden[818], trotz erheblicher Proteste durch Caritaspräsident Kreutz und Generalvikar Kottmann in Berlin[819]. Damit war Untermarchtal das einzige Kloster im Bistum Rottenburg, welches vollständig enteignet wurde.

Kottmann brachte in seiner Beschwerde gegenüber dem Reichssicherheitshauptamt die Sache auf den Punkt: „Entweder sind die Schwestern Reichsfeinde oder sie sind keine. Sind die Schwestern Reichsfeinde, warum lässt man sie dann bis zum heutigen Tage wirken. (…) Sind die Schwestern Reichsfeinde, dann ist es schwer verständlich, dass Tausende deutscher Soldaten und Volksgenossen von Reichsfeinden verpflegt und betreut werden. Sind die Schwestern aber keine

---

[816] Tüchle: Die barmherzigen Schwestern, 124f.; Mertens: Himmlers Klostersturm, 179-184; Leugers: Eine Mauer bischöflichen Schweigens, 154.
[817] Mertens: Himmlers Klostersturm, 183.
[818] Tüchle: Die barmherzigen Schwestern, 122; Mertens: Himmlers Klostersturm, 181; August Hagen: Die Genossenschaft der Barmherzigen Schwestern zu Untermarchtal, ein geschichtlicher Abriß zu ihrem einhundertjährigen Bestehen, Stuttgart o.J., 99ff.
[819] DAR: G1.1 /C 2 1k: Rechtsbeschwerde Kottmann an den Reichsminister des Inneren (RMdI), 14.3.1942; DAR: G 1.5/56, Kottmann an das Reichssicherheitshauptamt (RSHA), 27.3.1942; Tüchle: Die barmherzigen Schwestern, 122.

Reichsfeinde, so stelle man unverzüglich ihre Ehre wieder her und gebe ihnen alles das wieder, was ihnen genommen wurde"[820].
Unter den zu mehrmonatigen Haftstrafen verurteilten Vinzentinerinnen befanden sich auch die Generalökonomin, Sr. Felicia Landers[821], und die Generaloberin, M. Euphemia Burger.[822] Die Kellenrieder Annalen berichten mehrfach über den Untermarchtaler Prozess, Korrespondenzen und persönliche Begegnungen von Generaloberin Euphemia mit Äbtissin Scholastica in Stuttgart und auf Schloß Zeil. „Sie [M. Euphemia] erzählte, dass es furchtbare Tage waren, aber dass sie auch deutlich die Nähe und Hilfe des Herrn erfahren durften, und Augenzeugen berichten, dass alle Schwestern sich beim Verhör großartig benommen hätten, ruhig und gefasst. Es habe sich erfüllt, was der Herr uns verheißen hat, ‚et Spiritus sanctus loquetur ex vobis'"[823].
In Sießen wurde im Juli 1941 die Ökonomin, Sr. M. Adelberga Kurz[824] von der Kontrollbehörde (Ernährungsamt) wegen des Verbrauchs der selbsterzeugten und gekauften Lebensmittel seit Kriegsbeginn unter Druck gesetzt. Die Untersuchung in Sießen führte ein Vertreter des Württembergischen Ernährungsamtes in Stuttgart durch, in Begleitung des stellvertretenden Bürgermeisters von Saulgau als Vertreter des Kreisleiters. Der Besuch in Sießen ist terminlich in unmittelbarem Zusammenhang mit der Beschlagnahmung von Untermarchtal zu sehen. In der Sießener Klosterchronik heißt es dazu: „Am Vorabend erfahren wir telefonisch, Untermarchtal ist mit sämtlichen Häusern beschlagnahmt"[825].
Vor allem ging es um den Vorwurf des Schwarzschlachtens. Obwohl die in der Kriegswirtschaftsverordnung gut bewanderte, couragiert auftretende Ökonomin alle Vorwürfe entkräften konnte, wurde sie im Mai 1942 von der Gestapo drangsaliert, nachdem sie eine verlangte Personalliste nicht beschaffen konnte. Nach einer unter kriminalistischen Bedingungen durchgeführten, würdelosen, jedoch letztlich ergebnislosen Durchsuchung ihres Zimmers wurde sie zur Staatsanwaltschaft Stuttgart befohlen. Über den Inhalt der achttägigen Befragung hatte sie strenges Stillschweigen zu wahren. Zwar erklärte das Sondergericht in Stuttgart die Überprüfung als unzulässig, jedoch erhob das Landgericht Ravensburg im November 1942 Klage wegen Zuwiderhandelns gegen die Lebensmittelvorschriften (Mehrverbrauch von Eiern, Milch und Teigwaren). Dies konnte von der Ökonomin in allen Punkten widerlegt werden, so dass das Verfahren im

---

[820] DAR: G 1.5/56, Kottmann an das Reichssicherheitshauptamt (RSHA), 27.3.1942.
[821] Sr. Felicia (Ursula) Landers, (1884-1955), Eintritt in die Kongregation 1909, 1935 Generalökonomin.
[822] Die Haftstrafen für Sr. Felicia und M. Euphemia wurden schließlich in Geldstrafen umgewandelt, 1951 wurden die im Klosterprozess verhängten Strafen aus dem Strafregister getilgt „und diesen Klosterfrauen der gute Name wieder verschafft." s. Hagen, Die Genossenschaft der Barmherzigen Schwestern, 101 und 109.
[823] ArKe: 031 Annalen 1942, 15.6.1942, 45. Et Spiritus sanctus loquetur ex vobis = und der Heilige Geist redet aus uns.
[824] Sr. Adelberga (Emma) Kurz (1881-1959), Franziskanerin in Sießen, Profess 1911, Elementarlehrerin, Ökonomin von 1930-1954, freundliche Auskunft an die Verfasserin von Sr. Benita Gramlich, 7.5.2015.
[825] ArSie: Chronik 02-146.

Februar 1944 eingestellt wurde. Trotzdem hatte sie als Kompromiss 1000 RM an die Gerichtskasse zu entrichten, als Bußzahlung, „sofern alsdann das Verfahren unter Übernahme der Kosten auf die Staatskasse eingestellt wird"[826].
Als die Kellenrieder Baumexpertin Frau Cäcilia Biber im Mai 1942 auf Wunsch von Äbtissin Scholastica nach Sießen gesandt wurde, um sich über die neuen Verwaltungsvorschriften der NS-Behörden kundig zu machen, erfuhr sie dort von den Maßnahmen gegen Sr. Adelberga Kurz. „Die dortige Ökonomin war acht Tage in Untersuchungshaft, wurde dann aber wieder frei gelassen, weil man ihr nicht die geringste Verfehlung (es handelte sich um die Gesetze bezüglich der Lebensmittel) nachweisen konnte"[827]. Frau Cäcilia war beeindruckt vom unerschrockenem Auftreten Sr. Adelbergas bei den Verhören: „Sie selbst sagte, dass sie es wirklich gespürt habe, dass der Hl. Geist ihr, wie der Herr es verheißen hat, das, was sie sagen sollte, eingegeben hat"[828].
In der Einschätzung der Klosterchronik Sießen lautete es: „Der Zweck des ganzen Verfahrens war, einen Grund für die völlige Enteignung des Klosters zu bekommen. Ganz offen sprach man schon vom Reichsgutshof der SS in Sießen"[829].
Reichstatthalter Murr[830] selbst war im April 1942 mit einer Kommission zur Besichtigung des Klostergutes gekommen und bekundete vor allem großes Interesse am Pferde- und Bullenbestand. Der Besuch Murrs gab Grund zur Annahme, dies sei der Auftakt zur endgültigen Enteignung.[831]
Im Unterschied zu Untermarchtal und Sießen geriet die Ökonomie der Kellenrieder Benediktinerinnen nicht weiter in den Fokus der NS-Behörden. Außer den als demütigend empfundenen Kontrollen von Arbeitsamt sowie Wirtschafts- und Ernährungsamt erfuhr der Konvent keine weiteren Beeinträchtigungen. Die Angst, gegen den Deliktparagraphen der Kriegswirtschaftsverordnung, insbesondere gegen die Ablieferungspflicht und die Lebensmittelverordnung zu verstoßen, sei es aus Unwissenheit oder durch Beiseiteschaffen kleinerer Vorräte, was auf allen landwirtschaftlichen Gütern gang und gäbe war, schwang jedoch ständig mit.

---

[826] Hagen: Sießen, 84; ArSie: 02-193 Prozessakten, Urteilsbegründung der Strafkammer des Landgerichts Ravensburg vom 5.2.1944.
[827] ArKe: 031 Annalen 1942, 24.5.1942, 40.
[828] Ebenda.
[829] ArSie: 02-193 Prozessakten, Zusammenfassung „Lebensmittelprozess", undatiert, letzter Satz.
[830] Wilhelm Murr (1888-1945). Nationalsozialistischer Politiker, 1928-1945 Gauleiter der NSDAP in Württemberg-Hohenzollern, von März bis Mai 1933 außerdem Staatspräsident, bis 1945 Reichsstatthalter in Württemberg. Franz Menges: Murr, Wilhelm, in: NDB, Bd.18, Berlin 1997, 618f; Joachim Scholtyseck: „Der Mann aus dem Volk". Wilhelm Murr, Gauleiter und Reichsstatthalter in Württemberg-Hohenzollern, in: Kißener/ Scholtyseck: Die Führer der Provinz, 477-502, 878.
[831] Hagen: Sießen, 83.

Entschädigungsansprüche und steuerliche Probleme

Keine Entschädigung durch die VoMi

Nicht ohne Grund gehörte die Cellerarin und Subpriorin Agnes Trescher zum Kreis der dreizehn Klosterfrauen, die auf dem Klostergut in Kellenried verblieben waren. In Absprache mit Äbtissin Scholastica oblagen ihr alle verwaltungsmäßigen Vorgänge um die Wirtschaftsführung, der Umgang mit den Behörden im Zusammenhang mit der Beschlagnahmung, die Frage der Entschädigung sowie die Bearbeitung der Steuerproblematik, welche sich als verwirrend und unübersichtlich darstellte.

Ihre große Kompetenz in allen Belangen der Betriebswirtschaft hatte sie vor ihrem Klostereintritt im elterlichen Hotel in Freiburg erworben. Seit 1935 war sie als Cellerarin in Kellenried tätig, unter den Bedingungen der NS-Zeit eine überaus verantwortungsvolle und nicht ungefährliche Aufgabe.[832]

In die schwierig zu lösenden Verwaltungsfragen waren neben der Äbtissin auch Abt Conrad Winter, Abtpräses Molitor und das Bischöfliche Ordinariat in Rottenburg beratend eingebunden.

Die gesetzlich festgelegten Entschädigungsansprüche, vor allem die Zahlung des Mietzinses für die Dauer der Fremdnutzung und die steuerlichen Abgaben an die Gemeinde Berg wurden von den NS-Behörden ignoriert. Der ausformulierte Entwurf eines Mietvertrags zwischen der Benediktinerinnenabtei St. Erentraud und der Volksdeutschen Mittelstelle vom 12. November 1940, erstellt mit Hilfe des Ordinariats in Rottenburg, hätte durchaus auch die Interessen des Klosters berücksichtigt.[833] Generalvikar Kottmann war daran gelegen, die Ansprüche des Vermieters zu schützen, warnte jedoch vor überspannten Forderungen, die letztlich dem Kloster zum Nachteil gereichen könnten.[834]

Den Vertragsabschluss zögerten die NS-Behörden hinaus und ließen ihn schließlich ganz fallen. Dies unter normalen Umständen vollzogene Rechtsgeschäft kam auch mit den übrigen beschlagnahmten kirchlichen Einrichtungen nicht zustande, trotz mehrfacher Interventionen des Diözesanverwaltungsrates bei der VoMi-Zentrale in Berlin.[835]

---

[832] ArKe: 033 Totenchronik Mutter Agnes Luise Trescher (1899-1981), 7.
[833] StAS, Wü 33-3036 LAW Tübingen, Nr.17, Mietvertrag (Entwurf) zwischen der Benediktinerinnenabtei St. Erentraud e.V., vertreten durch den Bevollmächtigten des Vorstandes Frau Agnes Trescher, Subpriorin als Vermieterin und der Volksdeutschen Mittelstelle Berlin, vertreten durch den Einsatzführer des Gaues Württemberg, Kreisleiter Drauz von Heilbronn als Mieter, 12.11.1940. Handschriftlicher Vermerk Äbtissin Scholastica, Entwurf von Rottenburg.
[834] ArKe: Celleratur [Mappe 4], Nr. II, 8 a. Schreiben Diözesanverwaltungsrat Rottenburg an Abtei St. Erentraud, Rottenburg, 3.12.1940.
[835] DAR: G 1.6.32/1, Brief (Kopie) Kottmann an Abtei Kellenried, 22.4.1941; Brief Abtei Kellenried an Diözesanverwaltungsrat, betr. Beschlagnahmung durch die Volksdeutsche Mittelstelle, Kellenried, 21.12.1943.

Im Entwurf für Kellenried war ein Mietzins von 0,60 Reichsmark (RM) pro qm festgelegt, dazu eine Abnutzungsgebühr für das überlassene Inventar und die abgetretenen Maschinen. Die VoMi verpflichtete sich zur Übernahme der Kosten für Heizung, Beleuchtung und Wasserverbrauch, zur Schadenshaftung an den Gebäuden und anderen überlassenen Gegenständen, zu erhöhten Unterhalts- und Versicherungsaufwendungen sowie den durch die Beschlagnahmung entstandenen Verdienstausfall der Kommunität. Das bereits für den Winter eingelagerte Heizmaterial, Koks und Holzvorräte, sollte von der VoMi übernommen und die Kosten dafür unmittelbar nach Übergabe beglichen werden.
Am Stromverbrauch für das klostereigene Pumpwerk hatte sich das Kloster zu beteiligen und als Vermieterin für alle Steuern und Abgaben aufzukommen. Wichtig für die Benediktinerinnen war der in § 8 festgelegte freie Zugang zur Kirche. Der Kreuzgarten sollte auf Kosten der VoMi vom übrigen Grundbesitz des Klosters durch einen Zaun abgetrennt werden. Dem Mieter stand aus zwingenden Gründen, insbesondere organisatorischer Art, ein vierzehntägiges Kündigungsrecht zu. (§ 1,3).
Die Ordensfrauen waren zur Kündigung des Vertrages nicht berechtigt, solange die Räume für den Zweck der Beschlagnahmung benötigt wurden. (§ 1,2).

Am Beispiel des nicht rechtskräftig gewordenen Mietvertrages ist festzustellen, dass es sich bei der Vorgehensweise der VoMi um einen eindeutigen Verstoß gegen das Reichsleistungsgesetz handelte. Die Verweigerung von Vergütungs- und Entschädigungszahlungen schädigte das Kloster nachhaltig. „In diesem Fall konnte das Reichsleistungsgesetz zu einer Blankovollmacht für Übergriffe auf das kirchliche Eigentum werden"[836]. Die zu zahlenden Mieten für die Jahre 1940-1945 hätten sich insgesamt auf 147.420 RM belaufen.[837]

In einem Vermerk Kreisleiter Rudorfs von November 1940 wird die Hinhaltetaktik nochmals deutlich. Er berief sich darauf, Himmler habe sich selbst in seiner Funktion als Reichskommissar für die Festigung des deutschen Volkstums eine endgültige Regelung wegen der Vergütung für die Leistung vorbehalten: „Solange eine Entscheidung durch den Reichskommissar hier nicht vorliegt, können Vereinbarungen wegen Bezahlung von Entschädigungen nicht getroffen werden"[838]. Damit stahl sich Rudorf aus der Verantwortung und trieb das Kloster in die vom Regime beabsichtigten wirtschaftlichen Turbulenzen.
Die NS-Behörden schoben die Entschädigungsfrage von einer Dienststelle zur anderen. So erklärte sich die VoMi Gau Württemberg bei einer Steueranforderung der Gemeinde Berg für das Umsiedlungslager 4 (Kellenried) als nicht zu-

---

[836] Mertens: Klostersturm, 79.
[837] DAR: G 1.6.32/1, Schreiben Abtei Kellenried an das Bischöfliche Ordinariat Rottenburg, betr. Wahrnehmung von Wiedergutmachungsansprüchen, Kellenried, 19.12.1951.
[838] KARV-B.2 RV (in AG 1.RV)-AZ. 192.-prov. Bü E 2733, Inanspruchnahme von Gebäuden des Klosters Kellenried, Gde. Berg, Unterfasz./1-14, 1940-1948, Nr. 13: Vermerk Kreisleiter Rudorf, Volksdeutsche Mittelstelle, Gau Württemberg, Lager Kellenried, o.D., vermutlich November 1940.

ständig[839] und verwies auf eine bevorstehende gesetzliche Neuregelung durch den Reichsinnenminister.[840]

Da die Einnahmen der Abtei weitgehend weggebrochen waren, sahen sich die Schwestern nicht in der Lage, die Hypothekenzinsen für ein Darlehen zu zahlen, welches seit der Gründungszeit auf dem Konventgebäude lag. Das Missionshaus für auswärtige Missionen in Steyl wandte sich daher im November 1942 an das Landratsamt in Ravensburg und bat um die Übernahme der Zinsforderungen für die Jahre 1941 und 1942. Das Steyler Missionshaus berief sich dabei auf den Erlass des Innenministers von Mai 1942[841], jedoch ohne Erfolg.

Im Januar 1943 wiederholte die Gemeinde Berg beim Landratsamt Ravensburg die umfangreiche Grundsteuerforderung für die Jahre 1941 und 1942 und machte eine Summe von RM 997,30 für das beschlagnahmte Klostergebäude Kellenried geltend.[842]

Da alle klösterlichen Institute im Deutschen Reich die Steuer- und Hypothekenzahlungen für die beschlagnahmten Räume verweigerten[843] und sich mittlerweile auch viele Gemeinden und Banken wegen ausbleibender Zahlungen an die VoMi gewandt hatten, blieb dem Reichskommissar für die Festigung deutschen Volkstums nichts anderes übrig, als die Geschädigten zu beschwichtigen. Vorausgegangen war der beharrliche Druck des Ordensausschusses auf die Bischofskonferenz, wodurch Himmler vorübergehend zum Einlenken gebracht wurde. Er erklärte sich bereit, die laufenden Grundstückslasten auf der Basis des Reichsleistungsgesetzes zu übernehmen.[844]

Bei dieser Entscheidung spielte der seit 1942 negativ verlaufende Krieg eine Rolle und die daraus resultierende taktische Überlegung, man solle die katholische Bevölkerung bis nach dem „Endsieg" auf Kurs halten. Mit der Abwicklung der Entschädigungsfragen für das Missionshaus St. Johann in Blönried[845] und die Abtei Kellenried wurde die Treuhand AG Breslau beauftragt.[846]

---

[839] Ebenda: Schreiben VoMi, Umsiedlung, Gau Württemberg an Gde. Berg, betr. Umsiedlungslager Nr. 4, Kellenried, früheres Kloster Benediktinerinnenabtei St. Erentraud, Heilbronn, 13.2.1942.
[840] Erlass RM des Inneren vom 15.5.1942, betr. Vorschüsse auf die Vergütung für die Inspruchnahme von Räumen und Gebäuden bis zur Höhe der nachgewiesenen Selbstkosten.
[841] KARV-B.2 RV (in AG 1.RV)-AZ. 192.-prov. Bü E 2733, Nr. 32, Schreiben Missionshaus für auswärtige Missionen an das Landratsamt Ravensburg, betr. Benediktinerinnenabtei St. Erentraud Kellenried, Steyl, 18.11.1942
[842] Ebenda: Nr. 37, Gde. Berg an Landrat Kreeb, Betr. Steueranforderung für das beschlagnahmte Klostergebäude in Kellenried, Berg, 19.1.1943.
[843] ArKe: Celleratur [Mappe 3], Schreiben (vertraulich), DiVerwaltungsrat, GV Kottmann an DiCV Stuttgart, betr. Steuern und Zinsverpflichtung für Gebäude, die von der Volksdeutschen Mittelstelle beschlagnahmt wurden, Rottenburg, 13.6.1941.
[844] Leugers: Eine Mauer bischöflichen Schweigens, 210.
[845] Studienkolleg St. Johann Blönried, von 1924 bis 2008 Gymnasium der Steyler Missionare, seither in der Trägerschaft Stiftung Katholische Freie Schule der Diözese Rottenburg-Stuttgart. Blönried liegt zwischen Aulendorf und Altshausen im Landkreis Ravensburg, s. http://www.studienkolleg-st-johann.de, aufgesucht am 30.9.2015.
[846] KARV-B.2 RV (in AG 1.RV)-AZ. 192.-prov. Bü E 2733, Nr. 13: Schreiben (Abschrift) VoMi Gau Württemberg, Gaueinsatzverwaltungsführer Falk an den Württembergischen Justizminister in Stuttgart, betr. Vergütung für die Inspruchnahme von Gebäuden und Räumen konfessioneller Einrichtungen auf Grund des Reichsleistungsgesetzes, Heilbronn, 6.4.1943

Kellenried erhielt zur Begleichung von Grundsteuer, Grundschuldzinsen und Brandversicherungsbeitrag für die Zeit vom 1.11.1942 bis 1.3.1943 eine Einmalzahlung von lediglich RM 3.193,09.[847] Danach wurden die Zahlungen ohne Angabe von Gründen eingestellt. Die Gemeinde Berg schlug etwa 1948 die restliche Summe für den Zeitraum 1.4.1943 bis 1.11.1945 nieder.[848]

Steuerverschärfung – ein wirksames Druckmittel der NS-Behörden

Während der Wintermonate war Fr. Agnes mit ihrer Gehilfin im Marschallhaus permanent mit Celleraturarbeiten beschäftigt. „Das Herausarbeiten der neuen Steuerveranlagung ist mühevoll und compliziert"[849], berichten die Klosterannalen Anfang Januar 1942.
Bei der Steuerproblematik handelte es sich um geänderte Vorschriften, welche die NS-Behörden bevorzugt als Kampfmittel gegen die beschlagnahmten Klöster einsetzten, mit dem Ziel, eine umfassende Übersicht und Kontrolle über das kirchliche Vermögen zu gewinnen und es sich langfristig vollständig einzuverleiben.[850]
Dass sich die Klöster untereinander beistanden, sich informierten und berieten, zeigen zwei Einträge in den Annalen des Jahres 1942, und zwar der Besuch von Frau Cäcilia Biber in der Pfingstwoche[851] und von Frau Agnes Trescher im September 1942[852].
Bis zum Jahre 1934 waren die Klöster, darunter auch Kellenried, auf Grund ihres Gemeinnützigkeitsstatus und der daraus resultierenden subjektiven Steuerfreiheit nicht zur Vermögens- und Körperschaftssteuer herangezogen worden. Dies änderte sich durch das Steueranpassungsgesetz vom 16.10.1934. Es beinhaltete zwar keine grundlegende inhaltliche Veränderung, sondern war gemäß

---

[847] DAR: G 1.6.32/1: Brief Abtei Kellenried an Diözesanverwaltungsrat, betr. Beschlagnahmung durch die Volksdeutsche Mittelstelle, Kellenried, 21.12.1943.
[848] Im Februar 1951 stellte die Abtei St. Erentraud einen Antrag an die Gemeinde auf Befreiung von der Grundsteuer unter Verweis auf eine entsprechende Zusicherung der Landräte und Bürgermeister von Ravensburg, Reutlingen, Schwenningen und Tübingen den Klöstern gegenüber. Bürgermeister Wilhelm Gindele (Amtsinhaber von 1945 bis 1954) verwies auf das gute Verhältnis zum Kloster Kellenried, riet aber zur Ablehnung des Antrags, da die Klostergemeinde von den Einrichtungen der Gemeinde profitiere, z.B. bei der Instandsetzung der Zuwege. Die Abführung der Grundsteuer sei zumindest für den landwirtschaftlichen Betrieb gerechtfertigt, s. GArB: 126-132 (2021-2090), Nr. 129, Steuer Kellenried, s. Gemeinderatsprotokoll vom 2.2.1951. Cellerarin Laurentius empfand diese Regelung angesichts der steuerlichen Behandlung während des Dritten Reiches als ungerecht, s. StAS, Wü 33/3036, Nr. 16, Niederschrift der eidesstattlichen Erklärung von Frau Laurentia Laurentius OSB, Cellerarin der Benediktinerinnenabtei St. Erentraud Kellenried vor dem Arbeitsamt, Amt für Wiedergutmachung Ravensburg, Verwaltungsbeamter Paul, Berg, 14.3.1952.
[849] ArKe: 031 Annalen 1942, 1.1.1942, 4.
[850] Mertens: Himmlers Klostersturm, 65f.
[851] S. Kap. 11, Ein Blick auf Untermarchtal und Sießen, S. 179.
[852] S. Kap. 11, Abschnitt „Gefährdung der Mitgiften", S. 186.
[853] RGBl I 1934, 925-941: Steueranpassungsgesetz vom 16.10.1934, § 1, Abs.1; Mertens: Himmlers Klostersturm, 68.

der nationalsozialistischen Weltanschauung auszulegen.[853] Damit wurden die Kriterien für gemeinnützige, mildtätige und kirchliche Zwecke ab sofort dem „Wohl der deutschen Volksgemeinschaft" untergeordnet und die steuerlichen Vergünstigungen der Klöster eingeschränkt, da sie nach Auffassung des kirchenfeindliches Regimes keinen Beitrag zum Volkswohl leisteten.
1941 verschärfte sich die Lage noch einmal grundlegend durch ein Urteil des Reichsfinanzhofes.[854] Die Orden verloren ihre Anerkennung als Körperschaft des öffentlichen Rechts, obwohl ihnen das Reichskonkordat diese Rechtsstellung ausdrücklich zuerkannt hatte[855]. „Nach der steuerlichen ‚Familientheorie'[856] wurden Ordensgemeinschaften behandelt wie natürliche Familien, so dass das Einkommen der Ordensmitglieder dem Gesamtvermögen des Ordens zugerechnet wurde und damit nicht mehr der Lohnsteuer, sondern der viel höheren Körperschaftssteuer unterlag"[857]. Die negativen Folgen der Familientheorie wirkten sich spürbar auf die finanzielle Situation der Ordensgemeinschaften aus. Kloster Sießen z.B. musste für die Jahre 1932-1937 eine bedeutende Nachzahlung in Höhe von etwa 250.000 RM leisten und bis zum Kriegsende eine Steuersumme von etwa 1 Millionen RM aufbringen.[858] Es handelte sich um Steuerforderungen bezüglich Vermögenssteuer, Einkommen- und Gewerbesteuer
Die komplizierten steuerlichen Berechnungen und Neuerungen forderten die ganze Kraft der in der Wirtschaftsführung tätigen Ordensleute. Die Auslegung der Steuergesetzgebung unter weltanschaulichen Gesichtspunkten öffnete Tür und Tor für willkürliche Maßnahmen der NS-Finanzbehörden gegenüber den Orden und führte zur allgemeinen Verunsicherung.

---

[853] RGBl I 1934, 925-941: Steueranpassungsgesetz vom 16.10.1934, § 1, Abs.1; Mertens: Himmlers Klostersturm, 68.
[854] Reichsfinanzhof (RFH), zwischen 1918 und 1945 oberste deutsche Spruch- und Beschlussbehörde in Reichsabgabensachen, als letzte Instanz in Steuerstreitfragen.
[855] RGBl II, Reichskonkordat, 679, § 13.
[856] S. auch Urteil des RFH IV 35/39 vom 23.12.1940, Reichssteuerblatt 1941, 321.
[857] Mertens: Himmlers Klostersturm, 68; ArKe: Celleratur [Mappe 3}, Schreiben Diözesanverwaltungsrat Nr. B 998, An sämtliche Orden, Kongregationen und Anstalten unserer Diözese, Rottenburg, Betr. Steuerliche Behandlung der Ordensgemeinschaften und kirchlich-caritativen Anstalten und Einrichtungen unserer Diözese, Rottenburg, 5.3.1938, 4 S.; ArKe: Celleratur [Mappe 3], Schreiben Diözesanverwaltungsrat, Nr. B 5557, Kottmann an sämtliche Mutterhäuser, Rottenburg, 15.11.1938 betr. Schwesternvermögen, 8 S.; ebenda: Deutsche Steuerzeitung und wirtschaftlicher Beobachter Nr. 46 vom 13.11.1943: Die steuerliche Behandlung des Vermögens von Mitgliedern geistlicher Genossenschaften, von Oberregierungsrat Kummer, Berlin, Reichsfinanzministerium, 12 S.
[858] Hagen: Sießen, 80. 1 Reichsmark (1937/38) = 3,58 Euro, (7,00 Deutsche Mark); entspricht aktuell einem Wert von 4,58 Euro.

Gefährdung der Mitgiften[859]

Das Bischöfliche Ordinariat, vertreten durch Generalvikar Kottmann, hatte bereits nach den steuerlichen Neuregelungen der NS-Regierung sachdienliche Mitteilungen an die Ordensgemeinschaften herausgegeben, damit sich diese auf die Erfordernisse einstellen konnten. Dabei wurde die exemte Abtei Kellenried in gleicher Weise beraten wie die der bischöflichen Aufsicht unterstehenden Kongregationen.[860] Da sich auch die Bischofskonferenz mit diesen Fragen befasst hatte, handelte Kottmann im Einvernehmen mit den übrigen Diözesen.[861]
Nach den Beschlagnahmungen der Klöster 1940/41 war die Sorge um das Vermögen der Ordenseinrichtungen mehr als berechtigt. Die größte Sorge galt den alten, kranken und arbeitsunfähigen Ordensmitgliedern, die bei der Aufhebung ihres Klosters materiell vor dem Nichts standen.[862] Mit der Bindung an den Orden war auf diesen die lebenslange Fürsorgeverpflichtung für jedes Ordensmitglied übergegangen, in gesunden und kranken Tagen. Auf Grund dieser Vereinbarung unterlagen die Ordensmitglieder nicht der reichsrechtlichen Sozialversicherung, waren nicht krankenversichert und erhielten auch keine Invaliden- oder Altersrente.[863] Da die Kriegswirtschaftsverordnung die Zurückhaltung von Geldmitteln ohne gerechtfertigten Grund verbot[864], war es umso wichtiger, die Mitgiften vor dem Zugriff des Staates zu schützen. Kottmann schlug den Orden vor, die Altersversorgung gegebenenfalls durch Grundschuldeintragungen zu sichern.[865]
Er machte den Ordensoberen Mut und verwies darauf, dass der Staat zwar die äußere Form der Ordensgemeinschaften zerbrechen könne, aber die Ordensmitglieder nicht von ihren Gelübden zu entbinden vermöge. Dies sei allein den kirchlichen Stellen vorbehalten. „Die Mitglieder werden in Zeiten der Not ihren

---

[859] Mitgift (mhd. mitegabe; lat. dos). Unter Mitgift verstand man eine Geldsumme, die nach den Bestimmungen des CIC (Codex iuris Canonici) von 1917 beim Eintritt in ein Frauenkloster mitzubringen waren als Beitrag zu den Kosten des Lebensunterhalts und zur finanziellen Absicherung im Falle eines evtl. Austritts. Von der Mitgift der Nonnen ist im neuen Kirchenrecht nicht mehr die Rede, s. Bruno Primetshofer: Ordensrecht, 2. Aufl., Freiburg 1979, 161.
[860] ArKe: Celleratur [Mappe 3], Brief Abtei St. Erentraud an Ordinariat Rottenburg, betr. Dos – Schwesternvermögen, Altersversorgung der Ordensmitglieder, Kellenried, 27.8.1943; Grundsätzliche Ausführungen des Ordinariats vom 29. Juni 1943 – auf der Basis der Ordenskonstitutionen und des Kirchenrechts, betr. Mitgiften, Ansprüche bei Ausscheiden aus dem Orden, auch im Falle von höherer Gewalt, s. Beschlagnahmung der Einrichtungen oder Enteignungen.
[861] ArKe: Celleratur [Mappe 2], Schreiben Diözesanverwaltungsrat Nr. B 998, An sämtliche Orden, Kongregationen und Anstalten unserer Diözese, Rottenburg, Betr. Steuerliche Behandlung der Ordensgemeinschaften und kirchlich-caritativen Anstalten und Einrichtungen unserer Diözese, Rottenburg, 5.3.1938, 1.
[862] Volk: Akten deutscher Bischöfe, V: Dok. 546, Anlage 6. Zur Altersversorgung der Ordensfrauen, Kevelaer, 27. März 1940, 37-43.
[863] Michael Stolleis: Geschichte des Sozialrechts in Deutschland. Ein Grundriss, Stuttgart 2003; Heidrun Simone Glenski: Die Stellung der Ordensangehörigen in der Krankenversicherung, Diss. jur. Universität Köln 2000, 43ff., s. http://kups.ub.uni-koeln.de/507, aufgesucht am 15.4.2015.
[864] RGBl 1609 vom 4.9.1939.
[865] ArKe: Celleratur [Mappe 3], Schreiben Bischöfliches Ordinariat Nr. 4043, Kottmann an Abtei St. Erentraud Kellenried, Betr. Altersversorgung der Ordensmitglieder, Rottenburg, 29.6.1943.

klösterlichen Geist und ihre Verbundenheit miteinander erst recht unter Beweis stellen"[866].

Die Mitgiften der Schwestern als privates, daher unantastbares Eigentum, wurden daraufhin in den verschiedenen Einrichtungen aus dem Gesamtvermögen herausgelöst und als eigene Anlagen zur Altersversorgung der Ordensfrauen hinterlegt.[867]

Abtpräses Molitor hatte sich bereits im Sommer 1941 gegenüber der Äbtissin dazu geäußert und die Mitgiften als „gebundenes Zweckvermögen" definiert, welches vom Finanzamt nicht eingezogen werden könne.[868] So wurden auch in Kellenried die Mitgiften der Schwestern, sofern diese in Wertpapieren angelegt waren, „in Einzeldepots auf den Namen der Betreffenden von der Bank verwaltet"[869]. Das Schwesternvermögen wurde von der Klosterbuchhaltung nicht mehr erfasst. Zum gesamten Verfahren holte das Kloster Auskünfte bei der Solidaris Treuhand GmbH in München ein.[870]

Cellerarin Agnes Trescher suchte im September 1942 auch Rat bei Sr. Adelberga Kurz in Sießen und erhielt hier die erwarteten Angaben. „Vor allem konnte sie in der viel umstrittenen Steuerfrage (betr. Mitgift) ihr klare juristische Entscheidung übermitteln"[871]. Es handelte sich insbesondere um die Frage, ob bei Rückgewähr der Mitgift eine Schenkung im Sinne des Erbschaftssteuergesetzes vorläge. Dies hatten die Finanzbehörden behauptet und erhoben in Sießen unberechtigte Anschuldigungen in dieser Angelegenheit. Die Vorschriften des Kirchenrechts bezüglich der Absicherungsverpflichtung der Ordensgemeinschaften und Genossenschaften ihren Mitgliedern gegenüber waren dabei völlig ignoriert worden.[872]

Noch in den letzten Monaten des Krieges, im November 1944, schwelte der Konflikt weiter, so dass das Ordinariat Rottenburg sich genötigt sah, im Einvernehmen mit den kirchlichen Oberbehörden eine Stellungnahme zur unterschiedlichen Rechtsstellung von Klostervermögen und privatem Eigentum (Mitgiften) der einzelnen Ordensangehörigen abzugeben. Beide Rechtsgüter seien vonein-

---

[866] Ebenda: Schreiben Bischöfliches Ordinariat Nr. A 1777, Kottmann an die Oberen der Orden und Kongregationen der Diözese, Rottenburg, 3.3.1941.
[867] Hagen: Untermarchtal, 103; Tüchle: Untermarchtal, 123; ArKe: Celleratur [Mappe 4], Schreiben Bischöfliches Ordinariat Nr. 4043, Kottmann an Abtei St. Erentraud Kellenried, Betr. Altersversorgung der Ordensmitglieder, Rottenburg, 29.6.1943; ArSie: 02-146, Chronik von Sießen, Beratungsergebnis (Auszug) einer Besprechung Mitte Juli 1941.
[868] ArKe: 025-2 Fasc. 2, Notizbuch Äbtissin, Eintrag o. Datum und Jahr, vermutlich Sommer 1941; Hagen: Untermarchtal, 103.
[869] ArKe: 031 Annalen, Erinnerungen M. Agnes, 3.
[870] ArKe: Celleratur [Mappe 3], Benediktinerinnenabtei St. Erentraud an Solidaris Treuhand GmbH, München, Betr. Mitgiften, Kellenried, 4.7.1941, 4 S.
[871] ArKe: 031 Annalen 1942, 21.9.1942, 71; ArKe. Celleratur [Mappe 3], Schreiben (Abschrift) Genossenschaft der Franziskanerinnen von Sießen e.V. an den Oberfinanzpräsident Württemberg in Stuttgart, Betr. Schenkungssteuer Ic II/42, Sießen, 11.9.1942, 6 S. Die Abschrift trägt den handschriftlichen Vermerk „Der Anfang ist eine Berichtigung der Anfechtungsbegründung".
[872] Im damals gültigen CIC von 1917, waren die von den Konstitutionen bestimmten „Dos" für Chorfrauen mit feierlichen und für Laienschwestern mit einfachen ewigen Gelübden in den Paragraphen 547,1, 549, 551 und 548 geregelt.

ander „scharf zu trennen"[873]. Es spricht für die damals Verantwortlichen im Bistum, ihre Ordensniederlassungen in diesen heiklen juristischen Fragen nicht allein gelassen, sondern sie permanent beraten und unterstützt zu haben. Die Oberen und Cellerare der Klöster wären damit hoffnungslos überfordert gewesen. Mit dem gesamten Fragenkomplex wurde auch die Religiosenkongregation in Rom befasst[874]. Verschiedene Ordensniederlassungen und -verbünde im Deutschen Reich hatten den Vatikan 1940/41 um Hilfe gebeten, um ihr Eigentum wirksam vor dem Zugriff des Staates zu schützen. Die Überlegungen und Entscheidungen unterlagen in Rom und bei den Ordensleitungen strengster Geheimhaltung. Die Verfügungen wurden von den Oberen lediglich mündlich an die Konvente weitergegeben. Im Zuge dieser Schutzmaßnahmen entband auch Abtprimas Fidelis von Stotzingen, im Einvernehmen mit der Religiosenkongregation, die Moniales der Beuroner Kongregation vom Armutsgelübde.[875] Auf diese Weise hoffte man, bei einer eventuellen Beschlagnahmung des Klosters deren Mitglieder nicht ganz mittellos dastehen zu lassen.

---

[873] ArKe: Celleratur [Mappe 2], Schreiben Bischöfliches Ordinariat, Nr. A 978, Weihbischof Fischer an die Oberin des Klosters Reute, nachrichtlich an die Abtei St. Erentraud, Schloß Zeil, 16.11.1944.
[874] Religiosenkongregation: Vatikanische Zentralbehörde für Männer- und Frauenorden, Kongregationen, Säkularinstitute und Gesellschaften Apostolischen Lebens, zuständig für Fragen der Leitung, Disziplin, Studien, Güter, Rechte und Privilegien, 1988 von Papst Johannes Paul II. umbenannt in Kongregation für die Institute des geweihten Lebens und für die Gemeinschaften des apostolischen Lebens.
[875] Das Dokument für die Dispens der Konventualen der Beuroner Kongregation wurde der Familie von Lutterotti, Kaltern/Südtirol, freundlicherweise vom Abtprimas der Benediktiner zwecks Rechtsanspruch auf das Erbe P. Nikolaus von Lutterottis OSB, des letzten deutschen Priors der Abtei Grüssau in Niederschlesien, am 15.9.2001 zur Verfügung gestellt, s. AAbtpr, Congr. Beuron, Varia Cassetto Nr. 64/Fasc. A/1, Nr. 3077/41, Reskript der Ordenskongregation vom 11. Juni 1941, 3 S., Urschrift beglaubigt am 29.10.2001 von P. Adam Somorjai OSB, Archivar der Kurie des Abtprimas und P. Dr. Placidus Berger OSB, Sekretär des Abtprimas, s. Steinsträßer: Wanderer zwischen den politischen Mächten, 422, Anm. 329.

12. Miteinander in der „Abtei" Zeil

Kontakte mit der fürstlichen Familie

Von Beginn an gestaltete sich das Zusammenleben auf Schloß Zeil außerordentlich freundschaftlich und harmonisch. Die Benediktinerinnen schätzten vor allem die Möglichkeit, ihr klösterliches Leben nahezu ungehindert fortsetzen zu können. Durch das Wohlwollen und Entgegenkommen der fürstlichen Familie ergab sich der gewohnte Gleichklang von Gebet und Arbeit. „Der Herr allein weiß, was Sie uns tun, dass Sie uns das monastische Leben so ermöglichen. Es läuft ja bis jetzt noch ganz den gewohnten Gang. Noch nie war das Offizium unterbrochen oder gestört"[876], schrieb Äbtissin Scholastica im Dezember 1943 an Fürst Erich.

Die Situation in Zeil hob sich im Vergleich positiv von den übrigen in der Verbannung lebenden Kommunitäten der Kongregation ab. Dessen war sich die Kellenrieder Gemeinschaft völlig bewusst. Nach dem Besuch von Abtpräses Molitor im Oktober 1942 analysierte die Annalistin die ungetrübte Form des klösterlichen Alltags: „Das ist ja bei den Mönchen, die aus ihren Klöstern weg mussten, nirgends mehr möglich, und auch die lieben Mitschwestern von St. Hildegard und St. Gabriel, die überall in Lazaretten und Krankenhäusern sein müssen, sind nicht so gut gestellt wie wir"[877].

Bereits zu Pfingsten 1941 hatte die Äbtissin dem Fürstenpaar zum Dank für die liebevolle Aufnahme die „Litterae caritatis" verliehen. Der Fürst schätzte dieses geistige Geschenk sehr hoch ein. Abtpräses Molitor überreichte bei seinem Besuch zum Dank zwei goldene Benedictus-Medaillen von P. Lukas Etlin OSB[878]. Dieser war in der Zeit nach dem Ersten Weltkrieg von den USA aus nicht nur unermüdlich für die notleidenden Klöster in den deutschsprachigen Ländern tätig, sondern galt als begnadeter Bildhauer und Architekt. Auch für die Neugründung in Kellenried setzte er sich sehr ein.[879]

An den Weihnachtstagen und bei besonderen Anlässen nahm der Kellenrieder Konvent an den Familienbegegnungen und -festen teil. So berichten die Annalen in der Pfingstwoche 1941 vom sogenannten „Großen herrschaftlichen Jahrtag" mit Totenvesper und Requiem für die Verstorbenen der fürstlichen Fa-

---

[876] NZAZ: NL Fürst Erich. Brief Äbtissin Scholastica an Fürst Erich, Schloß Zeil, 12.12.1943.
[877] ArKe: 031 Annalen 1942, Oktober 1942, 73.
[878] P. Lukas (Alfred) Etlin OSB (1864-1927), Mönch, Bildhauer, Architekt, Missionar. Spiritual der Benediktinerinnenabtei von der Ewigen Anbetung in Clyde, Missouri (USA).
[879] „Am 8. Dezember 1925 hat die Hw. Frau Äbtissin Scholastica von Riccabona OSB den Nonnen von St. Scholastica zu Clyde und dem Hochw. P. Lukas Etlin aus Dankbarkeit für finanzielle Hilfe bei der Gründung unseres Klosters die Litterae Caritatis verliehen". ArKe: Aus dem Menolog.

milie und einem Lobamt mit Pfarrern der früheren Waldburg Zeilschen Patronatspfarreien.[880] Zu diesem Anlass präsentierten die Nonnen sogar eine kleine Paramentenausstellung, welche großen Anklang fand.[881]

Abb. 28: Litterae Caritatis für Oberin Tolentine Steger

Mehrfach beteiligten sich die älteren Geschwister der Familie Waldburg-Zeil auf Einladung der Äbtissin mit großer Freude an der Kirschenernte in Kellenried. Im Juli 1944 fiel diese besonders üppig aus, so dass die Hilfe sehr willkommen war.[882]

Laut Anordnung der nationalsozialistischen Behörden galt das Fest Fronleichnam im gesamten Deutschen Reich als Arbeitstag. Im Juni 1941 bereiteten sich auf Initiative von Fürst Erich einige wenige eingeweihte Schlossbewohner, unter ihnen die Kellenrieder Kommunität, „in eigenartiger und unvergesslicher Weise"[883] auf eine heimliche Prozession vor. Dies musste am frühen Morgen geschehen, damit die Kinder noch rechtzeitig zur Schule kamen. Das Quadrum des Schlosses mit den großen, weiten Gängen eignete sich vorzüglich für Prozession und Gestaltung der vier Altäre. Die Kellenrieder Gemeinschaft übernahm den gesanglichen Part, wie er im Prozessionale Monasticum[884] für diesen Tag vorge-

---

[880] Das Patronatsrecht wird vom Fürsten von Waldburg-Zeil heute noch ausgeübt.
[881] ArKe: 031 Annalen 1941, 31.5.1941, 56.
[882] ArKe: 031 Annalen 1944, 24.7.1944, 86; Mitteilung Theresia Gräfin Nostitz an die Verfasserin, 17.9.2012.
[883] ArKe: 031 Annalen 1941, 12.6.1941, 61.
[884] Prozessionale Monasticum =Prozessionsvorschrift im Mönchtum.

schrieben war. Die beiden ältesten Komtessen Osy und Resi assistierten der Äbtissin als „Kaplaninnen". Auch die drei Vinzentinerinnen aus der ambulanten Krankenpflege und dem Zeiler Kindergarten nahmen an der Feier teil.[885] Den sakramentalen Segen erteilte P. Franz Georg von Waldburg-Zeil SJ.[886]
Kurz vor Fronleichnam hatte in der Zeiler Schlosskapelle auch die Firmung von 200 Kindern durch Weihbischof Fischer stattgefunden, bei welcher der kleine Graf Alois ministrierte.[887]
In Zeil fand am Weihnachtsfest 1941 in der Schlosskapelle auch eine Hl. Messe für die französischen Kriegsgefangenen statt, um die sich der Fürst persönlich bei den maßgeblichen Stellen bemüht hatte. Die seelsorgliche Betreuung der gefangenen Franzosen war von den NS-Behörden nicht gern gesehen. Kriegsgefangene französische Geistliche durften offiziell pastoral nicht tätig werden. Viele von ihnen ließen sich daher ab Sommer 1943 zur Arbeitskraft mit Zivilarbeiterstatus umwandeln und verzichteten damit auf den in der Genfer Konvention festgelegten Kriegsgefangenenstatus. Sie engagierten sich stattdessen in der geheimen Seelsorge und waren so der Willkür der Gestapo ebenso ausgeliefert wie die zivilen Zwangsarbeiter.[888]
Fürst Erich holte persönlich den französischen Feldgeistlichen vom Gefangenenlager in Bad Wurzach ab und brachte ihn herauf. „Je dit la messe pour Allemagne chretienne et pour la paix"[889], sagte der Pfarrer am Ende des Gottesdienstes. Er machte auch die Bekanntschaft der Nonnen und sandte ihnen 1949 Grüße aus Frankreich, wobei er sich dankbar an die Weihnachtsmesse auf Schloß Zeil erinnerte.[890]
Immer wieder berichten die Annalen von der Teilnahme der fürstlichen Familie an den Gottesdiensten in der Schlosskapelle und den begleitenden Diensten der jungen Gräfinnen und Grafen, sei es als Ministranten oder als Lektoren, z.B. bei der Maiandacht.[891] Theresia Gräfin Nostitz berichtet, sie sei bei den Gottesdiensten in der Schlosskapelle sehr beeindruckt gewesen von der Schönheit der Liturgie.[892] Auch Fürst Erich selbst war oft zum Ministrieren bereit. So ergab sich durch die gemeinsame Glaubenspraxis eine besondere Verbundenheit, welche von beiden Seiten als wohltuend empfunden wurde.

---

[885] Es handelte sich um die Barmherzigen Schwestern vom Hl. Vinzenz von Paul Untermarchtal. Anwesend in der Filiale Zeil: Sr. Oberin Bertulfa Schmid (1935-1961), Krankenschwester Solaria Höfer (1932-1962), Kindergartenschwester Firminia Hagenmayer (1934-1962). Zu ihnen bestanden während der gesamten Exilszeit gute nachbarschaftliche Beziehungen. Der Kindergarten in Schloß Zeil befand sich in der Trägerschaft der Fürsten von Waldburg-Zeil. Auskunft Klosterarchiv Untermarchtal, Sr. Maria Imelda Zeh, Untermarchtal, 22.1.2015.
[886] ArKe: 031 Annalen 1941, 12.6.1941, 61f.
[887] Ebenda, 62. Eine weitere Firmung in Zeil, ebenfalls durch Weihbischof Fischer, fand am 14. August 1945 statt, s. ArKe: 031 Annalen 1945, Rückblick, 201f.
[888] Elisabeth Tillmann: Geheimauftrag Seelsorge/Verfolgung. Die katholische Kirche in Frankreich schleuste Geistliche in deutsche Lager ein, in: Rheinischer Merkur, Nr. 49, 4.12.2003.
[889] Je dit la messe pour Allemagne chretienne et pour la paix = Ich lese diese Messe für die deutschen Gefangenen und für den Frieden.
[890] ArKe: 031 Annalen 1941, 24.12.1941, 119.
[891] Mitteilung Alois Graf Waldburg-Zeil an die Verfasserin, 18.8.2012.
[892] Mitteilung Theresia Gräfin Nostitz an die Verfasserin, 17.9.2012.

An den Weihnachtsfesten wurden kleine Aufmerksamkeiten ausgetauscht, gefertigt in der Stickzelle, der Schusterei, oder es gab eine Branntweingabe für Fürst Erich aus der Kellenrieder Ökonomie. Zu Weihnachten 1944, inmitten einer wirtschaftlich miserablen Lage, erhielt Fürstin Monika Briefpapier, Faden und Nähseide, unscheinbare Utensilien, welche im fünften Kriegsjahr jedoch Kostbarkeiten waren.

Umgekehrt freuten sich die Schwestern über einen praktischen Selbstkocher für den Haushalt aus der in Stuttgart durch Brandbomben zerstörten Fürstlichen Handelsorganisation „Eisen-Fuchs".[893]

Ein besonders vertrauensvolles Verhältnis bestand zwischen dem Konvent und der Hausherrin, Fürstin Monika. Diese nahm immer wieder regen Anteil an den Geschehnissen im „Kloster", half den Schwestern, wo sie konnte und leistete vor allem Beistand bei den verschiedenen Todesfällen.[894] Beim Tode der Priorin Placida zu Salm im Juni 1943, von der fürstlichen Familie „Tante Placida"[895] genannt, zeigte sich die Fürstin tief beeindruckt „von diesem Sterben im Kloster" und schrieb ihrer Schwägerin, Chorfrau Walburga von Waldburg-Zeil OSB, nach Eichstätt: „Es war wirklich wie ein festlicher Aufbruch zur ewigen Hochzeit"[896].

„Unvergesslich bleiben mir die Todesfälle", berichtet Alois Graf Waldburg-Zeil auch noch nach sieben Jahrzehnten. „Zum Hinübergehen wurden auch die Kinder geholt. Der Gesang ‚ins Paradies mögen Engel dich geleiten'[897], nahm dem Tod das Unheimliche"[898]. Mit großer Tatkraft und viel Umsicht, gelang es Fürstin Monika, in den Novembertagen des Winters 1944 bei Schnee und Eis auf abenteuerliche Weise die Überführung der verstorbenen Chorfrau Hildegard Reuß nach Kellenried zu organisieren.[899]

Während der wiederholten Einberufungen Fürst Erichs zur Wehrmacht oblag Fürstin Monika die alleinige Sorge für die Familie. Darüber hinaus fiel ihr die Verantwortung für den umfangreichen Familienbesitz zu, eine kraftraubende und zeitaufwändige Aufgabe. Dies hinderte sie jedoch nicht, überall dort zu helfen, wo die Not groß war. So stellte sie im Sommer 1944 „unermüdlich in ihrer Fürsorge"[900] für die schwer erkrankte Sr. Blandina Rist ein weiteres Zimmer zur Verfügung, was nach deren Gesundung wieder zurückgegeben werden konnte.

---

[893] ArKe: 031 Annalen 1944, 25.12.1944, 186.
[894] Während des Exils verstarben auf Schloß Zeil und in Bärenweiler fünf Schwestern, dazu der Spiritual P. Hieronymus Kunert OSB.
[895] Information von Fürst Georg an die Verfasserin, 15.5.2012.
[896] ArKe: 031 Annalen 1943, 22.6.1943, 47.
[897] In paradisum (Lateinische Antiphon): Ins Paradies mögen die Engel dich geleiten, bei deiner Ankunft die Märtyrer dich empfangen und dich führen in die heilige Stadt Jerusalem. Im Laufe der Liturgiegeschichte wurde die Antiphon Teil der Exequien und wird heute für gewöhnlich gesungen, während – oder kurz bevor – der Sarg zum Grab geleitet wird.
[898] Mitteilung Alois Graf Waldburg-Zeil an die Verfasserin, 18.8.2012.
[899] ArKe: 031 Annalen 1944, 16.11.1944, 153f.
[900] Ebenda: 3.7.1944, 87.

Die Kellenrieder Schwestern schätzten ihre liebenswürdige Art und ihre natürliche Würde. Der Umgang mit Äbtissin Scholastica und dem Konvent gestaltete sich immer zugänglicher und herzlicher, so dass man im Laufe der Jahre mehr und mehr zusammen wuchs.[901] In einer kleinen Weihnachtsansprache an Heiligabend 1941 gab Fürst Erich seiner Freude Ausdruck, „dass alles so gut geht und die beiden ‚ménages', die fürstliche Familie und ‚das Kloster' so völlig reibungslos nebeneinander leben"[902].

Einige Nonnen waren auch in die religiöse und schulische Unterweisung des fürstlichen Nachwuchses eingebunden. Äbtissin Scholastica übernahm u.a. die Firmvorbereitung der größeren Kinder Osy, Resi und Alois. Erbgraf Georg erhielt Lateinunterricht bei Frau Johanna Guntli[903]. Als während der letzten Kriegswochen die Schulen geschlossen waren, boten sich die Schwestern an, den Unterrichtsausfall der Kinder durch Nachhilfestunden zu kompensieren.[904]

Durch die Anwesenheit der Klosterfrauen im Schloss habe sie sich nie beengt gefühlt, berichtete Theresia Gräfin Nostitz. Vielmehr habe sie es so empfunden, als ob die Familie sich vergrößert hätte. „Die Schwestern haben überall geholfen, und wir haben sie sehr geliebt"[905].

Auch zu den Bediensteten und Angestellten des Hauses Waldburg-Zeil bestanden gute Kontakte. Erwähnt werden in den Annalen vor allem Frau Kellermann[906] vom Galgenhöfle, einem kleinen Weiler bei Seibranz[907] und die Kammerfrau der Fürstin, Gisa (Gisela Brenner), welche aus Haid im Egerland[908], der Heimat Fürstin Monikas, stammte. Sie galt als großes Original. „Eine Unterhaltung mit ihr ersetzt den Besuch eines Lustspielhauses"[909], heißt es in den Annalen. Sie war den Nonnen sehr verbunden, half, wo sie konnte und fühlte sich besonders angesprochen von der benediktinischen Liturgie.[910]

Nach einem Besuch aller Stationen verwies Äbtissin Riccabona In ihrem Rundbrief zum Christkönigsfest 1941 nochmals auf die Großherzigkeit ihrer Gastgeber in Zeil. Sie hob besonders das Engagement der Fürstin hervor und vermerkte, dass diese eigentlich dringend Erholung nötig habe und sich trotzdem in ihrem Einsatz für Familie und Schloss nicht schone: „Wenn man wieder bißl in

---

[901] ArKe: 031 Annalen 1941, 22.9.1941, 93.
[902] Ebenda: 24.12.1941, 116.
[903] Sie hatte bereits seit ihrem Klostereintritt im Konvent den Lateinunterricht erteilt. „Ihre handgeschriebene, für die Schülerinnen lichtgepauste Grammatik des Kirchenlateins wurde auch noch von ihren Nachfolgerinnen verwendet." S. ArKe: 033 Totenchroniken, In Erinnerung an Sr. Johanna E. Lucie Guntli, 9.
[904] S. Kap. 17, Abschnitt „Schulunterricht für die Gräfinnen Osy und Resi", S. 258.
[905] Mitteilung Theresia Gräfin Nostitz an die Verfasserin, 17.9.2012.
[905] Mitteilung Theresia Gräfin Nostitz an die Verfasserin, 17.9.2012.
[906] Frau Kellermann, Bäuerin auf dem Galgenhöfle, Wohltäterin der Kellenrieder Benediktinerinnen.
[907] „Jede Woche durften wir ja im Galgenhöfle ‚unsere' Milch abholen – und immer wieder hat Frau Kellermann etwas dazu geschenkt", s. ArKe: 031 Annalen 1945, 6.10.1945, 350.
[908] Haid (tschechisch: Bor u Tachova), Stadt im Egerland, 14 km südöstlich von Tachau (Tachova), gelangte 1720 an die Fürsten zu Löwenstein. 1945 wurde die deutsche Bevölkerung vertrieben, die Fürsten zu Löwenstein enteignet, s. Joachim Bahlcke u.a.: Handbuch der historischen Stätten. Böhmen und Mähren, Stuttgart 1998, 183f.
[909] ArKe: 031 Annalen 1941, 1.6.1941, 58.
[910] Ebenda: 1.6.1941, 58.

die Stationen geguckt hat wie ich auf der Rundfahrt, weiß man noch besser, was diese uns tun. Die Leute sollen halt ja recht dankbar sein und bleiben, sie werden schon noch erfahren, wie groß das ist, was sie haben"[911].

Abb. 29: Ostansicht von Schloß Zeil, 2015

Konfrontation mit dem NS-Regime

Verhör von P. Franz Georg von Waldburg-Zeil SJ

P. Franz Georg von Waldburg-Zeil geriet im Juni 1941 in eine kritische Lage. Als Volksmissionar hatte er sich mit deutlichen Worten gegen die nationalsozialistischen Machenschaften gewandt und war denunziert worden. Bei seinen Auftritten saßen in der Regel Spitzel unter der Kanzel, die auf ihn angesetzt waren: „Wer damals als Prediger auftrat, geriet rasch und leicht in die Konfrontation mit den neuen Machthabern"[912].

Er musste aus München fliehen und wandte sich zunächst nach Konnersreuth, um sich mit Therese Neumann zu beraten. Sie empfahl ihm dringend, nach Württemberg zu gehen und dort Unterschlupf zu suchen.

Nachdem ihn die Gestapo vier Wochen vergeblich gesucht hatte, wurde er in Zeil entdeckt. Im Schloss erschien eine Abordnung der Gestapo zu einem ausgiebigen Verhör, welches bis zum Abend andauerte.

Für den damals achtjährigen Graf Alois wurde dieser Tag zum „Schlüsselerlebnis"[913]. Im Auftrag seiner Mutter fuhr er mit dem Fahrrad in den Wald, um die

---

[911] Ebenda: Christkönigsfest, November 1941, 79; Ebenda: 18.6.1941, 63.
[912] P. Richard von Aretin SJ: Nachruf auf P. Franz Georg von Waldburg-Zeil SJ, geb. 23.2.1903, gest. 1.6.1983, in: Oberdeutsche Provinz SJ, Rundbrief Nr. 4/83, November 1983, 11-12.
[913] Mitteilung Alois Graf Waldburg-Zeil an die Verfasserin, 18.8.2012.

dort arbeitenden Nonnen zu informieren. Sie sollten nicht eher heimkehren, bis Entwarnung gegeben würde. Fürst Erich wies die im Hause verweilenden Klosterfrauen an, sich nirgends sehen zu lassen und in den eigenen vier Wänden zu bleiben, „solange die gefährlichen Gäste im Hause waren"[914]. Das Oratorium wurde im Handumdrehen in ein Spielzimmer verwandelt, die Vesper im Arbeitszimmer gebetet. Die Mutter des Verhörten stand Todesängste aus. Sie kniete vor der Tür, hinter der ihr Sohn „in einem Kreuzfeuer von verfänglichen Fragen stand. Die Fürstin kniete sich in ihrer selbstlosen Liebe neben die verzweifelte Gräfin"[915].

Von Zeit zu Zeit erschien Fürst Erich bei den im ständigen Gebet verweilenden Nonnen und berichtete sorgenvoll, es bestünde die Gefahr, dass die Gestapo P. Franz Georg verhaften und inhaftieren würde. Offenbar wusste dieser sich aber so gut zu verteidigen, dass die Gruppe schließlich unverrichteter Dinge abrückte. Graf Alois brachte am Abend die Schwestern aus dem Wald zurück, ohne dass sie der Gestapo begegnet wären. Das Ereignis machte für alle Beteiligten die menschenverachtenden Verfahrensweisen der Nationalsozialisten gegenüber ihren Gegnern deutlich und rief zu noch größerer Vorsicht auf. P. Franz Georg traf einen der verhörenden Gestapo-Leute nach dem Krieg unvermittelt im Dom zu Regensburg, „wo es zu einer freundlichen Begrüßung kam"[916].

Das Verhör hinterließ im Konvent einen nachhaltigen Eindruck von den Methoden und Vorgehensweisen der Gestapo und ließ keinerlei Illusion über deren Ziele aufkommen.

Störmanöver durch behördliche Kommissionen und Gestapo

In der Abgeschiedenheit von Zeil und der weitgehend ungestörten Fortsetzung des klösterlichen Lebens ergab sich nach außen leicht der Eindruck eines ruhigen, sicheren Lebens. Die Ruhe war jedoch trügerisch, da neben den Kontrollen des Arbeitsamtes immer wieder einmal Kommissionen verschiedenen Auftrags erschienen, welche ihren begehrlichen Blick auf das stattliche geräumige Schloss geworfen hatten.

Fürstin Monika berichtet in ihrem Tagebuch von einem Besuch der Gestapo im September 1941. Dieser sei jedoch „harmlos" gewesen und habe einem Verwandten der Familie, Richard Graf von Strassoldo, auf Schloss Kißlegg gegolten.[917] Das Gestapo-Verhör von P. Franz Georg war die zweite Warnung in diese Richtung, so dass allen Schlossbewohnern der Ernst der Lage klar war.

---

[914] ArKe: 031 Annalen 1941, 18.6.1941, 63.
[915] Ebenda.
[916] ArKe: 031 Annalen 1945, Rückblick, 164.
[917] NZAZ: NL Fürstin Monika, Tagebuch, Eintrag 27.9.1941, Richard Graf von Strassoldo (1883-1945). Verwandter des Hauses Waldburg-Zeil, verheiratet mit Gräfin Xaverine von Attems (1885-1963), Tochter des Grafen Sigismund Attems und der Gräfin Xaveria von Waldburg-Zeil-Wurzach, Enkelin des letzten Fürsten von Waldburg-Zeil-Wurzach, Eberhard II. (1828-1903). Auskunft Archivleiter Beck am 28.6.2015.

Im Oktober 1942 erschien gegen Abend überraschend eine Kommission, welche das Schloss als Lazarett für Lungenkranke in Augenschein nahm. „Kein geringer Schreckschuss für uns"[918], heißt es in den Klosterannalen. Es war zu befürchten, dass bei einer Übernahme als erstes die Räume der Benediktinerinnen beansprucht worden wären. Nach einer eingehenden Verhandlung zwischen Fürstin Monika und den Verantwortlichen verzichtete die Kommission auf die Belegung des Hauses, da dieses sich für Kranke wenig eigne. Da der Fürstin am Verbleib der Schwestern sehr gelegen war, hätte sie im Falle der Beschlagnahmung in den unteren Räumen Platz gemacht und „sich persönlich nach Möglichkeit eingeschränkt, nur dass sie uns behalte könne"[919].
Gegen Kriegsende stieg der Bedarf an geeigneten Räumlichkeiten zu Lazarettzwecken, aber auch für die vielen Bombengeschädigten und Evakuierten ständig. Dazu kamen ab Winter 1944 erste Flüchtlinge aus den deutschen Ostgebieten auch nach Württemberg. Auf Schloß Zeil wurden viele Obdachlose aufgenommen, so dass das Haus nahezu voll belegt war. Im Dezember 1944 drohte erneut eine Beschlagnahmung, so dass Äbtissin Scholastica sich vorsorglich nach einem Ausweichquartier umsah. „Denn es schien, dass wieder einmal drohende Wolken am Horizont auftauchen wollten, welche unser Hiersein, unsere Geborgenheit in Schloß Zeil zu gefährden schienen", berichten die Klosterannalen. Äbtissin Scholastica suchte Rat bei M. Karpa Saile in Reute, die ihr hilfsbereit begegnete und dem Kellenrieder Konvent für den Notfall Quartier in Häusern der Kongregation anbot.[920]
Wenige Tage darauf gab es erneut Anlass zur großen Sorge. Auf Schloß Zeil erschien eine nicht näher definierte weitere Kommission, welche verschiedene Zimmer begutachtete. Offensichtlich wurden Räume benötigt für einen Teil der geflüchteten Vichy-Regierung, welche auf Schloss Sigmaringen logierte. Nachdem die Zimmer im ersten Stock als geeignet befunden wurden, blieb die Belegung zunächst aus.[921] Im Falle einer Beschlagnahmung wäre vor allem die Kellenrieder Gemeinschaft betroffen gewesen.

Erzählkonferenz über Katyn

Fürst Erich, der im Oktober 1942 zu forstwirtschaftlichen Aufbauarbeiten in der Region Smolensk zur Wehrmacht einberufen worden war[922], kam im Mai 1943 überraschend auf Heimaturlaub.[923] Auf Bitte von Priorin Placida berichtete er

---

[918] ArKe: 031 Annalen 1942, 8.10.1942, 75; NZAZ: NL Fürstin Monika, Tagebuch, Eintrag 8.10.1942.
[919] ArKe: 031 Annalen 1942, 8.10.1942, 75.
[920] ArKe: 031 Annalen 1944, 2.12.1944, 172.
[921] Ebenda: 15.12.1944, 175.
[922] ArKe: 031 Annalen 1942, 23.10.1942, 77.
[923] Fürst Erich war als Generalstabsoffizier Ic der Wirtschaftsabteilung der Heeresgruppe Mitte zugeteilt, s. NZAZ: Memoiren Erich Fürst von Waldburg-Zeil, unveröffentlichtes Manuskript, hier: Bericht über Katyn, 257. Der Bericht wurde der Verfasserin von Archivleiter Beck zur Verfügung gestellt. Anm.: Ic = Abkürzung für den Nachrichten- oder Sicherheitsoffizier einer höheren Dienststelle des Generalstabs. Generalstab wird in der deutschen Militärgeschichte häufig die Summe aller speziell

den Schwestern über seine Erfahrungen in Russland. An der Begegnung nahm auch der 15-jährige Erbgraf Georg teil, der sich dem Kloster stets besonders fühlte.[924]

Die Nonnen erhielten einen Einblick in Land und Leute, vernahmen von der russischen Volksseele und deren religiösen Hintergrund, so wie Fürst Erich diese bei der Feier der Osternacht in Smolensk nach alter russischer Tradition erlebt hatte.

Der Schwerpunkt der Erzählkonferenz lag jedoch auf einem ausführlichen Bericht über das Massaker von Katyn.[925] Zwischen April und Mai 1940 hatten Angehörige des sowjetischen Volkskommissariats für Innere Angelegenheiten (NKWD[926]) auf Befehl von Stalin etwa 4.400 polnische Offiziere in einem Wald bei dem Dorf Katyn, ca. 20 km westlich von Smolensk, ermordet. Dieses Massaker gehörte zu einer Serie von Massenmorden an 24.000 bis 25.000 Berufs- oder Reserveoffizieren, Polizisten und anderen Staatsbürgern Polens, darunter viele Intellektuelle, an mindestens fünf verschiedenen Orten in den Sowjetrepubliken Russland, Ukraine und Weißrussland. Im März 1943 hatte die Wehrmacht die Massengräber gefunden. Die Leichen ließen sich zweifelsfrei als polnische Offiziere identifizieren. Die Entdeckung wurde von Goebbels ausgiebig für nationalsozialistische Propagandazwecke genutzt, zumal die Sowjetunion versuchte, das Verbrechen der deutschen Seite anzulasten.[927]

Fürst Erich war bei der Öffnung des zweiten Massengrabes selbst anwesend und sprach von einem „schauerlichen Anblick"[928]. Er habe ein Würgen im Halse nie überwinden können, wenn er sich in die Nähe der Gruben hätte begeben müssen. Von Anfang an habe es keinen Zweifel daran gegeben, dass der sowjetische Geheimdienst für die Morde verantwortlich sei. „Solche Dinge schwindelhaft aufzuziehen, ist unmöglich. Zumal wenn es sich um mehr als 10.000 Leichen handelt"[929].

Als erfahrener Forstmann hatte er sofort erkannt, dass die zur Tarnung erfolgte Bepflanzung der Leichenfelder mit jungen Föhren einen wertvollen Anhaltspunkt über den Zeitpunkt des Verbrechens bot, „denn im Jahr nach der Versetzung krankt das Bäumchen, und so braucht man nur die Jahresringe zurückzuzählen und kann das Jahr der Bepflanzung genau feststellen"[930]. Im Frühjahr

---

ausgebildeten Generalstabsoffiziere bezeichnet, welche die Aufträge der politischen Führung in militärische Maßnahmen umsetzen, s. Walter Görlitz: Kleine Geschichte des deutschen Generalstabes, 2. Aufl., Berlin 1977.

[924] ArKe: 031 Annalen 1943, 30.5.1943, 40.
[925] NZAZ: NL Fürst Erich, Memoiren Fürst Erich, Katyn, 256-257.
[926] NKWD= Narodny kommissariat wnutrennich del (Nationales Volkskommissariats für Innere Angelegenheiten).
[927] Der Ortsname „Katyn" steht heute in Polen für die gesamte Mordserie und gilt als nationales Symbol für das Leiden von Polen unter sowjetischer Herrschaft im Zweiten Weltkrieg. Am 13. April 1990 anerkannte Gorbatschow das Ereignis als sowjetisches Staatsverbrechen. Zu den Vorgängen in Katyn, s. Anna Kaminsky (Hg.). Erinnerungsorte für die Opfer von Katyn, Leipzig 2013; Thomas Urban: Katyn 1940. Geschichte eines Verbrechens, München 2015.
[928] NZAZ: NL Fürst Erich, Memoiren Fürst Erich, Katyn, 257.
[929] Ebenda.
[930] Ebenda.

1940 war der deutsche Überfall auf die Sowjetunion noch nicht abzusehen, so dass die Bäume zu diesem Zeitpunkt noch nicht gepflanzt sein konnten.

Die Nachricht über den Fund von Katyn verbreitete sich in Windeseile im ganzen Deutschen Reich, so dass auch die Benediktinerinnen davon hörten. Sie fühlten sich besonders betroffen, da möglicherweise der jüngere Bruder der Subpriorin Magdalena Grossek dem Massaker zum Opfer gefallen war. Als zweisprachiger Oberschlesier aus Bralin, Landkreis Groß-Wartenberg (poln. Syków), hatte Stanislaus Grossek als polnischer Offizier 1939 am Polenfeldzug teilgenommen, geriet dabei in sowjetische Gefangenschaft und galt seit Frühjahr 1940 als verschollen. Es lag nahe, ihn unter den ermordeten polnischen Offizieren zu vermuten. Fürst Erich versprach, sich nach seiner Rückkehr nach Russland über das Schicksal Grosseks zu erkundigen.[931] Alle Nachforschungen blieben jedoch ergebnislos.[932]

Abb. 30: Sr. Magdelena Grossek OSB

---

[931] ArKe: 031 Annalen 1943, 30.5.1943, 41.
[932] ArKe: 033 Totenchroniken. Zur Erinnerung an Magdalena Anna Maria Grossek aus der Abtei St. Erentraud (1901-1976), 145-148. Anm.: Chorfrau Magdalena Grossek war die Schwester Melchior Grosseks, eines katholischen Priesters und Künstlers, seit 1924 Pfarrer in Berlin. Zwei ältere Brüder, Georg und Alois, waren bereits im Ersten Weltkrieg als deutsche Soldaten gefallen, s. Peter-Christian Wegner: Melchior Grossek (1889-1967). Das künstlerische Werk eines Berliner Priesters. Scherenschnitte und Druckgrafik, (Jahresgabe für die Mitglieder des Deutschen Scherenschnittvereins e.V.), Holzminden 2006.

13. Alltagsleben in Zeil

Winterbedingungen

Während der Wintermonate ergab sich Jahr für Jahr das Problem der Beschaffung von Heizmaterial, vor allem Kohle, Brennholz und Torf. Die Brennvorräte wurden über die Fürstliche Domanialkanzlei bezogen und von dieser in Rechnung gestellt. Auch weitere Lieferungen für Acker, Garten, Lebensmittel und Haushaltswaren gelangten auf diesem Wege in den Haushalt der Schwestern.[933] Trotz der ausgedehnten Wälder erhielt die Fürstliche Hofhaltung auf Grund der Kriegswirtschaftsverordnung nur geringe Holzzuteilungen, so dass mit den zur Verfügung gestellten Materialien sparsam umgegangen werden musste.
Im Rahmen des „Klosters" Zeil gab es nur einen beheizten Aufenthaltsraum, der gleichzeitig einen Arbeitsplatz der Priorin Placida vorhielt, schwarzes Vestiar mit zwei Nähmaschinen und Stickzelle mit Rahmen, Webstuhl und zwei weiteren Nähmaschinen aufnahm. Darüber hinaus diente er den täglichen Küchenvorbereitungen. Das angrenzende, nicht beheizbare Refektorium empfing noch etwas Wärme vom großen Arbeitszimmer. Hier fanden die Büroarbeiten statt, hauptsächlich Berechnungen für die Forstverwaltung während der Wintertage, eine wichtige Arbeit, welche der Absicherung diente, dazu Korrespondenzen und andere Ausarbeitungen. Trotz der beengten Raumverhältnisse wurde auch ein Platz für die Lateinstunden gefunden. „Da und dort zerstreut sitzen noch einige Flickerinnen – das ist das Bild von der monastischen Familie im Winter"[934].

Geistiges Leben, Feste und Feiern, kleine Ausstellungen

Während der Winterzeit auf Schloß Zeil entstanden zwei größere schriftliche Arbeiten, und zwar ein Überblick über die Geschichte von Zeil und die Überset-

---

[933] ArKe: 031 Annalen 1941, 18.9.1941, 93 und 23.10.1941, 101; ArKe: Celleratur [Mappe 1], Zeil 1942-1945, Rechnungen der Fürstlich Waldburg Zeil'schen Domanialverwaltung u.a. für Brennholz, Mist- und Torflieferungen, Kohlrabi, Kartoffeln, Mischobst, Süßmost, Gestellung eines Fuhrwerks, z.B. Waldburg Zeilsche Domanialkanzlei: Rechnung für Holz sägen und Sägebenutzung, vom 9.8.1943, weitere Rechnungen in den Folgejahren, Vergütung von bis zu 84 Arbeitsstunden; Rechnung für Holzeinbringen des Zivilfranzosen Michel Videnteilli, vom 19.11.1943, RM 5,85; Rechnung über Arbeitsleistung des französischen Kriegsgefangenen Mattei über 13 ½ Std. RM 5,40, 18.1.1944; Waren vom „Eisenfuchs" in Stuttgart (Kochtopf, elektrische Kochplatte, Kochkistentopf, 12 Teller, 12.6.1943).
Anm.: Die Mitarbeiter der Domanialkanzlei benutzten nicht den Gruß „Heil Hitler", sondern unterschrieben stets abgeschwächt „Mit deutschem Gruß".
[934] ArKe: 031 Annalen 1941, 23.10.1941, 99.

zung des 72. Kapitels der Hl. Regel aus dem Kommentar von Dom Paul Delatte[935].

Als Auftakt zum 50-jährigen Professjahr von Priorin Placida fand im August 1942 ein feierlicher Gottesdienst statt, an welchem auch die fürstliche Familie teilnahm.[936] Der Zelebrant trug ein Messgewand, welches nur die höchsten Festtage auszeichnete. Bei der kleinen Festveranstaltung, die von einer kleinen Ausstellung begleitet war, erinnerte Frau Placida an frühere Zeiten in St. Gabriel und wusste viele interessante Details aus der Zeit vor dem Ersten Weltkrieg in Prag zu berichten.[937]

Ihr eigentliches Professjubiläum im August 1943, für welches bereits viele Pläne geschmiedet worden waren, erlebte Frau Placida nicht mehr, da sie zwei Monate zuvor plötzlich und unerwartet verstarb.[938]

Die traditionellen Ausstellungen zu den besonderen Festtagen, insbesondere am Scholastica-Fest[939], dem Namenstag der Äbtissin, wurden auch während der Verbannungszeit beibehalten, wenn sie auch im Verlaufe des Krieges immer einfacher gehalten werden mussten. Der Kreativität waren dabei keine Grenzen gesetzt: Neben gut gelungenen Reparaturen aus Schusterei und Vestiarium wurden auch einige in der Freizeit entstandene Paramente präsentiert. Da eine große Nachfrage nach Kreuzen bestand, schufen kunstfertige Hände des Vestiarums und der Stickzelle Corpusse für eigens aus Beuron gelieferte Holzkreuze. Darüber hinaus gab es kleine Spieltiere, Besen, Matten aus Seegras und selbst geflochtene Weidenkörbe. Auch eine Kollektion der Lazarettschuhe fand große Beachtung.[940]

Im Herbst 1944, am Fest Mariae Geburt, dem Weihetag der Äbtissin, wurden Herbsterzeugnisse aus Garten und Acker präsentiert. Im schwarzen Vestiarium war ein Mantel restauriert worden, der schon in Gurk getragen wurde. Ungeachtet der nunmehr fast vierjährigen Verbannung war die Hoffnung auf baldige Heimkehr nach Kellenried ungebrochen.[941]

---

[935] ArKe: 031 Annalen 1942, 9.2.1942, 15; Dom Paul Delatte OSB (1848-1937), Mönch der Abtei Solesmes, dritter Abt von Solesmes (1890-1920), Verfasser zahlreicher spiritueller und theologischer Werke, gilt als Klassiker des benediktinischen Neuaufbruchs, veröffentlichte 1913 den Kommentar zur Benediktusregel, s. Dom Paul Delatte: Kommentar zur Regel des Hl. Benedikt, St. Ottilien 2011.
[936] NZAZ: NL Fürstin Monika, Tagebuch, 20.8.1942, „Beginn des 50. Jahres von Tante Placidas Klosterleben, wir haben mit Wein und Blumen gratuliert".
[937] ArKe: 031 Annalen 1942, 20.8.1942, 56ff.
[938] ArKe: 031 Annalen 1943, 13.6.1943, 43-54. „Die Jubelprofess fand im Himmel statt", berichtete die Chronistin, s. ArKe: 032 Chronik 1940-1945, 6.
[939] Scholastica-Fest, 10. Februar, s. Bruno W. Häuptli: Scholastika, in: BBKL, Bd. 24, Nordhausen 2005, Sp. 1294-1297.
[940] ArKe: 031 Annalen 1944, 10. Februar 1944, 23.
[941] Ebenda: 8.9.1944, 116.

Klausurvorschriften

Trotz der zahlreichen Außenkontakte vollzog sich das klösterliche Leben nach den vorgeschriebenen Regeln. Bei der täglichen Arbeit begegneten die Klosterfrauen vielen Menschen sowohl im Hause als auch auswärts. Den meisten von ihnen war bekannt, dass die Schwestern zum Silentium verpflichtet waren, und sie respektierten diese Einstellung. Besucher betraten die „Klausur" in Zeil nicht, hatten allenfalls Zugang zur Abtei. Die Barmherzigen Schwestern von Untermarchtal, welche im Zeiler Pfarrhaus wohnten, stellten den Benediktinerinnen ein kleines Sprechzimmer zur Verfügung, um dort gegebenenfalls Gäste zu empfangen.[942]

Kontakte zu den anderen Zellen – schwierige Reisebedingungen

Das Reisen wurde mit fortschreitender Kriegsdauer zunehmend schwieriger. Davon war vor allem Äbtissin Scholastica betroffen, die viel unterwegs war zu den weiter auseinander liegenden Stationen, abgesehen von Kißlegg und Bärenweiler. Die Verkehrsverbindungen vom Bahnhof Unterzeil in die übrigen Zellen, vor allem nach Kellenried, waren ohnehin nicht günstig. Den Weg zum Bahnhof oder nach Leutkirch machten die Nonnen in der Regel zu Fuß. Auf Grund des Treibstoffmangels mussten Autofahrten auf das Notwendigste beschränkt bleiben. Auch Fürstin Monika blieb oft nur der Fußweg den Schlossberg hinauf oder hinunter. Außer für Priorin Placida zu Salm (Tante Placida) baten die Nonnen nie um das Auto. Als Ersatz bot sich oft das Eselsfuhrwerk an.[943]

Nur in selteneren Fällen ergab sich die Möglichkeit, eine Fahrgelegenheit vom Schloss oder von der Domanialverwaltung in Anspruch zu nehmen, vor allem wenn größere Frachtstücke zu transportieren waren. Diese wurden den Nonnen in der Regel in Rechnung gestellt.[944]

Um auf schnellstem Wege von Kellenried nach Unterzeil zu gelangen, musste man um 4.00 Uhr morgens am Marschallhaus aufbrechen, zunächst zu Fuß nach Niederbiegen gehen, um dann den Frühzug nach Leutkirch zu nehmen, welcher gegen 8.00 Uhr den Bahnhof Unterzeil erreichte.[945]

Ab Sommer 1944 durfte sich niemand mehr ohne besondere Bescheinigung der Ortspolizei mehr als 100 km vom Wohnort entfernen. Beuron und Donzdorf lagen jeweils weiter entfernt als die erlaubte Strecke, so dass es nahezu unmöglich war, mit öffentlichen Verkehrsmitteln nach dort zu gelangen. Die übrigen Stationen konnten nach wie vor ohne Genehmigung erreicht werden. Das Reisen

---

[942] ArKe: 031 Annalen 1941, 19.5.1941, 54f.
[943] ArKe: Exils-Chronik-Rundbriefe, Bd. 3, Teil 1, Zeil, 1.-18.8.1941, 1.
[944] ArKe: Celleratur [Mappe 1], Fa. Eisenfuchs-Stuttgart, Rechnung für Gestellung eines Autos, 90 km, pro Kilometer 0,70 RM = RM 63,00. Rechnung Kohlehandlung Schorer Leutkirch für Kohlelieferung, den Abholservice übernahm in der Regel ein Gespann von Schloß Zeil, gegen Vergütung.
[945] ArKe: Exils-Chronik-Rundbriefe, Bd.3, Zeil, Teil 1, 10.5.-3.6.1943, 1.

selbst verlief nicht immer gefahrlos. Der zunehmende Tieffliegerbeschuss nahm bevorzugt Bahnhöfe ins Visier. Es gab dabei Verwundete und Tote. Auch der Bahnhof Aulendorf war mehrfach Ziel der Angriffe.[946]
Für Frau Pudentiana von Kathrein geriet im Januar 1944 eine Reise nach Memmingen fast zum Verhängnis. Da sie keinen Ausweis mit sich führte, wäre sie um ein Haar in den Gewahrsam der Kriminalpolizei geraten.[947]
Die Fahrten nach Kellenried mit der Bahn endeten gewöhnlich am Haltepunkt Niederbiegen. Von dort schloss sich wieder ein Fußweg von etwa 45 Minuten an, wenn sich nicht zufällig ein Fuhrwerk nach oben bewegte.

Im April 1945 verschärfte sich die Lage noch einmal erheblich. Wer nach Kellenried wollte, musste mitten in der Nacht von Unterzeil wegfahren, hatte dann um 3.40 Uhr Anschluss an den Zug von Leutkirch nach Ravensburg, welcher um 6.00 Uhr in der Frühe dort ankam. Von hier aus gelang es nur unter Schwierigkeiten, auf die Kellenrieder Höhe zu gelangen, da auch das Postauto nicht mehr verkehrte. Tagsüber verkehrten die Züge wegen der Tieffliegers nicht mehr.
Im Rückblick auf die Exilsjahre, vor allem im letzten Kriegsjahr vollzogen sich alle Reiseunternehmungen unter mehr oder weniger abenteuerlichen Bedingungen. Für ein Nonnenkloster unter den strengen Regeln der päpstlichen Klausur[948] wären diese Reisen in normalen Zeitumständen unmöglich gewesen. Der Not gehorchend wurden die Klausurvorschriften während des Zweiten Weltkrieges mehrfach gelockert. Anfangs blieben die Kellenrieder Nonnen jeweils an ihrem Zufluchtsort, auch die Reisen der Äbtissin und Priorin bedurften einer besonderen Genehmigung.
Im letzten Kriegsjahr, als die Lebensmittel knapp wurden, waren häufige Einkaufsgänge bzw. Fahrten nach Leutkirch notwendig. Als Anlaufstelle, auch bei eventuellen Übernachtungen, stand hier jederzeit das Vinzentiushaus der Barmherzigen Schwestern von Untermarchtal zur Verfügung[949]. In Ravensburg fanden die Nonnen bei Zwischenaufenthalten Unterkunft bei den Armen Schulschwestern im Klösterle, desgleichen in der Haushaltungsschule Aulendorf und im Kindergärtnerinnenseminar Ulm[950], den Niederlassungen der Franziskanerinnen von Sießen und der Franziskanerinnen von Reute.

---

[946] ArKe: 031 Annalen 1944, 9.8.1944, 99.
[947] ArKe: Exils-Chronik-Rundbriefe, Bd. 3, Zeil, Teil 1, 6.-19.1.1944, 2.
[948] Apostolische Konstitution (Circa pastoralis), 1566 durch Papst Pius V. erlassen, diese schrieb für Nonnen mit feierlichen Gelübden die sogenannte päpstliche Klausur vor, 1950 von Pius XII. gelockert durch die Apostolische Konstitution Sponsa Christi (Arti. IV. §§ 1-5, Große und kleine päpstliche Klausuren). Seit der Dogmatischen Konstitution „Verbi sponsa" (Instruktion über das kontemplative Leben und die Klausur der Nonnen) von 1999, gilt die päpstliche Klausur heute nur noch für die Nonnen kontemplativer Orden, s. auch Kap. 4, Beschlagnahmung des Klosters, S. 41.
[949] Vinzentiushaus Leutkirch, die Einrichtung bestand von 1895 bis 1976, Mitteilung Sr. Anna Maria Bieg, Generalsekretärin im Mutterhaus der Barmherzigen Schwestern Untermarchtal an die Verfasserin, 22.1.2015.
[950] Marienseminar für Kindergärtnerinnen, gegr. 1918 von den Reutener Franziskanerinnen, seit 1970 Fachschule für Sozialpädagogik, seit 1991 in der Trägerschaft der Stiftung Kath. Freie Schule der Diözese Rottenburg-Stuttgart.

Näher rückende Kriegsgefahr – Versprechen an die Gottesmutter

Aus Sorge für Kloster und Kommunität und mit der nie erlöschenden Hoffnung auf eine glückliche Heimkehr nach Kellenried legte Äbtissin Scholastica im Namen der Gemeinschaft am Fest der Sieben Schmerzen Mariae, 31. März 1944, ein feierliches Versprechen an die Gottesmutter ab. Die Gemeinschaft verpflichtete sich, nach Wiederaufnahme des monastischen Lebens ein Jahr lang an jedem Samstag in der Abendrekreation den Rosenkranz zu beten und am Hausaltar das Salve Regina zu singen.[951]

Mit fortschreitender Kriegsgefahr, die auch dem Standort Zeil immer näher rückte, spielten Gebet, geistliche Lesungen und Konferenzen eine noch größere Rolle im Tagesablauf als zuvor. Bereits zum Jahresbeginn hatte Äbtissin Riccabona in schwerer Zeit ein tägliches Ave Maria füreinander angeordnet, zur Bewältigung aller Aufgaben mit der „notwendigen Beharrlichkeit"[952].

In der Osterkonferenz 1944 erörterte sie im Konvent die Frage, warum Gott Böses und schwer zu Ertragendes zulässt. Sie begründete dies mit der Erkenntnis, Gottes Wege seien unergründlich und ohne ein großes unerschütterliches Vertrauen auf ihn nicht zu deuten. „Quod vivit, vivit Deo"[953].

Zwar blieb Schloß Zeil bis zum Kriegsende von unmittelbaren Kriegseinwirkungen verschont, jedoch wusste niemand, was die Zukunft bringen würde. Eine Sicherheit gab es nicht. Die Bombenangriffe nahmen täglich zu, viele Schwestern hatten ihre Angehörigen verloren, u.a. auch Äbtissin Scholastica[954]. „So spielt immer wieder ganz vereinzelt etwas von dem großen Weltgeschehen und seiner ganzen Grauenhaftigkeit in unser immer noch so wohlbehütetes Leben hinein"[955].

---

[951] ArKe: 031 Annalen 1944, Rückblick, 195. Wortlaut im Archiv hinterlegt: „*Versprechen an die Gottesmutter: Wenn durch den mächtigen Schutz der lb. Gottesmutter unsere Kommunität in St. Erentraud wieder einziehen und in geordneten Verhältnissen das monastische Leben führen darf, verspricht unsere Kommunität, ein Jahr lang jeden Samstag in der Abendrekreation processionaliter den hl. Rosenkranz zu beten und am Hausaltar das Salve Regina zu singen.*" St. Erentraud-Zeil, 31.3. 1944, sr. Scholastica de Riccabona, Abbatissa und der Konvent von St. Erentraud, Kellenried. Das Versprechen steht in engem Zusammenhang mit der Einführung des Gebetsgedenkens von 1943, sich in einem feierlichen Akt unter den Schutz Mariens zu stellen, einer weltweiten Initiative Papst Pius XII. In der Diözese Rottenburg entstand das „Weihegebet an Maria" (Verfasser Pfarrer Josef Weiger), um den säkularisierten Weihehandlungen des nationalsozialistischen Rassenwahns und des Blut- und Bodenkults (…) das christliche Gottes- und Menschenbild entgegen zu stellen und „in unmenschlicher Zeit die Hoffnung zu bewahren und auf Gottes Hilfe zu vertrauen". Es gehört seitdem zum Gebetgut der Diözese Rottenburg-Stuttgart, s. Gotteslob: Kath. Gebet- und Gesangbuch, hg. von den (Erz)bischöfen Deutschlands und Österreichs und dem Bischof von Bozen-Brixen, Stuttgart 2013, hier: Eigenanteil der Erzdiözese Freiburg und der Diözese Rottenburg-Stuttgart, Geschichte der Diözese Rottenburg-Stuttgart, 963f. und Heilige „Weihegebet an Maria, Nr. 933, 1276f; s. auch ArKe: Annalen 1943, 2.10.1943, Hinweis auf die Weihe an die Gottesmutter, Diözese Rottenburg, Rosenkranzfest 1943, 70.
[952] ArKe: 031 Annalen 1944, Mitte Februar 1944, 31.
[953] Ebenda: 12.4.1944, 50f.
[954] Beim Bombenangriff auf Innsbruck wurden auch nahe Verwandte von Äbtissin Scholastica getroffen, s. ArKe: 031 Annalen 1944, 27.11.1944, 171; ArKe: Exils-Chronik-Rundbriefe, Bd.1, Kellenried, 9.1.1944, 2.
[955] ArKe: 031 Annalen 1944, 23.4.1944, 53.

Ende April kam es zu einem zweiten schweren Luftangriff auf Friedrichshafen[956], dessen Auswirkung bis nach Zeil zu spüren war. „Es war ein höllisches Schauspiel, (…) den ganzen nächsten Tag war der Himmel rauchgeschwärzt, und der Wind trieb die Rauchschwaden bis zu uns herüber. Auch nach Zeil kommen Ausgebombte aus Friedrichshafen"[957].
Nach Zeil war auch die Nachricht von der Zerstörung des Klosters Montecassino im Februar 1944 gelangt, welche sowohl die klösterliche Gemeinschaft als auch die Schlossbewohner tief erschütterte. Die Schwestern machten sich trotzdem gegenseitig Mut: „Aber wenn auch das altehrwürdige Heiligtum in Trümmern liegt, ‚Monte Cassino' besteht weiter. Überall wo im Geiste der Hl. Regel gelebt wird, ist ein ‚Monte Cassino'"[958].
Bis zur Ankunft der Benediktinerinnen befand sich der Luftschutzkeller für die Schlossbewohner in einem Gewölbe neben dem Weinkeller. Da dieser zu wenig Platz bot, wurde ein weiterer Raum unter dem sogenannten „Salettle" hergerichtet, dem früheren Verließ des Schlosses. Alois Graf Waldburg-Zeil erinnert sich, es habe sich ein gespenstisches Bild ergeben, wenn sich die Schwestern bei Alarm mit brennenden Kerzen die enge Wendeltreppe hinunter in den Luftschutzraum begeben hätten.[959] Die Treppe erwies sich dabei häufig als Hindernis. Es bestand leicht die Gefahr, in der Kukulle[960] stecken zu bleiben.[961]
Im Juli 1944 verbrachte die Kommunität bei völliger Dunkelheit eine gefahrvolle Nacht im Luftschutzraum. Mit Rosenkranzgebet und Generalabsolution durch P. Hieronymus Kunert versuchten die Schwestern, der unmittelbaren Gefahr mit Zuversicht zu begegnen: „Wir sangen das ‚Suscipe' und sahen uns schon im Geiste in den Himmel versetzt"[962].
Im ganzen Schloss wurde auf Anregung von Fürstin Monika in diesen Tagen gemeinsam der Fatima-Rosenkranz gebetet, aufgeteilt auf die Schwesternkommunität, die Fürstin mit ihren Kindern, die Angestellten und P. Hieronymus Kunert.[963] Im Hintergrund stand im fünften Kriegsjahr die dringende Bitte um Frieden in der Welt.[964]
In den Annalen 1944 werden die Kriegserlebnisse als geringfügig bezeichnet im Vergleich zum Elend in den größeren Städten. Trotzdem bestand durch die exponierte Lage des Schlosses Zeil permanent die Gefahr von Luftangriffen, besonders als die Tiefflieger in das Kriegsgeschehen eingriffen. Schloß Zeil als Orientierungspunkt wurde täglich von zahlreichen Bombern überflogen, die ihre

---

[956] Der erste Angriff hatte am 18.3.1944 stattgefunden. Unzählige Bomber überflogen Kellenried und Ravensburg, s. ArKe: 031 Annalen 1944, 201.
[957] Ebenda: 27./28.4.1944, 58.
[958] ArKe: 031 Annalen 1944, 15.2.1944, 41f.
[959] Mitteilung Alois Graf Waldburg-Zeil an die Verfasserin, 22.8.2012.
[960] Kukulle (lat. Cucullus, Kapuze) = Übergewand mit weiten Ärmeln zum feierlichen Choroffizium, s. Frank: Lexikon des Mönchstums, 200.
[961] ArKe: 031 Annalen 1941, 11.11.1941, 103. Auch die gewölbte Schlosskapelle in Zeil diente als provisorischer Luftschutzraum, s. ArKe: 031 Annalen 1945, Rückblick, 447.
[962] ArKe: 031 Annalen 1944, 25.7.1944, 87.
[963] Ebenda: 31.5.1944, 68.
[964] S. Ebenda: Rückblick, 199.

vernichtende Last in die südlich gelegenen großen Städte brachte, z.B. München und Augsburg. Die Annalen berichten von einem Flugzeugabsturz in der Nähe und einem Luftkampf über Schloß Zeil.
Das Wort „Media vita in morte sumus"[965] erhielt täglich neue Nahrung. Der „ständigen Ewigkeitsnähe" waren sich die Schwestern voll bewusst.[966]

Evakuierung aus dem Rheinland: Kinderheim Lohmarhöhe

Eine große Veränderung ergab sich kurz vor dem Weihnachtsfest 1944. Fürst und Fürstin hatten sich entschlossen, zusätzlich zu den Benediktinerinnen ein zweites „Kloster" im Schloss aufzunehmen. Es handelte sich um 43 Kinder und 16 Schwestern der Genossenschaft vom armen Kinde Jesus[967] aus dem Kinderheim Lohmarhöhe in Lohmar, Siegkreis, einer Einrichtung für sozial benachteiligte Kinder.[968].
Das 1924 aus Holz erbaute Haus in Lohmar bot mit zunehmender Kriegsdauer keinen Schutz vor Bomben und Beschuss. Die Genehmigung für den Bau eines Bunkers hatten die NS-Behörden seit 1942 wiederholt abgelehnt. In ihrer Sorge um die in Lohmarhöhe untergebrachten 80 bis 90 Kinder wandte sich die Leiterin, Sr. Clara Maria Ehrle PIJ[969], an ihre Geschwister in Ravensburg. Die in Ravensburg bekannte, alt eingesessene Familie Ehrle[970] bemühte sich um eine geeignete Unterkunft und fand diese in Liebenau und auf Schloß Zeil.[971] Der Kontakt nach Zeil mag vor allem durch die Bekanntschaft von Gertrud Ehrle und Fürstin Monika, aber auch durch die Ravensburger Verbindungen Äbtissin

---

[965] Media vita in morte sumus = Mitten im Leben sind wir vom Tod umfangen.
[966] ArKe: 031 Annalen 1944, Rückblick, 204.
[967] Schwestern vom armen Kinde Jesus, katholische Kongregation, PIJ, 1844 während der Zeit zunehmender Industrialisierung auf Initiative von Clara Fey in Aachen gegründet, mit dem Ziel der Betreuung armer Kinder, s. Wolfgang Schaffer: Clara Fey (1815-1894), Ordensgründerin, im Online-Portal Rheinische Geschichte, veröffentlicht am 7.3.2013; Homepage der Ordensgemeinschaft, s. http://www.manete-in-me.org, aufgesucht am 1.4.2015.
[968] Kinderheim Lohmarshöhe, Lohmar bei Siegburg, heute Kinderheim Hollenberg, Lohmar, Rhein-Sieg-Kreis, gegründet 1920 als Erholungsheim für Kriegswaisen, 1938 ausgebaut für 38 Kleinkinder mit Unterstützung von Prälat Prof. Dr. Joseph Prill (1852-1935), Päpstlicher Hausprälat, s. Auskunft an die Verfasserin von Dr. Claudia Arndt, Archivarin des Rhein-Sieg-Kreises, Siegburg, 26.2.2013; Archiv Provinzialmutterhaus der Kongregation vom armen Kinde Jesus (ArPIJ), Kurzchronik Kinderheim Lohmarshöhe. Freundlicherweise zur Verfügung gestellt von Sr. Beate Maria Brocker PIJ, Archivarin; Wilhelm Pape: Professor Prill und der Hollenberg, hg. vom Heimat- und Geschichtsverein Lohmar e.V. 1993.
[969] Sr. Clara Maria (Maria) Ehrle PIJ (1888-1975), Profess 1919, Lehrerin und Fürsorgerin, tätig in verschiedenen Einrichtungen der Kongregation vom armen Kinde Jesus, u.a. in Neuß, Aachen, Köln-Kalk, Schleiden, Lohmarhöhe, Liebenau, s. ArPIJ, Kennkarte Nr. W-Nr. 576, Sr. Clara Maria Ehrle PIJ.
[970] Zu bedeutenden Mitgliedern der Familie Ehrle gehören u.a. Franz Kardinal Ehrle SJ (1845-1934), 1876 Priesterweihe 1922, Kurienkardinal in Rom, 1929 Kardinalbibliothekar der römischen Kirche, s. Friedrich Wilhelm Bautz: Ehrle, Franz, in: BBKL, Bd. 1, Hamm 1990, Sp. 1472-1473 und Dr. Gertrud Ehrle (1897-1985), von 1959 bis 1970 Präsidentin des Katholischen Deutschen Frauenbundes (KDF) und Vorsitzende des Deutschen Frauenrates, s. Gertrud Ehrle (Hg.): Licht über dem Abgrund. Aufzeichnungen und Erlebnisse christlicher Frauen 1933-1945, Freiburg 1951.
[971] ArPIJ: Chronik Haus Lohmarhöhe 1944-1946 (Chronik 1), 1.

Scholasticas zustande gekommen sein.[972] Die Schwestern vom Armen Kinde Jesus brachen trotz des bevorstehenden Weihnachtsfestes sofort mit zwei Kindergruppen auf und gelangten nach abenteuerlicher Bahnfahrt am Nachmittag des 22. Dezember völlig erschöpft an ihren Zielorten an.[973]
In Zeil erhielten die Neuankömmlinge in der ersten Etage des Schlosses drei Zimmer, gleichzeitig zu nutzen als Schlafräume und Spielzimmer. Der mit Fürst Erich vereinbarte Möbeltransport gelang wegen der von den NS-Behörden verhängten Transportsperre nicht, so dass die Schwestern völlig leere Räume vorfanden.[974] Bis spät am Abend wurden Betten aufgestellt, Kisten und Körbe verstaut und vor allem die Kleinkinder im Alter von zwei bis vier Jahren in ihre neue Behausung gebracht. Das ganze Schloss war auf den Beinen. „Die armen Kinderlein schrien fürchterlich, während sie heraufgeführt oder getragen wurden"[975], beschreibt die Kellenrieder Chronistin den schweren Anfang. An den Einzugsmodalitäten beteiligten sich auch die Benediktinerinnen.
„Fürst und Fürstin und wer immer nur konnte, half beim Hinaustransport, der kein Ende nehmen wollte. Da sah man die Fürstin mit einem Kind auf dem Arm und eines an der Hand, die Hw. Mutter mit zwei Kindern, und der Fürst trug mit strahlendem Gesicht einen kleinen Jungen hinauf"[976].
Theresia Gräfin Nostitz berichtete, dass mit der Ankunft der Kinder im Schloss der Moment gekommen war, „wo es wirklich eng wurde"[977]. Das Fürstenpaar trat sogar sein eigenes Schlafzimmer ab, und die beiden jungen Gräfinnen Osy und Resi mussten „zeitweise am Boden schlafen"[978], weil ihre Betten gebraucht wurden.
Viele helfende Hände und Spenden führten erst in den kommenden Wochen zur Einrichtung eines eigenen Haushalts für das Kinderheim.
Fürst Erich überließ den Lohmarer Schwestern im Frühjahr 1945 einen Morgen Wiesenland zum Gemüseanbau, da sie sich komplett selbst zu versorgen hatten. Der Garten wurde unter großen Mühen angelegt und bewährte sich im vom Wetter begünstigten Sommer 1945, da er reiche Früchte trug.
Die Chronik von Haus Lohmarhöhe erwähnt mit besonderem Respekt und Dank die Benediktinerinnen von Kellenried, „die seit vier Jahren hier im Schloß Unterkunft gefunden hatten und uns schwesterlich halfen, wo immer sie eine Not ahnten"[979].
Die Schwestern vom armen Kinde Jesus nahmen regelmäßig am Konventamt in der Schlosskapelle teil und wurden vom jeweiligen Spiritual der Benediktinerinnen stets seelsorglich mitbetreut. Auch nahmen sie an den Vorträgen von Guar-

---

[972] Gertrud Ehrle begleitete den Transport der Evakuierten und war bei der Ankunft der Kinder in Zeil für kurze Zeit anwesend, s. ArKe: 031 Annalen 1945, 22.12.1944, 179.
[973] Die in Liebenau untergebrachten Kinder kehrten am 25.10.1946 in die Niederlassung der Kongregation nach Köln-Kalk zurück, s. ArPIJ, Kurzchronik Lohmarhöhe.
[974] ArPIJ: Chronik Haus Lohmarhöhe – Schloß Zeil, (Chronik 2), 22.12.1944-1.2.1946, 1.
[975] ArKe: Exils-Chronik-Rundbriefe, Bd. 4, Teil 1, Zeil, 14.11. -3.12.1944, 2.
[976] Ebenda.
[977] Mitteilung Theresia Gräfin Nostitz an die Verfasserin, 17.9.2012.
[978] Ebenda.
[979] ArPIJ: Chronik 2, 1.

dini teil und erfuhren großzügige Hilfe von Pfarrer Mohr und den Untermarchtaler Vinzentinerinnen im Kindergarten von Zeil. Im März 1945 durften sie in der Pfarrkirche von Zeil ihre Gelübde erneuern, und im April hielt P. Franz Georg von Waldburg-Zeil ihnen die Jahresexerzitien.[980]
Für die Kellenrieder Gemeinschaft war die Ankunft des Kinderheims zwar mit einiger Unruhe verbunden, trotzdem begrüßten sie die Aufnahme der Kinder und anerkannten das Engagement des Fürstenpaars. „Nicht nur, dass sie auch diese Heimatlosgewordenen hochherzig in ihr Haus aufnahmen, sondern in ihrer ganz vom Glauben beherrschten Einstellung, freuten sie sich, dass der Herr gerade vor Weihnachten in den armen Kindern Einzug im Schloß Zeil hielt"[981], heißt es im Kommentar vom 22. Dezember 1944.
Das weitere Zusammenleben mit den Neuankömmlingen gestaltete sich harmonischer als es zunächst den Anschein hatte. Die Klausur der benediktinischen Gemeinschaft blieb unbehelligt. Nur bei besonderen Anlässen traf man zusammen, z.B. an Festtagen und bei außergewöhnlichen Ereignissen, wie bei der Trauerfeier für P. Hieronymus Kunert. „Im übrigen haben Hochw.[ürdige] Mutter und ihre Mutter Klara Maria miteinander ausgemacht, dass die beiden ‚Klöster' ganz für sich bleiben wollen und dass man bei Begegnungen untertags nicht miteinander spricht, sondern es bei einem freundlichen Gruß bewenden lässt. So wurde es auch durchgeführt und die Folge war, dass das gute Verhältnis gewahrt und gestärkt wurde"[982], eine weise Entscheidung, die sowohl das kontemplative Leben der Benediktinerinnen als auch die Bedürfnisse des Kinderheims berücksichtigte.
Bei Fliegeralarm gab es eine feste Regelung, auf welche sich Äbtissin Riccabona und die Lohmarer Klosterfrauen bald einigten. Nur mit Unterstützung der Benediktinerinnen war es möglich, alle Kinder schnell in den Luftschutzkeller zu geleiten: „Oberin Klara Maria ist dankbar für die Hilfe: Etwa fünf helfen beim Anziehen, ebenso viele leiten den schwierigen Transport auf der engen Wendeltreppe. Die übrigen helfen, wo es nottut und führen die Kinder bis zur Treppe. So hat es Hw. Mutter bestimmt. Und so wird es jedes Mal gehalten, wenn Flieger kommen"[983].
Für Fürst Erich bedeutete die Aufnahme der Lohmarer Kinder in den letzten Kriegsmonaten eine gewisse Sicherheit vor eventuellen Beschlagnahmungen des Schlosses durch Wehrmacht oder Parteibehörden. Durch die fortwährende Bombardierung der Städte in der Umgebung, vor allem Stuttgart, Ulm und Friedrichshafen, wurde der Raum für die Unterbringung für Evakuierte, Ausgebombte, kommunale Behörden und Lazarette immer knapper. So konnte er darauf verweisen, dass die Benediktinerinnen mit kriegswichtiger Arbeit beschäftigt waren und die Aufnahme des Kinderheims als Hoffnungsträger der nächsten Generation unumgänglich war. In der letzten Phase des Krieges waren ohnehin

---
[980] Ebenda.
[981] ArKe: 031 Annalen 1944, 22.12.1944, 179.
[982] Ebenda: 23.12.1944, 180.
[983] ArKe: 031 Annalen 1945, 19.1.1945, 9.

bereits viele Parteistellen mit Überlebensfragen beschäftigt, so dass ihre Kräfte gebunden waren.

Während der Vorbereitungen zur Rückkehr der Benediktinerinnen in ihr Kloster im Oktober 1945 gestattete Fürst Erich der Caritas der Diözese Speyer, nach dem Wegzug der benediktinischen Gemeinschaft besonders bedürftige Kinder aus den zerstörten Städten Pirmasens und Zweibrücken in den frei werdenden Räumen unterzubringen. Diese trafen im Dezember 1945 in Zeil ein und verblieben hier bis zum Oktober 1946. Sie konnten sich in der Abgeschiedenheit des Schlosses und in der weiträumigen Natur von den Strapazen der Bombennächte und ihren individuellen Kriegserlebnissen erholen.[984]

Die Betreuung übernahmen die Schwestern vom armen Kinde Jesus. Deren Rückkehr nach Lohmar aus der Evakuierung erfolgte erst im September 1946.[985] Die Kommunität fühlte sich Fürst und Fürstin gegenüber bis zuletzt zu großem Dank verpflichtet, durfte sie doch auch viele Monate nach Kriegsschluss noch deren Gastfreundschaft genießen.[986]

---

[984] ArPIJ: Chronik 2, 2; Interview der Verfasserin mit Kindern der Familie Dreizehnter aus Zweibrücken, hier: Hilde Conrad geb. Dreizehnter und Agnes Hauck, geb, Dreizehnter, auf Vermittlung von Dr. med. Helmut Sittinger, Schwiegersohn von Agnes Hauck, Zweibrücken, 11.11.2013.
[985] ArPIJ: Kurzchronik Lohmarhöhe, 1
[986] Ebenda: Chronik 2, 3.

14. „Heim ins Reich": Slowenen im Kloster Kellenried

VoMi-Personal im „Lager" Kellenried

Nach der Beschlagnahmung des Klosters im November 1940 zog eine kleine Gruppe von Beauftragten der VoMi in das leer stehende Kloster ein, bestehend aus dem Lagerleiter Adolf Sailer[987], einem Landwirt aus der Umgebung, gewesener Ortsgruppenleiter der NSDAP sowie dem zum Lagerverwaltungsleiter bestimmten Arbeiter Norbert Bogenrieder aus Weingarten[988]. Zu ihnen gesellten sich noch eine NSV- und eine DRK-Krankenschwester, eine Kinderschwester und zu einem späteren, nicht genau zu fixierendem Zeitpunkt kam noch der Lagerarzt Dr. Hans Paul Eble hinzu[989].

Abb. 31: Lagerleitung vor dem Kloster

---

[987] Adolf Sailer, geb. 1899, Landwirt in Bettenweiler, Ortsteil von Horgenzell-Zogenweiler, Ldkr. Ravensburg, Ortsgruppenleiter der NSDAP, Lagerleiter in Kellenried von November 1940 bis Juli 1943, s. Grasmannsdorf: Die Umsiedlungslager, 52. Sailer übernahm ab Sommer 1943 einen Posten in den besetzten Gebieten im Osten, s. ArKe: Exils-Chronik-Rundbriefe, Bd. 1, Kellenried, 8.8.1943, 1.

[988] Norbert Bogenrieder, geb. 1912 in Hölbnell im Kinzigtal/Schwarzwald, während seiner Tätigkeit im Lager Kellenried wohnhaft in Weingarten. Lagerverwaltungsleiter in Kellenried und Blönried 1940-1942.

[989] Nähere Angaben zur Person nicht zu ermitteln. Eble heiratete 1945 eine der DRK-Schwestern und lebte einige Jahre mit seiner Familie im Marschallhaus.

Die Gruppe bereitete zunächst alles für den Empfang von erwarteten Umsiedlern aus Bessarabien vor. Ein großes Transparent mit der Aufschrift „Willkommen im Schwabenland" war zu beiden Seiten des Hohlweges angebracht. Über der Pforte prangte das grün bekränzte Bild des Führers. „Darüber steht das Kreuz"[990], bemerkte die Chronistin lakonisch.

Der ersten Begegnung mit dem Lagerführer sahen die Schwestern im Marschallhaus mit einer gewissen Spannung entgegen. „Herr S. [ailer] ging schon auf und ab. Wir schauten uns an und dachten ‚Aha', freundliche Begrüßung und Gespräch über das Wetter. Schnee, Glatteis und Fahrwege"[991]. Mit der zunächst belanglos wirkenden Konversation verband Sailer die Hoffnung, von den Klosterfrauen eine Menge von dringend benötigten Gebrauchsgegenständen zu erhalten, die im Lager noch fehlten, u.a. Möbel, Matratzen, Kochgeschirre, Bügeleisen, Nähmaschinen u.a.m. Daraus folgt, dass die VoMi nicht in der Lage war, mit der überhasteten Ausweisung der Nonnen einen organisierten Übergang zur Aufnahme der Umsiedler zu gewährleisten. Fast täglich kam es in den ersten Wochen zur Anforderung weiterer Gegenstände. Dies war auch in vielen der anderen „Lager" der Fall.[992]

Sr. Notburga Zisterer als bewährte Tischlerin wurde sogar gebeten, Spielzeug (Bauklötze) für die Kleinkinder herzustellen.[993]

Die Lagerführer waren für ihre Aufgabe nicht weiter ausgebildet. Sie besaßen zwar eine große Machtfülle, als Voraussetzung für die Berufung war jedoch nur die Mitgliedschaft in der NSDAP zwingend vorgeschrieben. Sie hatten ihre Funktion in Parteiuniform auszuüben. Häufig waren sie mit ihrer Aufgabe überfordert und besaßen keine Erfahrung im Umgang mit größeren Gruppen, vor allem fehlten ihnen die notwendigen Sprachkenntnisse. Alle Lagerführer, auch Sailer, stammten in der Regel aus der näheren Umgebung ihres Einsatzortes.[994]

Den Aufzeichnungen der Klosterannalen zufolge ist davon auszugehen, dass Sailer nicht zu jenen Lagerleitern gehörte, die ihre Schutzbefohlenen übermäßig drangsalierten, wie es in anderen württembergischen Umsiedlungslagern vielfach der Fall war und auch in vielen Zeitzeugenberichten berichtet wird.[995]

Die Lagerverwaltungsführer besaßen häufig eine kaufmännische Ausbildung oder waren zuvor als Handelsvertreter tätig.[996] Über Bogenrieder sind keine näheren Angaben überliefert. Seine Berufsbezeichnung im Spruch des Kreisunter-

---

[990] ArKe: 031 Annalen 1940, 4.12.1940, 265.
[991] ArKe: Exils-Chronik-Rundbriefe, Bd.1, Kellenried, Sonntag Gaudete 1940, 1.
[992] DAR: G.1.6.18, Schreiben Diözesanverwaltungsrat an VoMi; Grasmannsdorf, Umsiedlungslager, 69.
[993] ArKe: 031 Annalen 1940, 4.12.1940, 265.
[994] Bundesarchiv Berlin (BAR): R 59/216, Bl.1-32, Handbuch für Lagerführer. Alphabetische Loseblattsammlung nach Stichworten, Gaueinsatzführung Heilbronn, o.D. 1942, hier: Bl. 23; Grasmannsdorf, Umsiedlungslager, 54f.
[995] Grasmannsdorf: Umsiedlungslager, 98ff; Zeitzeugenberichte zu Flucht und Vertreibung aus Slowenien, hier: Alojz Zorko, Visoko, 10.4.2004, „Mama, blühen die Apfelbäume auch zu Hause?", in: Gerhard Jochem/Georg Seiderer (Hg.): Entrechtung, Vertreibung, Mord. NS-Unrecht in Slowenien und seine Spuren in Bayern 1941-1945, 280-286.
[996] Grasmannsdorf: Umsiedlungslager, 57f.

suchungsausschusses lautet lediglich „Arbeiter". Lagerverwaltungsführer hatten im Entnazifizierungsverfahren so gut wie nie mit ernsthaften Konsequenzen zu rechnen.[997] So wurde Bogenrieder lediglich als Mitläufer und nach dem Gesetz als nicht belastet eingestuft.[998]

Vergebliche Zwischenlösungen für ein leeres Haus

Da die Umsiedler aus Bessarabien ausblieben, wurden von verschiedenen, dem Kloster wohlwollenden Seiten Überlegungen angestellt, das Haus einer sinnvollen Nutzung zuzuführen. Die Rückgabe des Klosters an die Benediktinerinnen wäre zwar die logische Konsequenz gewesen, stand jedoch seitens der Parteibehörden nicht zur Diskussion.
Den ganzen Winter 1940/41 hatte sich die Caritas bemüht, das Klostergebäude für die Kinderlandverschickung zu gewinnen, wobei den Schwestern „die Besorgung der Wirtschaftsgeschäfte zugedacht" war.[999] Auch Generalvikar Kottmann warb für eine solche Lösung und bot an, Caritasdirektor Baumgärtner in diese Überlegungen einzubinden. „Bei der Unterbringung von Kindern haben sich nirgends irgendwelche Anstände ergeben. Vielmehr hat sich mit der Anstaltsleitung eine gute Zusammenarbeit erzielen lassen"[1000], schrieb er im April 1941.
Die Wehrmacht erwog, ein Kriegsgefangenenlazarett einzurichten. Auch eine Fliegerstation wäre auf Grund der exponierten Höhenlage mit weiter Rundsicht infrage gekommen. Beiden Anliegen standen die Schwestern positiv gegenüber, da sie in jedem Fall beide Antragsteller lieber im Haus gesehen hätten als eine der NSDAP nahestehende oder von ihr zwangsweise verfügte andere Institution. Militär und Caritas gaben jedoch nach einigen Monaten ihre Pläne wegen anderer, für sie günstiger gelegener Objekte auf.[1001]
Das Klostergebäude, vor allem die Wasser- und Heizungsanlage, erlitten während des Leerstandes empfindliche Schäden. Insbesondere konnte die Wasserleitung nicht völlig entleert und abgestellt werden, da sie mit jener der Ökonomie unmittelbar zusammenhing.[1002] Subpriorin Agnes Trescher nahm dies im Oktober 1941 zum Anlass, das Landratsamt Ravensburg mit Nachdruck auf diesen Sachstand hinzuweisen. Die Schwestern boten an, die Heizung zu übernehmen, solange das Haus nicht bewohnt war, unter der Voraussetzung der unentgeltlich

---

[997] Ebenda, 117.
[998] Norbert Bogenrieder, als Mitläufer eingestuft, wurde im Entnazifizierungsverfahren die Wählbarkeit für die Dauer von zwei Jahren entzogen, das Wahlrecht ihm aber belassen, s. StAS: Wü 15, Mappe 260, Kreisuntersuchungsausschuss, Staatskommissariat für die politische Säuberung: Ravensburg, 59. Sitzung, 14.7.1948, 9/5 1026/48, Nr. 117.
[999] ArKe: 031 Annalen 1941, 12.4.1941, 47f.
[1000] DAR: G 1.6. 32/1, Brief Kottmann an Abtei St. Erentraud Kellenried, 22.4.1941.
[1001] ArKe: 031 Annalen 1941, 12.4.1941, 47f.
[1002] Anm.: Der Wasserbehälter in einem der Kirchtürme versorgte auch die Ökonomiegebäude und die Stallungen.

gelieferten Kohle.[1003] Bereits am 6. September 1941 hatte Äbtissin Scholastica ein Gesuch an Landrat Kreeb gerichtet und wegen des monatelangen Leerstandes und der für den Winter zu erwartenden weiteren Schäden um die Rückgabe des Hauses gebeten und dabei auf das Reichsleistungsgesetz und den darin festgelegten Anspruch auf Nutzung der dem Vermieter zustehenden notwendigen Wohn- und Arbeitsräume hingewiesen.[1004] Kreeb hatte zwar die Inanspruchnahme der VoMi genehmigt, wandte sich aber in einer Eilmeldung an das Württembergische Innenministerium und empfahl eine baldige Rückgabe des Hauses an die Eigentümerin, da die Räume nie von Umsiedlern belegt worden seien und die Rückführungsaktion durch den Kriegsverlauf abgeschlossen sein dürfte. Die Voraussetzungen für die Anwendung des Reichsleistungsgesetzes seien somit weggefallen.[1005] Er fragte darüber hinaus auch bei der VoMi Heilbronn an, ob das bisher nicht belegte Klostergebäude weiterhin für Zwecke der Umsiedlung benötigt würde. Die Antwort bestand nur aus einem einzigen Wort: „Ja".[1006]

Das Gesuch der Äbtissin und die Nachfrage des Landrats erwiesen sich letztlich als Bumerang. Die VoMi war nun erst recht auf das leerstehende Gebäude aufmerksam geworden und handelte unverzüglich. Über das Innenministerium teilte Einsatzführer Drauz dem Landrat Anfang November 1941 mit, dass mit einer Belegung des Klosters Kellenried „noch im Laufe dieses Monats mit Bestimmtheit zu rechnen"[1007] sei, nicht ohne nochmals darauf hinzuweisen, dass der Reichsführer SS sich die Entschädigung für die Bereitstellung kirchlicher Anwesen persönlich vorbehalten habe.[1008]

Damit war der Weg frei für die Belegung des Hauses mit sogenannten „Absiedlern"[1009] aus Slowenien. Aus den Klosterannalen geht hervor, dass Lagerverwal-

---

[1003] KARV – B.2 RV (in AG.1.RV) – Az.192- prov. BÜ E 2733: Schreiben Agnes Trescher an Landratsamt Ravensburg, Kellenried, 17.10.1941.
[1004] Ebenda: Schreiben Äbtissin Riccabona an Landrat, Kellenried, 6.9.1941.
[1005] Ebenda: Schreiben Landrat Kreeb an den Württembergischen Innenminister, Ravensburg, 9.9.1941.
[1006] Ebenda: Schreiben Kreeb an den Württembergischen Innenminister, Ravensburg, 25.9.1941.
[1007] Ebenda: Schreiben VoMi Heilbronn, Einsatzführer Drauz an Württ. Innenministerium, Heilbronn, 5.11.1941 und Württ. Innenministerium an Landrat Kreeb, Stuttgart 10.11.1941.
[1008] Ebenda.
[1009] „Absiedlung/Absiedler" = NS-Terminus für die Menschen aus dem Save-Sotla-Grenzstreifen, „wenn sie bereits „rassisch" durchgesiebt und als „wiedereindeutschungsfähig" qualifiziert waren, was ihnen die deutsche Staatsbürgerschaft auf Widerruf und eine Zugfahrt ins Altreich einbrachte, wollten sie nicht in den Untergrund gehen oder illegal aus ihrer Heimat entfliehen." Gerhard Jochem: Die Sprache des Rassenwahns. Zentrale Begriffe und Institutionen der deutschen Volkstumspolitik in Slowenien, in: Gerhard Jochem/Georg Seiderer (Hg.): Entrechtung, Mord, Vertreibung, NS-Unrecht in Slowenien und seine Spuren in Bayern 1941-1945, hg. im Auftrag des Stadtarchivs Nürnberg und der Stiftung „Nürnberg – Stadt des Friedens und der Menschenrechte" in Zusammenarbeit mit der Slowenischen Vereinigung der Okkupationsopfer 1941-1945, Kranj (Zdruzenje Zrtev Okupatorjev 1941-1945), Berlin 2005, 97-105, hier: 103.

ter Sailer persönlich am 23. November 1941 nach Agram (Zagreb)[1010] fuhr, um die für Kellenried vorgesehenen 300 Slowenen zu holen.[1011]

Rassen- und Volkstumspolitik des NS-Regimes in Slowenien 1941 - Hintergründe der Deportation

Die Zwangsdeportierung eines großen Teil der slowenischen Bevölkerung gehört zu den weniger bekannten Verbrechen der Nationalsozialisten im Zweiten Weltkrieg, welche jedoch das zynische und menschenverachtende rassenideologische Vorgehen des Regimes in aller Deutlichkeit offenlegt.[1012]
Zu Beginn des Balkan-Feldzuges der Wehrmacht im April 1941 hatte Hitler den Befehl gegeben, das gesamte jugoslawische Staatsgebiet zu zerschlagen. Nach der Kapitulation Jugoslawiens kam der Norden, das heutige Slowenien, unter italienische, ungarische und deutsche Besatzung. Die Politik aller drei miteinander verbündeten Besatzungsmächte zielte auf die Auslöschung aller slowenischen Elemente. Den größten Teil des Landes hatte sich das Deutsche Reich gesichert, mit der Absicht, das Land formell dem Reichsgebiet einzuverleiben.[1013]
Gleich nach der Okkupation setzte der Aufbau einer deutschen Zivilverwaltung ein. Das Gebiet wurde aufgeteilt in die Untersteiermark (Spodnja Štajerska) und Oberkrain (Gorenjska).[1014] Beide Regionen gehörten bis 1918 zur k.u.k.-Monarchie und waren danach Teilgebiete des neu gegründeten Königreiches Jugoslawien.[1015]
Die Pläne der Nationalsozialisten zielten auf eine rigorose Germanisierungspolitik, vor allem sollte die Untersteiermark „wieder ganz und gar deutsch" gemacht werden.[1016] Im öffentlichen Leben durfte es nichts Slowenisches mehr geben,

---

[1010] Zagreb (deutsch Agram), Hauptstadt Kroatiens, war während des Zweiten Weltkrieges Hauptstadt des formal unabhängigen, jedoch unter deutschem und italienischem Protektorat stehenden Staates Kroatien.
[1011] ArKe: 031 Annalen 1941, 25.11.1941, 107. Dass die Lagerführer die ihnen zugedachten Transporte selbst leiten mussten, geht aus verschiedenen Spruchkammerverfahren anderer Beschuldigter hervor, s. Grasmannsdorf: Umsiedlungslager, 81, Anm. 250.
[1012] Als Standardwerke gilt die Quellensammlung von Tone Ferenc (Hg.): Quellen zur Nationalsozialistischen Entnationalisierungspolitik in Slowenien 1941-1945, Maribor 1980; Tamara Griesser-Pecar: Das zerrissene Volk – Slowenien 1941-1946, Okkupation, Kollaboration, Bürgerkrieg, Revolution, Köln u.a. 2003.
[1013] Hitler verzichtete im Januar 1942 endgültig auf den immer wieder verschobenen Vollzug des Eingliederungserlasses für die „befreiten Gebiete der Untersteiermark, Kärntens und Krains", bis diese dafür „reif" seien, s. Gerhard Jochem: NS-Vertreibung, Slowenien wird deutsch. Ein verschwiegenes Vertreibungsverbrechen: Während des Zweiten Weltkriegs sollte Slowenien „umgevolkt" werden, in: DIE ZEIT Nr. 42/201224, Oktober 2012, 2.
[1014] Demir Cesar: Die Volkstumspolitik des NS-Regimes in Slowenien, Studienarbeit, Norderstedt 2006, 7.
[1015] Tone Kristan: Zur Vernichtung verurteilt. Das Martyrium des slowenischen Volkes während der Okkupation 1941-1945, in: Jochem/Seiderer: Entrechtung, Vertreibung, Mord, 107-129, hier: 107 .
[1016] Cesar: Die Volkstumspolitik des NS-Regimes, 5; Ferenc: Entnationalisierungspolitik, Dok.189, 372, Auszüge aus der Ansprache des Reichsministers des Innern Dr. Wilhelm Frick bei der Einführung des Reichsstatthalters in Kärnten und Chefs der Zivilverwaltung in den besetzten Gebieten Kärntens und Krain, Dr. Friedrich Rainer in Klagenfurt, 16.12.1941.

alle Familien- und Ortsnamen sollten eingedeutscht, alle slowenischen Bibliotheken vernichtet werden.[1017] Zur Beschleunigung der „Germanisierung" wurden vielen Familien, die als politisch unzuverlässig galten, ihre Kinder gewaltsam entrissen, in Erziehungsheime eingewiesen oder zur Adoption frei gegeben.[1018] Zunächst erfolgte die „Beseitigung der deutsch-feindlichen Intelligenz"[1019], dann eine rigorose Massenumsiedlung der slowenischen Bevölkerung mit dem Ziel einer ethnischen Umgestaltung. Die Nationalsozialisten wollten die neue „südlichste Grenze" des Deutschen Reiches von allen feindlich gesinnten Kräften säubern und das slowenische Volkstum auslöschen. Im Zuge dieser Maßnahmen wurden 80.000 Slowenen aus ihrer Heimat vertrieben, „wobei auch jene 17.000 mitgezählt sind, die durch Flucht ins italienisch besetzte Gebiet der Deportation entkamen"[1020].

Vor allem der Grenzstreifen zu Kroatien, das sogenannte Save-Sotla-Gebiet[1021] erschien den Nationalsozialisten „volkstumsmäßig besonders neuralgisch"[1022]. Die Region sollte völlig geräumt, die dort lebenden Slowenen ins Altreich deportiert (Absiedlung) und stattdessen deutsche Bauern aus der Gottschee[1023] angesiedelt werden.[1024]

Himmler verfolgte damit die Idee eines „Grenzbauernwalls", der als „menschlicher Abwehrwall"[1025] das deutsche Volkstum verteidigen sollte. Die deportierten Slowenen sollten im Altreich „eingedeutscht" und anschließend im Zuge der Gewinnung neuen Lebensraums im Osten, vor allem in der Sowjetunion, als „Grenzbauern" eingesetzt werden.[1026]

Vor der erzwungenen Umsiedlung widerfuhr etwa 73 % der slowenischen Bevölkerung in einer entwürdigenden Prozedur eine rassische Musterung und Be-

---

[1017] Jochem: Slowenien wird deutsch, 1.
[1018] Ferenc: Entnationalisierungspolitik, Dok. 295, 580f; Kristan: Zur Vernichtung verurteilt, 115.
[1019] Ferenc: Entnationalisierungspolitik, Dok.23, 60-63, Richtlinien und Anweisungen des Reichskommissars für die Festigung deutschen Volkstums zur Aussiedlung von Slowenen und Ansiedlung von Deutschen in der Untersteiermark. Von Juni bis September 1941 wurden ungefähr 17.000 slowenische Intellektuelle nach Serbien und Kroatien vertrieben, weil diese aus Sicht der Deutschen den größten potentiellen Störfaktor bei der Durchführung der Entnationalisierung und Germanisierung darstellten.
[1020] Griesser-Pecar: Das zerrissene Volk, 27.
[1021] Save-Sotla-Gebiet, ca. 85 km langer, etwa 10 km breiter Gebietsstreifen, der auch heute noch die Ostgrenze Sloweniens zu Kroatien bildet.
[1022] Jochem: Chronologie der deutschen Besatzungs- und Siedlungspolitik in Slowenien, in: Jochem/Seiderer: Entrechtung, Vertreibung, Mord, 65-95, hier: 69.
[1023] Gottschee (Kočevje), Stadt und dazu gehörige Gemeinde im südlichen Slowenien. Das Gottscheer Land war eine bis zum Jahr 1941 bestehende deutsche Sprachinsel innerhalb des geschlossenen slowenischen Sprachgebiets. Es lag 1941 in der italienischen Besatzungszone (Provinzia di Lubiana). Durch Umsiedlung und Vertreibung verschwand der deutsche Bevölkerungsanteil nach 1945 fast vollständig, s. Hans Hermann Frensing: Die Umsiedlung der Gottscheer Deutschen – Das Ende einer südostdeutschen Volksgruppe, 1970, in: http://www.gottschee.de/geschichte, aufgesucht im 19.4.2015.
[1024] Ferenc: Entnationalisierungspolitik, Dok.157, 318ff, Anordnung Nr. 53/I des Reichskommissars für die Festigung deutschen Volkstums über die Aussiedlung von Slowenen aus dem Save-Sotla-Streifen. In die Untersteiermark kamen später nicht nur Umsiedler aus Gottschee, sondern auch Deutschstämmige aus Bessarabien, der Bukowina, der Dobrudscha und aus Südtirol – insgesamt 15.000 Menschen, s. Jochem: Slowenien wird deutsch, 2.
[1025] Jochem: Chronologie der deutschen Besatzungs- und Siedlungspolitik, 70.
[1026] Derselbe: Slowenien wird deutsch, 1.

wertung, „Durchschleusung", durchgeführt durch das Rasse- und Siedlungshauptamt der SS. Es handelte sich um eine flächendeckende Aktion, wie sie in keinem anderen der besetzten Gebiete im Osten vollzogen wurde.[1027] Die Untersuchung zielte darauf, sich ein umfassendes „Rassenbild" von den besetzten slowenischen Gebieten zu verschaffen. Dabei wurden jene Personen ausgegrenzt, welche für die Germanisierung nicht geeignet schienen und daher auch nicht in Kriegszeiten in der Heimat verbleiben durften. Von denjenigen, die zur Vertreibung vorgesehen waren, sollten nur Menschen mit „guten" rassischen Voraussetzungen ausgewählt werden. Man wollte sie nicht „dem Fremdvolk" [dem slowenischen] schenken, da sie ihre als arisch definierten Erbanlagen in den Dienst der nationalsozialistischen Rassenideologie stellen sollten.[1028]

Im Gegensatz zu den Umsiedlern aus den deutschen Sprachinseln in Südosteuropa, den sogenannten Volksdeutschen, waren die zur „Absiedlung" vorgesehenen Slowenen mehrheitlich der deutschen Sprache nicht mächtig. Auch der beabsichtigten „Eindeutschung" standen sie ablehnend gegenüber. Bereits im österreichisch-ungarischen Staat befanden sich die Slowenen in scharfem Gegensatz zum Deutschtum. Sie traten in ihrer politischen Einstellung für die südslawische Idee ein. Selbst wer deutsch sprechen konnte, weigerte sich häufig, davon Gebrauch zu machen.

Einbürgerungsanträge ins Altreich waren bei den als eindeutschungsfähig qualifizierten „Absiedlern" später eher selten. Nur wenige Familien wollten dauerhaft im Altreich verbleiben. Die meisten hatten den dringenden Wunsch, wieder in ihre alte Heimat zurückzukehren. Andererseits wehrten sie sich gegen die geplante Ansiedlung im Osten Europas, was für sie einer „Verbannung nach Sibirien" gleichkam.[1029] Die Slowenen aus dem Save-Sotla-Gebiet waren überwiegend in der Landwirtschaft tätig, die meisten kamen aus kleinbäuerlichen Betrieben mit ca. 10 Hektar Bodenfläche.[1030]

Der Abtransport ins Altreich erfolgte zwischen Oktober 1941 und Juli 1942 über das Durchgangslager Brestanica (Reichenburg)[1031]. Bei der Ankunft in Deutschland ging die Zuständigkeit für Unterbringung und Versorgung der „Absiedler" in die Verantwortung der VoMi über, welche auch für eine schnelle Vermittlung in den Arbeitsprozess sorgen sollte.[1032] Die Familien wurden in der Regel nicht voneinander getrennt. Der Anteil an Kindern und Jugendlichen war besonders hoch und lag erheblich über dem Durchschnitt innerhalb des deutschen Reichsgebietes.[1033] Zwischen dem 23. November und 2. Dezember 1941 trafen drei-

---

[1027] Ferenc: Quellen zur rassischen Untersuchung, 131; Eckart Dietzfelbinger: „…dieses Land wieder ganz und gar deutsch zu machen". Das Motiv der „Rasse" in der NS-Ideologie und seine Umsetzung am Beispiel Slowenien, in: Jochem/Seiderer: Entrechtung, Vertreibung, Mord, 24-64, hier: 33-37.
[1028] Ferenc: Quellen zur rassischen Untersuchung, 133f.
[1029] Jochem: Chronologie, 90.
[1030] Ebenda, 95.
[1031] Brestanica (deutsch: Reichenburg) Untersteiermark (Štajerska), Ort an der Save im Osten Sloweniens, heute ein Ortsteil von Krško (deutsch: Gurkfeld).
[1032] Kristan: Zur Vernichtung verurteilt, 114.
[1033] Jochem: Chronologie, 94.

zehn Transporte aus dem Save-Sotla-Gebiet in Württemberg ein[1034], einer davon gelangte am 25. November 1941 nach Kellenried.[1035]

Ankunft in Kellenried

„Trennung, die Fahrt ins Ungewisse, und was wird kommen", schreibt Ana Šuster geb. Cerovešek als eine der Betroffenen in ihren Erinnerungen[1036]. Ihr Vater habe beim Verlassen der Heimat zur Ziehharmonika ein altes slowenisches Volkslied vom Wiedersehen und dem Wunsch nach Gottes Schutz gesungen. Ihre Familie habe bis zur Vertreibung in der Untersteiermark ein ruhiges, genügsames, aber arbeitsreiches Leben geführt. Dies sei durch den Ausbruch des Krieges von heute auf morgen unterbrochen worden. Majda Bajc, geb. Kerin, damals acht Jahre alt, erinnert sich genau an das Datum der Ausweisung am 11. November 1941. Man habe den Menschen ein „schöneres Leben versprochen" als in ihrer Heimat Jugoslawien. Stattdessen sei man im Lager gelandet.[1037]
Die Menschen, welche im November 1941 in Kellenried eintrafen, hatten eine anstrengende und mühselige Fahrt hinter sich. Sie waren erschöpft von den Strapazen der Reise, viele von ihnen durch die Vertreibung wider Willen traumatisiert, die meisten von ihnen nur mit armseliger Habe und fast mittellos, ohne jede Aussicht auf Vermögensentschädigung.[1038] Eine Rückkehr nach Slowenien war ausgeschlossen und von den NS-Behörden sogar ausdrücklich verboten.[1039]

Die im Kloster Kellenried untergebrachten Slowenen stammten überwiegend aus Streusiedlungen in der Gemeinde Leskovic (Haselbach)[1040], Kreis Rann (Brežice), Nähe Krško (Gurkfeld). Die im Gemeindearchiv Berg aufbewahrten

---

[1034] Ferenc: Entnationalisierungspolitik, Dok.164, Bericht des Umsiedlungsstabes Untersteiermark über den Beginn der Aussiedlung von Slowenen aus dem Save-Sotla-Streifen vom 23.10.1941, 328f. Insgesamt wurden 36.000 Slowenen in 62 Transporten aus dem Save-Sotla-Streifen nach Deutschland gebracht. Der Gau Württemberg war von der Aufnahme überproportional betroffen.
[1035] ArKe: 031 Annalen 1941, 25.11.1941, 107.
[1036] Ana Šuster, geb. Cerovešek: Erinnerungen erlöschen nie. Persönliche Aufzeichnungen an die Lagerzeit, 2012, 4 S. Der Verfasserin freundlicherweise zur Verfügung gestellt von Roswitha Jehle, geb. Kordeuter, Hübschenberg, Gde. Fronreute, geb.1938 in Basenberg, Gde. Berg. Ana Cerovešek war mit Eltern und zehn Geschwistern aus Veliki Trn (Großdorn) vertrieben worden, einem kleinen Dorf im Save-Sotla-Streifen bei Krško. Die Familie hielt sich nach zweijährigem Aufenthalt im „Umsiedlungslager" Weingarten von 1943 bis 1945 in Kellenried auf.
[1037] Interview der Verfasserin mit Majda Bajc im Dezember 2012, Übersetzung aus dem Slowenischen von Francka Püttmann, Willingen-Schwalefeld. Majda Bajc, geb. 29.3.1933 in Leskovic, lebte mit ihren Eltern, sieben Geschwistern, Großeltern und Tanten von 1941 bis 1945 im „Lager" Kellenried, eine der Schwestern verstarb hier 1942 als Säugling.
[1038] S. Zeitzeugenberichte zur Flucht und Vertreibung aus Slowenien, in: Jochem/Seiderer: Entrechtung, Vertreibung, Mord, 276-312.
[1039] Ferenc: Entnationalisierungspolitik, Dok. 161, Verordnungs- und Amtsblatt des Chefs der Zivilverwaltung in der Untersteiermark, Jg. 1941, Nr. 48, 25.10.1941.
[1040] Leskovic (Haselbach) = Landgemeinde bei Krško im Save-Sotla-Streifen, Untersteiermark (Štajerska).

Dokumente vermitteln einen Überblick über Herkunft, Alter, Beruf und besondere persönliche Merkmale der Betroffenen. Es sind 98 Kennkarten (Lagerpässe) mit personenbezogenen Daten, Fingerabdrücken und Lichtbildern erhalten. Jeder „Absiedler" ab dem 14. Lebensjahr erhielt einen solchen Lagerpass, für die Kosten des Fotos hatten die Betroffenen selbst aufzukommen. Unter der Rubrik „Staatsangehörigkeit" ist vermerkt: „Schutzangehörige(r) slowen. Absiedler(in)".[1041]

Bezüglich der Altersstruktur lässt sich die Anzahl der 14 bis 18-jährigen auf 25 Personen beziffern, die drei ältesten Ankömmlinge waren 76, 77 und 78 Jahre alt. Ihren Personenstand gaben 39 Frauen und Männer mit verheiratet, 11 mit verwitwet an.

Bei der Frage nach dem Beruf wurden am häufigsten „Landwirt, Landarbeiter und Landarbeiterinnen" angegeben, insgesamt 45 Nennungen. Einige der Männer bezeichneten sich als Handwerker, z.B. Maurer, Müller, Schmied, Schneider, Schuhmacher. Bei den Frauen überwogen die Hausfrauen (24), die Kinder unter 14 Jahren wurden in der Statistik nicht erfasst.[1042] Menschen mit akademischen Berufsabschlüssen oder aus gehobeneren Positionen fehlten völlig.[1043]

Im Gemeindearchiv Berg sind Zuweisungen der VoMi an den Bürgermeister dokumentiert, betreffend den Arbeitseinsatz „für wiedereindeutschungsfähige Personen", unter Bezeichnung der sogenannten „Ansatzstellen" (Einsatzorte).[1044] Ferner befinden sich hier verschiedene Arbeitskarten slowenischer Arbeitnehmer mit Benennung der Arbeitsstelle, ausgestellt vom Arbeitsamt Ravensburg. Die Inhaber waren zur Führung eines Arbeitsbuches verpflichtet.[1045] Eine Liste des Lagerführer Köhler, adressiert an den Bürgermeister von Berg im September 1943, gibt Auskunft über die Einsatzstellen von 34 slowenischen Arbeitskräfte, die Jüngsten waren erst 12 und 13 Jahre alt.[1046]

Die arbeitsfähigen Slowenen kamen hauptsächlich in den landwirtschaftlichen Betrieben der Umgebung unter, einige betätigten sich als Hilfskräfte in der Gast-

---

[1041] GArB: Akte Unterbringung von Slowenen im Kloster Kellenried, Bü 385: Einwohner und Kennkarte, Ausländer, Slowenen.
[1042] GArB: Akte Slowenen, Bü 385: Einwohner und Kennkarte; Zusammenfassung der Angaben nach Grasmannsdorf: Umsiedlungslager, 90;
[1043] Die im Gemeindearchiv erhaltene Dokumentation macht betroffen. Die aus ihrer Heimat vertriebenen Slowenen treten aus ihrer Anonymität heraus und erhalten ein Gesicht. [Anm. der Verfasserin].
[1044] GArB: Akte Slowenen Kellenried, Bü 385, hier: Formular, Der höhere SS- und Polizeiführer Südwest, Beauftragter des Reichskommissars f. d. Festigung deutschen Volkstums an den Bürgermeister in Berg, betr. Ansatz wiedereindeutschungsfähiger Personen, hier: Stuttgart, 20.8.1944.
[1045] Ebenda: Akte Slowenen Kellenried, Bü 385; Grasmannsdorf, Umsiedlungslager, 87.
[1046] Ebenda: Liste Lagerführer Köhler an Bürgermeister Berg, betr. Arbeitseinsatz der slow. Arbeitskräfte in der Gemeinde Berg, Kreis Ravensburg, Umsiedlungslager Kellenried, 6.9.1943. Dass auch Kinder und Jugendliche am Arbeitseinsatz beteiligt waren, bestätigt Zeitzeugin Roswitha Jehle. Sie hatte sich mit dem damals zwölfjährigen Vojko Cerovešek (1929-2004) angefreundet, der bei Landwirt Leser in Neubaumgarten als Hütejunge arbeitete. Cerovešek kam 1955 für einige Zeit zurück nach Oberschwaben, machte ein Praktikum bei der Firma Hangleiter in Ravensburg, arbeitete danach als Bauingenieur in Aulendorf und pflegte bis zu seinem Tode gute Freundschaft mit Familie Jehle in Hübschenberg. Der Kontakt besteht weiterhin zu Cerovešeks Witwe in Slowenien. Freundliche Auskunft von Roswitha Jehle an die Verfasserin. Hübschenberg, November 2013 und März 2014.

ronomie oder in privaten Haushalten. Auch die Sägewerke in Weiler und Ettishofen werden als Arbeitgeber genannt.[1047] Einige Slowenen arbeiteten bei der Reichsbahn. Manche fanden im Lager selbst Arbeit.[1048] Die Arbeitsleistungen wurden durchweg als gut bezeichnet.

In Kellenried wiegte die Lagerführung die Schwestern im Glauben, die Slowenen blieben nur vier bis fünf Monate und würden in den nächsten Wochen in den Arbeitsprozess eingereiht.[1049]

Der Eindeutschungsprozess ließ auf der ganzen Linie zu wünschen übrig. Es gab keinen organisierten Sprachunterricht oder abgesehen von weltanschaulichen Schulungen, eine wie auch immer geartete Einweisung in die neue Lebenswelt, zumal die sprachliche Verständigung unzureichend war. Die deutsche Lagerführung sprach kein Slowenisch, die meisten Slowenen verstanden kaum oder nur bruchstückhaft Deutsch. Erschwerend wirkte sich für die Verständigung auch der oberschwäbische Dialekt aus. Dolmetscher gab es nur selten.

Festzuhalten ist, dass die personelle Zusammensetzung der Lagerbewohner häufig wechselte. Die Fluktuation in der Belegung ist auffällig. Verlegungen von einem Lager zum nächsten waren an der Tagesordnung und lassen sich auch aus den Zeitzeugenberichten belegen.[1050]

Die Kinder erhielten im Lager einen auf das Mindestmaß beschränkten Schulunterricht, welcher nicht von ausgebildeten deutschen Pädagogen erteilt wurde, sondern in der Regel von Laienkräften aus den eigenen Reihen, in einigen Fällen auch von slowenischen Lehrpersonen, die aber häufig kaum Deutsch sprachen.[1051] Für die Kinder aus „nicht eindeutschfähigen" Familien sollten sogar nur einige wenige elementare Lehrinhalte gelten, nach dem Prinzip „Lesen, rechnen, Zähne putzen".[1052] In Kellenried fand der Unterricht in der früheren Bibliothek des Klosters statt, wo eine deutsch sprechende Slowenin als Lehrerin wirkte.[1053]

[1047] Koppmann: Berg im Dritten Reich, 178; GArB: Akte Slowenen, Bü 385, Liste Lagerführer Köhler an Bürgermeister Berg.
[1048] Šuster: Erinnerungen, 2.
[1049] ArKe: Exils-Chronik-Rundbriefe, Bd. 1, Kellenried, 8.12.1941, 1.
[1050] Grasmannsdorf: Umsiedlungslager, 87ff; Šuster: Erinnerungen, 2.
[1051] Ebenda: Grasmannsdorf: Umsiedlungslager, 85; Ferenc: Entnationalisierungspolitik, Dok. 223. VoMi-Einsatzführung Schwaben, Rundschreiben Nr. 329, an alle Lagerführer mit Slowenenbelegung, Augsburg, 26.5.1942, betr. Betreuung der untersteirischen Grenzbevölkerung schulpflichtige Jugendliche.
[1052] Ferenc: Entnationalisierungspolitik, Dok. 223, Rundschreiben der Volksdeutschen Mittelstelle zur Anordnung des Reichskommissars für die Festigung deutschen Volkstums über die Schulbetreuung der Kinder von ausgesiedelten Slowenen, Umsiedlung-Einsatzführung Schwaben, Augsburg, 26.5.1942, 435.
[1053] ArKe: Exils-Chronik-Rundbriefe, Bd.1, Kellenried, 5.1.-17.1.1943, 1.

"Heim ins Reich": Slowenen im Kloster Kellenried

Abb. 32: Slowenenkinder im Hopfenfeld

Die „Eindeutschungsfähigkeit" sollte ab 1942 durch Kommissionen der Einwanderzentralstelle nochmals überprüft werden.[1054] Wer diese Hürde genommen hatte, konnte aus dem VoMi-Lager entlassen werden und eine Wohnung außerhalb suchen.[1055] Kinder aus diesen Familien besuchten am Ort die deutsche Volksschule, erlernten die deutsche Sprache, knüpften Kontakte zu gleichaltrigen deutschen Kindern und erlebten so ansatzweise Sozialisation und Integration. Die Familie Kerin z.B. zog 1942 als deutsche Staatsbürger auf Widerruf[1056], aus dem „Lager" Kellenried aus und lebte eine Zeitlang in der Adelmühle[1057]. Von hier aus besuchte Majda Kerin die Volksschule in Zogenweiler.[1058]
Wer aus dem VoMi-Lager zu fliehen versuchte, musste mit drastischen Strafen rechnen, u.a. mit der sofortigen Entfernung der Familie aus dem Lager, ihrer Einweisung in ein Konzentrationslager und der Überführung der Kinder in ein Erziehungsheim. Mitwisser und Fluchthelfer sollten im Lager gehängt werden.[1059] Verpflegung und Bekleidung der Lagerbewohner wurden durch den Lagerleiter organisiert und gaben häufig Anlass zu Klagen.[1060] Die Slowenen sollten auch einen Beitrag zur Selbstversorgung leisten und erhielten die Erlaubnis,

---

[1054] Ferenc: Entnationalisierungspolitik, Dok. 222, Anordnung des Reichsführers SS über die rassische Bewertung und Germanisierung der vertriebenen Slowenen, Führerhauptquartier, 18.5.1942.
[1055] Jochem: Chronologie der deutschen Besatzungs- und Siedlungspolitik, 70.
[1056] Zur staatsbürgerlichen Einordnung, s. Ferenc: Entnationalisierungspolitik, Dok. 319, Abschlussbericht der Einwandererzentralstelle über die Erfassung der ausgesiedelten Slowenen für die Ansiedlung im Distrikt Lublin in Polen, 630-640, hier: 632.
[1057] Adelmühle, Ortsteil von Horgenzell-Zogenweiler, Ldkr. Ravensburg.
[1058] Interview Majda Bajc, 2.
[1059] Grasmannsdorf, Umsiedlungslager, 100; Ferenc: Entnationalisierungspolitik, Dok. 260, Befehl des Reichsführers-SS über Maßnahmen gegen die aus den Umsiedlungslagern geflüchteten Slowenen und deren Angehörige, Feldkommandostelle, 22.9.1942.
[1060] Grasmannsdorf: Umsiedlungslager, 47ff.

Vieh zu halten. So gab es im „Lager" Kellenried einen eigenen Schweinestall, der von der slowenischen Bäuerin Teresija Fakin[1061] versorgt wurde.[1062]
Aus verschiedenen Dokumenten des Klosterarchivs geht hervor, dass Milch- und Äpfellieferungen aus den Erzeugnissen der Ökonomie regelmäßig an das Lager abgegeben wurden.[1063]
Vom kargen Lohn mussten Unterbringung und Verpflegung bestritten werden.[1064]
Die ins Deutsche Reich verbrachten sogenannten „Absiedler" sind zwar von ihrem Rechtsstatus her nicht mit den sonstigen Zwangsarbeitern zu vergleichen, übten aber de facto ähnliche Tätigkeiten aus.[1065] Für die NS-Behörden waren sie in gleicher Weise billige Arbeitskräfte im Rahmen der Kriegswirtschaftsverordnung.
Zeitzeugin Ana Šuster berichtet, ihr Vater sei mit anderen Lagerinsassen nach den schweren Luftangriffen auf Friedrichshafen zu Aufräumarbeiten verpflichtet worden. Die Familie habe um sein Leben gebangt und nie gewusst, ob und in welcher Verfassung er wieder nach Kellenried zurückkehren würde.[1066]
Insgesamt ist festzuhalten, dass die slowenische Bevölkerung nach der deutschen Besetzung 1941 in menschenverachtender Weise in die Maschinerie der NS-Rassen- und Volkstumspolitik geriet, einerseits zur Erschließung neuen Siedlungsraums und andererseits als willkommenes Reservoir zur Auffrischung germanischen Blutes, ein historisches Unrecht, welches den Ereignissen in anderen Ländern Südosteuropas in nichts nachsteht.[1067]

Kontakte zwischen dem „Lager" und dem Kloster Kellenried – erste Begegnungen mit einer fremden Lebenswelt

In der Begegnung zwischen der einheimischen oberschwäbischen Bevölkerung und den Slowenen, gleichermaßen auch mit den Klosterfrauen, prallten höchst unterschiedliche Mentalitäten und Kulturen aufeinander. Am nächsten kam man sich allenfalls im gemeinsamen katholischen Glauben, sonst war man sich wesensmäßig eher fremd. Für die Nonnen war es ein erneuter Schock, als nach einem einjährigen Leerstand ihr Kloster plötzlich doch belebt wurde. Äbtissin

---

[1061] Teresija Fakin, geb. 1884, s. GArB: Akte Slowenen Kellenried, Bü 379, Liste über sämtliche Lagerinsassen im Jugoslaven-Lager Kellenried, August 1945, Nr. 104, 4.
[1062] ArKe: Exils-Chronik-Rundbriefe, Bd. 1, Kellenried, 18.6.1944, 1.
[1063] ArKe: 031 Annalen und Cellelratur [Mappe 5], Briefe Landwirtschaft, Brief Kloster Kellenried an OMIRA, 26.11.1941.
[1064] Dienstanweisungen für die Betreuung von Slowenen, s. Grasmannsdorf, Umsiedlungslager, 82f.
[1065] S. Mark Spoerer: Zwangsarbeit im Dritten Reich und Entschädigung, ein Überblick, in: Klaus Barwig/Dieter R. Bauer/Karl-Joseph Hummel (Hg.): Zwangsarbeit in der Kirche, Entschädigung, Versöhnung und historische Aufarbeitung, Kath. Akademie Rottenburg-Stuttgart, Stuttgart 2001, 15-46, hier: 28-35; Werner Rambow: Zwangsarbeiter in der Landwirtschaft. Ihr Einsatz während des Zweiten Weltkriegs im Landkreis Ravensburg, in: Im Oberland 2011, Heft 2, 57-62.
[1066] Šuster: Erinnerungen, 3.
[1067] Gerhard Jochem: Die Sprache des Rassenwahns, in: Jochem/Seiderer: Entrechtung, Vertreibung, Mord, 97-105, hier: 101f..

Scholastica, die sich zufällig in Kellenried aufhielt, gab ihre unmittelbaren Eindrücke in einem Rundbrief wieder: „Ich muss Ihnen allen mitteilen, dass heute unser Heiligtum besiedelt worden ist. Die letzten Tage wurden Betten und Lebensmittel in vielen Autos zugefahren, das Haus gerichtet und geheizt. Sonntag kamen drei NSV-Schwestern. Vormittags fuhren sechs Autos mit Frauen, Kindern und älteren Männern an, später kam ein ganzer Zug von jungen Leuten mit Musik. – Wir waren gerade dabei, die Chorbrüstung zu durchbrechen[1068], (…) so haben wir den Einzug miterlebt"[1069]. Die Äbtissin zog einen Vergleich zwischen der Beschlagnahmung vor einem Jahr und der Ankunft der Slowenen und meinte, mit dem jetzigen Einzug der Slowenen sei dem Konvent mehr die Heimat genommen worden als noch am Anfang November 1940. Sie unterstrich das Ereignis mit den Worten des Propheten Jeremias: „Man hat jetzt mehr als vor einem Jahr Ruhe, um zu erfassen, was geschieht und was die Worte bedeuten ‚Ego cogito cogitationes pacis et non afflictionis et ego reducam vos invocabitis me, et ego exaudiam vos et reducam captivitatem vestram de cunctis locis'"[1070].
Im Marschallhaus beobachtete man den Einzug der Slowenen mit gemischten Gefühlen. Einerseits war eine gewisse Neugier im Spiel, welche Nachbarn man sich für die kommenden Monate eingehandelt hatte, andererseits spielte aber auch die Sorge mit ob das in bescheidenem Maße aufrecht erhaltene klösterliche Leben weitere Einbußen erfahren würde.

Abb. 33: Slowenenmütter mit Kindern im „Lager" Kellenried

[1068] Anm.: Hierbei ging es um einen direkten Zugang der Nonnen zur Kirche.
[1069] ArKe: 031 Annalen 1941, 25.11.1941, 107.
[1070] Ego cogito cogitationes pacis et non afflictionis, invocabitis me et ego exaudiam vos et reducam captivitatem vestram de cunctis locis = Ich denke Gedanken des Friedens, nicht des Verderbens: Ihr werdet zu mir rufen, und ich werde euch erhören und euch von überall her aus der Gefangenschaft heimführen, Jer. 29,11-14.

Zwei Wochen später heißt es im Rundbrief aus Kellenried, die 300 Slowenen seien erheblich ruhiger als die kleine dreiköpfige Gruppe um den Lagerführer während des gesamten vergangenen Jahres, „die sich wohl oft Mut angepfiffen und gebrüllt haben"[1071]. Manchmal höre man Kindergetrippel und -gebrüll, hin und wieder leise Ziehharmonika-Tuschs, wohl ein Zeichen, sich zum Vortrag oder zum Essen zu versammeln. „Hätte man uns seinerzeit zu den Konferenzen etc. so zart zusammengerufen, so wären wohl 95 % nicht erschienen", bemerkte die Chronistin mit einer gewissen selbstkritischen Heiterkeit.[1072]
Auch über die Herkunft der Slowenen und die Gründe für ihre Abschiebung waren die Nonnen oberflächlich orientiert: „Unsere 300 gehören zu jenen, die weder deutsch noch italienisch werden wollten bei der Grenzregulierung in Jugoslawien. Sie seien von Kommunisten verhetzt und müssten nun eingedeutscht werden. Binnen weniger Stunden mussten sie ihre Heimat verlassen"[1073].

Auffallend war die große Armut der Menschen, welche aus der verlorenen Heimat nicht einmal das Nötigste hatten mitbringen können. Zur Bereicherung der oft kargen Mahlzeiten gingen die Männer auf Hasenjagd. An einer Böschung hatten die Frauen sich eine Kochstelle eingerichtet, ein Unterfangen, welches schon bald von der Lagerleitung untersagt wurde. Die Schwestern betrachteten das ungewohnte Treiben mit Verwunderung und deuteten Hasenjagd und Kochen auf offenem Feuer als Zeichen für die mangelnde Kultur der Slowenen. „Mit der Zeit kommen immer mehr ihre barbarischen Sitten oder Unsitten zum Vorschein. Die meisten scheinen ganz unkultivierte, zigeunerhafte Leute zu sein"[1074].
Beide Seiten mussten sich irgendwie miteinander arrangieren. Den Klosterfrauen fiel es schwer zu akzeptieren, dass ihre persönlichen Räume, Zellen, Kreuzgang, Kreuzgarten und Werkstätten von fremden Bewohnern genutzt wurden und damit die Stille der Klausur empfindlich verletzt war. Die Slowenen lebten mit 300 Personen auf engstem Raum in kleinen Zellen, die auf maximal 70 Klosterfrauen angelegt waren. Dies musste zwangsläufig zu Spannungen führen, abgesehen von den unzumutbaren sanitären Verhältnissen. „Der in allen Lagern quälende Befall mit Ungeziefer aller Art, von Wanzen über Flöhe bis zu Läusen, war ein Dauerproblem"[1075].
In den Kellenrieder Annalen vom Dreifaltigkeitssonntag 1942 wird das unfreiwillige, ungewöhnliche Miteinander deutlich: „Wir haben zu Pfingsten auch mit einem weiteren Prinzip gebrochen, nur innerhalb der Klausur zu spazieren. Da wimmelt es sonntags so von Leuten, vor allem halbwüchsigen Burschen, Jungmädeln und Kindern, dass einem der Kopf schwirrt und man sich die Klausur draußen in Gottes freier Natur sucht"[1076].

[1071] ArKe: Exils-Chronik-Rundbriefe, Bd. 1, Kellenried, 8.12.1941, 1.
[1072] Ebenda.
[1073] ArKe: 031 Annalen 1941, 24.12.1941, 121.
[1074] Ebenda: 6.12.1941, 110.
[1075] Grasmannsdorf: Umsiedlungslager, 71.
[1076] ArKe: Exils-Chronik-Rundbriefe, Bd. 1, Kellenried, Dreifaltigkeitssonntag 1942, 2.

Unverhoffte Hilfeleistungen

Obwohl Kontakte zwischen den Lagerbewohnern und dem Kloster von der Vo-Mi nicht beabsichtigt und allein durch die räumlichen Abtrennungen erschwert waren, kam es immer wieder zu Begegnungen. In den Aufzeichnungen der Kellenrieder Nonnen wird mehrfach der gute Kontakt zu Lagerführer Sailer hervorgehoben. Sie wurden häufig um Rat gefragt und in der Regel höflich zuvorkommend behandelt.
So heißt es am Neujahrstag 1942 in den Annalen: „Das Verhältnis zwischen ihm und uns gestaltet sich immer besser, und so kommt er auch heute ins Marschallhaus hinunter, um Frau Subpriorin mit kräftigem Händedruck seine besten Wünsche auszusprechen"[1077].
Als im Juni 1942 ein Holzstoß neben der Ökonomie in Brand geriet und meterhohe Flammen auch auf das Haus überzugreifen drohten, rückte nicht nur die Ravensburger Feuerwehr an, halfen nicht nur die Nachbarn der umliegenden Höfe, sondern auch Lagerführer Sailer erschien in Begleitung von Lagerverwaltungsleiter Bogenrieder und einigen slowenischen Frauen und Männern und half bei den Löscharbeiten. „Die Männer aus der Nachbarschaft samt ihrer Erntehilfe, wie die beiden Lagerführer, setzten ihre ganze Kraft so selbstlos ein, dass mancher Brandwunden davon trug"[1078]. Das verkohlte Holz musste in Körben weggetragen werden. Während die Feuerwehr weiter löschte, nahmen zahlreiche Slowenenkinder die Körbe in Empfang, trugen sie beiseite und breiteten den Inhalt aus.[1079]
Auch beim Bau der Gülleanlage und anderen schweren Arbeiten, wo männliche Hilfe vonnöten war, stellten sich die Slowenen zur Verfügung.[1080] Bei einem Unfall in der Ökonomie im Juli 1943, als Sr. Columba Ketterer beim Kirschenpflücken unglücklich vom Baum stürzte, ließ Sailer zur Erstversorgung sogleich Decken bringen und kümmerte sich um die Verletzte.[1081]
Von Chorfrau Walburga von Cetto, welche im Elisabethen-Krankenhaus in Ravensburg mit Erfolg ihre Krankenpflegeausbildung absolvierte, heißt es in Annalen: „Ihr Haupttriumph war, dass sie bald einmal den Lagerverwalter von Kellenried pflegen durfte"[1082].
In den letzten Kriegsmonaten fand sich bei den verschiedenen Todesfällen in der Kellenrieder Kommunität niemand, der die Gräber hätte ausheben können. Frau Subpriorin Agnes bat im Lager um Hilfe. Zwei slowenische Männer übernahmen die Aufgabe, einer von ihnen, in den Annalen mit „Herr Fakin"[1083] bezeich-

---
[1077] ArKe: 031 Annalen 1942, 1.1.1942, 2.
[1078] ArKe: Exils-Chronik-Rundbriefe, Bd. 1, Kellenried, 28.6.1942, 1ff.
[1079] Ebenda: „Frau Scholastica spritzte mit Dreikönigsweihwasser und half damit dem Löschgang nach", heißt es im Rundbrief.
[1080] S. Kap. 10, Abschnitt „Auf dem Klostergut in Kellenried", S. 158.
[1081] ArKe: Exils-Chronik-Rundbriefe, Bd. 1, Kellenried, 11.7.1943, 1.
[1082] ArKe: 031 Annalen 1942, 28.7.1942, 54.
[1083] Ivan Fakin, geb.1888, s. GArB: Akte Slowenen Kellenried, Bü 379, Liste über sämtliche Lagerinsassen im Jugoslaven-Lager Kellenried, August 1945, Nr. 103, 4.

net, ein gelernter Bergmann und Zimmerer, verstand offenbar Deutsch und zeigte sich auch bei anderen Gelegenheiten hilfsbereit.[1084] Die Totengräbertätigkeit ist sowohl belegt beim Tode von Sr. Dorothea Rendl[1085] als auch bei Chorfrau Hildegard Reuß: „Das Grab hat wieder Herr Fakin aus dem Lager geschaufelt, da der Totengräber von Blitzenreute beim Schanzen im Westen ist, wohin jetzt die Arbeitsfähigen gerufen werden"[1086].
Bei der Begräbnisfeier der Priorin Placida zu Salm, der sich viele Nachbarn und Bekannte angeschlossen, erschien Lagerführer Sailer in Uniform, um der Verstorbenen die letzte Ehre zu erweisen.[1087]
Die Hilfeleistungen der Slowenen wären ohne Genehmigung des Lagerführers nicht möglich gewesen. Sailer schien von Beginn seiner Tätigkeit an begriffen zu haben, dass ein gutes Einvernehmen mit den Klosterfrauen seiner Aufgabe nur nutzen konnte. Gemessen an den Verhaltensweisen vieler seiner Kollegen, von denen rüder Umgangston, Beschimpfungen, Handgreiflichkeiten, teilweise auch sexuelle Übergriffe überliefert sind[1088], war es ihm wohl gelungen, ein halbwegs erträgliches Miteinander in seinem Verantwortungsbereich herzustellen.

Einsatz von Ordensfrauen im „Lager" Kellenried

Sr. Gandolpha Hegele – notdienstverpflichtet für den Krankenpflegedienst

Die medizinische Versorgung in den Lagern war in der Regel durch den Lagerarzt und NSV- bzw. Rotkreuz-Schwestern sichergestellt. Wegen der mangelnden Hygiene kam es häufig zu Infektionskrankheiten, die sich bei der engen Belegung rasch ausbreiteten.[1089]
Die Parteiinstanzen wollten die kirchlich-sozialen Träger zwar prinzipiell aus den Lagern heraushalten, der tatsächliche Pflegebedarf überstieg jedoch die vorhandenen Kapazitäten, so dass die Einsatzleitung auf katholische Ordensschwestern und evangelische Diakonissen zurückgreifen musste.
Dies betraf auch Sr. Gandolpha Hegele[1090] aus dem Kloster Reute, welche ins „Lager Kellenried" notdienstverpflichtet wurde. Sie war zuvor im Krankenhaus

---

[1084] ArKe: Exils-Chronik-Rundbriefe, Bd. 1, Kellenried, 16.1.1944, 2.
[1085] ArKe: 031 Annalen 1944, 13.1.1944, 7.
[1086] Ebenda: 20.11.1944, 164.
[1087] ArKe: 031 Annalen 1943, 22.6.1943, 47.
[1088] Grasmannsdorf: Umsiedlungslager, 98-101; Tone Kristan: Ereignisse vor 60 Jahren, Zeitzeugenbericht, in: Jochem/Seiderer: Entrechtung, Vertreibung Mord, 286-292.
[1089] Grasmannsdorf, Umsiedlungslager, 71.
[1090] Sr. Gandolpha (Anna) Hegele, Franziskanerin von Reute, (1904-1968), Profess 1938, Krankenpflegeausbildung im Elisabethenkrankenhaus Ravensburg, Examen 1936, tätig 1936-1941 im Krankenhaus Gundelsheim (Landkreis Heilbronn), 1938 Teilnahme an einem Desinfektionskurs, kehrte am 5.5.1945 krank ins Mutterhaus zurück, arbeitete seit Herbst 1945 in verschiedenen Einrichtungen der Reutener Franziskanerinnen, zuletzt im Mutterhaus von 1963 bis zu ihrem Tode 1968. Freundliche Auskunft der Archivarin Sr. M. Antonie Maikler, Kloster Reute.

(Lazarett) Gundelsheim tätig gewesen und erhielt im Juni 1941 die offizielle Mitteilung, sich für den kommenden Einsatz „an dem Ihnen noch bekanntgegebenen Zeitpunkt" zur Verfügung zu halten.[1091] Wenige Tage vor Weihnachten wurden durch Notdienstverordnung sieben der Reutener Schwestern in die Lager des Kreises Ravensburg zur Kranken- und Säuglingspflege einberufen. Am Heiligen Abend 1941 wanderten alle an ihren neuen Wirkungsort, darunter auch Sr. Gandolpha Hegele.[1092]

Kloster Reute hatte statt ihrer für den Lazarettdienst in Gundelsheim einen adäquaten Ersatz bereitzustellen.[1093] Gesuche, die Schwestern aus den Umsiedlungslagern wieder für den Pflegedienst in den eigenen Einrichtungen, Lazaretten und Krankenhäusern, frei zu bekommen, wurden als „völlig aussichtslos" abgelehnt.[1094]

Im „Lager" Kellenried wurde Sr. Gandolpha von Lagerführer Sailer bei der Ankunft freundlich empfangen. Da die Ausstattung ihres Zimmers mehr als dürftig war, halfen ihr die Benediktinerinnen mit dem Nötigsten aus. Subpriorin Agnes, die eigens hinaufgegangen war, um die Schwester zu begrüßen, brachte ihr noch ein „Christkindel", bestehend aus einem Krippchen, Karten und einigen Kleinigkeiten.

Sie erkundigte sich vorsorglich bei Sailer, ob Sr. Gandolpha in die Kirche gelassen würde. „Ja, das dürfe sie, da mische er sich nicht ein", war die Antwort.[1095]

Sr. Gandolpha hatte keinen leichten Dienst bei den Slowenen, „welche bald Krankheiten simulieren, bald durchbrennen, wenn sie das Bett hüten sollen"[1096], heißt es in den Kellenrieder Annalen. Vor allem erschwerten die unzumutbaren Wohnverhältnisse, Ungeziefer und Schmutz sowie die dadurch entstandene Geruchsbelästigung die tägliche Arbeit. Trotzdem versah sie bis zum Kriegsende verantwortungsvoll ihre Aufgabe, nahm sich vor allem der Kinder an und war bei den slowenischen Familien anerkannt.[1097]

Es war ihr stets eine angenehme Erholung, ihre Freizeit im Marschallhaus verbringen zu dürfen. Die Verbundenheit der Orden untereinander kam damit beispielhaft zum Ausdruck: „Das ist eine der großen Segnungen dieser schweren Zeit, dass die einzelnen Orden, wie es ja sein sollte, sich zusammenfinden in dem einen großen Ziel der Gottangehörigkeit und in der Liebe Christi, die alle verbindet"[1098].

[1091] Archiv Kloster Reute (ArReu): Mitteilung Landrat Heilbronn an Frl. Anna Hegele (gen. Gandolfa), Gundelsheim, Krankenhaus, betr. Meldung beim Beauftragten des Kommissars der Freiwilligen Krankenpflege im Wehrkreis V, Heilbronn, 21.6.1941.
[1092] ArReu: Chronik 1939-1943, Jahr 1941, 57.
[1093] ArReu: Der Beauftragte des Kommissars der Freiwilligen Krankenpflege im Wehrkreis V an das Mutterhaus der Franziskanerinnen in Reute, Stuttgart, 3.7.1941, betr. Notdienstbeorderung der Schwester Anna Hegele (gen. Gandolfa) und anderer Franziskanerinnen.
[1094] ArReu: Schreiben Kloster Reute an Landrat Ravensburg, Reute, 22.5.1943.
[1095] ArKe: 031 Annalen 1941, 24.12.1941, 121.
[1096] ArKe: 031 Annalen 1942, 1.1.1942, 2.
[1097] ArKe: Exils-Chronik-Rundbriefe, Bd.1, Kellenried, 5.1.-17.1.1943, 3.
[1098] ArKe: 031 Annalen 1942, 1.1.1942, 2.

Sr. Veronika Stoffel OSB als Lagerköchin

Zum Stammpersonal der VoMi zählten in jedem Lager auch ein Lagerkoch oder eine Lagerköchin. Als der Koch in Kellenried im Februar 1943 das Weite suchte, bat Lagerführer Sailer im Marschallhaus um Ersatz. Äbtissin Scholastica stimmte nach längerem Überlegen zu, vor allem um einen unmittelbaren Zugang zum Haus zu gewinnen und „Schlimmeres zu verhüten"[1099].
Sr. Veronika Stoffel[1100] war für diese anspruchsvolle Aufgabe wie geschaffen. Sie besaß eine fundierte Ausbildung als Köchin und galt als „unerschrocken, reich an fruchtbaren Einfällen, tüchtig in ihrem Fach"[1101].
Ihren Dienst als Lagerköchin trat sie am 15. Februar 1943 mutig an, „bewaffnet mit einem Zellenkreuz, einem kräftigen Psalmvers und einem Regenschirm", heißt es in ihrer Totenchronik. Sie hielt von Anfang an keineswegs zurück mit ihrer christlichen Einstellung. „Jeden Morgen wurde der Lagerführer mit ‚Benedicite' geweckt, in der Küche ertönten Marienlieder, und es war kein Gruß zu hören außer das altbekannte ‚Grüß Gott'"[1102].
Ihre freimütige, furchtlose Art hätte ihr leicht einen KZ-Aufenthalt einbringen können. Von der Lagerleitung wurde sie jedoch akzeptiert und respektiert, so dass sie alle gefährlich werden könnende Hürden und Klippen umgehen konnte. Mit Lagerführer Sailer kam sie gut aus. Sie spannte ihn sogar bei der Essenszubereitung ein. Sie berichtete nicht ohne Stolz, er habe in ihrem Auftrag 9 kg Nudelteig mit der Knetmaschine gemacht. Auch das übrige VoMi-Personal half gern, und die Slowenen waren mit ihren Kochkünsten außerordentlich zufrieden.[1103] Ihren Mitschwestern teilte sie mit, sie sei der Auffassung, dass die drei für das Lager verantwortlichen Männer das Kloster gern räumen würden, um die Schwestern wieder hineinzulassen. „Aber es ist einmal so, wenn man näher alles kennt, muss man beten zum Vater: ‚Vergib ihnen, denn sie wissen nicht, was sie tun'"[1104].
Bis zum Kriegsende besorgte sie mit Hilfe einiger Slowenenfrauen die Lagerküche und stellte die Ernährung von 250 und mehr Personen sicher. Vom Marschallhaus kam sonst niemand ins Lager hinein. Nur gelegentlich half Sr. Anna Sauter beim Backen. Einige Male gelang es auch Frau Cäcilia Biber, sich irgendwie Zutritt zu verschaffen.[1105]
Kurz vor dem Einmarsch der Franzosen, Anfang April 1945, entfernte Sr. Veronika in der Nacht unter dem Jubel der Slowenen die „nazistischen Reminiszen-

---

[1099] ArKe: 032 Chronik 1940-1945, 5.
[1100] ArKe: 033 Totenchroniken, Zur Erinnerung an Sr. Veronika Stoffel aus der Abtei St. Erentraud, 1891-1972, 127-130.
[1101] ArKe: 032 Chronik 1940-1945, 5.
[1102] ArKe: 033 Totenchroniken, Zur Erinnerung an Sr. Veronika Stoffel, 128.
[1103] ArKe: Briefe aus dem Exil, Brief Sr. Veronika Stoffel an Äbtissin Scholastica von Riccabona und Konvent, St. Erentraud, 21.2.1943.
[1104] Ebenda.
[1105] ArKe: 031 Annalen 1945, 29.8.1945, 236.

zen" und hängte das Kreuz wieder im Refektorium auf, ihre schönste Tat, mit der sie ihr verdienstvolles Lagerleben abschloss.[1106]
Dass der Küchenbetrieb unter der Regie von Sr, Veronika Stoffel vorbildlich funktionierte, blieb auch der VoMi-Einsatzstelle in Heilbronn nicht verborgen. Im Juli 1944 wünschte man sich eine zweite Lagerköchin aus Kellenried für das Umsiedlungslager Blönried. „Denn (…) wo eine Schwester da ist, klappt es immer"[1107], kommentierte die Einsatzleitung. Priorin Agnes Trescher, welche vom Lagerleiter in höflichster Form gebeten worden war, sagte wahrheitsgemäß, die Kommunität habe keine zweite Sr. Veronika, die einen so verantwortungsvollen Posten einzunehmen im Stande wäre. In Blönried wurde schließlich eine weltliche Kraft gefunden, die von Sr. Veronika lediglich eingewiesen wurde.[1108] Für die Benediktinerinnen war diese Lösung ein Segen: „Schwebten wir doch beständig in der Gefahr, dass eine der Frauen oder Schwestern einfach dazu gezwungen werde, (…) was wohl kaum ohne Schaden für den monastischen Beruf ausgegangen wäre"[1109]. Wie leicht dies hätte geschehen können, lässt sich an der Notdienstverpflichtung Sr. Gandolpha Hegeles ablesen.

Abb. 34a: Sr. Veronika Stoffel OSB, Portrait

Abb. 34b: in der Küche als „Lagerköchin"

[1106] ArKe: 033 Totenchroniken, Zur Erinnerung an Sr. Veronika Stoffel, 129; ArKe: 032 Chronik 1940-1945, 5.
[1107] ArKe: 031 Annalen 1944, 27.7.1944, 94.
[1108] Ebenda, 97.
[1109] Ebenda: 27.7.1944, 95.

Seelsorgliche Betreuung

Rahmenbedingungen und Voraussetzungen in den württembergischen Umsiedlerlagern

Eine offizielle seelsorgliche Betreuung war von staatlicher Seite in keinem Umsiedlungslager vorgesehen. Das NS-Regime beabsichtigte eine Umerziehung im völkischen Sinne, ganz in der Intention nationalsozialistischer Weltanschauung. Glaubensgut und kirchliche Bindungen hatten dort nichts zu suchen.
Obwohl den Umsiedlern noch in der Heimat zugesagt worden war, ihre Religion frei ausüben zu dürfen, sah die erlebte Wirklichkeit anders aus. Geistlichen, sofern sie nicht selbst Umsiedler waren, wurde das Betreten der VoMi-Lager häufig verboten.[1110] Die seelsorgliche Begleitung in den verschiedenen Lagern wurde allerdings je nach Einstellung der Gau-, Kreis- und Lagerführer unterschiedlich gehandhabt, die Seelsorge entweder unmöglich gemacht, geduldet oder begrüßt.
Da die Klagen über die seelsorglichen Schwierigkeiten sich schon wenige Wochen nach der Ankunft der Umsiedler im gesamten Deutschen Reich häuften, beauftragte Kardinal Bertram den Vorsitzenden des Reichsverbandes für das katholische Deutschtum im Ausland, MdR Albert Büttner[1111], die drängenden Fragen mit dem „Reichskommissar für die Sicherung deutschen Volkstums" zu klären. Büttner erreichte gewisse Zugeständnisse für die religiöse Praxis, allerdings nur außerhalb der Lager. Er regte eine Umfrage in allen deutschen Diözesen an.[1112] Kottmann führte die gewünschte Erhebung Ende Januar 1941 im Bistum durch und stellte erhebliche Behinderungen in der seelsorglichen Betreuung der Umsiedler fest: „Verbot des Besuches von Gottesdiensten, Verbot von katholischen Taufen und Beerdigungen, Verweigerung von Religionsunterricht durch den Ortspfarrer, sonntägliches Ausgehverbot (Lagersperre) und zugleich angesetzte Morgenfeier oder Schulungsunterricht"[1113].
Den Unmut über die Behinderung kirchlicher Seelsorge griff im September 1941 auch der Stuttgarter Oberbürgermeister Strölin[1114] auf. Er beklagte sich bei Reichsstatthalter Murr detailliert über die ungeeignete Behandlung der Umsied-

---

[1110] Dirk Jachomowski: Die Umsiedlung der Bessarabien-, Bukowina- und Dobrudschadeutschen. Von der Volksgruppe in Rumänien zur „Siedlungsbrücke" an der Reichsgrenze (Buchreihe der Südostdeutschen Historischen Kommission 32), München 1984, 134.
[1111] Albert Büttner (1900-1967), Prälat, Priester der Diözese Limburg, Priesterweihe 1923, 1938-1945 Leiter des Reichsverbandes für das katholische Deutschtum im Ausland in Berlin (RVKDA); NL in der Kommission für Zeitgeschichte Bonn, s. http://www.kfzg.de/Archiv/Bestand_RVKDA/bestand_rvkda.html, aufgesucht am 26.4.2015.
[1112] DAR: G 1.6/62. Vorgang Reichsverband für das katholische Deutschtum im Ausland e.V. Berlin an die Erzbischöflichen und Bischöflichen Ordinariate, Berlin, 20.1.1941, (Abschrift), Weiterleitung des Vorgangs von GV Kottmann an die Pfarrämter und Dekanatsämter der Diözese Rottenburg, 28.1.1941.
[1113] Grasmannsdorf: Umsiedlungslager, 92.
[1114] Karl Strölin (1890-1963), Dr. jur., nationalsozialistischer Politiker, 1933-1945 Oberbürgermeister von Stuttgart. Walter Nachtmann: Wilhelm Murr und Karl Strölin, in: Stuttgarter NS-Täter. Vom Mitläufer bis zum Massenmörder, Stuttgart 2009, 186-197.

ler in dieser Frage und bemängelte, dass die „Bedeutung der Kirche für das Volksdeutschentum" völlig übersehen worden sei, insbesondere im Hinblick auf den Kampf gegen den „gottlosen Bolschewismus".[1115]
Generelle Dienstanweisungen erfolgten danach nicht. Nach wie vor kam es auf das Wohlwollen der Verantwortlichen in den einzelnen Umsiedlungslagern an, ob sie eine seelsorgliche Betreuung duldeten oder nicht.

Situation im „Lager" Kellenried – P. Martin Schnell OSB

Die Slowenen bekannten sich den Nonnen gegenüber zu ihrem katholischen Glauben und fragten nach der Kirche, deren Besuch ihnen zunächst wie in den anderen Lagern verwehrt wurde. Die Nonnen registrierten mit Freude, dass das Feldkreuz in Waldnähe häufig Besuch erhielt und mit Blumen geschmückt war. „Kleine Gruppen stehen oft lange davor. Eine Mutter führt ihre und andere Kinder täglich dort hin und dann zum Wald hinauf. Gewiss haben sie dort schon die Muttergottes entdeckt"[1116]. Für die slowenischen Frauen bedeutete das Kreuz ein Stück Heimatverbundenheit. Aus ihrer ländlich-religiös geprägten Region des Save-Sotla-Streifens heraus erlebten sie die Symbole oberschwäbischer Volksfrömmigkeit als vertraut und wohltuend.

Der Durchbruch erfolgte am ersten Weihnachtsfest in der Fremde, an Heiligabend 1941. Auf wiederholte Bitten war den Slowenen von der Lagerleitung mitgeteilt worden, in der Kirche sei kein Platz. Kurz vor Weihnachten wurde Frau Scholastica Schwind von einem älteren Slowenen angeredet, der unter Tränen sagte: „Bitte, bitte, Schwester, lassen Sie uns in die Kirche!"[1117].

Frau Scholastica und Frau Cäcilia griffen das Anliegen sofort auf. Sie brachten am nächsten Tage Christbäume und Äpfel ins Lager hinauf und wollten mit Sailer die Kirchenfrage besprechen. Dieser stand seinerseits gerade im Begriff, ins Marschallhaus hinunter zu kommen, um sich zu erkundigen, ob für die Slowenen Platz in der Kirche sei. „Deo Gratias", heißt es dazu in den Annalen. Es sei der Kummer der gesamten Kommunität gewesen, dass die Slowenen nicht in die Kirche durften und es doch so sehnsüchtig wünschten. In Zeil hatte man sogar auf Wunsch der Äbtissin eine Novene[1118] in dieser Angelegenheit gebetet.[1119]

Die Kirche wurde weihnachtlich hergerichtet, mit weiteren Bänken ausgestattet, und die Slowenen erschienen fast vollzählig, gemeinsam mit Sr. Gandolpha Hegele, zum Aurora-Amt am Morgen, „sauber hergerichtet und so festtäglich wie möglich aufgeputzt. Mit großer Andacht folgten sie dem hl. Opfer. (...) Von ih-

---

[1115] DAR: G 1.6/62. Der Oberbürgermeister der Stadt der Auslandsdeutschen, Strölin, an Reichsstatthalter Murr, (Abschrift), Stuttgart, 11.9.1941, 4 S.
[1116] ArKe: Exils-Chronik-Rundbriefe, Bd. 1, Kellenried, 8.12.1941, 1.
[1117] ArKe: 031 Annalen 1941, Weihnachten 1941, 120.
[1118] Novene, lat. novem = neun. Eine Novene ist eine neuntägige Andacht. Anlass für eine Novene kann sein: innere Vorbereitung auf ein kirchliches oder persönliche Fest, Dank für erhaltene Hilfe, intensives Bittgebet in persönlicher oder allgemeiner Not.
[1119] ArKe: 031 Annalen 1941, 24.12.1941, 120.

„Heim ins Reich": Slowenen im Kloster Kellenried

rer sonstigen Unzivilisiertheit schien alles verschwunden. (…) Nach dem Amt sangen sie ihre Weihnachtslieder mehrstimmig und ganz prachtvoll. Alles lauschte, und manche kehrten, angelockt durch die melodischen Klänge, wieder in die Kirche zurück"[1120].
Zur Gestaltung der feierlichen Gottesdienste gründeten die Slowenen sogar einen eigenen Chor, so dass sie nach Herzenslust ihre schwermütigen, sehnsuchtsvollen, slawischen Melodien singen konnten und damit so manches „biedere Schwabenherz" öffneten.[1121]
Am Allerheiligenfest 1942, welches von den Nonnen „abteilich" gehalten wurde, zog der kleine Restkonvent nach der Vesper auf den Friedhof. Im „Lager" schienen sich die Slowenen für diese ihnen unbekannte Zeremonie sehr zu interessieren. „Sie schauten aus allen Fenstern, bis unter das Dach"[1122].

P. Martin Schnell widmete sich neben seiner Tätigkeit als Spiritual für die Schwestern im Marschallhaus mit großer Hingabe der Slowenenseelsorge.[1123] Jeden Sonntag las er nach dem Konventamt für die heimatlosen Menschen die Messe, widmete sich mit Eifer dem Studium der slowenischen Sprache und brachte es sogar fertig, slowenisch zu predigen, das Evangelium zu verlesen und die Beichte zu hören. „Es heißt, dass er auf dem Rückweg ins Schlössle, wo er wohnte, sich jeweils gleich in ein entsprechendes Lehrbuch vertiefte, sobald er die Leiter, die (…) über die Mauer führte, passiert hatte"[1124].
Bei verschiedenen liturgischen Anlässen wurde die solide religiöse Grundlage sichtbar, die Schnell seiner slowenischen Gemeinde im Laufe der Jahre vermitteln konnte. Besonders war er den Kindern zugetan. Am Weißen Sonntag 1943 fand eine würdige Erstkommunionfeier für 30 Slowenenkinder statt, derer sich P. Martin liebevoll angenommen und die er für den Sakramentenempfang vorbereitet hatte.[1125]
Am Sonntag zum Guten Hirten[1126], im April 1944, kam es in der Kellenrieder Klosterkirche zum ersten Mal zu einer Tauffeier. Zwei kleine Slowenenmädchen wurden auf die Namen Maria und Luzela getauft. Die ganze Woche zuvor liefen umfangreiche Vorbereitungen, an denen sich auch die Klosterfrauen beteiligten. Bis alles geordnet und geregelt, die nötigen Geräte, Taufwasser und Öl beschafft waren, kamen viele tatkräftige Hände zum Zuge. Die Taufkleidchen, zwei winzige Miniaturhemdchen, wurden noch in letzter Minute fertig. P. Martin Schnell vollzog den Akt soweit wie möglich in slowenischer Sprache.[1127]

[1120] Ebenda, 121ff.
[1121] ArKe: Exils-Chronik-Rundbriefe, Bd. 1, Kellenried, Weihnachten 1942, 2.
[1122] ArKe: 031 Annalen 1942, 1.11.1942, 82.
[1123] Auch den Benediktinern von Neresheim gelang es, die slowenischen Lagerinsassen in ähnlicher Weise seelsorglich zu betreuen. S. Grasmannsdorf, Umsiedlungslager, 93f.
[1124] ArKe: 031 Annalen 1945, Rückblick, 231.
[1125] ArKe: Exils-Chronik-Rundbriefe, Bd. 1, Kellenried, 3.5.1943, 2.
[1126] 4. Sonntag der Osterzeit, benannt nach dem Evangelium vom Guten Hirten: „Ich bin der gute Hirt. Ich kenne die Meinen, und die Meinen kennen mich (Joh.10,14).
[1127] ArKe: 031 Annalen 1944, 23.4.1944, 54f.

1944, anlässlich des vierten Weihnachtsfestes in der Fremde, zeigte er sich „noch seeleneifriger als sonst"[1128]. Er legte nach der benediktinischen Vesper am Nachmittag für die Slowenen zusätzlich eine Weihnachtsandacht in ihrer Muttersprache ein und war glücklich darüber, dass viele Besucher, die sich sonst reserviert verhielten, den Weg in die Kirche fanden.

Das Engagement von P. Martin Schnell ist nicht hoch genug einzuschätzen. Über die Absicht der Nationalsozialisten, die Slowenen ideologisch für ihre Weltanschauung einzuvernehmen, setzte er sich hinweg. Lagerleiter Sailer ließ ihn gewähren.

Selbst aus seinem Kloster Seckau verbannt, konnte P. Martin das Schicksal der vertriebenen Slowenen nachvollziehen und sie in ihrer Situation stärken und trösten. In der Seckauer Totenchronik wird besonders auf sein philologisches Interesse und seine sprachliche Begabung hingewiesen.[1129] Anderenfalls wäre es ihm wohl kaum möglich gewesen, mit über 70 Jahren die slowenische Sprache so perfekt zu erlernen, dass er seinen pastoralen Auftrag optimal erfüllen konnte. Damit kam er den Bedürfnissen der Slowenen entgegen, welche auf Übersetzung, Vermittlung und Deutung der Heiligen Schrift und der Liturgie in ihrer Muttersprache angewiesen waren. Dies galt vor allem für die Sakramentenspendung und das gesprochene Wort in Ritus und Katechese. Schnell setzte damit das jahrhundertealte Recht von Migranten in der Kirche um, sich in der Pastoral die eigene Muttersprache zu bewahren.[1130]

Mit der Seelsorge für die Slowenen ging er auf die zentrale Stellung des Migranten im Christentum ein, in welchem die Kirche das ureigenste Bild Christi erkennt, gemäß der Botschaft: „Ich war fremd und obdachlos, und ihr habt mich aufgenommen"[1131].

Wenn auch die Wesensfremdheit zwischen Klosterfrauen und Slowenen während der Jahre des Zusammenlebens nicht zu leugnen war, so setzten sich doch bei den Benediktinerinnen im persönlichen Umgang Mitgefühl, Barmherzigkeit und christliche Nächstenliebe durch. Dies wird vor allem deutlich bei den Bemühungen, den Slowenen den Kirchgang und die Teilhabe an den Sakramenten zu ermöglichen.

[1128] Ebenda: 24.12.1944, 185f.
[1129] Seckauer Hefte, Heft 3,4, 1947, „Ein froher Mensch", 102.
[1130] Päpstlicher Rat der Seelsorge für die Migranten und die Menschen unterwegs: Instruktion Erga migrantes caritas Christi (Die Liebe Christi zu den Migranten) 2004, http://www.vatican.va/roman_curia/pontifical_councils/migrants/documents/rc_pc_migrants_doc_20040514_erga-migrantes-caritas-christi_ge.html, aufgesucht am 24.5.2015.
[1131] Mt 25,35, Evangelium nach Matthäus. Vom Weltgericht.

Abb. 35: Feldkreuz am Kloster

15. Dem Ende entgegen – das Jahr 1945 in Zeil, Kellenried und in den übrigen Exilsstationen

Unter den Bedingungen der allgemeinen Kriegslage in Württemberg

Am Neujahrstag 1945 stellte die Kellenrieder Annalistin, Frau Johanna Guntli, sich die berechtigte Frage, ob man das Ende des Krieges noch auf Erden erleben würde. „Unheilvoll wie das Jahr 1944 endete, beginnt das Jahr 1945. Die Fronten sind überall ganz nahe gerückt. Die Terrorangriffe häufen sich in ihrer ganzen Schonungslosigkeit", fügte sie klagend hinzu.[1132]
Zu Beginn des Jahres 1945 machte sich die alliierte Luftüberlegenheit immer deutlicher bemerkbar, unter der vor allem die Zivilbevölkerung zu leiden hatte. Über Zeil und Kellenried gingen fast täglich Bomberflüge größeren Ausmaßes hinweg und luden ihre todbringende Fracht hauptsächlich über den größeren Städten Süddeutschlands ab. Vor allem die bayerische Landeshauptstadt München, aber auch Stuttgart, Ulm, Augsburg, Memmingen, Freiburg und immer wieder Friedrichshafen waren betroffen. „Der ganze Luftraum schien voller böser Dämonen zu sein"[1133], heißt es in den Kellenrieder Klosterannalen.
Wenige Wochen später steigerten sich die Angriffe noch, so dass die Schlossbewohner von Zeil ständig Zuflucht in den Luftschutzräumen suchen mussten. „Die Flieger waren in der letzten Zeit wieder recht gegenwärtig bei Tag und bei Nacht. Es begann richtig unheimlich zu werden. Man hörte von angeschossenen Zügen, Toten, Verwundeten etc. und in relativer Nähe, vermutlich in Memmingen, hörte man die Bomben-Teppiche niedergehen. So waren wir oft im ‚Keller', d.h. die mit einer gewölbten Decke versehene Schlosskapelle war unser Luftschutzraum"[1134].
Hw. M. betete dann immer den Exorzismus[1135] und den Prolog des Johannesevangeliums[1136] gegen den Ansturm der bösen Geister und den Rosenkranz für die armen Getroffenen[1137].

[1132] ArKe: 031 Annalen 1945, 1.1.1945, 1.
[1133] Ebenda: 7.1.1945, 9.
[1134] Ebenda: Ende Februar 1945, 42.
[1135] Mit Exorzismus (griech. Beschwören, im Sinne von jemanden inständig anrufen). „An Gott gerichtete Gebete um Befreiung vom Bösen, als „Hinausbeschwören" wird in den Religionen die Praxis bezeichnet, s. Rainer Kaczynski: Der Exorzismus, in: Handbuch der Liturgiewissenschaft, Teil 8, Regensburg 1984, 279.
[1136] Das Johannesevangelium beginnt mit einem tiefgründigen Prolog in der Form eines strophischen Liedes: „Im Anfang war das Wort, und das Wort war bei Gott (…)", (Joh.1,1–18).
[1137] ArKe: 031 Annalen 1945, 23.2.1945, 42.

In Beuron versetzte ein heftiger Tieffliegerangriff am 23. Februar 1945 den gesamten Ort, die Erzabtei, das sich darin befindende Lazarett und auch die drei dort tätigen Kellenrieder Klosterfrauen in Angst und Schrecken. Dabei wurde erheblicher Sachschaden angerichtet, und es waren Tote zu beklagen.[1138]
Neben den einheimischen Bewohnern befand sich etwa eine halbe Million Evakuierter und Flüchtlinge auf württembergischen Boden. Außer in der Landwirtschaft kam das übrige Wirtschaftsleben, vor allem der Verkehr, fast vollständig zum Erliegen.[1139] Fahrten waren vom jeweiligen Wohnort aus ohne Genehmigung nur noch bis zu einer Entfernung von 75 km gestattet.
Da auch diese Erlaubnis täglich entzogen werden konnte, nutzten die Chorfrauen Agnes Trescher und Mechtildis Locher die Gelegenheit, sich noch einmal von Kellenried nach Zeil zu begeben, um mit dem Seniorat[1140] der Kommunität Vorkehrungen für die kommenden Wochen zu treffen.[1141]
In der Bevölkerung ging man allgemein davon aus, dass nach der Landung der Alliierten an der Atlantikküste im Herbst 1944 mit einem schnellen Vordringen auf das Reichsgebiet zu rechnen sei. Daher erwartete man vor allem amerikanische Verbände in Württemberg. Da diese aber ihre Hauptstoßkraft zunächst nach Thüringen und Sachsen lenkten, um dort mit den sowjetischen Streitkräften zusammen zu treffen, wurde Nord-Württemberg erst im April 1945 von Teilen der 7. US-Armee unter Generalleutnant Alexander M. Patch[1142] besetzt. Vom Schwarzwald her drangen zeitgleich französische Kampftruppen der 1. französischen Armee vor und eroberten Süd-Württemberg mit Hohenzollern unter ihrem Oberbefehlshaber Jean de Lattre de Tassigny[1143].
Wegen eines letzten nennenswerten Widerstands der Wehrmacht und der Waffen-SS an der Neckar-Enz-Linie erreichten die französischen Truppen die Landeshauptstadt Stuttgart noch vor den Amerikanern. Am 20. April nahmen sie Stuttgart ein und Friedrichshafen am 27. April als eine der letzten württembergischen Städte.[1144]

[1138] Ebenda; AEB: Chronik von Beuron 1941-1949, 9.
[1139] http://www.lpb-bw.de/kriegsende_baden-wuerttemberg.html, aufgesucht am 15.5.2015.
[1140] Seniorat: Gemäß der Größe eines Konvents ordnet das Ordensrecht an, Senioren =Ältere einzusetzen, die den Ordensoberen beratend zur Seite stehen, s. Johanna Lanczkowski: Kleines Lexikon des Mönchstums und der Orden, Stuttgart 1993, 228.
[1141] ArKe: 031 Annalen, 29.1.1945, 11.
[1142] Alexander M. Patch (1889-1945), im Zweiten Weltkrieg General und Oberbefehlshaber der 7. US-Armee.
[1143] Jean de Lattre de Tassigny (1889-1952), General und Oberbefehlshaber der 1. französischen Armee, (Première Armée Française). Diese entstand in der Schlussphase des Zweiten Weltkriegs aus der regulären französischen B-Armee, die in Nordafrika stationiert war und Teilen der Armée française de la libération, die sich aus der französischen Widerstandbewegung (Résistance) gebildet hatte, s. http://www.hdg.de/lemo/biografie/jean-de-lattre-de-tassigny.html, aufgesucht am 1.6.2015.
[1144] Hans-Joachim Harder: Militärgeschichtliches Handbuch Baden-Württemberg, Stuttgart 1987, 135. Das Ende des Kriegs bedeutete auch das Ende Württembergs in seinen rund 135 Jahre gültigen, auf dem Wiener Kongress 1814 bis 1815 bestätigten Grenzen. Nordwürttemberg wurde Bestandteil des neu gebildeten Landes Württemberg-Baden in der amerikanischen Besatzungszone. Südwürttemberg wurde mit dem preußischen Regierungsbezirk Hohenzollern zum neuen Land Württemberg-Hohenzollern in der französischen Besatzungszone zusammengefasst.

Die Durchhalteparolen des NS-Regimes wurden in diesen letzten Kriegsmonaten von der Bevölkerung nicht mehr ernst genommen. Der verbrecherische Charakter des Regimes war vielen Bürgern durch die verheerende Wirkung des Krieges deutlich geworden. Auch der sogenannte „Nero-Befehl"[1145], welcher die Einwohnerschaft Südwestdeutschlands auf Fußmärschen nach Osten geführt hätte, bei vorhergehender Zerstörung der gesamten Infrastruktur, kam nicht zur Ausführung. Einige verantwortliche Männer in der Stuttgarter Regierung, allen voran Staatssekretär Karl Waldmann[1146], Innenminister Jonathan Schmid[1147] sowie Stuttgarts Oberbürgermeister Karl Strölin, betrachteten den Befehl angesichts der aussichtslosen militärischen Lage als sinnlosen Widerstand und verhinderten diesen weitgehend in ihrem Verantwortungsbereich.[1148]

Ein letztes Aufbäumen des Regimes führte vielerorts zu standrechtlichen Erschießungen sogenannter Verräter. Daran beteiligt war auch Richard Drauz, der für den Klostersturm verantwortliche Kreisleiter von Heilbronn, welcher sich bei der Beschlagnahmung von Kellenried unrühmlich hervor getan hatte.[1149]

In der verworrenen und aufgeheizten Situation, als die Ängste der Menschen täglich wuchsen, die Ereignisse sich überschlugen und die Gerüchteküche blühte, galt es in Zeil, Kellenried und in den übrigen Stationen, Mut und klaren Kopf zu bewahren.

Die Kellenrieder Klosterfrauen waren sich der Tragweite der Situation bewusst, wenn sie auch im Einzelnen nicht über die politische Lage oder den Frontverlauf informiert waren. In Zeil hatte man für den Fall einer Flucht Vorsorge getroffen und einen Teil der wertvollen Klosterdokumente, u.a. Professbriefe, Gründungsurkunde, Regelkonferenzen der Äbtissin etc. im Fürstlichen Archiv deponiert.[1150]

[1145] Der sogenannte „Nero-Befehl", von Hitler am 19.3.1945 unterzeichnet, betraf Zerstörungsmaßnahmen im Reichsgebiet und verfolgte die Taktik der verbrannten Erde. Den nachrückenden alliierten Militäreinheiten sollte nur unbrauchbare Infrastruktur überlassen werden, um deren Vorankommen zu erschweren. Die Bezeichnung spielt auf den römischen Kaiser Nero (37-68) an, dem unterstellt wurde, er habe im Jahre 64 beim großen Brand Roms die Stadt zur Umsetzung seiner städtebaulichen Pläne selbst in Brand gesetzt, Wortlaut in: http://www.ns-archiv.de/personen/hitler/nero-befehl, aufgesucht am 3.6.2015.
[1146] Karl Waldmann (1889-1969), Verwaltungsbeamter, Politiker der NSDAP, MdL Württemberg von 1932 bis 1933, 1933 Landtagspräsident, 1942 bis 1945 amtierender Leiter des württembergischen Finanzministeriums. Anette Roser: Beamter aus Berufung. Karl Wilhelm Waldmann, Württembergischer Staatssekretär, in: Kißener/Scholtyseck: Die Führer der Provinz, 781-803.
[1147] Jonathan Schmid (1888-1945), Dr. jur., seit 1923 NSDAP-Mitglied, MdL Württemberg, württembergischer Innen-, Justiz-, und Wirtschaftsminister und stellvertretender württembergischer Ministerpräsident in der Zeit des Nationalsozialismus, s. Angela Borgstedt: Im Zweifelsfall auch mit harter Hand. Jonathan Schmid, Württembergischer Innen-, Justiz-, und Wirtschaftsminister, in: Kißener /Scholtyseck: Die Führer der Provinz, 595-620.
[1148] Zum Kriegsende in Württemberg, s. Paul Sauer: Württemberg in der Zeit des Nationalsozialismus. in: Kommission für geschichtliche Landeskunde in Baden-Württemberg (Hg.): Handbuch der Baden-Württembergischen Geschichte, Bd. 4, Die Länder seit 1918, Stuttgart 2004, 231-319, hier: 318.
[1149] Schlösser: Richard Drauz, in: Kißener/Scholtyseck: Die Führer der Provinz, 143-159.
[1150] ArKe: Exils-Chronik-Rundbriefe, Bd. 4, Teil 2, Zeil, Januar 1944-Oktober 1945, 29.5.-4.6.1945, 4;
031 Annalen 1945, 23.4.1945, 72.

In Kellenried war bereits im Winter 1944/45 mit Hilfe der Nachbarn jenseits der Straße in Dietenhofen[1151] ein Bunker in einen Sandsteinfelsen hinein gegraben worden. Auch die Ökonomie-Schwestern beteiligten sich an diesem aufwändigen Unternehmen. Am Ende eines 15 m langen Ganges befand sich ein Raum mit Bettnischen. Auch elektrisches Licht war gelegt worden. „So war man gut vorbereitet auf das Kommen des Feindes"[1152], bekunden die Klosterannalen.
Verlässliche Nachrichten aus Donzdorf flossen in den letzten Kriegsmonaten nur spärlich und blieben schließlich ganz aus. In Zeil und Kellenried war man um die beiden dort verbliebenen Mitschwestern, Frau Theresia von Rechberg und Sr. Juliana Pruner sehr besorgt, zumal es hieß, in der Nähe von Göppingen haben sich schwere Kämpfe abgespielt. Äbtissin Scholastica ging sogar davon aus, Frau Theresia sei auf Grund ihres hohen Alters bereits in der Ewigkeit.[1153]
Bei der Besetzung von Donzdorf durch die Amerikaner beanspruchten die Truppen Teile des Schlosses für ihre Zwecke, so dass ein schneller Umzug der beiden Benediktinerinnen ins Marienheim der Vinzentiuspflege erfolgte. Dort fanden sie für die Dauer von sieben Monaten gastliche Aufnahme, obwohl die Wohnverhältnisse mehr als beengt waren.[1154]

Willkommene und weniger willkommene Gäste auf Schloß Zeil

Fürst Erich „in Uniform" aus der Wehrmacht entlassen

Als Glücksfall und Segen für die gesamte Schicksalsgemeinschaft auf Schloß Zeil erwies sich die permanente Anwesenheit von Fürst Erich ab dem Jahresbeginn 1945. Nach dem Zusammenbruch der Heeresgruppe Mitte 1944 habe sein Vater im Herbst 1944 in Dresden Akten der Heeresgruppe vernichten müssen, berichtet Fürst Georg.[1155] Er selbst sei damals Luftwaffenhelfer gewesen und habe die Erlaubnis erhalten, seinen Vater über ein Wochenende in Dresden zu besuchen. Dabei habe es sehr intensive Vater-Sohn-Gespräche gegeben. Damals sei Dresden noch unzerstört und er sei von der Schönheit der Stadt begeistert gewesen.[1156]
Fürst Erich hätte sich nach der Erledigung dieses heiklen Auftrages beim Heimatheer, in diesem Fall bei der Aufstellung der Wlassow-Armee[1157] in Münsin-

---
[1151] Dietenhofen, Ortsteil der Gemeinde Berg.
[1152] ArKe: 031 Annalen 1945, 25.5.1945, 99-101.
[1153] Ebenda: 18.7.1945, 139-140.
[1154] Klosterchronik der Kreuzschwestern Donzdorf 1944/1945, 33.
[1155] Mitteilung Fürst Georg an die Verfasserin, 15.11.2012.
[1156] Über das Treffen in Dresden berichtet auch Fürstin Monika, s. NZAZ: NL Fürstin Monika, Tagebuch, 27.9.1944.
[1157] Die Russische Befreiungsarmee (ROA), benannt nach ihrem ersten Kommandeur auch Wlassow-Armee, war ein russischer Freiwilligenverband, der auf der deutschen Seite im Zweiten Weltkrieg kämpfte. Die Aufstellung wurde Ende 1944 von Adolf Hitler ermöglicht. Die ROA wurde von dem früheren Generalleutnant der Roten Armee Andrei Andrejewitsch Wlassow (1901-1946) organisiert. Unter den Freiwilligen waren Kriegsgefangene, Zwangsarbeiter und russische Emigranten. Die ROA

gen bei General Wenninger[1158] melden sollen.[1159] Er war dort als Verbindungsoffizier vorgesehen.
Nach dem 20. Juli 1944 wendeten jedoch die Nationalsozialisten den sogenannten „Prinzenerlass"[1160] rigoros an, so dass Fürst Erich aus der Wehrmacht entlassen wurde. Daraufhin konnte er die letzte Phase des Krieges zu Hause verbringen, was ihm womöglich das Leben rettete. Für Fürstin Monika, die fürstliche Familie und ihre Bediensteten, die vielen Evakuierten und Flüchtlinge und letztlich auch für die Kellenrieder Schwestern war die Anwesenheit des Fürsten eine große Hilfe und Beruhigung. Auch nach seiner Entlassung hielt Fürst Erich Kontakt zum Widerstand.

Litauische Benediktinerinnen als Flüchtlinge in Zeil

Ende Oktober 1944 standen unverhofft zwei fremde Ordensfrauen im Schlosshof von Zeil, eine Benediktinerin und eine Graue Schwester von der Hl. Elisabeth, in Begleitung eines litauischen Geistlichen. Sie waren vertieft im Gespräch mit Pfarrer Mohr. Zunächst vermutete man in der Benediktinerin eine der vertriebenen Ordensfrauen aus der Abtei Notre Dame Oosterhout in den Niederlanden[1161] zu erkennen, welche nach Liebenau gebracht worden waren. Die Verständigung, halb auf Latein und auf Italienisch, führte zu keinem Ergebnis. So wurde Frau Subpriorin Magdalena zum Übersetzen gerufen. Die Benediktinerin, eine Litauerin, verstand Polnisch, so dass sie sich mit Frau Magdalena austauschen konnte: „Die Liebe, die Muttersprache aller Völker, musste die fehlenden Sprachkenntnisse ersetzen"[1162], heißt es im Kommentar der Annalistin.
Sie kam aus der litauischen Stadt Kaunas[1163] und hatte eine strapazenreiche, lebensgefährliche Flucht hinter sich. Mit einer zweiten Benediktinerin, die sich noch in Aulendorf befand, war sie auf Rat von Weihbischof Vincentas Briz-

---

erhielt den Status der Armee eines verbündeten Staates und war der Wehrmacht in operativen Fragen unterstellt. Ab dem 10. November 1944 wurde die 600. Infanterie-Division (Russ.) auf dem Truppenübungsplatz Münsingen/Schwäbische Alb, aufgestellt. Lutz Häfner: Andrej Wlassow, Verräter Opportunist oder Märtyrer, zweier Teufel General, in: http://www.zeit.de/1988/31/zweier-teufel-general, aufgesucht am 28.4.2015.
[1158] Ralph (Rudolf) Wenninger (1890-1945) General der Luftwaffe im Zweiten Weltkrieg.
[1159] NZAZ: NL Fürstin Monika, Tagebuch, 12.10.1944.
[1160] Im Frühjahr 1940 erließ Hitler den so genannten Prinzenerlass, der allen der Wehrmacht angehörenden Mitgliedern der bis 1918 regierenden Fürstenhäuser den Einsatz an der Front im Zweiten Weltkrieg untersagte. 1943 wurde ihnen generell der Dienst in der Wehrmacht verboten. Auslöser war der Tod des Prinzen Wilhelm von Preußen während des Frankreich-Feldzuges 1940. Anlässlich seiner Beisetzung bildeten über 50.000 Trauernde ein „stummes Spalier" in Potsdam. Es war die größte unorganisierte Demonstration in der Regierungszeit Hitlers. Die Nationalsozialisten wollten verhindern, dass es zu weiteren ähnlichen Sympathiekundgebungen bei anderen Todesfällen in deutschen Fürstenhäusern käme.
[1161] Abtei Onze Lieve Vrouwe Oosterhout, Niederlande, Provinz Nordbrabant.
[1162] ArKe: 031 Annalen 1944, 23.10.1944, 137.
[1163] Kaunas (poln. Kowno), zweitgrößte Stadt Litauens am Zusammenfluss von Memel und Neris, etwa 100 km westlich der Hauptstadt Vilnius (poln. Wilna).

gys[1164] beim Herannahen der Roten Armee mit einem Flüchtlingstreck über Königsberg nach Süddeutschland gelangt. Von Ulm aus wollten sie ursprünglich eine Möglichkeit erkunden, in die nahe Schweiz zu gelangen. Da in Ulm gerade Alarm war, fuhren sie weiter nach Aulendorf. Der dortige Dekan verwies sie an die Haushaltungsschule der Sießener Franziskanerinnen und von dort weiter nach Zeil, an das einzige Benediktinerinnenkloster in Württemberg.[1165] Nach Rücksprache mit Äbtissin Scholastica wurden beide Frauen bereitwillig in der „Abtei Zeil" aufgenommen und hielten sich dort für die Dauer von acht Monaten auf. Statt in Zeil hätten sie auch bei den Lioba-Schwestern in Freiburg unterkommen können, entschieden sich aber für den Verbleib beim Kellenrieder Konvent.

Die jüngere, Sr. Raphaela Simonyte OSB (36 J.), hatte im Benediktinerinnenkloster Kaunas[1166] das Amt der Subpriorin und Novizenmeisterin ausgeübt, die ältere, Sr. Alfonsa (38 J.), war ihre erste Novizin. Da Sr. Alfonsa in Zivilkleidung angekommen war, wurde sie zunächst eingekleidet, „worüber sie sich kindlich freute"[1167].

Beide litauischen Benediktinerinnen waren schnell in die Gemeinschaft integriert und halfen nach Kräften bei allen anfallenden Arbeiten in Haus und Garten.

Im Januar 1945 erschien auch die leibliche Schwester Sr. Raphaela Simonytes mit Ehemann und zwei Kindern auf Schloß Zeil. Auch sie waren vor der Roten Armee geflohen und über Schlesien ins Allgäu gelangt. Äbtissin Scholastica nahm sich der heimatlosen Familie sehr an und begleitete den Mann persönlich auf seiner Suche nach Arbeit. „Das ist eine Familie unter Millionen vom gleichen und noch schlimmeren Schicksal getroffenen, die der Herr uns, die wir immer noch in relativer Sicherheit leben können, zuführte, damit wir sie in Christus aufnehmen können"[1168], heißt es in den Klosterannalen.

Die litauischen Benediktinerinnen verließen Zeil Mitte Juli 1945. Sie hätten sich gern der Kellenrieder Kommunität angeschlossen, was jedoch ordensrechtlich nicht möglich war. So reisten sie über Rom in die USA und gründeten in Bedford, New Hampshire, eine benediktinische Gemeinschaft mit Kindergarten. Sr. Raphaela Simonyte bat von dort aus mehrmals um eine Kellenrieder Mitschwester, welche zur Aufbauhilfe nach dort kommen möge.[1169]

[1164] Vincentas Brizgys (1903-1992), Priester der Erzdiözese Kaunas, 1927 Priesterweihe, 1941 Weihbischof in Kaunas, 1944 Flucht vor der Roten Armee, Exil in den USA, s. http://www.apostolische-nachfolge.de/baltikum.htm, aufgesucht am 24.5.2015.
[1165] ArKe: Exils-Chronik-Rundbriefe, Bd. 4, Teil 1, Zeil, 23.10.1944, 3.
[1166] Das Benediktinerinnenkloster Kaunas bestand bereits seit dem 17. Jahrhundert und hatte seinen Sitz in der ehemaligen Gemeindekirche St. Nikolaus, s. Rasa Vasarckytè: Übersicht über die Geschichte von Kaunas, in: Kaunas, Daten und Fakten: http://datos.kvb.lt/de/index.php?option=com_content&task=view&id=21&Itemid=81, aufgesucht am 24.5.2015.
[1167] ArKe: 031 Annalen 1944, 10.11.1944, 153.
[1168] ArKe: 031 Annalen 1945, 31.1.1945, 12.
[1169] Ebenda: 16.7.1945, 178. Der Kontakt blieb über die Priorin, spätere Äbtissin, Agnes Trescher bestehen.

Entlassen aus Dachau: Mitbrüder aus St. Matthias Trier und St. Joseph Gerleve

Mitten in einem ständigen Kommen und Gehen verließ Äbtissin Scholastica am Freitag vor Palmsonntag, am 23. März 1945, die „Abtei Zeil", um die Ostertage in Kellenried zu verbringen. Priorin Agnes Trescher war seit Monaten erkrankt, so dass die Vertretungsaufgaben im Marschallhaus besprochen und geregelt werden mussten. Die Leitung in Zeil übernahm Subpriorin Magdalena Grossek. Die für zwei bis drei Wochen gedachte Abwesenheit der Äbtissin verzögerte sich jedoch wegen des Kriegsendes auf Monate hinaus, so dass ein Wiedersehen erst im Juni 1945 erfolgen konnte.[1170]

In Zeil meldete sich kurz darauf ein unerwarteter Gast an, nämlich P. Martin Schiffer OSB[1171] aus der Abtei St. Matthias Trier. Er war drei Jahre im KZ Dachau[1172] inhaftiert gewesen und gehörte zu den hunderten deutschen Geistlichen, die auf Verfügung des Reichssicherheitshauptamtes vom 24.3.1945 aus dem Lager entlassen worden waren, bevor dieses aufgelöst bzw. von den Amerikanern eingenommen wurde.[1173]

Schiffer war im Juli 1942 nach Dachau verbracht worden, weil er einer jungen katholischen Frau abgeraten hatte, einen SS-Mann zu heiraten. Im KZ arbeitete er in der Wäscherei des Wachpersonals, für ihn eine gute Fügung in einer Umgebung voller Elend, Terror und Gewalt.[1174] Nach Zeil war er gekommen, um seinen Mitbruder P. Hieronymus Kunert aufzusuchen, ohne davon Kenntnis zu haben, dass dieser wenige Wochen zuvor verstorben war. Obwohl das Haus stark belegt war und noch Gäste erwartet wurden, bot Fürst Erich dem Freigelassenen ein Zimmer an und nahm ihn als Gast auf.[1175]

Die Schwestern wussten von Schiffers KZ-Aufenthalt und hatten ihm und den übrigen dort inhaftierten Mitbrüdern immer wieder Pakete zukommen lassen. Eine konkrete Vorstellung von den menschenunwürdigen Lebensbedingungen

---

[1170] ArKe: 031 Annalen 1945, 23.3.1945, 51.
[1171] P. Martin (Arnold) Schiffer OSB (1908-2005), Mönch der Abtei St. Matthias Trier, Profess 1928, Priesterweihe 1933, danach Kaplan an der Pfarrei St. Matthias, nach Auflösung der Abtei von 1941-1942 Kaplan in Güls/Mosel, bis zu seiner Verhaftung, nach 1945 Pilger- und Krankenhausseelsorger in Dudweiler, Jülich, Düsseldorf und Trier, s. Abt Ansgar Schmidt: Ansprache beim Sterbeamt von P. Martin Schiffer OSB, in: Mattheiser Brief 2005, 14-16. Der Verfasserin freundlicherweise zur Verfügung gestellt von Br. Athanasius Polag OSB, Archivar der Abtei St. Matthias, 14.3.2015.
[1172] Das Konzentrationslager Dachau existierte vom 22. März 1933 bis zu seiner Befreiung durch Truppen der US-Armee am 29.4.1945. Das NS-Regime errichtete es bereits wenige Wochen nach der Machtübernahme. Von den insgesamt 200.000 Dachauer Haftinsassen starben etwa 41.500. Ende 1940 wurde damit begonnen, Priester und Pfarrer aus allen übrigen Lagern in Dachau im sogenannten „Pfarrerblock" zusammenzulegen, s. Bayerische Landeszentrale für politische Bildungsarbeit: Chronik des Konzentrationslagers Dachau, http://www.blz.bayern.de/blz/web/300017/chronik.asp, aufgesucht am 1.5.2015.
[1173] KZ Dachau: Entlassungsschein für den katholischen Geistlichen Arnold Schiffer, ausgestellt am 10.4.1945, abgedruckt in: Schmidt: „Ansprache beim Sterbeamt", 14.
[1174] Mitteilung Br. Athanasius Polag OSB an die Verfasserin, 11.3.2015.
[1175] ArKe: 031 Annalen 1945, 12.4.1945, 63f; Im Zeiler Rundbrief, welcher unmittelbar unter dem Eindruck des überraschenden Erscheinens Schiffers geschrieben wurde, ist der Besuch umschrieben als ganz plötzliche Entlassung aus dem Sanatorium, in dem er drei Jahre zubrachte, s. ArKe: Exils-Chronik-Rundbriefe, Bd. 4, Teil 2, Zeil, Januar 1945 - Oktober 1945, 12.4.1945, 2.

besaßen sie jedoch letztlich nicht. Erst nach Schiffers Berichten erkannten sie das ganze Ausmaß des Schreckens, der Schikane und Entwürdigung der Häftlinge. Sie waren tief erschüttert und beeindruckt von den Erzählkonferenzen, die P. Martin ihnen und anderen Schlossbewohnern mehrfach bot. Dabei erfuhren sie auch von der heimlichen Priesterweihe im Pfarrerblock, die der französische Bischof Gabriel Emmanuel Joseph Piguet[1176] dem jungen Priesteramtskandidaten Karl Leisner[1177] gespendet hatte. Schiffer berichtete auch über Abt Jean-Gabriel Hondet[1178] von Belloc[1179], der die verschiedenen Benediktiner im Pfarrerblock um sich versammelt und diese durch Konferenzen erfreut und gefestigt hatte. So gab es trotz der verzweifelten Lage in Dachau manchen Lichtblick am Ort des Grauens.[1180]

Schon kurz nach seiner Entlassung übernahm P. Martin Schiffer für wenige Monate eine Kaplanstelle zur Aushilfe in Rot an der Rot[1181] und kam von dort aus noch mehrfach nach Zeil. Ende September 1945 gelang es ihm als „Alt-Dachauer", die sterblichen Überreste von P. Hieronymus Kunert vom Klosterfriedhof Weingarten nach Trier zu überführen, ein unerhörtes Unternehmen für die damaligen Verhältnisse, welches nur mit Hilfe der Besatzungsbehörden durchgeführt werden konnte.[1182]

[1176] Gabriel Emmanuel Joseph Piguet (1887-1952), Priester der Diözese Clermont-Ferrand, Priesterweihe 1910, 1933 Bischof von Clermont. Als Angehöriger der Resistance am 20.8. 1944 in das KZ Natzweiler-Struthof, am 6.9.1944 ohne weitere Gerichtsverfahren nach Dachau verbracht, Häftlingsnummer 103.001. Piquet war der einzige französische Bischof, der von den Nationalsozialisten deportiert wurde. Am 24.4.1945 wurde er unter abenteuerlichen Umständen mit 136 Mithäftlingen quer durch Deutschland transportiert, um Kriegsende in Südtirol befreit.
[1177] Karl Leisner (1915-1945), Märtyrer der katholischen Kirche, verstarb durch die Folgen der KZ-Haft. Diakonenweihe am 25.3.1939 durch Clemens August Graf von Galen, Bischof von Münster. Am 9.11.1939 wegen Hitler-Kritik von der Gestapo verhaftet und in das KZ Sachsenhausen verbracht, im Dezember 1941 in Dachau eingeliefert, Häftlingsnummer 22.356. Am 17.12.1944 von Bischof Gabriel Piguet von Clermont-Ferrand heimlich zum Priester geweiht. Leisner war der einzige Kandidat, der jemals in einem Konzentrationslager die Priesterweihe empfing. Seine Primizfeier am 26.12.1944 blieb die einzige heilige Messe, die er feierte. Am 23.6.1996 Seligsprechung durch Papst Johannes Paul II. Grab in der Krypta des Xantener Domes, s. Thomas Kempter: „Gott feiern in Dachau. Die Feier der Eucharistie in Dachau", Diplomarbeit Liturgiewissenschaft, Albert Ludwigs-Universität Freiburg 2005, 126-136; http://www.karl-leisner.de/karl-leisner-priesterweihe-im-kz-dachau-an-gaudete-17-dezember-1944, aufgesucht am 22.1.2014.
[1178] Jean-Gabriel Hondet OSB (1888-1968), Abt von Belloc, 1944-1945 KZ-Haft in Compiegne, Neuengamme und Dachau, dort von den Amerikanern befreit am 29.4.1945, s. Mangold-Thoma-Liste der katholischen Geistlichen im KZ Dachau, heimlich verfasst und durch Kuriere aus dem KZ herausgeschmuggelt, s. https://www.kz-gedenkstaette-dachau.de/archiv.html, aufgesucht am 25.1.2015.
[1179] Benediktinerkloster Notre-Dame de Belloc, Urt/Pyrenäen, Diözese Bayonne, gegründet 1875 von Augustin Bastres OSB (1832-1904), s. http://www.benediktinerlexikon.de/wiki/Bastres,_Augustin, http://www.belloceturt.org, aufgesucht am 26.1.2014.
[1180] ArKe: 031 Annalen 1945, 23.4.1945, 73f.
[1181] Rot an der Rot, Ldkr. Biberach. Die Reichsabtei Rot an der Rot, gegründet 1126, war eines der ersten Prämonstratenserklöster in Oberschwaben. Das geistliche Territorium grenzte im Süden an das weltliche Territorium Waldburg-Zeil-Wurzach. 1803 säkularisiert, wurde das Kloster 1947-1959 von Prämonstratensern neu besiedelt, seit 1960 Jugend- und Bildungshaus St. Norbert der Diözese Rottenburg-Stuttgart. Die Klosterkirche St. Verena ist heute Pfarrkirche des Ortes.
[1182] ArKe: 031 Annalen 1945, 23.9.1945, 314f; Totenchronik P. Hieronymus Kunert, 12.

Ein weiterer benediktinischer Gast war kurzzeitig auch P. Gregor Schwake OSB[1183] von St. Joseph Gerleve, welcher gleichzeitig mit P. Martin aus Dachau entlassen worden war und sich vorübergehend im nahen Treherz/Allgäu[1184] und anschließend viele Monate zur Erholung auch bei den Franziskanerinnen von Reute aufhielt.[1185]

Schwake war im Oktober 1943 von der Gestapo während eines Choralkurses in Linz/Donau verhaftet worden. Durch seine Lebensfreude und Glaubensstärke ermutigte er die Mitgefangenen zum Durchhalten. Während seiner Inhaftierung schrieb er viele Gedichte und komponierte im September 1944 die Dachau-Messe[1186], welche im September 1944 in der Kapelle des Pfarrerblocks heimlich uraufgeführt wurde. Im Schutzhaftbefehl wurden als Gründe der Festnahme benannt, er habe als Geistlicher in offener und versteckter Form gegen den Staat gehetzt, das Vertrauen der Bevölkerung zur Staatsführung zu untergraben versucht und Stimmung gegen die Regierung gemacht.[1187]

Die Kellenrieder Annalen kommentierten Schwakes Besuch mit der Anmerkung „und immer wieder trifft man solche, die nach langen Jahren dem Leben wieder zurückgeschenkt wurden"[1188]. Es steht fest, dass durch die Erfahrungen der beiden Mitbrüder die ausgeprägte Distanz im Konvent zum nationalsozialistischen Regime nochmals verschärft wurde, zumal die Auswirkungen des Krieges tagtäglich stärker zu verspüren waren. „Man hört mit Entsetzen, wie in den Konzentrationslagern die ‚Menschenwürde' buchstäblich mit Füßen getreten wurde"[1189]. Aus einem Gespräch Guardinis mit P. Justinus Albrecht sei deutlich geworden, der Mensch habe in der NS-Zeit versucht, sich über alle göttlichen und menschlichen Satzungen hinwegzusetzen, geblendet davon, dass es eine ganze Zeit lang ungestört möglich war.[1190]

[1183] Gregor (Theodor) Schwake OSB, Dr. phil. (1892-1967), Benediktiner der Abtei Gerleve, Profess 1912, Priesterweihe 1917, Musikwissenschaftler und Dichter, „Apostel des Volks-Chorals", Komponist der „Dachau-Messe", entschiedener Kritiker des Nationalsozialismus. 1943-1945 KZ-Haft in Linz/Donau und Dachau, Häftlingsnummer 60.931. Von August 1945 bis Mai 1947 wirkte er als Seelsorger in der Pfarrei Ettenkirch/Friedrichshafen, Rückkehr nach Gerleve 1948, s. Marcel Albert: P. Gregor Schwake OSB – Mönch, Musiker und Dichter, in: Heimatpflege in Westfalen, 18. Jhg. 2/2005, 1-12.
[1184] Treherz/Allgäu, Ortsteil von Aitrach im Ldkr. Ravensburg.
[1185] ArKe: 031 Annalen 1945, 23.4.1945,73.
[1186] Dachau-Messe für Männerchor und Blechbläser (Missa antiphonaria F-Dur, Kyrie, Gloria, Credo, Sanctus, Agnus Dei).
[1187] Vermutlich warf man ihm einen Verstoß gegen das sogenannte „Heimtückegesetz" vom 20.12.1934 vor, s. Marcel Albert: P. Gregor Schwake OSB, 4.
[1188] ArKe: 031 Annalen 1945, 23.4.1945, 73.
[1189] Ebenda: 8.8.1945, 189.
[1190] Ebenda, 188.

Unliebsame Besucher auf Schloß Zeil: Marschall Pétain und Staatspräsident Jozef Tiso

Am 21. April 1945 fuhr plötzlich Auto an Auto in den Schlosshof ein. Es handelte sich um die Ankunft von Marschall Pétain[1191] mit Gefolge. Pétain war nach dem Waffenstillstand 1940 von der französischen Nationalversammlung mit der Bildung einer Regierung beauftragt worden, die im unbesetzten Teil Frankreichs, in Vichy, ihren Sitz nahm. Diese lehnte einen aktiven Widerstand gegen die deutsche Besatzung ab und setzte stattdessen auf eine handlungsfähige französische Regierung, um damit eine völlige Besetzung Frankreichs zu verhindern. Nachdem Hitler 1942 auch den restlichen Teil Frankreichs besetzen ließ, verlor Pétain fast jeglichen politischen Einfluss. Nach der Landung der Alliierten in der Normandie im Juni wurde er von den Deutschen gefangen genommen und mit seinem Stab im Schloss Sigmaringen interniert.[1192] Mit der Regierung kamen rund 2000 Vichyfranzosen ins Exil in die damals 5600 Einwohner zählende Stadt. Formal galt Sigmaringen bis zum 21. April 1945 als „Hauptstadt des besetzten Frankreich".

Mit der näher rückenden Front verließ Pétain die Stadt und nahm zunächst Zwischenstation auf Schloß Zeil. „Es herrscht großer Betrieb", heißt es in den Klosterannalen, „viel Aufregung und auch Angst, dass wir nun sicher bombardiert würden. Schon kreisen auch Flieger über uns, wie wenn sie sagen wollten: ‚Wir wissen genau, wer bei euch eingezogen ist'"[1193]. Der Anmerkung der Annalistin ist zu entnehmen, dass man sich der gefährlichen Situation bewusst war. Ein Bombardement von Zeil schien nicht ausgeschlossen, wenn es den Alliierten gelungen wäre, den Aufenthalt Pétains zu ermitteln.

Für die Ankömmlinge wurden im unteren Gang des Schlosses Gastzimmer gerichtet. Marschall Pétain schien es in Zeil gut zu gefallen. Er ließ um das Gebet der Schwestern bitten und führte ein kurzes Gespräch mit Sr. Teresita, die im Gemüsegarten arbeitete. Sie wusste nicht, ob es deutsch oder französisch war und habe nichts verstanden, gab sie später an.[1194] Das Klosterleben wurde von den unerwarteten Besuchern nicht gestört. Die Nonnen konnten Offizium halten und ihrer Arbeit nachgehen.[1195]

Der Aufenthalt währte zur großen Erleichterung aller Schlossbewohner nur zwei Tage. Die Annalen sprechen von heftigen nächtlichen Diskussionen, denen am Abend des 23. April eine überstürzte Abreise folgte.[1196]

Pétain reiste von Zeil mit deutscher Genehmigung über die neutrale Schweiz nach Frankreich und stellte sich den dortigen Behörden. Am 14. August 1945

[1191] Henri Philippe Pétain (1856-1951), französischer Militärbefehlshaber und Politiker, s. Manfred Wichmann: Henri Philippe Pétain, in: https://www.dhm.de/lemo/biografie/philippe-henri-petain, aufgesucht am 28.4.2015.
[1192] Ebenda.
[1193] ArKe: 031 Annalen 1945, 21.4.1945, 70.
[1194] Ebenda.
[1195] Ebenda, 71.
[1196] ArKe: 031 Annalen 1945, 23.4.1945, 72.

wurde er von einem französischen Kriegsgericht wegen Kollaboration mit Nazideutschland zum Tode verurteilt. Die Strafe wandelte Charles de Gaulle[1197] in lebenslange Haft und Verbannung auf die Insel Île d'Yeu um. Pétain starb 1951 in der Verbannung.[1198]

Über den Hintergrund des Zwischenstopps Pétains auf Schloß Zeil sind keine weiteren Quellen verfügbar. Es erhebt sich allerdings die Frage, ob die Unterbringung Pétains schon länger in der Planung gewesen war, denn in den Klosterrundbriefen ist die Rede davon, dass die Gäste bereits im Dezember 1944 erwartet worden waren.[1199]

Aus den Annalen sind auch die Vorbereitungen für einen provisorischen Aufenthalt des slowakischen Staatspräsidenten Jozef Tiso[1200] in den ersten Apriltagen 1945 bekannt. „Hinten, wo es zur Kapelle hinuntergeht, werden Zimmer gerichtet samt einer Küche für das Slowakische Regierungsoberhaupt, das in den nächsten Tagen erwartet wird"[1201]. Der unmittelbar verfasste Rundbrief verzichtete auf die Namensnennung und spricht von einer sich hierher flüchtenden Größe.[1202] Die Räume blieben jedoch unbewohnt.[1203]

Nach der Besetzung der Slowakei durch sowjetische Truppen im April 1945 floh Tiso über Österreich nach Altötting und fand hier mit Wissen Kardinal Faulhabers für mehrere Wochen Aufnahme im Kapuzinerkloster St. Anna. Hier wurde er von amerikanischen Einheiten aufgespürt, an die Tschechoslowakei ausgeliefert, als Kriegsverbrecher verurteilt und 1947 in Bratislava hingerichtet.[1204] Auch im Falle Tiso sind die Hintergründe für die geplante Unterkunft auf Schloß Zeil anhand der zur Verfügung stehenden Quellen nicht festzustellen. Dass Pétain und Tiso in den unmittelbaren Fokus der Kellenrieder Benediktinerinnen rückten, wurde von der Annalistin mit den Worten kommentiert: „Weltgeschichtliche Ereignisse spielen sich ab"[1205]. Inwieweit die Rolle der beiden politisch umstrittenen Akteure den Schwestern im Detail bekannt war, ist ebenfalls nicht belegt.

[1197] Charles de Gaulle (1890-1970), französischer General und Staatsmann. Er führte im Zweiten Weltkrieg den Widerstand der Freien französischen Streitkräfte (Forces françaises libres) an der Seite der Alliierten gegen das nationalsozialistische Deutschland, dessen Verbündete und das Vichy-Regime an.
[1198] Ansbert Baumann: Ein Nationalheld vor Gericht. Philippe Pétain wird zum Tod verurteilt, in: DAMALS. Das Magazin für Geschichte und Kultur, Heft 8/2010, 10-13.
[1199] ArKe: Exils-Chronik-Rundbriefe, Bd.4, Teil 2, Zeil, 21.4.1945, 1-2.
[1200] Jozef Tiso (1887-1947), katholischer Priester, tschechoslowakischer und slowakischer Politiker. 1927-1929 tschechoslowakischer Gesundheits- und Sportminister, 1938-1939 Ministerpräsident der autonomen Slowakei innerhalb der föderalisierten Tschechoslowakischen Republik, 1939-1945 Staatspräsident des Slowakischen Staates. 1930 Abschluss eines Schutzvertrages mit dem Deutschen Reich. Lothar Bily: Tiso, Jozef, in: BBKL, Bd. 12, Herzberg 1997, Sp.183-188.
[1201] ArKe: 031 Annalen 1945, 12.4.1945, 64.
[1202] ArKe: Exils-Chronik-Rundbriefe, Bd.4, Teil 2, Zeil, 21.4.1945, 2.
[1203] In den Zeiler Rundbriefen wird Bezug auf das Nichterscheinen der slowakischen Regierung genommen: „Das Oberhaupt wäre überhaupt ein Geistlicher gewesen, und Fr. Pudentiana war schon in Sorge wegen dem Messwein", s. ArKe: Exils-Chronik-Rundbriefe, Bd. 4, Teil 2, Zeil, 27.5.1945, 5.
[1204] Bily: Tiso, in: BBKL, Bd.12, Sp.183-188.
[1205] ArKe: 031 Annalen 1945, 21.4.1945, 71.

16. Letzte Kriegstage

Fürst Erichs Mission bei Reichsstatthalter Murr in Stuttgart

In den letzten Kriegswochen spitzte sich die Lage immer mehr zu. Die Front rückte stündlich näher. Viele Wagen und Soldaten des sich auflösenden Heeres zogen vorüber, Verwundete wurden gebracht, die im Pfarrhaus in Zeil Unterkunft fanden. Tiefflieger und Bombenangriffe hielten die Bevölkerung in Atem. In Leutkirch machte sich große Unruhe breit. Zurückflutendes Militär, aufgeregte Leute, lange Schlangen an den Läden und großes Gedränge beherrschten das Geschehen.
Auch oben in Zeil schien es außerhalb der Klausur ziemlich tumultartig zuzugehen. „Niemand hielt es mehr so recht bei einer Arbeit aus, in der Erwartung des Kommenden. Nur uns hielt die Schusterei, die Wäsche und der Gemüsegarten, das Opus Dei im Zaume"[1206].
Am 28. April 1945, unmittelbar vor dem Einmarsch der Franzosen, fasste Fürst Erich den folgeschweren Entschluss, nach Stuttgart zu fahren, um Gauleiter Murr zum Rücktritt zu bewegen. Eine mutige Tat, bei der er nicht nur seine Familie gefährdete, sondern auch sein eigenes Leben aufs Spiel setzte. Vor der Abreise bat er die Nonnen um ihr Gebet für sein außerordentliches Anliegen. Subpriorin Magdalena, in Vertretung der Äbtissin, ließ zugleich Betstunden abhalten, wofür sich alle mit großem Eifer eintrugen. Dem Ernst der Lage entsprechend, fanden sich jeweils zwei Klosterfrauen im Oratorium ein. Nach jedem Psalm folgten das „Veni Creator"[1207] und die Antiphon aus dem Offizium des hl. Kreuzes: 'Per signum crucis libera nos Deus ab inimicis nostris.'[1208] Als Fürst Erich in Stuttgart ankam, vernahm er, dass Murr bereits elf Tage zuvor unter falschem Namen mit seiner Begleitung auf eine Hütte in den Lechtaler Alpen geflohen war, wo er von französischen Soldaten aufgespürt und festgenommen wurde. Seiner Verantwortung entzog er sich durch Selbstmord.[1209]
Fürst Erich kehrte unverrichteter Dinge wieder nach Hause zurück, nicht wissend, dass am selben Tag die Franzosen Leutkirch und Zeil einnehmen würden.

[1206] Ebenda, 24.4.1945, 76.
[1207] Veni creator spiritus = Komm Schöpfer Geist, wird im Stundengebet in der Pfingstoktav verwendet, auch bei Synoden, Weihen und Ordinationen.
[1208] Per signum crucis libera nos Deus de inimicis nostris = Durch das Zeichen des Kreuzes befreie uns der Herr von unseren Feinden. Responsorium zu den Kreuzfesten; ArKe: 031 Annalen 1945, 28.4.1945, 77.
[1209] Murr wurde unter falschem Namen in Egg/Vorarlberg bestattet und bei der Exhumierung von seinem Zahnarzt anhand des Gebisses identifiziert. Scholtyseck: „Der Mann aus dem Volk". Wilhelm Murr, 477-502.

Ankunft der Franzosen – Zeil wird friedlich „erobert"

Das Wissen um die Reste des französischen Vichy-Regimes im Exil in Sigmaringen und deren angestrebte Verhaftung erklärte die Stoßrichtung eines Teils der französischen Truppen. Den Einmarsch der Franzosen in Leutkirch beobachtete ein Teil der Zeiler Einwohner von der Schlossterrasse aus.
Am späten Nachmittag erreichten die ersten Fahrzeuge Schloß Zeil und hielten vor dem Gasthaus. Erst jetzt stellten die Schlossbewohner fest, dass es sich nicht um die erwarteten Amerikaner, sondern um Franzosen handelte, darunter viele farbige Soldaten aus Nordafrika, vor allem Marokkaner.
Als ein Panzer in den Schlosshof einfuhr, stieg die Spannung auf das Höchste. Nach der Begrüßung der französischen Gefangenen erschien Fürst Erich an der Tür und verhandelte mit dem Kommandanten. Alles entwickelte sich in Ruhe, obwohl man bis zuletzt eine Schießerei befürchtete. Kurz bevor die Panzerspitzen in Zeil anlangten, hatten sie einen ganzen Ort in der Nähe zusammengeschossen, in dem sie Widerstand vorgefunden hatten. Insgesamt ließen sich jedoch keine nennenswerten Verteidigungsaktionen der wenigen noch intakten Wehrmachtseinheiten feststellen.
Die Offiziere verlangten Quartiere und kündigten noch weitere 200 Mann an. Für alle im Schloss Einquartierten sollten Betten beschafft werden. Schließlich gaben sich die Mannschaften zufrieden mit Strohlagern im Gang. Es wurde auch geheizt, und die Nacht verlief friedlich. Gegen Abend kamen noch viele Panzer und Lastwagen, die alle im unteren Hof aufgestellt waren. Schloß Zeil glich einem Heerlager.[1210]
Am nächsten Morgen las P. Justinus Albrecht noch eine zweite Hl. Messe, welche von den französischen Offizieren verlangt worden war und sich eines guten Besuches erfreute. Die Nonnen befestigten an den Wohnungseingängen und auch im unteren Stock Anschriften, die besagten, dass es sich um ein Kloster, „Monastère St. Erentrude"[1211], handele. Auch Frau Johanna Guntlis Schweizer Staatsangehörigkeit erwies sich als äußerst hilfreich. Ein vom Schweizer Konsul ausgestelltes Dokument bedeutete nicht nur Schutz für sie, sondern nützte der gesamten Gemeinschaft.[1212] „Während der ganzen Dauer der Besatzung hat nie ein fremder Fuß unsere Klausur betreten. Wir wurden vollkommen in Ruhe gelassen"[1213]. In diesem Zitat kommen Erleichterung und Dankbarkeit der Annalistin zum Ausdruck.
An vielen anderen Orten in Württemberg, auch in der Umgebung von Zeil, machten sich Angehörige der französischen Besatzungstruppen vieler Übergriffe und Menschenrechtsverletzungen gegenüber der Zivilbevölkerung schuldig. Vor allem von den einsam gelegenen Höfen in der Umgebung Zeils vernahm man

---

[1210] ArKe: 031 Annalen 1945, 28.4.1945, 78f.
[1211] Monastère St. Erentrude = Kloster St. Erentrudis.
[1212] ArKe: Celleratur [Mappe 1], Schutzbrief für Lucie Guntli, ausgestellt vom Schweizer Konsul, Markgröningen, 4.1.1945.
[1213] ArKe: 031 Annalen 1945, 29.4.1945, 79.

manche Schreckensnachricht, von Bedrohungen und Vergewaltigungen. Frauen und Mädchen suchten vielfach im Schloss Schutz. Die Nonnen beteten jeden Abend in besonderer Weise für die Gefährdeten.[1214]

Abb. 36: Schutzbrief für Lucie Guntli

Die Kellenrieder Klosterfrauen blieben davon unbehelligt und führten dies auf den Respekt der französischen Besatzungstruppen vor allem Religiösen zurück. Christliche Werte, die unter den Nationalsozialisten bekämpft worden waren, schienen wieder den ihnen gebührenden Rang einzunehmen.[1215] Für die Benediktinerinnen auf Schloß Zeil fand der Krieg nicht erst am 8. Mai 1945 ein Ende, sondern bereits am 28./29. April mit dem Einzug der Franzosen.

[1214] Ebenda: 10.5.1945, 91.
[1215] Ebenda: 11.5.1945, 92.

Kriegsende in Kellenried, Beuron und Bärenweiler

Von den übrigen Zellen hatte man in Kellenried seit Mitte April nichts mehr gehört, da alle Verbindungen unterbrochen waren. „Wir sind in eine Zeit großen, allseitigen Schweigens eingetreten: keine Post, kein Telephon, keine Zeitung, kaum eine Radio-Nachricht, keine Eisenbahn. Man lebt wieder wie im Mittelalter"[1216], beschreibt die Chronistin den kommunikationslosen Zustand.
Erst als die Chorfrauen Magdalena Grossek und Christina Knäpple sich Ende Mai mit Genehmigung der französischen Behörden zu Fuß von Zeil nach Kellenried aufmachten, erfuhr die „Abtei Zeil", wie das Kriegsende im Marschallhaus und im „Lager Kellenried" erlebt worden war. Die Fahrt mit dem Fahrrad war zuvor abgelehnt worden.[1217]
Auf dem Passierschein (Laisser Passer) der beiden Chorfrauen war zu lesen, „dass die beiden „Religieuses"[1218] Magdalena Grossek und Christina Knäpple die Befugnis hätten, nach Kellenried zu wandern, um dort ihre „Mère superieure"[1219] zu sprechen und dass sie am 25.5. wieder von dort zurück dürften"[1220]. Sie studierten für den zehnstündigen, nicht ungefährlichen Fußmarsch eine uralte Karte, welche so passgenau zusammengesetzt war, dass sie im Osten mit Schloß Zeil begann und im Westen mit Weiler und Berg aufhörte „und somit die wichtigsten Punkte des christlichen Abendlandes aufzeigte"[1221].
Die beiden Klosterfrauen fanden Äbtissin Scholastica und alle Mitschwestern wohlauf vor. Beim Einmarsch der Franzosen war auch in Kellenried alles gut gegangen. Als es am 22. April hieß, man solle sich in Sicherheit bringen, in einer Stunde seien die Panzer aufgefahren, brachen die Schwestern mit Koffern, Taschen und den nötigen Lebensmitteln in den Bunker auf. Äbtissin Scholastica holte in der Kirche das Allerheiligste – so wie es mit P. Martin Schnell und Pfarrer Hafner abgesprochen war. Custodia[1222] und Ciborium[1223] wickelte die Äbtissin in ein Velum[1224] und barg beides in einer Ledertasche. Da es draußen ruhiger wurde, harrte sie in der Stube eines benachbarten Bauern aus und hielt mit einigen Mitschwestern Anbetung. Frau Mechtildis Locher räumte mit einigen Nonnen den vorbereiteten Bunker ein. So war man gut vorbereitet auf das Kommen des Feindes.

[1216] ArKe: 031 Annalen 1945,16.5.1945, 93f.
[1217] Ebenda: Rückblick, 455.
[1218] Religieuses = Nonnen.
[1219] Mère superieure = Mutter Oberin.
[1220] ArKe: Exils-Chronik-Rundbriefe, Bd.4, Teil 2, Zeil, 22.5.1945, 1.
[1221] Ebenda.
[1222] Custodia, lat. custodire = „bewachen, (be)schützen", Gefäß zur Aufbewahrung des in der Heiligen Messe gewandelten Allerheiligsten.
[1223] Ziborium, lat. ciborium „Trinkbecher", ist ein in der katholischen und orthodoxen Kirche gebräuchliches Gefäß zur Aufbewahrung der konsekrierten Hostien. Fußbroich: Sachlexikon der liturgischen Kirchenausstattung, 133.
[1224] Velum, lat. ‚Segel; Hülle', Tuch, das den Kelch bis zur Gabenbereitung bedeckt. Wie andere liturgische Verhüllungen hat es den Zweck, das Heilige zugleich schmückend hervorzuheben und dem direkten Blick zu entziehen. Fußbroich: Sachlexikon der liturgischen Kirchenausstattung, 112.

In jener Nacht blieben aber nur die Koffer unten. Als es ruhiger wurde, kehrten die Frauen wieder ins Marschallhaus zurück. Die Koffer mussten noch einige Tage bewacht werden. Dann holte man auch diese wieder herauf.[1225]
An den nächsten beiden Tagen erwartete man die französischen Kampftruppen, welche jedoch erst am 27. April eintrafen. Sie brachten einen verwundeten deutschen Volkssturmmann mit einem Fußgelenkdurchschuss mit. Sie wollten, dass er verbunden werde und legten ihn in der Marschallstube auf den Boden. Äbtissin Scholastica, die fast ganz allein da war, übernahm mit Hilfe von Fr. Laurentia Laurentius den Sanitätsdienst. Danach nahmen die Franzosen den Verwundeten wieder mit.
Zuvor waren tagelang an Kellenried Truppen vorbeigefahren: Panzerkräfte, Lastwagen, Geschütze und Infanterie. Wenn auch Plündern bei Strafe offiziell verboten wurde, war kein Federvieh und manches andere vor dem Zugriff marokkanischer Soldaten sicher. In Ravensburg herrschte große Aufregung, die einen wollten verteidigen, die anderen nicht. Auch hieß es, die Stadt werde in Brand gesetzt, bevor der Feind käme.[1226] Die Spannung war aufs Höchste gestiegen. Als schließlich am 29. April die Franzosen ankamen, fanden sie keinen Widerstand und konnten ruhig einziehen.

Das Marschallhaus wurde wie in Zeil als ‚monastère' respektiert und in Ruhe gelassen. Wenn schon etwas verlangt wurde, geschah es in zurückhaltender Weise, auch bei der allgemeinen Lebensmittelsammlung und -verteilung.
Bis zur Ankunft der Franzosen waren die Felder des Klostergutes schon bestellt. Sobald die Straßen wieder frei wurden, fuhren die Ökonomieschwestern sogar zum Torfstechen hinaus. Die Wiederaufnahme der alltäglichen Arbeit lässt darauf schließen, dass auch für die in Kellenried verbliebenen Frauen das Kriegsgeschehen nicht erst am 8. Mai endete.
Auf den Waffenstillstandsbeschluss zwischen Deutschland und den alliierten Mächten, unterschrieben am 8. Mai 1945 in Reims[1227], gehen die Klosterannalen nur kurz ein und stellen klar: „Für Deutschland bedeutet es eine bedingungslose Kapitulation und das nach sechsjährigem Kampfe und anfänglichen großen Siegen"[1228]. Aufgegriffen wird hier wieder der Sühnegedanke, nach einem Wort Bischof Sprolls, der nach seiner Rückkehr die Gläubigen dazu aufgerufen hatte,

---

[1225] ArKe: 031 Annalen 1945, 25.5.1945, 99-101.
[1226] S. „Nero-Befehl", S. 235. Ravensburg war wegen seiner strategischen und rüstungsindustriellen Bedeutungslosigkeit und auch dank eines großen, von Schweizern geführten Versorgungszentrums des Roten Kreuzes von größeren Angriffen der alliierten Luftwaffe verschont geblieben.
[1227] Die bedingungslose Kapitulation (unconditional surrender) der Wehrmacht im Zweiten Weltkrieg, die zum Ende der militärischen Feindseligkeiten der Alliierten gegen Deutschland führte, wurde am 7. 5. 1945 im Hauptquartier der US-Streitkräfte in Reims unterzeichnet und trat am 8.5. um 23:01 Uhr in Kraft. Aus protokollarischen Gründen wurde die Unterzeichnung am 8./9.5. im sowjetischen Hauptquartier in Berlin-Karlshorst wiederholt. Die deutsche Staats- und Wehrmachtführung räumte mit der Kapitulation den alliierten Siegermächten das Recht ein, alle politischen, militärischen und gesellschaftlichen Angelegenheiten des Deutschen Reiches zu regeln. S. http://www.juraforum.de/lexikon/bedingungslose-kapitulation, aufgesucht am 24.1.2014.
[1228] ArKe: 031 Annalen 1945, 8.5.1945, 89.

die harten Konsequenzen des verlorenen Krieges als Sühne aller Schuld auf sich zu nehmen, „um so hoffen zu können, dass die Barmherzigkeit Gottes es besser herauskommen lässt, als wir es verdient haben"[1229].

Die Schwestern von Kellenried verspürten in diesen Tagen aber auch das große Aufatmen für die christlichen Kirchen in Deutschland, deren Untergang ja bereits geplant und in geschickter allumfassender Weise vorbereitet worden war. Sie anerkannten den Einsatz vieler Tausender von Volksgenossen, welche um des Glaubens willen Hab und Gut, Ehre, Gesundheit und selbst ihr Leben aufs Spiel gesetzt hatten, wie sie es am Beispiel ihrer in Dachau inhaftierter Mitbrüder aus erster Hand erfahren hatten.[1230]

In Bärenweiler erlebten die Nonnen wenige Tage nach der Ankunft der Franzosen arge Schreckmomente. Man suchte bei ihnen, wohl auf Grund einer Falschmeldung, versteckte deutsche Soldaten. Das ganze Haus wurde inspiziert. Anhand der Wohnungseinrichtung erkannten die Franzosen jedoch, dass es sich um eine klösterliche Anstalt handelte, anderenfalls wäre ganz Bärenweiler in die Luft gesprengt worden. „Also schwebten die guten Bärlein doch in einer rechten Gefahr"[1231], berichten Rundbriefe und Annalen.

Über das Kriegsende in Beuron hörten die Schwestern erstmals am 9. Mai 1945 von Abt Conrad Winter. Nach anfänglicher Schießerei sei auch Beuron friedlich besetzt worden. Erzabt Benedikt sei wieder Herr im eigenen Hause, und die Tagesordnung brauche sich nicht mehr nach dem Arbeitseinsatz zu richten.[1232] Sr. Romana Göbl habe in der Bäckerei mehr denn je zu tun. Für 500 Personen müsse das tägliche Brot beschafft werden. Wenn ihr und ihren Gehilfinnen nicht ein Wehrmachtssoldat zur Hilfe gekommen sei, wären sie unter der Arbeitslast zusammengebrochen[1233].

Auch in den kleineren Zellen, in Isny und Liebenau und Donzdorf erlebten die Kellenrieder Klosterfrauen das Kriegsende ohne weitere Beeinträchtigungen.[1234] In Donzdorf hatte Joseph Graf Rechberg schon einen Fluchtplan in ein abgelegenes Landhaus[1235] vorbereitet, der aber nicht zur Ausführung kam. Die „Eroberung" von Donzdorf erfolgte friedlich, und die angeblich schweren Kämpfe in Göppingen „figurierten mehr in der Zeitung, als dass sie Wirklichkeit waren"[1236].

[1229] Ebenda, 90.
[1230] Ebenda, 91.
[1231] ArKe: Exils-Chronik-Rundbriefe, Bd. 4, Teil 2, Zeil, 27.5.1945, 2; 031 Annalen 1945,16.5.1945, 93f.
[1232] ArKe: Chronik Beuron 1941-1946, 12f. Ein Bericht von Sr. Romana Göbl selbst verfasst gelangte erst am 14.8.1945 nach Zeil, s. ArKe: 031 Annalen 1945, 14.8.1945, 207.
[1233] ArKe: 031 Annalen 1945, 25.5.1945, 105f.
[1234] Ebenda: 28.5.1945, 113f.
[1235] Wahrscheinlich handelte es sich um Schloss Weißenstein (Ldkr. Göppingen), 1241 erstmals urkundlich erwähnt, bis 1971 im Besitz der Grafen von Rechberg, heute Hochburg der Mikrofotografie, s. http://www.schlossweissenstein.de, aufgesucht am 16.6.2015.
[1236] ArKe: 031 Annalen 1945, 18.7.1945, 139f.

Im Resumé der Klosterannalen, niedergelegt im Sommer 1978, heißt es rückblickend: „Das Jahr 1945 brachte nach einem fünfjährigen und acht Monaten Krieg furchtbaren Ausmaßes, der unsägliches Elend auf unser Vaterland und viele anderer Völker brachte, den ersehnten und erbeteten Frieden. Aber die schweren Wunden, die der Krieg geschlagen hat, sind noch lange nicht geheilt, manche überhaupt nicht heilbar"[1237].

Befreiung des „Lagers" Kellenried

In den Tagen vor dem Einzug der Franzosen war das Marschallhaus stets bewacht. Im Lager war es sehr unruhig, immer mehr Menschen drängten sich hier auf engstem Raum zusammen. Niemand wusste, wie die Slowenen sich in der Phase der sich auflösenden Machtstrukturen verhalten würden. „Man weiß nicht, ob man sich mehr vor den Slowenen oder vor den erwarteten Panzern fürchten sollte"[1238], heißt es in den Annalen. Die Lagerleitung war machtlos geworden. Bald zog sie sich zurück, bald tauchte sie wieder auf, schließlich verschwand sie kurz vor dem Eintreffen der französischen Truppen völlig. Vom bisherigen Personal blieben nur noch Lagerarzt Dr. Eble und die Rotkreuzschwester Brunhilde von Preuschen. Sr. Veronika Stoffel war bereits am 25. April ins Marschallhaus zurückgekehrt, half aber in den nächsten Tagen noch einige Male im Lager aus. Als die Franzosen am 27. April im Lager erschienen und die Küchentür aufbrechen wollten, wurden sie von Sr. Veronika mit den couragierten Worten aufgehalten: „Hier Catholica – nix kaputt", und die Franzosen nahmen von ihrem Vorhaben Abstand.[1239]
Nach der Erinnerung Ana Šusters kehrte der frühere Lagerführer Sailer kurz nach dem Eintreffen der Franzosen nach Kellenried zurück. Er habe sich auf der Fenkenmühle[1240] versteckt, sei dann ins Lager gekommen, um auf ein gutes Wort seitens der Slowenen zu hoffen. Diese hätten ihm Quartier und Verpflegung geboten.[1241]
Nachdem die Franzosen Sailer entdeckt hatten, musste er dreimal zwischen den bewaffneten Soldaten im Kreuzgang Spießrutenlaufen.[1242] Sie drohten ihn zu erschießen, aber die Slowenen traten für ihn ein, und sagten, er sei ein ‚guter Mann' gewesen. Dies rettete ihn. Auch Šuster bemerkt, Sailer habe manchen Protest und manche Beschimpfung ihres Vaters überhört und ihn nicht dafür bestraft.[1243] Aufsässiges Verhalten dem Lagerführer gegenüber galt nach der Bestraf- und Beschwerdeordnung für die Umsiedlerlager als strafbares Vergehen

---

[1237] Ebenda: Rückblick 1945, geschrieben am 8.7.1978, 445.
[1238] Ebenda: 25.5.1945, 101.
[1239] ArKe: 031 Annalen 1945, 25.5.1945, 103.
[1240] Fenkenmühle, Ortsteil von Zogenweiler-Horgenzell, Ldkr. Ravensburg.
[1241] Information von Ana Šuster, Maribor/Slowenien, an die Verfasserin, 3.6.2015.
[1242] Militärische Körperstrafe, bei der der Delinquent durch eine Gasse mehrerer Dutzend oder Hundert Soldaten gehen musste und von jedem einen Stockschlag erhielt.
[1243] Šuster: Erinnerungen, 4.

und konnte im schlimmsten Falle zur Unterbringung in einem Arbeitslager führen.[1244]

In den Annalen ist der Vorgang um Sailer detailgenau beschrieben: „Frierend und zitternd legt er sich ins Bett. Sr. Veronika bringt ihm Tee und redet ihm nach ihrer Art ins Gewissen, ob er auch an die Ewigkeit gedacht habe im Augenblick der Todesgefahr? Sie versprach, ein Vaterunser für ihn zu beten, was ihn freute"[1245].

Im Entnazifizierungsprozess wurde Sailer als Mitläufer eingestuft und 1948 von der Spruchkammer in Ravensburg zu zwei Jahren Unterbringung im Internierungslager Balingen sowie zur Zahlung einer Geldbuße von 1000 RM verurteilt.[1246] Er wurde bereits im Sommer 1948 aus dem Internierungslager entlassen.[1247]

Vom Umsiedlungs- zum Ausländerlager

Auch in den übrigen württembergischen Umsiedlungslagern, die bei Kriegsende noch in Funktion waren, erlebten Tausende Lagerinsassen von Mitte bis Ende April 1945 das Ende der deutschen Lagerführung. Die VoMi hatte aufgehört zu bestehen. Die Lager wurden jedoch nicht sofort aufgelöst, sondern unter die Aufsicht der Militärbehörde gestellt und fortan unter der Bezeichnung „Ausländerlager" geführt. Für die Beherbergung und Verpflegung hatten die deutschen kommunalen Dienststellen aufzukommen.[1248] Die Gemeinde Berg musste die Unterhaltskosten für das „Lager Kellenried" übernehmen und versuchte, diese über den Landkreis Ravensburg zu refinanzieren.[1249] Die Deutschen waren in der unmittelbaren Nachkriegssituation ein Volk ohne Staat, aber eines mit Kommunen. Solange die Länderverwaltungen nicht wieder funktionierten, mussten und konnten die weitgehend intakt gebliebenen Kommunalverwaltungen staatliche Aufgaben übernehmen.[1250]

[1244] Grasmannsdorf: Umsiedlungslager, 50f.
[1245] ArKe: 031 Annalen 1945, 27.4.1945, 103.
[1246] StAS, Wü 15, Mappe 260, Kreisuntersuchungsausschuss, Staatskommissariat für die politische Säuberung Ravensburg, 4. Sitzung des Kreisuntersuchungsausschusses am 20.2.1948, Nr. 65, AZ 9/5 64/48, Sailer, Adolf.
[1247] Ebenda: Mappe 261, Brief Land Württemberg-Hohenzollern, Innenministerium, Abtl. XV, XV/B/1173/48, Tübingen, 9.6.1948. An den Vorsitzenden des Kreisuntersuchungsausschusses für die polit. Säuberung Ravensburg, betr. Entlassung von Internierten im Monat Mai 1948. Für die Entlassenen blieb die Zuständigkeit der Lagerspruchkammer Balingen bestehen.
[1248] Grasmannsdorf: Umsiedlungslager, 104-106.
[1249] GArB: Akte Slowenen Kellenried, Bü 380: Unterbringung von Slowenen (1942), Antrag Gemeinde Berg an Landrat Ravensburg auf Ersatzanleistung für die Monate Juli bis Oktober 1945, insgesamt 12.029,79 RM. Berg, 12.10.1945.
[1250] Karl Moersch/Reinhold Weber: Die Zeit nach dem Krieg: Wiederaufbau in Südwestdeutschland. Landeskundliche Reihe, Bd. 37, Stuttgart 2008, hier: Städte im Wiederaufbau, in: http://www.lpb-bw.de/kriegsende_baden-wuerttemberg.html, aufgesucht am 30.9.2015.

Nach dem Abzug des VoMi-Personals hatte sich die ganze Hoffnung der Slowenen auf eine baldige Heimkehr gerichtet. Der Rücktransport war jedoch aus organisatorischen und logistischen Gründen erst nach einigen Monaten möglich. Durch das Kriegsende und den Wegfall der permanenten Überwachung und Reglementierung durch die NS-Verantwortlichen galt der bisherige Ordnungsrahmen nicht mehr. Also schritten die Slowenen zur Selbsthilfe und übernahmen mit Genehmigung der alliierten Militärbehörden die Aufgaben der bisherigen VoMi-Lagerführungen. Dadurch kehrte eine gewisse Ruhe ein.

In Kellenried schwang sich der 23-jährige Joze Gramec[1251] zum Lagerführer auf. „Obwohl Communist, hält er es mit uns"[1252], berichten die Klosterannalen. Gramec verhinderte manches Unheil. Als einige seiner Landsleute im Bienenhaus großen Schaden anrichteten, verfuhr er streng gegen die Übeltäter und versprach Schadenersatz.[1253] Da ihm ein Auto zur Verfügung stand, bot er den Schwestern im Marschallhaus mehrfach Gelegenheit zur Mitfahrt an.[1254] Darüber hinaus sicherte er Frau Cäcilia Biber zu, sein besonderes Augenmerk auf Materialien, Möbel und Gegenstände aus dem Kloster zu richten, damit diese nicht entwendet oder beschädigt würden. Bei dieser Gelegenheit erhielt er ein komplettes Inventarverzeichnis.[1255]

Die außerhalb der Lager lebenden Slowenen strebten so schnell wie möglich ins Lager zurück. Die Arbeit an den Einsatzstellen wurde flächendeckend niedergelegt. Slowenen, die in den Lagern Arbeit gefunden hatten, verlangten jetzt eine angemessene Bezahlung. Eine von der Militärregierung im Sommer 1945 erstellte „Liste Salaire" weist die Vergütungen auf, welche an die slowenische Lagerführung und deren Mitarbeiter gezahlt wurden. Aufgeführt sind nicht nur Joze Gramec als „Commandant du Camp", welcher 250 RM erhielt, sondern auch seine beiden Vertreter, Chauffeure, Küchenpersonal, Pförtner, Gärtner sowie Arzt und Krankenschwester.[1256]

Die ständige Fluktuation führte zu einer unvorstellbaren Überfüllung der Räumlichkeiten. Im Juli 1945 befanden sich 419 registrierte Personen im Klostergebäude. Dazu kamen noch eine Anzahl weiterer Insassen, welche nicht registriert waren. Da die Slowenen keiner geregelten Beschäftigung mehr nachgingen und täglich auf die Rückkehr in ihre Heimat hofften, vertändelten sie tatenlos ihre Zeit. Es kam zu Plünderungen, Diebstählen und zu Vandalismus.[1257] Schon in den Monaten zuvor mussten bei der Ernte in Kellenried (Getreide, Flachs, Früh-

---

[1251] GArB: Akte Slowenen Kellenried, Bü 379, Liste über sämtliche Lagerinsassen, Gramec, Joze, geb. 5.10.1921, Nr. 129, 4.
[1252] ArKe: 031 Annalen 1945, 25.5.1945, 105.
[1253] Ebenda.
[1254] Ebenda, 108.
[1255] ArKe: 031 Annalen 1945, 11.7.1945, 137.
[1256] GArB: Akte Slowenen Kellenried, Akte Slowenen Kellenried, Bü 379, Liste Salaire du personage occupé au camp des déportée Jugoslaves à Kellenried pour le mois Julie 1945 = Besoldungsliste des Personals im besetzten jugoslawischen Deportationslager in Kellenried für den Monat Juli 1945.
[1257] Grasmannsdorf: Umsiedlungslager, 105.

kartoffeln, Bohnen in unabsehbarer Menge) Wachen aufgestellt werden, „weil sonst die Slowenenkinder ernten, was wir gesät haben"[1258].
Auch Ana Šuster räumt ein, dass für die Kinder das Erdbeerfeld des Klosters von besonderem Interesse war.[1259] Der Ertrag der Beerenernte fiel dank des umsichtigen Wächterdienstes, der die „beerengierigen" Slowenen von den Sträuchern fernhielt, gut aus. Es stellten sich auch viele Käufer ein.[1260]
Den Slowenen war kaum bewusst, dass die landwirtschaftlichen Erzeugnisse der Nonnen für deren Existenzsicherung lebensnotwendig waren. Einige Slowenen stahlen sogar Blumen aus dem Klostergarten, um ihre Maialtäre zu schmücken.[1261]
Die französische Besatzungsmacht schritt gegen die geringfügigen Vergehen zunächst nicht ein. Die Militärregierung sorgte aber für Kleidung und schloss die Versorgungslücken. Zwischen dem Marschallhaus und dem „Lager" gab es einen regen Tauschhandel: Weißbrot, Kakao, Kaffee, Suppengemüse, sogar Wein wurden gegen Zwiebeln und Bohnen eingetauscht. Die Nonnen nutzten die erstandenen Vorräte nur geringfügig für sich selbst, sondern halfen damit manchem Bedürftigen.
Im Klausurwald und an der Ostseite der Böschung fanden sich oft geöffnete und fast volle Konservenbüchsen, einfach weggeworfen, weil der Inhalt offenbar nicht den Bedürfnissen entsprach. Auch noch geschlossene Konserven und größere Mengen Weißbrotes lagen dort, mit dem die Ökonomieschwestern dann die Schweine fütterten.[1262]
Weitaus gefährlicher war die Munition, welche in die Hände einiger Slowenen geraten war, nachts in Niederbiegen aus einem Zug ‚organisiert', welcher offenbar von der Front zurückkam. Als die Franzosen den Munitionsbesitz entdeckten und verboten, „warfen die Slowenen die Kugeln und Patronen bald da bald dorthin"[1263].
Angesichts der sich auflösenden Machtstrukturen, des vierjährigen Zwangsaufenthalts im Lager unter unzureichenden Lebensbedingungen, als billige Arbeitskräfte missbraucht und selbst nach Kriegsende immer noch mit geringen Aussichten, in die Heimat zurückkehren zu dürfen, ist das Fehlverhalten vieler Slowenen im Frühjahr und Sommer 1945 erklärbar, wenn auch nicht entschuldbar.
Letztlich ist es einigen verantwortungsbewussten Personen im Lager Kellenried, vor allem dem jungen Lagerkommandanten Gramec zu verdanken, dass es nicht zu Gewaltausbrüchen kam. Trotz der häufigen Diebstähle und kleinerer Übergriffe auf das Eigentum der Nonnen blieb das Verhältnis bis zum Abzug der Slowenen prinzipiell gut.

[1258] ArKe: 031 Annalen 1944, 9.8.1944, 100.
[1259] Šuster: Erinnerungen, 2.
[1260] ArKe: 031 Annalen 1945, 30.6.1945, 174.
[1261] Ebenda: Anfang Mai 1945, 105.
[1262] Ebenda: 16.7.1945, 181f.
[1263] Ebenda.

17. Unter französischer Militärverwaltung in Zeil und Kellenried

Im Wartestand – turbulente Sommermonate in Zeil: Arbeitseinsatz, Offizium, Unterricht

In gewisser Weise befanden sich die Benediktinerinnen in einer ähnlichen Situation wie die Slowenen. Sie warteten sehnsüchtig darauf, in ihr Kloster zurückkehren, um ihr kontemplatives Leben wieder aufnehmen zu dürfen. Auch die Zusammenführung der klösterlichen Gemeinschaft aus der Zerstreuung war ein großes Ziel. Immer wieder wurden sie hingehalten und vertröstet. Die Wochen nach Kriegsende gerieten zur großen Geduldsprobe. „Die Slowenen sitzen dichter im Haus als je, aber in zwei bis drei Monaten sollen sie mit Gottes Hilfe weg sein. Auf jeden Fall bilden sie das einzige Hindernis unseres Einzugs"[1264], teilte die Annalistin aus Zeil den übrigen Zellen mit. Während der Sommermonate kam es immer wieder zu Falschmeldungen, welche postwendend von den Behörden revidiert wurden. Hoffnung und Enttäuschung wechselten miteinander ab, immer wieder neue Geduld war gefragt.

Die Nonnen setzten darauf, mit dem Abzug der Slowenen sei wenigstens vor Einbruch des Winters rechnen zu können. Die Verhaltensmaßregeln von Lagerleiter Gramec besagten, den Schwestern dürfe nichts gestohlen werden, „denn sie seien gerade so ‚hinausgestoßen' worden wie die Slowenen. Wer etwas stiehlt, wird drei Tage in den Keller gesperrt und die Ration wird gestrichen"[1265]. Im Juni 1945 gelang es Äbtissin Scholastica nach mehreren abschlägigen Bescheiden, eine Genehmigung der französischen Militärverwaltung und eine Fahrgelegenheit nach Zeil zu erhalten. „Welche gegenseitige Freude bei einem Wiedersehen nach langer und sehr bewegter Zeit. Im Kriege hat sie uns verlassen, im Frieden uns wieder gefunden, alles wohlbehalten, unversehrt, und doch wie anders könnte es ein, wenn alle Pläne des Fürsten der Finsternis zur Ausführung gelangt wären"[1266].
Erstmals gab es in der „Abtei Zeil" wieder eine Sonntagskonferenz zum Leitthema „Misericordias Domini in aeternum cantabo"[1267]. Die Äbtissin gab ihrer Freude Ausdruck, nach so vielen Gefahren wieder beisammen sein zu dürfen. „Wir müssen dem Herrn eine dreifache Vergeltung darbringen: Im Lobpreis, in

---

[1264] ArKe: Exils-Chronik-Rundbriefe, Teil 2, Zeil, 25.5.1945, 3f.
[1265] ArKe: Annalen 1945, 25.8.1945, 221.
[1266] Ebenda: 13.6.1945, 121.
[1267] Misericordias Domini in aeternum cantabo = Dein Erbarmen, oh Herr, will ich in Ewigkeit singen!" (Psalm 89,2)

der Danksagung und im unerschütterlichen Vertrauen, das eine unbegrenzte Hingabe in sich schließt"[1268].
Sie blieb zehn Tage in Zeil[1269], verweilte aber dann den Sommer über in Kellenried wegen Rückgabe und Wiederinbesitznahme des Klosters. Im Verlaufe des Monats August erhielt sie durch Vermittlung von Abt Conrad Winter ein „laisser passer", welches ihr den Besuch aller Stationen in der französischen Besatzungszone erlaubte, so lange und so oft sie wolle.[1270]
Das Offizium in Zeil war wieder zur alten Ordnung zurückgekehrt, da sich die Arbeitsamtkontrollen erübrigt hatten. Die täglichen Arbeiten in Haus und Garten sowie in der Flickschusterei wurden fortgesetzt. Außer den Sperrstunden, die von 19.00 Uhr abends bis um 6 Uhr am Morgen keinen Ausgang gestatteten, bestanden keine besonderen Auflagen. Die Waldarbeit musste auf Wochen eingestellt werden. Es war zu gefährlich und auch verboten hinauszugehen, „da die Wälder lange Zeit Widerstandsnester und Zufluchtsorte bildeten für gewisse Elemente, nach denen die Franzosen suchten"[1271].

Berührungspunkte mit der französischen Besatzung

Den ersten französischen Einheiten in Zeil folgten in den nächsten Wochen noch weitere, bis auch diese Ende Mai 1945 endgültig weiterzogen.[1272]
Da die Klöster das Wohlwollen der französischen Besatzungsmacht genossen, wurden die Nonnen stets höflich und zuvorkommend behandelt. „In den Augen der Besatzer war die katholische Kirche die einzige Institution, die das Dritte Reich sowohl organisatorisch als auch moralisch unbeschadet überstanden hatte"[1273].

Die Schwestern galten offiziell als „Feinde des Dritten Reiches". Daher wurden sie von verschiedenen Seiten um Vermittlung bei der französischen Besatzung gebeten. Fürst Erich bat um Hilfe beim Versuch, Möbel aus dem Schloss von der Kommandantur in Seibranz zurückzuholen. Leider wurde der Bitte nicht stattgegeben.[1274]

[1268] ArKe: 031 Annalen 1945, 13.6.1945, 123.
[1269] Ihre abenteuerliche Rückreise von Zeil nach Kellenried nahm zwei Nächte und fast zwei Tage in Anspruch, s. ArKe: 031 Annalen 1945, 22.6.1945, 166-170.
[1270] Ebenda: 28.8.1945, 229.
[1271] Ebenda: 29.4.1945, 81. Gemeint war neben Diebstählen und anderen kriminellen Handlungen auch die Organisation Werwolf, eine nationalsozialistische Freischärler- bzw. Untergrundbewegung am Ende des Zweiten Weltkrieges, die im September 1944 von Reichsführer-SS Heinrich Himmler ins Leben gerufen wurde. Aufrufe zur Bildung des Werwolfs fanden in der Bevölkerung und unter Wehrmachtsangehörigen nur ein geringes Echo, s. Volker Koop,: Himmlers letztes Aufgebot – die NS-Organisation „Werwolf", Köln u.a. 2008.
[1272] ArKe: 031 Annalen 1945, Schlussbetrachtung, Rückblick, 426f.
[1273] Mertens: Klostersturm, 346.
[1274] ArKe: 031 Annalen 1945, 15.7.1945, 137.

An Obst und Gemüse mangelte es dank des großen Nutzgartens weniger, nur das Brot wurde knapp.[1275] Der Gemüseverkauf fand in der Halle des Schlosses statt. Erträge aus dem Gemüsegarten fanden reißenden Absatz, auch bei den Franzosen. Dem Anspruch requirierender Franzosen auf kostenlosen Salat wussten sich die Schwestern mit Hilfe des Sekretärs des Fürsten zu erwehren. Ebenfalls wurden die Hühner in Sicherheit gebracht.[1276]
Ende August 1945 erschien überraschend der französische Polizeichef aus Wangen, um Möbel und Bücher der Landesbibliothek Stuttgart auf ausländische Exponate zu überprüfen, welche sich möglicherweise unberechtigt in der Sammlung befanden. Frau Maria Bayländer als Ersatz-Archivarin gab umfassende Auskunft und stellte klar, dass nichts Illegales unter den Büchern verborgen war.[1277]
Sie verfasste auch für die Fürstlich Waldburg Zeil'sche Kanzlei zweisprachige Anträge an die Militärregierung, da niemand in der Kanzlei des Französischen richtig mächtig war. Sie musste die französischen Übersetzungen sogar buchstabieren, um allzu viele Fehler zu vermeiden.[1278]
Die Versorgung hatte sich in den ersten Wochen nach Kriegsende deutlich verschlechtert.[1279] Die Schwestern litten weder in Zeil noch in den übrigen Stationen wirkliche Not, spürten jedoch die Verknappung der Lebensmittel. Zwar wurden im Schulhaus Zeil Lebensmittelkarten ausgegeben. Die Zuteilungen waren jedoch weitaus geringer als während des Krieges, so dass man sich um zusätzliche Rationen bemühen musste. Hilfe kam von Frau Kellermann vom Galgenhöfle und vom Marschallhaus.[1280]
Die Besorgungen in Leutkirch gestalteten sich mit viel Kreativität und Geduld zu einem jeweils aufwändigen Unternehmen. Über einen dieser Einkäufe berichten die Annalen: „Wenn man etwas bekommen will, muss man jetzt immer selbst dabei sein. Wir können aber immer wieder die Gefälligkeit der Geschäftsleute gegen ‚uns Schwestern' erfahren"[1281]. Mehrfach gerieten Kellenrieder Schwestern beim Einkauf in französische Passkontrollen, die jedoch stets korrekt und auf freundliche Weise abgewickelt wurden.[1282]
Trotz aller Einschränkungen und Mühen bei der Bewältigung des Alltags, überwog doch die Freude über die wieder gewonnene ungetrübte Ausübung des Glaubens. Christi Himmelfahrt, Fronleichnam, Pfingsten waren nach den langen Jahren der Unterdrückung wieder christliche Feiertage, an denen niemand mehr gehindert wurde, seinen Glauben zu bekennen: „Die kirchliche Freiheit ist die

---

[1275] Ebenda: 11.5.1945, 92.
[1276] Ebenda: 10. und 13.8.1945, 192 und 198.
[1277] Ebenda: 26.8.1945, 223.
[1278] ArKe: 031 Annalen 1945, Anfang Juni 1945, 166.
[1279] Klaus Dietmar Henke: Politik der Widersprüche. Zur Charakteristik der französischen Militärregierung in Deutschland nach dem Zweiten Weltkrieg, in: Vierteljahresheft für Zeitgeschichte, Jhg. 30 (1982), Heft 3, 500-537, hier: 524.
[1280] ArKe: 031 Annalen 1945, 19.7.1945, 140.
[1281] Ebenda: 18.8.1945, 210.
[1282] Ebenda: 21. und 27.8.1945, 219 und 226.

große Lichtseite der schweren, drückenden Nachkriegszeit"[1283]. Damit deutete die Annalistin die geistigen Hintergründe der furchtbaren Niederlage an. Sie wies auf die falsche Weltanschauung der Blut-, Rasse- und Volksvergottung hin, die im Laufe der NS-Zeit wohl zu einem gewissen Höhepunkt kommen konnte, aber notwendigerweise in einem beispiellosen Niedergang enden musste.[1284]
In den Monaten nach Kriegsende waren nur wenige Deutsche imstande, eine fundierte historische Analyse vorzunehmen und Ursache und Wirkung der nationalsozialistischen Ideologie in einen unmittelbaren Kontext zur erlebten Niederlage bringen. Auch in den christlichen Kirchen fehlten für eine lange Zeit kritische Stimmen, welche sich mit den nationalsozialistischen Verbrechen, der Verblendung der Ideologie, mit dem persönlichen Versagen des Menschen und der Auswirkung auf das Weltgeschehen beschäftigten.
Als sich im Juli 1945 Immer noch keine Rückkehr nach Kellenried abzeichnete, ermutigte die Äbtissin die Gemeinschaft: „Wir sollen uns dadurch nicht deprimieren lassen, sondern fest dastehen (…) und unsere Sühne leisten in der gegenwärtigen schweren drückenden Zeit und fest zusammenhalten wie ein Knäuel, der durch nichts auseinander gebracht werden kann"[1285]. Mit ihrer reflexionsbereiten Haltung setzte sie sich schon zu einem sehr frühen Zeitpunkt von der allgemein mangelnden Bereitschaft der deutschen Bevölkerung um eine Schulddiskussion ab. Die Antriebskräfte für den Neubeginn sah sie in der neu gewonnenen religiösen Freiheit, in der Rückkehr zu Gott und zur christlichen Gedankenwelt.[1286] Für sie waren Rache, Unversöhnlichkeit und Hass unvereinbar mit dem Auftrag des Evangeliums. Vielmehr berief sie sich auf eine der wichtigsten Grundaussagen des Christentums, das Gebot des Friedens, wie sie auch in der Benediktusregel gefordert ist.[1287]

Schulunterricht für die Gräfinnen Osy und Resi

Da seit April 1945 die öffentlichen Schulen geschlossen waren, bat die Fürstin darum, die Benediktinerinnen möchten sich der Schulbildung der beiden älteren Töchter des Hauses, Osy und Resi, annehmen. Bis die neuen Schulbücher fertig seien und der Schulbesuch wieder in geregelten Bahnen laufen würde, könne es ein Jahr dauern. Es sei angebracht, die unfreiwilligen Ferien sinnvoll zu nutzen. Damit der Unterrichtsstoff nicht völlig verloren ginge, solle das bisher Erlernte wiederholt und vertieft werden. Die Repetitionsstunden sollten täglich von 9 bis 11 Uhr stattfinden. Dazu sei Aufsicht und Anregung nötig.

[1283] ArKe: 031 Annalen 1945, Peter und Paul, 29.6.1945, 128.
[1284] Ebenda, 129f.
[1285] ArKe: 031 Annalen 1945, 20.7.1945, 149.
[1286] Ebenda: 29.6.1945, 130. Die Annalen beriefen sich auf einen Hirtenbrief von Konrad Gröber, Erzbischof von Freiburg, Der Hirtenbrief wurde am 29.6.1945 bei der Tischlesung in Kellenried verlesen.
[1287] Benediktusregel, Kap. 4, Welches die Instrumente der guten Werke sind, 23-26. Dies umfasst auch die Feindesliebe und fordert auf, erlittenes Unrecht geduldig zu ertragen.

Fürstin Monika fragte darüber hinaus an, ob die beiden Mädchen nach dem Weggang der Nonnen mit nach St. Erentraud dürften. Die Mädchen erwiesen sich lernbegierig und zeigten viel Eifer und Freude.[1288]

Den Unterricht erteilte hauptsächlich Frau Johanna Guntli mit zeitweiliger Unterstützung durch Frau Maura Riester als zweiter Lehrkraft. Unterrichtet wurden u.a. die Fächer Englisch, Physik, Geschichte und „Weltanschauung".[1289]

Gemäß des ungeschriebenen Grundsatzes, allen Wünschen und erbetenen Hilfeleistungen der fürstlichen Familie nach Möglichkeit zu entsprechen, fiel es den Schwestern sehr schwer, den Wunsch des Fürsten nach Philosophieunterricht für Erbgraf Georg abzulehnen. Es fühlte sich jedoch keine der Klosterfrauen für diese Aufgabe genügend ausgebildet und kompetent.[1290]

Theresia Gräfin Nostitz betont, ihre Schwester Osy und sie hätten bei Frau Johanna wieder das Lernen gelernt und die Fähigkeit, die eigene Zeit sinnvoll einzuteilen.[1291]

Abb. 37a: Gräfin Josefine (Osy)   Abb. 37b: Gräfin Theresia (Resi)

Im November 1945 brachte Fürstin Monika ihre beiden Töchter und deren Cousine Elisabeth Gräfin Waldburg-Zeil auf Schloss Rimpach[1292] nach Kellenried, wo die Mädchen im Status von „Oblatenschülerinnen" bis Ostern 1946 verblieben.[1293] Gern entsprach die Äbtissin dieser Bitte, denn die neue Aufgabe, die dem Konvent daraus erwuchs, habe ja „in monastischen Orden ihre ganz alte

---

[1288] ArKe: 031 Annalen 1945, 22.5.1945, 95f.
[1289] Ebenda: 13.8.1945, 198.
[1290] Ebenda.
[1291] Information Theresia Gräfin Nostitz an die Verfasserin, 17.9.2012.
[1292] Elisabeth Gräfin von Waldburg zu Zeil und Trauchburg, Schloss Rimpach (1925-2009).
[1293] Weitere Oblatenschülerinnen in Kellenried waren 1947 für mehrere Wochen Ferdinanda Prinzessin von Thurn und Taxis, Regensburg und Mechtilde von Lilien, Schloss Haus, Thalmassing- Neueglofsheim, Ldkr. Regensburg, s. ArKe: Antrag auf Einreisebewilligung aus der amerikanischen in die französische Zone Kloster Kellenried an Landratsamt Ravensburg, Kellenried, 22.7.1947. Ferdinanda von Thurn und Taxis war eine Verwandte von Fürstin Monika.

Tradition"[1294]. Auch in Kellenried wurden sie an den Vormittagen von Frau Johanna Guntli unterrichtet, vor allem in Latein. Frau Cäcilia Biber erteilte Biologie und Chemie und lehrte sie an den freien Nachmittagen Bäume und Büsche zu schneiden, was ihnen später sehr nützlich war. Für die Schwestern war es in didaktisch-methodischer Hinsicht nicht einfach, den Mädchen gerecht zu werden, da ihre eigene Schulzeit um Jahre zurücklag und anderen Lehrplänen obgelegen hatte.[1295]

Nachrichten, Kontakte, Besuche

Für die Schwestern in Zeil war der ständige Kontakt nach Kellenried von großer Bedeutung.[1296] Trotz der überaus komplizierten Verkehrsbedingungen kam es während der gesamten Sommermonate immer wieder zu gegenseitigen Besuchen. Auf abenteuerlichen Wegen, jede Fahrgelegenheit nutzend, teils mit dem nur schleppend wieder anlaufenden Bahnverkehr, aber auch in langen Fußmärschen versuchte man, die Zeit bis zur Rückkehr der Kommunität zu überbrücken. Frau Subpriorin Magdalena Grossek, welche in Vertretung der Äbtissin immer noch die Verantwortung für die Gemeinschaft in Zeil trug, verirrte sich bei einer der Fußtouren auf dem Rückweg von Kellenried im Wolfegger Wald. Sie gelangte erst nach vielen Umwegen spätabends nach Bärenweiler und erreichte von dort aus erst am nächsten Tag ihren Zielort Zeil. Unterwegs traf sie auch irgendwann auf Prof. Guardini, den sie schon vom Quickborn her kannte. Ihren Irrweg konnte er nicht verhindern.[1297] Anhand dieser Odyssee wird deutlich, welchen Strapazen und auch Gefahren die Schwestern bei den Überlandfahrten ausgesetzt waren.

Da Post und Telefon auf längere Zeit noch nicht wieder funktionierten, war man auf Boten angewiesen, die mit Genehmigung der Militärregierungen reisen durften und auf diese Weise Nachrichten von einem Ort zum anderen übermitteln konnten. „Es geht ja noch immer keine Post und alle Briefe müssen auf ‚Güte' befördert werden"[1298].

So erfuhren Äbtissin Scholastica und Frau Pudentiana von Kathrein erstmals etwas über das Schicksal ihrer Angehörigen in Innsbruck.[1299]

Auf ähnlichen Wegen erhielten die Nonnen auch Nachricht aus Beuron über die glückliche Heimkehr der meisten Mitschwestern aus St. Gabriel, die Ende August wieder in Bertholdstein eingetroffen waren. Auch Abt Benedict Reetz und Abtpräses Raphael Molitor befanden sich wieder in ihren Abteien Seckau und

---

[1294] ArKe: 032 Chronik Christkönigsfest 1945 – Christkönigsfest 1946, 1.
[1295] Information Theresia Gräfin Nostitz an die Verfasserin, 17.9.2012.
[1296] Die regelmäßigen Nachrichten aus Kellenried nach Zeil wurden bis Kriegsende von Frau Laurentia Laurentius verfasst – die gesamten 4 ½ Jahre hindurch, s. ArKe: 031 Annalen 1945, Rückblick, 300.
[1297] Ebenda: 19.9.1945 und 28.9.1945, 297f. und 324.
[1298] Ebenda: 7.7.1945, 135.
[1299] Die Nachrichten überbrachte der junge Franz Josef Graf von Waldburg-Zeil-Lustenau-Hohenems, Schloss Syrgenstein, geb. 1927, ein Neffe Fürst Erichs, s. ArKe: 031 Annalen 1945, 14.8.1945, 205.

Gerleve.[1300] Fürstin Monika berichtete der Kommunität in Zeil über die gelungene Flucht ihrer Eltern aus Haid im Egerland. Die Gruppe, bestehend aus 30 Personen, darunter 14 Kinder, das jüngste acht Tage alt, gelangte mit amerikanischer Hilfe aus einem Flüchtlingslager wohlbehalten in den Westen. Auch Nachrichten von Pfarrer Melchior Grossek und Verwandten anderer Schwestern gelangten über verschiedene verschlungene Pfade nach Zeil.[1301]

Schwere Wochen in Kellenried – Beschlagnahmungsabsicht der französischen Militärregierung

In Kellenried erwartete man mit großer Ungeduld den Abzug der Slowenen. Frau Cäcilia Biber kommentierte die wiederholten Fehlalarme mit den Worten: „Wenn wir nur immer wieder etwas hören, negativ oder positiv, ist egal (…) so freuen wir uns schon auf die nächste Nachricht"[1302].
Äbtissin Scholastica hatte sich bereits Anfang Juli persönlich zum Landratsamt in Ravensburg begeben wegen der Instandsetzung des Klostergebäudes und der Wiedergutmachung der entstandenen Schäden am Hause sowie der dringend erforderlichen Entwesung.[1303] Sie wurde dort entgegenkommend empfangen. Viel Hilfe war jedoch nicht zu erwarten, da die Hände der gerade im Aufbau befindlichen Verwaltung gebunden waren. Sie unterstand der strikten Kontrolle durch die französische Militärverwaltung.[1304] Es gab keine Fördermittel, so dass alles Material, Einsatz der Handwerker usw. seitens des Klosters selbst erkämpft und beschafft werden mussten.[1305]
Ungemach drohte auch von der französischen Militärverwaltung, welche sich im ganzen Landkreis Ravensburg nach geeigneten Räumlichkeiten für ihre Zwecke umsah. Da kam ihnen das zur Räumung vorgesehene Slowenenlager im Kloster Kellenried gelegen. Auch an anderen Orten kam es zu Beschlagnahmungen noch intakter größerer und kleinerer Liegenschaften. Die französische Besatzungsmacht war von Anfang an bei der Bevölkerung nicht gut angesehen. Die Übergriffe in der allerersten Phase der Besetzung, die Einforderung von Reparationsleistungen, eine schlechte Ernährungslage und die harte Wirtschaftspolitik belasteten das Ansehen und das Durchsetzungsvermögen der Militärregierung und behinderten die Demokratisierungspolitik. Darüber hinaus wurde Frankreich nicht wie die übrigen Alliierten als gleichberechtigte Siegermacht akzeptiert,

---
[1300] ArKe: 031 Annalen 1945, 2.9.1945, 251ff.
[1301] Ebenda: 5.9.1945, 256ff.
[1302] Ebenda: 14.8.1945, 203.
[1303] Die Entwesung (Desinfektion) ist das Vernichten tierischer Schädlinge. Sie zielt auf die Beseitigung aller krankheitsübertragenden oder aus anderen Hygienegründen unerwünschten Lebewesen. Besonderes Augenmerk wird meist auf die Beseitigung von Insekten und Nagern, etwa Ratten, gerichtet. Während eine Desinfektion auf die Beseitigung von Mikroorganismen ausgerichtet ist, zielt eine Entwesung auf die Beseitigung von Organismen, die mit bloßem Auge erkannt werden können. Entwesungen werden professionell von Kammerjägern durchgeführt.
[1304] Henke: Politik der Widersprüche, 537.
[1305] ArKe: 031 Annalen 1945, 7.7.1945, 135.

und man warf vielen Mitarbeitern in der Besatzungsverwaltung vor, ihrer eigenen „Vichy"-Vergangenheit entfliehen zu wollen.[1306] Trotzdem gab es gute Ansätze der Vergangenheitsbewältigung und erste Schritte der Annäherung nach jahrelanger Propagierung der Erbfeind-Ideologie. So besaß Abt Conrad Winter hervorragende Beziehungen zu den Franzosen. Er verwendete sich in Stuttgart beim französischen Militärkommandanten für Württemberg, General Schwartz[1307], für Kellenried, „damit das Kloster nach dem Abzug der Slowenen nicht von den Franzosen besetzt werde"[1308]. Diesem Antrag wurde am 9. August 1945 durch die zuständige Militärbehörde in Ravensburg stattgegeben.[1309]

Besuch von Prinz René von Bourbon-Parma

Am 18. Juni 1945 meldete sich ein unerwarteter Besucher an der Klosterpforte und wünschte Äbtissin Riccabona persönlich zu sprechen. Es handelte sich um Prinz René von Bourbon-Parma[1310], ein jüngerer Bruder der Mère Bénedicte de Bourbon von Solesmes[1311] und der ehemaligen Kaiserin Zita von Österreich-Ungarn[1312]. Die Bekanntschaft der Mère Bénedicte mit Äbtissin Scholastica von Riccabona resultierte aus dem gemeinsamen Besuch des Salesianerinnen-Lyzeums in Zangberg/Oberbayern[1313]. Die Kinder aus dem Hause Bourbon-Parma waren mehrsprachig aufgewachsen und beherrschten auch die deutsche Sprache in Wort und Schrift. Der briefliche Kontakt zwischen den beiden Benediktinerinnen war nie abgerissen und erfuhr nur während der deutschen Besetzung eine Unterbrechung. Prinz René, der in Sigmaringen stationiert war, brach-

---

[1306] Henke: Politik der Widersprüche, 505-507.
[1307] Jacques Schwartz (1889-1960), französischer General, 1945 Divisionsgeneral und Gouverneur der französischen Besatzungszone in Baden, 1947-1948 Leiter des Militärkabinetts des französischen Premierministers, danach im Ruhestand. Angaben nach Mertens: Klostersturm, 350, Anm. 79.
[1308] ArKe: 031 Annalen 1945, 7.7.1945, 135.
[1309] ArKe: 025-2, Fasc.1, Nr. 66, Freigabe des Klostergebäudes durch die französische Militärbehörde, Première Armée Française, Gouvernement Militaire, Détachement de Ravensburg, 9.8.1945.
[1310] René Prinz von Bourbon-Parma (1894-1962), jüngerer Bruder der Kaiserin Zita, Ausbildung an der Militärakademie Wien, Rittmeister in der österreichischen Armee, während des Ersten Weltkrieges ausgezeichnet mit dem Eisernen Kreuz, lebte anschließend in Frankreich und diente in der französischen Armee. Er schloss sich 1940 den finnischen Streitkräften an, Flucht in die USA, 1944 Rückkehr, Rittmeister in der französischen Befreiungsarmee, 1945/46 stationiert in Sigmaringen und Baden-Baden.
[1311] Adelaide Prinzessin von Bourbon-Parma (1885-1959), als Mère prieure Marie-Bénédicte OSB Priorin in St. Sainte-Cécile, Solesmes, Profess 1908, Schwester der Kaiserin Zita von Österreich-Ungarn (1892-1989). Auch zwei weitere Geschwister waren Benediktinerinnen in Ste. Cécile. L'Abbaye Sainte-Cécile de Solesmes, Maria Antonia (Mère Maria Antonia) Prinzessin von Bourbon-Parma (1895-1937) und Francesca (Mère Scholastica) Prinzessin von Bourbon-Parma (1890-1978).
[1312] Zita von Bourbon-Parma (1892-1989), 1916-1918 letzte Kaiserin von Österreich, als Ehefrau Karls I./IV. von Österreich, bis 1921 Königin von Ungarn. Im Klosterarchiv befinden sich auch Korrespondenzen der ehemaligen Kaiserin mit Äbtissin Scholastica und Frau Johanna Guntli.
[1313] Kloster Zangberg/Obb., Salesianerinnen (Schwestern der Heimsuchung Mariä), s. http://www.kloster-zangberg.de, aufgesucht am 3.4.2105.

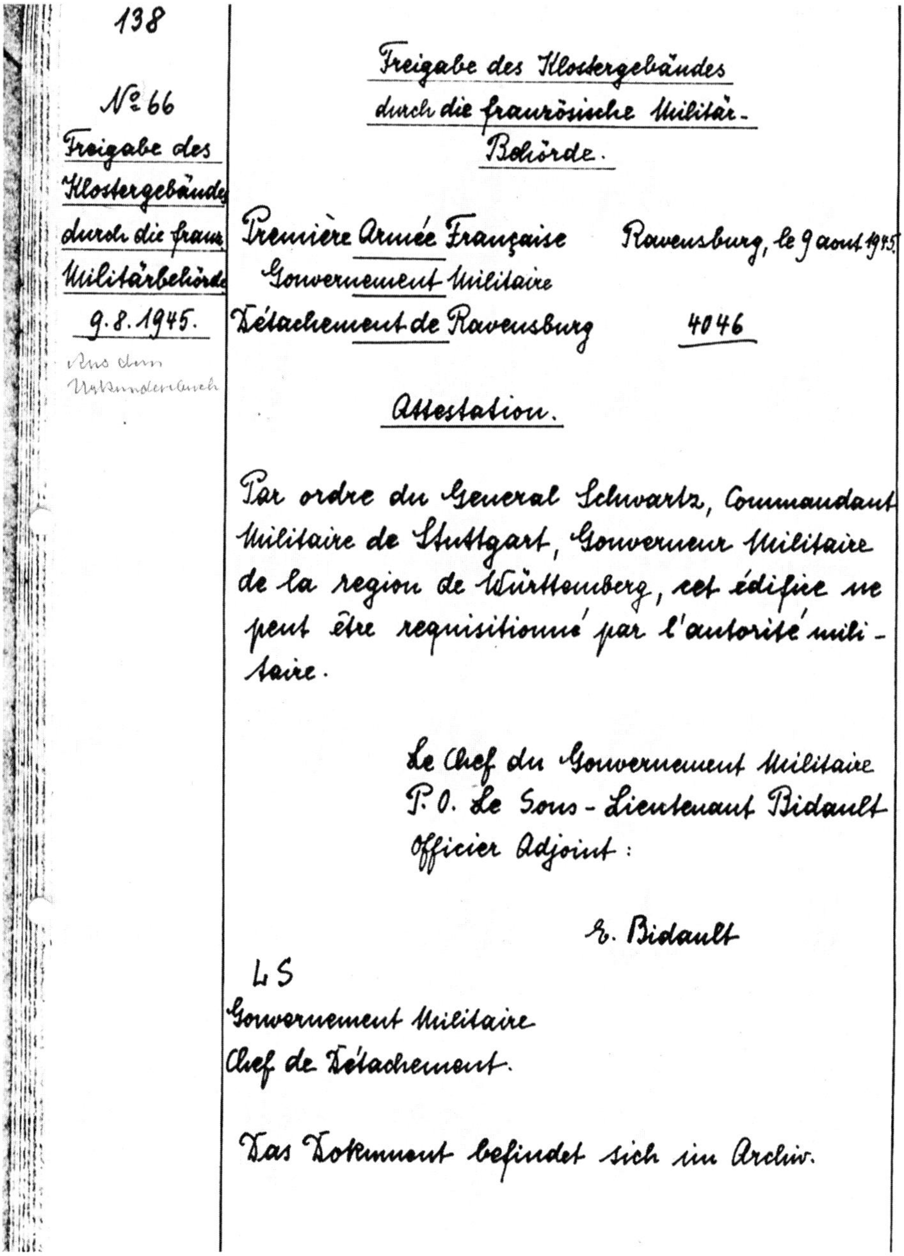

138

N° 66
Freigabe des
Klostergebäude
durch die franz.
Militärbehörde
9.8.1945.

Aus dem
Urkundenbuch

Freigabe des Klostergebäudes
durch die französische Militär-
Behörde.

Première Armée Française   Ravensburg, le 9 aout 1945
Gouvernement Militaire
Détachement de Ravensburg   4046

Attestation.

Par ordre du General Schwartz, Commandant
Militaire de Stuttgart, Gouverneur Militaire
de la region de Württemberg, cet édifice ne
peut être requisitionné par l'autorité militaire.

Le Chef du Gouvernement Militaire
P.O. Le Sous-Lieutenant Bidault
Officier Adjoint :

E. Bidault

L S
Gouvernement Militaire
Chef de Détachement.

Das Dokument befindet sich im Archiv.

Abb. 38: Freigabe des Klosters durch die französische Militärbehörde

te einen Brief seiner Schwester mit.[1314] Diese hatte seit 1941 nichts mehr von Kellenried gehört und war in großer Sorge um das Schicksal der Mitschwestern während der Verbannung. Sie berichtete über die schwere Zeit der vierjährigen deutschen Besatzung in Solesmes. Da Äbtissin Scholastica in Zeil weilte, versprach Prinz René, in einigen Tagen erneut nach Kellenried zu kommen. Nach Schloß Zeil konnte er nicht anreisen, da seine militärische Dienstreise diesen Umweg nicht gestattete.[1315]

Obwohl Äbtissin Scholastica zum gewünschten Termin wieder in Kellenried war, kam es nicht zur persönlichen Begegnung, da der Prinz nach Baden-Baden versetzt worden war.[1316] Im Klosterarchiv befindet sich jedoch eine nachfolgende Korrespondenz zwischen der Äbtissin und dem Prinzen. Aus dieser geht hervor, dass Bourbon-Parma dem Kloster seine persönliche Hilfe anbot, „(…) und wie gesagt bin ich immer zur Ihrer Verfügung, was immer Sie brauchen und rechne darauf"[1317].

Äbtissin Scholastica bat um Hilfe für Verwandte einiger Schwestern, die sich in amerikanischer oder französischer Kriegsgefangenschaft befanden. Dies scheint in Bezug auf die Entlassung des Bruders der Chorfrau Cäcilia Biber gelungen zu sein. Eine weitere Bitte richtete sich auf die vorzeitige Freigabe des Klösterle in Ravensburg zur Wiederaufnahme des Schulbetriebs. Die Alliierten hatten häufig für ihre eigenen Zwecke (Lazarette, Internierungslager, Dienststellen, Lager für DP's) solche Räumlichkeiten beschlagnahmt, die vorher von den Nationalsozialisten beansprucht worden waren.[1318]

Da das große Elisabethenkrankenhaus von der französischen Besatzung belegt war, hatte man in den Räumlichkeiten des Klösterle ein provisorisches Krankenhaus eingerichtet, obwohl das Haus dafür nicht geeignet war. „Es ließe sich bei gutem Willen aber sicher einen Weg finden, das Haus der Schulschwestern wieder für den alten Zweck frei zu bekommen, wenn eine einflussreiche Persönlichkeit sich dafür einsetzen würde"[1319].

Prinz René übergab die Bitten über seinen vorgesetzten General Montsanbert[1320] an den Generalbevollmächtigten für Ravensburg, Tettnang und Wangen, Militärgouverneur Oberst Moulin[1321]. Wie Prinz René der Äbtissin mitteilte, war er

---

[1314] ArKe: Briefe Adelsfamilien 1924-(...): Brief Mère Benedicte von Bourbon-Parma an Äbtissin Scholastica von Riccabona, Solesmes, 8.6.1945, 3 S.
[1315] Prinz René brachte auch Abt Benedikt Reetz in einem französischen Militärfahrzeug von Beuron nach Seckau zurück, s. ArKe: 031 Annalen 1945, 2.9.1945.
[1316] Ebenda: 18.6.1945, 124-126.
[1317] ArKe: Briefe Adelsfamilien 1924-(..), Fasc. Prinz René de Bourbon, Brief Prinz René an Äbtissin Riccabona, Baden-Baden, 3.2.1946.
[1318] Dies traf u.a. auch auf Liebenau, Blönried, Rottenmünster und Weingarten zu, s. Mertens: Klostersturm, 349.
[1319] ArKe: Briefe Adelsfamilien 1924-(..), Fasc. Prinz René de Bourbon, Brief Äbtissin Riccabona an Prinz René, St. Erentraud, 15.2.1946.
[1320] Joseph Jean de Goislard de Monsabert (1887-1981), französischer General, Kommandeur der französischen Besatzungstruppen in Deutschland von Juli 1945 bis September 1946.
[1321] Personenangaben nach ArKe: 025-2 Fasc. 2, Notizbuch Äbtissin, 58. Möglicherweise handelte es sich um Pierre Boyer de Latour du Moulin (1896-1976), der 1947-1949 als Brigadegeneral in Indochina eingesetzt wurde. Weitere Angaben nicht zu ermitteln.

davon überzeugt, dass Moulin, dem er freundschaftlich verbunden war, alles daran setzen würde, um dem Anliegen zu entsprechen.[1322]
Moulin bekleidete 1946-1947 das Amt des Gouverneurs im Landkreis Ravensburg und genoss dort hohes Ansehen, vor allem im Hinblick auf sein Verständnis und sein Gerechtigkeitsempfinden gegenüber der deutschen Bevölkerung und seinen Bemühungen, die wirtschaftlichen Verhältnisse zu verbessern.[1323]
In einem weiteren Bericht heißt es über ihn, er sei der Typ eines korrekten höheren Offiziers, „der zu keiner der vielen Denunziationen Stellung nahm, ohne sich zuvor von der Wahrheit zu überzeugen"[1324].
Der handschriftliche Eintrag der Äbtissin unter dem Antwortbrief Prinz Renés lässt darauf schließen, dass Moulin dem Anliegen nachgekommen war: „Kurzen Dank! 5.III. [1946]. EK [Elisabethenkrankenhaus] soll frei werden, Moment günstig für Klösterle-Schulschwestern. Oberst Moulin empfehlen. 8.III. [1946]" (S. Abb. nächste Seite)[1325].

Abzug der Slowenen

Trotz der schriftlich dokumentierten Freigabe des Klosters schwebte Ende August 1945 noch einmal das Damoklesschwert der Beschlagnahmung durch die französischen Besatzungsbehörden über dem Hause, und zwar für Ausländer, die noch in Baracken wohnten. Nach Vorsprachen bei den Kommandanturen in Berg und Ravensburg, unter Vorlage des Freigabebescheids, gelang es Abt Winter erneut, die Beschlagnahmung zugunsten der Rückkehr der Benediktinerinnen abzuwenden. Er gab dabei sogar Kellenried den Vorrang gegenüber seinem eigenen Kloster Weingarten.[1326]
Nunmehr wurde die Abreise der Slowenen auf den 29. August festgesetzt. Im Lager ging es ab sofort lebhaft zu mit Einpacken, Abschiednehmen, Verkauf und Eintausch eigener Sachen. Die slowenischen Frauen brachten immer wieder

---

[1322] ArKe: Briefe Adelsfamilien 1924-(...), Fasc. Prinz René de Bourbon, Brief Prinz René an Äbtissin Riccabona, Baden-Baden, 26.2.1946.
[1323] KARV-B.2.RV-Bd. 446 (48f): Archivsignatur der Rede von Landrats-Amtsverweser Heckmann vor dem Kreistag am 10. Mai 1947, B.2.RV = Bestand Landratsamt Ravensburg 1938-1972, Bd. 446 = Kreistagsprotokoll 1946-1953. Begrüßung von Landrats-Amtsverweser Regierungsrat Heckmann vor dem Kreistag (Passage über Gewerbe und Handel) am 10.5 1947.
[1324] Paul Weh: Der Landkreis Ravensburg und seine Beziehungen zu Frankreich, Ravensburg 1965, 44.
[1325] ArKe: Briefe Adelsfamilien 1924-(..), Fasc. Prinz René de Bourbon, Brief Prinz René an Äbtissin Riccabona, Baden-Baden, 26.2.1946.
[1326] ArKe: 031 Annalen 1945, 27.8.1945, 229f. Die Genehmigung zur Aufnahme des Schulbetriebs wurde grundsätzlich am 27.10.1947 ausgesprochen, der Krankenhausbetrieb im Klösterle jedoch erst 1949 aufgelöst, s. ArV.U.L.Fr: Chronik Arme Schulschwestern V.U.L.Fr., Filiale Ravensburg, 1.1.1949.

Commandement Supérieur
des
Troupes d'Occupation

PATRIÆ
IMPENDERE
VITAM

Baden-Baden 26/11 46
S.P. 70008
B.P.M. 507

Hochwürdige Frau Äbtissin

Sende Ihnen mit der selben Post die Drucksachen die mir meine Schwester aus Solesmes sandte (es kam aber von Brügge Belgien) hoffentlich kommt es gut an.

Mit ersuchtsvollen Grüssen
René de Bourbon

P.S.
Fast vergass ich darauf. Mein General hat den Gouverneur Militair Oberst Moulin beauftragt sich mit Ihnen in Verbindung zu setzen wegen den verschiedenen Bitten die Sie hatten – und die Sie mir schrieben und ich bin überzeugt dass Oberst Moulin alles tun wird erstens ist er alter Freund von mir

Abb. 39: Brief Prinz René von Bourbon-Parma an Äbtissin Scholastica

Lebensmittel ins Marschallhaus: Butter, Brot, Konserven etc. und baten um Milch für die Kinder auf der Reise. Bis in die Nacht hinein wurde gepackt. Auf dem Klosterhof standen Mengen von Gepäck, und es herrschte großer Lärm. Die Slowenen tanzten und sangen vor Freude. „Als die Mitschwestern aus der Kirche kamen, bot sich ihnen auf dem Klosterplatz ein richtiges Gewoge, ein Hin und Her, ein farbenprächtiges lebendiges Bild"[1327].

Manche der Slowenen waren aber auch besorgt, ob sie in der Heimat noch ihre Häuser vorfänden und was die Zukunft wohl bringen würde. Frau Cäcilia, die bei den Slowenen sehr beliebt war, musste immer wieder tröstend auf sie einwirken. Die Schwestern ihrerseits gaben neben Reiseproviant auch Kleidungsstücke und andere nützliche Dinge mit auf den Weg. So erhielt ein „armes altes Weiblein Mädi"[1328], vor der Abreise noch ein Hemd, eine Nachtjacke und eine Reisetasche. Ivan Fakin, der die ganzen Jahre als Dolmetscher gewirkt hatte, kam mit allen Kindern ins Marschallhaus, um sich in rührender Weise zu verabschieden. „Schwestern so gut wie hier nirgends"[1329]. Die abziehenden Slowenen beglückwünschten die Nonnen, dass sie ihr Kloster wieder in Besitz nehmen dürften und bedauerten, dass in den vier ‚Lagerjahren' so viel beschädigt und verdorben worden war.

Vor der Abreise war der Beichtstuhl von P. Martin Schnell nochmals stark frequentiert. Die Abschieds-Segensandacht in der Kirche musste wegen des großen Durcheinanders der Reisevorbereitungen jedoch ausfallen. Mit Lastwagen und Schleppern wurden die vielen Menschen gegen Mittag zum Bahnhof gefahren. Beim Aufladen des Gepäcks und bei den Fahrten zur Bahn hatten auch die Nachbarn mit ihren Fuhrwerken geholfen. Auch ihnen war daran gelegen, dass das Kloster wieder frei wurde. Die Schwestern hatten einen Wachdienst eingerichtet, um zu verhindern, dass auch Eigentum des Klosters davon getragen werde. Die Freigabe musste beim „Commandant des Armes" in Ravensburg gemeldet werden, unter Vorlage des Attestes vom 9.8.1945.

Der Rücktransport der Slowenen wurde zentral von der Nothilfe- und Wiederaufbauverwaltung der Vereinten Nationen (UNRRA)[1330] organisiert.[1331] Der Neubeginn in Slowenien gestaltete sich schwierig, da dort die meisten Dörfer zerstört und ausgeplündert waren. Staatliche Hilfe für den Wiederaufbau und Entschädigungen für die Zeit der Deportation seitens der Bundesrepublik Deutschland unterblieben bis heute.[1332]

Zeitzeugin Majda Bajc berichtet, ihre Familie sei am 2. September 1945 in ihrem Heimatort Krško angekommen. Dort fanden sie ihr Haus zerstört, und das ganze Dorf habe nur noch aus Ruinen bestanden. Rückblickend bemerkt sie: „Ja

---

[1327] Ebenda: 29.9.1945, 233.
[1328] Der korrekte Name ist nicht zu ermitteln.
[1329] ArKe: 031 Annalen 1945, 031 Annalen 1945, 29.8.1945, 232.
[1330] UNRA = United Nations Relief and Rehabilitation Administration, Hauptaufgabe der UNRRA war die Unterstützung der Militäradministration bei der Repatriierung der sogenannten Displaced Persons (DP).
[1331] Transportlisten der Lager in Württemberg, in: Grasmannsdorf: Umsiedlungslager, 106f.
[1332] Grasmannsdorf: Umsiedlungslager, 108; Jochem: Slowenien wird deutsch, 3.

veliko mislim na tisti cas, ko so mi bila vzeta najlepsa otroska leta in unicena moja mladost! Lep pozdrav!"[1333]

Exkurs: Wiedersehen nach 60 Jahren – Nachtrag zu den Slowenen in Kellenried

Im Jahre 2005 gründete die Logistik-Firma Grieshaber Weingarten in Slowenien eine neue Filiale, und zwar am Standort Krško, unmittelbar an der Autobahn von Villach/Österreich nach Zagreb/ Kroatien, etwa 100 km südöstlich von der Landeshauptstadt Ljubljana[1334] entfernt und 200 km vom Adriahafen Koper[1335]. Von Krško aus sind es etwa 50 km bis zur Grenze nach Kroatien. Der Standort Slowenien bot sich insbesondere durch die gut ausgebauten Hafenanlagen an mit einem exzellenten Zugang zu den Transportwegen zum Mittelmeer, dem Suezkanal, nach Fernost und Afrika.

Die Suche nach einem geeigneten Grundstück wurde über den Bürgermeister von Krško vermittelt. Eine am Verkauf ihres Grundstücks interessierte Einwohnerin, Frau Majda Bajc geb. Kerin, trat als Sprecherin für drei weitere Grundstückseigentümer in die Verhandlungen ein. Kurz vor dem Verhandlungsabschluss, der in slowenischer Sprache mit Dolmetscher geführt wurde, offenbarte Frau Bajc, sie sei der deutschen Sprache mächtig. Ihre Sprachkenntnisse habe sie als Kind während des Zweiten Weltkrieges im „Lager Kellenried" erworben. Ein Verhandlungsnehmer der Firma Grieshaber, Geschäftsführer Roland Futterer, war mehr als überrascht und berichtete, er habe von seinem Bürofenster in Weingarten täglich die Türme der Klosterkirche vor Augen. Frau Bajc war es nicht mehr bewusst, wie nahe Kellenried und Weingarten geografisch beieinander liegen.

Auf persönliche Einladung des Firmenchefs Heinrich Grieshaber kam Majda Bajc im September 2006 mit ihrer Schwester Zofia[1336], Sohn und Schwiegertochter erstmals seit 1945 wieder nach Oberschwaben. Sie besuchten verschiedene Erinnerungsorte, vor allem Kloster Kellenried, das Elisabethenkrankenhaus in Ravensburg, wo zwei ihrer jüngeren Geschwister während des Aufenthaltes in Kellenried geboren worden waren, sowie die Adelmühle. Von hier aus wurden auch Kontakte nach Hartobel bei Horgenzell geknüpft, wo Majda Kerin mit der Tochter des dortigen Bauern befreundet war. Die Kinder besuchten gemeinsam die Schule in Zogenweiler.

[1333] „Ich denke sehr viel an die Zeit im Lager. Meine schönsten Kinderjahre sind mir genommen worden, und meine Jugend war dadurch vernichtet. Schöne Grüße". Interview Majda Bajc mit der Verfasserin im Dezember 2012.
[1334] Ljubljana (deutsch Laibach), Hauptstadt von Slowenien.
[1335] Koper, einzige Seehafenstadt Sloweniens, südlich der italienischen Hafenstadt Triest.
[1336] Zofia Cerovešek geb. Kerin, geb. 14.4.1942 in Ravensburg, s. GArB: Akte Slowenen Kellenried, Bü 379, Liste über sämtliche Lagerinsassen im Jugoslaven-Lager Kellenried, August 1945, Nr. 85, 6.

Jozica Bajc, die Schwiegertochter von Majda Bajc, arbeitet seit 2006 in der slowenischen Filiale der Firma Grieshaber in Krško.[1337]

Abb. 40: Majda Bajc, 2015

[1337] Zusammenfassung eines Gesprächs der Verfasserin mit Roland Futterer, Weingarten, 16.11.2012. Auch in anderen, zum Lager umfunktionierten Klöstern bestanden jahrelange Kontakte zu ehemaligen slowenischen Insassen, desgleichen an verschiedenen ehemaligen Arbeitsstellen, s. Grasmannsdorf: Umsiedlungslager, 108; Fa. Nußbaumer Aulendorf, in: Erwin Glonnegger: Aulendorf im Wandel der Zeit, Aulendorf 1999, 64.

18. Aufbruch und Neubeginn

Großes Aufräumen und Instandsetzen – in Kellenried wird Ungeheures geleistet

Nachdem die Slowenen das Haus verlassen hatten, segnete P. Martin sogleich die Räume aus. „Um alle bösen Mächte fernzuhalten, betete er im Kreuzgang einen Exorzismus"[1338]. Die Schwestern entfernten das Schild „Sammellager Kellenried für Slowenen" und brachten an der Klaustür die Inschrift an: „Abbaye Benedictine St. Erentrudis".[1339] Bei der Schriftlesung im Refektorium wählten sie das Danklied Davids „Dem Herrn lobsinget"[1340].
Besenrein und in bestem Zustand war das Haus am 1. November 1940 der VoMi übergeben worden, jetzt bot sich ein Anblick der Verwüstung: „Unbeschreiblicher Schmutz überall – vieles verdorben etc. dazu das Ungeziefer – Flöhe und Wanzen, von denen es nur so wimmelte. Sehr viele Böden mussten in der Folgezeit herausgerissen, vieles repariert, die allermeisten Wände abgewaschen und neu gestrichen werden etc."[1341].
Vor diesem Gräuel „unvergesslichen Angedenkens"[1342] stand Äbtissin Scholastica mit einigen Mitschwestern erstmals am Nachmittag des 29. August 1945. Bis zum Wiedereinzug des Konvents war ein vielfacher Großeinsatz erforderlich, um das Haus einigermaßen bezugsfertig zu machen. Mit unerschütterlichem Optimismus und großer Zuversicht, dass das Werk gelingen möge, ließ sich die Äbtissin nicht entmutigen und veranlasste sogleich die ersten Schritte.
Ein ungeheures Arbeitspensum eröffnete sich: Handwerker und Hilfskräfte mussten gewonnen, kleine Arbeitstrupps eingeteilt und ein Plan für das weitere Vorgehen aufgestellt werden. Hauptverantwortliche war Frau Christina Knäpple, die bereits in den letzten Augusttagen ihr Tätigkeitsfeld von Zeil nach Kellenried verlegt hatte. „Was Frau Christina und ihre Gehilfinnen leisten, ist unbeschreiblich", hob die Chronistin lobend hervor.[1343]
Als wichtigste Maßnahme erwies sich die Entwesung, welche sich jedoch zunächst verzögerte, da die Franzosen den dafür zuständigen Fachmann selbst benötigten. Dieser erschien erst zwei Wochen nach dem Abzug der Slowenen. Er

---

[1338] ArKe: 031 Annalen 1945, 29.8.1945, 234.
[1339] Ebenda: 28. und 29.8.1945, 229-234; ArKe: 025-2, Fasc. 2, Bericht Sr. Ancilla, Monika, Thekla, Maura über die Exilszeit.
[1340] Danklied Davids: Dem Herrn lobsinget, denn er ist gut. Und seine Huld währt in Ewigkeit, 1 Chr. 16,7; ArKe: 032 Chronik 1940-1945, 10.
[1341] ArKe: 031 Annalen 1945, 29.8.1945, 235.
[1342] Ebenda.
[1343] Ebenda: 1.9.1945, 249.

Aufbruch und Neubeginn

leistete gründliche Arbeit, die von allen Beteiligten als große Wohltat empfunden wurde. Die Maßnahme war mit dem Gesundheitsamt abzustimmen.[1344]
Bei den gewaltigen Aufräumarbeiten mussten der Abtransport der Lagerbetten organisiert, leere Büchsen in großer Menge ins Ries gefahren und wagenweise Holz, Schachteln, Strohsäcke etc. auf den Acker zum Verbrennen befördert werden. „Es gibt ein riesiges Freudenfeuer", heißt es im Kommentar der Annalistin.[1345] Noch brauchbare Säcke, Putzlumpen, Kisten etc. wurden wegen des Ungeziefers ausgekocht, Wasch- und Backküche gründlich geputzt. Eine besondere Herausforderung bildete die Säuberung der Toiletten, die einige Tage in Anspruch nahm. Bei der Entfernung der Holzbekleidungen in den Zellen zeigten sich erschreckende Wanzenprozessionen, „zahllos die Flöhe, die ausgehungert seit dem Wegzug der Slowenen sich in Massen auf die Besucher, besonders aber auf die lieben Mitschwestern, die dort arbeiten, stürzen"[1346].
Als außerklösterliche Mitarbeiter kamen zur Putzaktion viele bereitwillige Nachbarinnen und Nachbarn. Auch die handwerklichen Hilfen aus dem Umfeld der Gemeinde Berg waren höchst willkommen. Ein Handwerker nach dem anderen erschien zu Besprechungen. „Alle sind sehr entgegenkommend und versprechen das Möglichste zu tun, um unserem geschädigten Haus wieder aufzuhelfen"[1347]. Dabei wurden Fachkräfte aus dem gesamten Baugewerbe benötigt.[1348]
Für alle Materialien (Elektroartikel, Gips, Farben, Zement), auch für die einzusetzenden Facharbeiter, bedurfte es der Genehmigung der Gemeinde Berg. Dank des Entgegenkommens der Geschäfte war die Beschaffung meist erfolgreich, obgleich in den Nachkriegsmonaten viele Waren selten oder gar nicht zu bekommen waren.
Persönliche Vorsprachen und die entsprechenden Anträge erforderten viel Kraft und Zeit. „Aber es heißt immer wieder Geduld, Geduld, z.B. ist ein Handwerker endlich da, fehlt es an Material oder das Material ist wohl da, aber der Handwerker bleibt aus"[1349]. Für die Sicherheit in der Nacht erbat Äbtissin Scholastica beim Landratsamt Ravensburg neue Schlüssel und bewaffneten Polizeischutz, da sich ständig fremde Menschen in der Nähe des Klosters aufhielten und man mit Dieben und Einbrechern rechnen musste.[1350]

[1344] Ebenda: 9.7.1945, 176. Das Material musste in Friedrichshafen abgeholt werden, mit Angabe des Kubikinhalts des Klosters.
[1345] ArKe: 031 Annalen 1945, 30.8.1945, 247.
[1346] Ebenda: 10.9.1945, 269. „Die Flohplage war beträchtlich – in der ersten Zeit konnte man mit 50 Flöhen rechnen, die sich bei den Arbeitenden eingeschmuggelt hatten." Ebenda: Rückblick, 300.
[1347] Ebenda: 7.9.1945, 261.
[1348] Besonders engagiert waren Wagnermeister Josef Kordeuter und dessen Bruder aus Basenberg sowie Zimmermeister Hermann Briemle mit Gesellen aus Weiler, welche dem Kloster schon vor dem Exil verbunden waren und nach dem Wiedereinzug über Jahre treue Dienste leisteten. Als Handwerker werden weiter genannt: Maurer Lehn, Schlossermeister Feine, die Malermeister Hund, Geiß und Waibel, Plattenleger Müller, Elektriker Eberhard, Gipsermeister Dresselli, Flaschner Burk und Herr Koch, Vater der ehemaligen Sr. Irmgard. P. Lukas von Beuron kam mehrfach und widmete sich den Türklinken und Schlössern, s. ArKe: 031 Annalen 1945, 274, 283, 336.
[1349] ArKe: 031 Annalen 1945, 14.9.1945, 280.
[1350] Ebenda: 30.8.1945, 248; KARV – B.2 RV, Az 192, Bü E 2733, Inanspruchnahme von Gebäuden und Anstalten, Nr. 43, Antrag Äbtissin Riccabona, Kellenried, 1.9.1945, Nr. 44 und 45, Antwort Land-

Neben der Herrichtung des Klostergebäudes wurde auch im Marschallhaus unermüdlich weiter geschafft, die alltäglichen Ökonomie- und Hausarbeiten erledigt, Obst- und Gemüseernte bewältigt, eingekocht und konserviert, Torf im Keller gelagert.[1351]
Nach der Großeinigung wurde als erstes die Abtei bezugsfertig und sogleich mit den übrigen aufnahmebereiten Räumen bewohnt, da immer noch die Angst vor einer Belegung durch die französische Besatzung vorherrschte.[1352] Mit zunehmender Instandsetzung kamen auch alle sakralen Gegenstände, Bücher, Bilder, Hausrat und Möbel von den Nachbarhöfen zurück, die dort fünf Jahre treu gehütet worden waren. Sr. Veronika Stoffel, einstmalige Lagerköchin, zog wieder ins Kloster hinauf und war in derselben Küche tätig, die nun wieder zur Klosterküche geworden war.[1353] Die Schwestern verbrachten nach der Bewältigung des größten Arbeitsanfalls einen ersten stillen Sonntag in ihrer eigenen Behausung, „kein Lärm im Exlager und bei der Sonntagsmesse"[1354]. Nach fünfjährigem Warten und Hoffen, oft auch wider alle Hoffnung, war der Grundstein für einen Neubeginn gelegt.

Abschied von Zeil und von den übrigen Zellen

Nach zwei Monaten größter Anstrengung war der Moment gekommen, wo man an den Wiedereinzug denken durfte. Äbtissin Riccabona legte den Termin, im Einvernehmen mit Abt Conrad Winter, auf das Christkönigsfest, den 28. Oktober 1945, fest. Die Kommunität in Zeil erfuhr am 30. August vom Abzug der Slowenen. Sofort wurden aus dem Kreise der Gemeinschaft Helferinnen nach Kellenried gesandt, um bei den Aufräumarbeiten mitzuwirken.
Fürst Erich und Fürstin Monika freuten sich über die Heimkehr der Schwestern, waren aber andererseits aufrichtig betrübt über die bevorstehende Trennung. Der Fürst sprach vom großen Einsatz der Klosterfrauen für Schloß Zeil und seine Bewohner. Er blickte dankbar auf die fünf Jahre des Miteinanders zurück, ohne dass auch nur ein Schatten von Missstimmung aufgekommen wäre. Am meisten aber ging ihm zu Herzen, dass im Schloss kein Kloster mehr sein würde und das Chorgebet in der Schlosskapelle verstumme.[1355]
Die Planung des Auszuges aus Zeil gestaltete sich wegen der mangelnden Transportmöglichkeiten äußerst problematisch. Wie sollten der mittlerweile große Haushalt, die Schusterei, das Heizmaterial und die Hühner nach Kellenried befördert werden? In Kißlegg lagerten noch etliche Kisten mit Gipsvorräten

---

rat, Genehmigung des Polizeischutzes und Bescheinigung zur Anschaffung neuer Schlösser, Ravensburg, 4.9.1945.
[1351] ArKe: 031 Annalen 1945,1.9.1945, 250.
[1352] ArKe: 025-2, Fasc. 2, Bericht Sr. Ancilla, Monika, Thekla, Maura, 6.
[1353] ArKe: 031 Annalen 1945, 3.10.1945, 339.
[1354] Ebenda: 2.9.1945, 250.
[1355] Ebenda: 4.9.1945, 242f.

und anderen Utensilien der Alabasterwerkstatt.[1356] Es waren kaum Lastwagen zu bekommen, daher erlitt die erste Freude über die bevorstehende Rückkehr manchen Dämpfer. Erfindungsreichtum in Verbindung mit Kauf- und Tauschgeschäften, wie sie in der unmittelbaren Nachkriegszeit unerlässlich waren, forderten nun auch die Klosterfrauen. Frau Laurentia Laurentius bemühte sich in Vertretung der erkrankten Cellerarin, Frau Agnes Trescher, bei den Ämtern in Ravensburg um Bewilligung von Treibstoff für den Zeiler Umzug. Über die Vermittlung von Caritasdirektor Baumgärtner sollte ein Fass Rohöl geliefert werden. Dafür wäre der Fürst bereit gewesen, seinen Traktor zu Verfügung zu stellen zum Transport des Hausrates nach Kellenried.[1357] Alle Versuche nach einem geeigneten Transportmittel liefen zunächst ins Leere. Zwar wurde am Bahnhof Unterzeil wieder Frachtgut angenommen. Etliche Frachtstücke, die mit dem Bestimmungsort Kellenried aufgegeben wurden, gingen jedoch durch Plünderung verloren.[1358] Die Transportprobleme gerieten zum endlosen Thema. So stellte Erbgraf Georg seine Chauffeurdienste in Aussicht, sobald er sein Fahrpatent erworben habe, eine gut gemeinte Überlegung mit wenig aussichtsreichem Erfolg.[1359]

In der Hoffnung, doch noch ein Fahrzeug zu finden, begann in Zeil ein unaufhörliches Packen. Die große Halle im Parterre, der Eingang unter dem Torbogen wurden zum Lager für den Hausrat. Schließlich konnte Mitte September ein Holzvergaser mit Anhänger aufgetrieben werden, welcher alles Gut aus der Halle, samt den Holzvorräten und den Hühnern nach Kellenried brachte.[1360] Weitere Fahrzeuge waren vorläufig nicht in Sicht, obwohl es Frau Scholastica Schwind gelungen war, in Ravensburg Rohöl aufzutreiben. So kam das Traktorangebot des Fürsten wieder ins Gespräch. Das große Packen in Zeil fand seine Fortsetzung, diesmal befanden sich auch die Schusterei und die Materialien und Geräte aus der ehemaligen Stickzelle unter den Gegenständen in der Halle. „Erinnerte unser Tun doch irgendwie an den Transport der Bundeslade, und ganz fromme Schwestern hörte man flüstern ‚Confitemini Domini quoniam bonus. Alleluja, alleluja'"[1361]. Als unerwartet wieder ein Holzvergaser-Lastwagen zur Verfügung stand, gelangten bis Anfang Oktober mehrere Fuhren nach Kellenried. Die schier unüberwindbaren Transportprobleme veranlassten Frau Magdalena, dem Vaterunser den Zusatz beizufügen „Unser tägliches Auto gib uns heute"[1362]. Durch einen glücklichen Zufall gelang es ihr, für die letzten großen Fuhren einen tatkräftigen Mitstreiter für das Umzugsanliegen zu gewinnen, einen gewissen Kunstmaler Tennis[1363], den die Zeitumstände in die Fahrbereitschaft Leut-

---

[1356] Ebenda: 8.10.1945, 353.
[1357] Ebenda: 10.9.1945, 270.
[1358] Ebenda: 10.9.1945, 299.
[1359] Ebenda: 14.9.1945, 286.
[1360] Ebenda: 17.9.1945, 288-291.
[1361] Ebenda: 26.9.1945, 318f. Confitemini Domini quoniam bonus = Lobet den Herrn, denn er ist gut. Psalm 105,1-3.
[1362] ArKe. 031 Annalen 1945, 2.10.1945, 337.
[1363] Weitere Angaben zur Person nicht zu ermitteln.

kirch verschlagen hatten. Er organisierte über den Bürgermeister in Unterzeil ein riesiges Langholzfahrzeug und brachte damit die restliche Habe der Schwestern glücklich nach Kellenried.[1364] Hätte Tennis nicht in den Transport eingegriffen, wäre der Hausrat wohl erst am Jahresende am Bestimmungsort angelangt.[1365] Chronistin Johanna Guntli vermittelt in einer anschaulichen Beschreibung die Mühen des Packens und des Abtransportes: „Auf der Bahre werden schwere Körbe und Kisten in die Halle hinunterbefördert und ein großer schwerer Sack von der Schusterei, dann Betten und Nachtkastel. Sr. Gerarda (67) trägt allein einen Strohsack auf dem Kopf – so geht es ihr am besten. Zuletzt folgt noch ein Fass, angefüllt mit Strümpfen und der Schrank aus der Abtei. Nun ist wieder so viel Auszugsgut verpackt, dass es für drei Autos reichen würde"[1366]. Mit zurückgeführt wurden auch das Reliquiar der hl. Erentraud und das Gründungskreuz.

Der Abschied der Schwestern aus Zeil vollzog sich auf Raten. Mit jeder Fuhre reisten wieder einige Klosterfrauen ab. Auf dem Bürgermeisteramt in Unterzeil mussten die Reisenden abgemeldet werden, ebenso die sich bereits in Kellenried befindenden Schwestern.

Äbtissin Scholastica verließ Zeil in Begleitung von Frau Maria Bayländer endgültig am 10. Oktober 1945. Sie machten das letzte Wegstück vom Bahnhof Niederbiegen nach Kellenried hinauf zu Fuß. Ihr letzter Eintrag in das Gästebuch von Schloß Zeil lautete: „Dominus retribuat"[1367].

Mit der Rückkehr der Äbtissin wurde auch die Chorverpflichtung wieder nach Kellenried übertragen. „So hatten die Mächte, die das Gotteslob in St. Erentraud zum Verstummen bringen wollten, gerade das Gegenteil erreicht: Das ganze Exil hindurch gab es zwei (also Verdoppelung) Stätten, an denen Tag für Tag mit nie erlahmendem Eifer und in aller Hingabe das Chorgebet für die Kirche und die ganze Menschheit Gott dargebracht wurde"[1368].

In Zeil hieß es täglich Abschied nehmen vom lieb gewordenen Umfeld, von der fürstlichen Familie, von den Schwestern vom Armen Kinde Jesu, von den Bediensteten im Schloss, von allen Freunden und Bekannten, insbesondere auch vom Zeilerwald, „der uns ja so vertraut geworden ist durch die Waldarbeit, (…) aber Abschied auch von der herrlichen Zeiler Aussicht"[1369].

Beim letzten gemeinsamen Konventamt in der Schlosskapelle, im Beisein aller guten Freunde der Exilsjahre, richtete P. Justinus ein Dankeswort an Fürst Erich: „Unter all den tausenden von Ordensleuten, die in schwerer Zeit ihr Kloster verlassen mussten, hätte niemand eine so wunderbare Zufluchtsstätte gefunden wie die Töchter St. Erentrauds im Schloß Zeil"[1370].

[1364] ArKe: Annalen 1945, 20.10.1945, 380.
[1365] Tennis besorgte noch Ofenrohre, Zellenböden, Eisschrank, Torf und Holz für Kellenried. Später gab es keine Kontakte mehr mit Kloster Kellenried. Man hatte sich aus den Augen verloren.
[1366] ArKe: 031 Annalen 1945, 3.10.1945, 339.
[1367] Ebenda: 10.10.1956, 358. Dominus retribuat = Vergelt's Gott.
[1368] Ebenda: 10.10.1945, 360.
[1369] Ebenda: 6.10.1945, 348 und 355.
[1370] ArKe: 031 Annalen 1945, 17.10.1945, 375.

Andererseits habe aber auch Schloß Zeil viel empfangen, in der Schlosskapelle sei täglich das Hl. Messopfer gefeiert und das Gotteslob gehalten und dadurch auch das ganze Schloss in das klösterliche Geschehen miteinbezogen worden. Er äußerte die Erwartung einer weiteren Fortdauer der Beziehungen zwischen Schloß Zeil und Kellenried. Fürst Erich verabschiedete sich von allen mit Handschlag und dankte für alles, was die Klosterfrauen in und für Schloß Zeil getan hatten.[1371] Fürstin Monika, die einige Tage verreist gewesen war, bekundete ihre Verbundenheit mit einem überraschenden Besuch in Kellenried, wurde ins Refektorium gebeten, nahm dort den Prioratsplatz ein und wurde von allen freudig begrüßt.[1372]

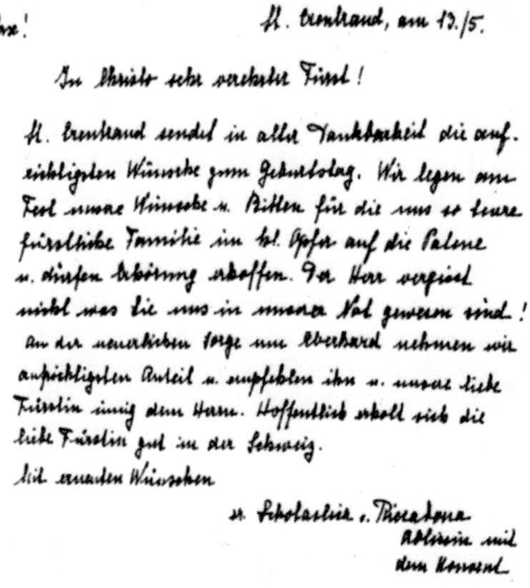

Abb. 41: Dankesbrief Äbtissin Scholastica an Fürst Erich, 13.5.1946

Neues klösterliches Leben in Kellenried

Außer Frau Theresia von Rechberg und Sr. Juliana Pruner, die nicht aus der amerikanischen Zone von Donzdorf wegkamen, waren zwischen dem 23. und 26. Oktober 1945 alle Mitschwestern (49 + 2 Mitglieder)[1373] wieder in Kellenried. Die vier Beuroner brachte P. Cellerar Leander Fischer samt Hausrat mit dem Traktor zurück.[1374]

[1371] Ebenda: 23.10.1945, 397. Der Kontakt zur Fürstlichen Familie Waldburg-Zeil besteht bis heute.
[1372] Ebenda: 21.10.1945, 390.
[1373] Ebenda: Rückblick. Überblick über den Personalstand im Konvent beim Wiedereinzug, 420-424.
[1374] ArKe: Annalen 1945, 23.-26.10.1945, 412.

Die Aufräum- und Renovierungsarbeiten in Kellenried nahmen noch ein ganzes weiteres Jahr in Anspruch. Am Tage vor dem Wiedereinzug luden Äbtissin und Konvent die Nachbarn und andere Interessenten zu einer Führung durch das Kloster ein. Die unablässigen, mühevollen Vorbereitungsarbeiten hatten sich gelohnt. Die Schwestern fanden zwar noch provisorische, aber insgesamt wohnliche Bedingungen vor und zogen dankbar in ihr wiedergeschenktes Kloster ein.[1375]

Am 28. Oktober fand der feierliche Wiedereinzug im Beisein vieler Gäste statt, darunter Fürstin Monika mit ihren Kindern Sophie und Eberhard sowie Freunden und Bekannten aus den Zeiler Exilsjahren. Es war der Tag, nach dem man in den Verbannungsjahren unablässig Ausschau gehalten hatte. So schloss sich der Kreis, eingedenk des Introitusgebetes vom letzten gemeinsamen Konventamt am 3. November 1945: „Ego cogito cogitationes pacis et non afflictionis, invocabitis me et ego exaudiam vos et reducam captivitatem vestram de cunctis locis"[1376].

Am Nachmittag zog eine feierliche Prozession vom Marschallhaus zum Kloster, das Gründungskreuz wurde vorangetragen. Es folgten Äbtissin Scholastica mit Stab, Priorin Agnes mit der Reliquie der hl. Erentraud und die gesamte klösterliche Gemeinschaft. Abt Conrad Winter, P. Justinus Albrecht, P. Martin Schnell, die fürstliche Familie, Oberin Tolentine Steger vom Klösterle, Landrat Hermann Bende[1377] von Ravensburg, viele Gläubige und vor allem die Nachbarn, nahmen an der Prozession teil. Im Hohlweg wurde der Psalm 125 (126) gesungen: „In convertendo Dominus captivitatem Sion"[1378], an der von den Nachbarn geschmückten Pforte der Psalm 121 (122): „Laetatus sum in his quae dicta sunt mihi in domum Domini ibimus"[1379]. In der Kirche stimmte die Gemeinde das österliche Alleluja an mit dem Laudate-Psalm[1380].

[1375] Ebenda: 27.10.1945, 415f.; 025-2, Fasc. 2, Bericht Sr. Ancilla u.a., 6.
[1376] Wie Anm. 1070, S. 221.
[1377] In den Annalen ist Oskar Sailer (1913-1997) als Landrat vermerkt. Es wird sich jedoch um Hermann Bende (1894-1972) gehandelt haben, von 1945 bis 1947 kommissarischer Landrat des Landkreises Ravensburg. Sailer bekleidete das Amt von 1947 bis 1978.
[1378] In convertendo Dominus captivitatem Sion = Als der Herr die Gefangenschaft Sions wendete.
[1379] Laetatus sum in his quae dicta sunt mihi in domum Domini ibimus = Ich freue mich, als man mir sagte: Zum Haus des Herrn wollen wir pilgern.
[1380] Laudate Dominum omnes gentes, Psalm 117. Als einer der Sonntagsvesper-Psalmen gehört er zu den meistvertonten Texten der abendländischen Musikgeschichte. Inhaltlich ist er eine Aufforderung an alle Völker – die „Heiden", also die (noch) nicht zum Gottesvolk gehörige Menschheit –, Jahwe, den Gott Israels, zu verherrlichen, weil seine Bundestreue unverbrüchlich ist.

Abb. 42: Wiedereinzug des Konvents in Kellenried am 28. Oktober 1945

Vor der zweiten Vesper zum Christkönigsfest erfolgte eine warmherzige Ansprache von Abt Conrad, in welcher er die Schwestern willkommen hieß und allen Wohltätern dankte. Ihm selbst hätte auch ein großer Dank gebührt, denn er besaß großen Anteil am Wiedereinzug in Kellenried, für dessen Rückgabe er sich in selbstloser Weise bei der französischen Militärregierung eingesetzt hatte. Nachdem alle Schwestern die Klausurtür durchschritten hatten, schloss Abt Conrad die Klausur und segnete die regulären Räume.[1381] Im Anschluss an den sakramentalen Segen erklangen zuletzt das „Te Deum" und „Christus vincit"[1382]. Dank der Renovierungsarbeiten konnte das klösterliche Leben nach dem Einzug in vollem Umfang wieder aufgenommen werden. Das geistliche Leben kehrte in seine gewohnten Bahnen zurück, und die Arbeit in den still gelegten Werkstätten wurde wieder aufgenommen.[1383] Bei der Gelübdeerneuerung am 8. Dezember 1945 war der Konvent wieder vollzählig versammelt, denn auch Frau Theresia und Sr. Juliana hatten nach vielen Bemühungen eine Fahrgelegenheit erhalten, die sie von der amerikanischen Zone in Donzdorf in den französisch besetzten Teil von Süd-Württemberg führte.[1384]

In einem kurzen Resumé, niedergelegt im Mai 1972, ordnete die Annalistin den Überlebenswillen der klösterlichen Gemeinschaft während des Exils treffend in den historischen Zusammenhang ein: „Wie immer man diese fünf Jahre bewertet, sie gehören zur Geschichte unseres Klosters, aus der auch ersichtlich ist, wie

---

[1381] ArKe: 032 Chronik 1940-1945, 11. Benedictio locorum regularium = Segnen der regulären Räume.
[1382] Te Deum, von lat. Te Deum laudamus „Dich, Gott, loben wir" ist der Anfang eines feierlichen, lateinischen Lob-, Dank- und Bittgesangs der christlichen Kirche. Christus vincit – Christus regnat – Christus imperat = Christus siegt, Christus herrscht, Christus gebietet = dreiteiliger christlicher Lobgesang, mit dem im Mittelalter das Volk nach der Krönung dem Herrscher huldigte, entstanden in der zweiten Hälfte des 8. Jahrhunderts.
[1383] ArKe: 031 Annalen 1945, 8.10.1945, 353.
[1384] ArKe: 032 Chronik der Abtei St. Erentraud Kellenried, Christkönigsfest 1945 bis Christkönigsfest 1946, 1.

eine monastische Gemeinschaft, die gewissermaßen zum Untergang bestimmt war, auch in veränderten Verhältnissen der Zerstreuung lebenskräftig bleiben konnte"[1385].

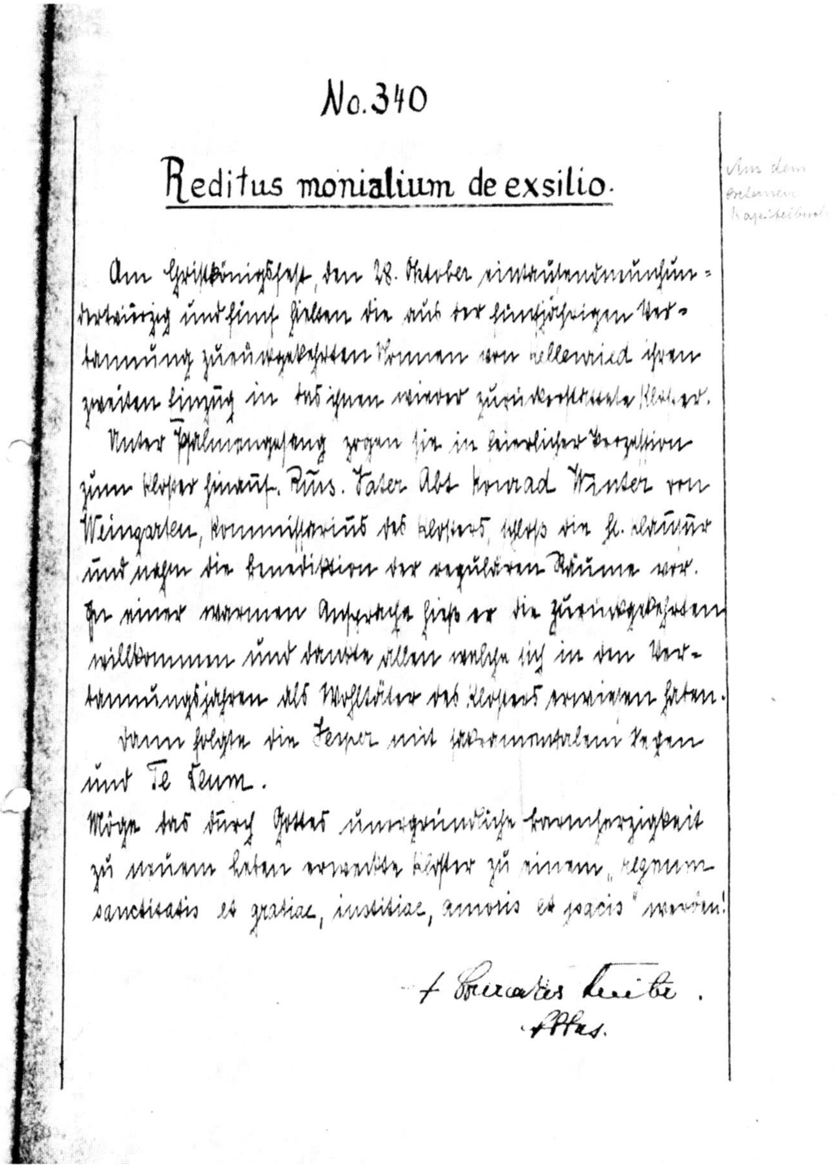

Abb. 43: Urkunde „Reditus monalium de exsilio"
Abt Conrad Winter OSB zum Wiedereinzug

[1385] ArKe: 031 Annalen 1945, Schlussbetrachtung über das Exil, niedergelegt am 2.5.1978.

19. Entschädigung und Wiedergutmachung

Regelungen der Alliierten unter besonderer Berücksichtigung der französischen Besatzungsmacht – Übernahme der gesetzlichen Bestimmungen durch die junge Bundesrepublik Deutschland

Die Alliierten hatten im Rahmen ihrer Besatzungspolitik die „Wiedergutmachung" nationalsozialistischen Unrechts zum politischen Ziel erklärt. Im Alliierten Kontrollrat wurden Vorentscheidungen im Hinblick auf Gestaltung und Durchführung getroffen, die seit 1949 auch die Wiedergutmachungspolitik der jungen Bundesrepublik prägten.[1386] Zwischen 1947 und 1949 erließen die drei westlichen Militärregierungen, allen voran die Vereinigten Staaten, Rückerstattungsgesetze, die später in das bundesdeutsche Recht inkorporiert wurden. Ergänzend trat 1957 das Bundesrückerstattungsgesetz hinzu. Damit verpflichtete die Bundesrepublik sich zum Schadensersatz für Raubaktionen seitens staatlicher Instanzen oder NS-Parteiorganisationen.[1387] Die deutsche Rechtsprechung und die Nachkriegsgesellschaft sahen sich in der Pflicht, die Folgen der NS-Zeit als Hypothek auf sich zu nehmen und eine gesamtgesellschaftliche Verantwortung für sich und ihre Nachkommen zu übernehmen.[1388]

Unter dem Oberbegriff „Wiedergutmachung" wurde unterschieden zwischen „Rückerstattung" und „Entschädigung". Die Rückerstattung bezog sich auf Vermögen, das den Eigentümern aus Verfolgungsgründen entzogen worden, auffindbar war und daher unverändert zurückgegeben werden konnte. Zur Rückerstattung verpflichtet waren die Nutznießer der Vermögensentziehung, darunter auch der Staat als beschlagnahmende Institution.
„Entschädigungszahlungen sollten dagegen für individuelle Schäden an der persönlichen Freiheit, Gesundheit, am beruflichen Fortkommen oder auch am Vermögen gezahlt werden, die nicht in Form einer Rückerstattung ausgeglichen werden konnten"[1389]. Dazu zählten auch Steuerschäden und Ausfall von Miet-

---

[1386] Alliierter Kontrollrat: Oberste Besatzungsbehörde der vier Besatzungsmächte in Deutschland nach dem Ende des Zweiten Weltkriegs, übte für alle das ganze Territorium betreffenden Fragen die höchste Regierungsgewalt aus. Die Kontrollratsgesetze aus den Jahren 1945-1948 dienten der Überwindung des Nationalsozialismus und Militarismus. Die Bestimmungen wurden durch eine Reihe von Direktiven und Befehlen vervollständigt. Textauswahl im Wortlaut, in: http://www.verfassungen.de/de/de45-49/verf45-l1.htm, aufgesucht am 23.6.2015.
[1387] http://www.bpb.de/apuz/162883/wiedergutmachung-in-deutschland-19451990-ein-ueberblick?p=all, aufgesucht am 28.6.2015.
[1388] Mertens: Klostersturm, 378.
[1389] Ebenda, 352; s. auch Hans Günter Hockerts: Wiedergutmachung. Ein umstrittener Begriff und ein weites Feld, in: Hans Günter Hockerts /Christiane Kullerts (Hg.): Nach der Verfolgung: Wiedergut-

einnahmen und anderer Einnahmen. Diese Ansprüche waren erheblich schwieriger zu definieren als die Rückerstattung. Es erhob sich die Frage, wie und nach welchen Kriterien individuell Verantwortliche zur Rechenschaft gezogen und zur Wiedergutmachung verpflichtet werden sollten.[1390]
Letztlich wies die materielle Entschädigung jedoch nur symbolischen Charakter auf. Das begangene Unrecht war weder rückgängig zu machen noch waren die immateriellen Schäden exakt zu erfassen sowie erlittenes Leid und gesundheitliche Beeinträchtigungen der von der Verfolgung Betroffenen vollständig zu heilen.
Die Rückerstattungsgesetze betrafen überwiegend jüdisches Vermögen. Bei der Wiedergutmachung spielte die Beschlagnahmung der Klöster eine eher untergeordnete Rolle.
In den drei westlichen Besatzungszonen hatten die Alliierten entschieden, dass alles kirchliche Eigentum, welches seit dem 30. Januar 1933 beschlagnahmt worden war, zurückzugeben sei. Sie übernahmen die Kontrolle über das gesamte Vermögen des Deutschen Reiches und der NSDAP, damit auch die Vermögenswerte, die durch Enteignung in den Besitz des Staates oder der Partei übergegangen waren.[1391]
Bevor die Eigentümer darüber wieder verfügen konnten, musste der Besitz bei den Militärregierungen angemeldet und die Entsperrung beantragt werden.[1392]
Bei eng ausgelegter Betrachtung hätte darunter auch das gesamte Vermögen der Kirche als Körperschaft öffentlichen Rechts fallen können.
Während die amerikanische und britische Besatzungsmacht im Jahre 1947 auf die Anmeldepflicht nach § 52 verzichteten, bestand die französische Besatzungsmacht auf der Vermögensanmeldung und der Beantragung der Entsperrung aller kirchlichen Einrichtungen, Pfarreien, Klöster sowie der beschlagnahmten Liegenschaften des Bistums Rottenburgs selbst. Da die Grenze zwischen der amerikanischen und französischen Zone mitten durch das Bistum verlief, wehrte sich Generalvikar Kottmann vehement gegen diese Auslegung.[1393]
Im Mittelpunkt stand dabei die Frage, ob die Beschlagnahmung der VoMi als formale Vermögensentziehung betrachtet werden solle oder nicht. Es wurde darum gekämpft, ob die faktische Vermögensentziehung juristisch einer formalen Enteignung gleichzustellen sei.

---

machung nationalsozialistischen Unrechts in Deutschland? (Dachauer Symposien zur Zeitgeschichte, Bd. 3), Göttingen 2003.
[1390] Mertens: Klostersturm, 352.
[1391] Alliierter Kontrollrat, Gesetz 52, Sperrung und Kontrolle von Deutschem Vermögen (1945), ohne Datum, s. Bundesministerium der Finanzen: Entschädigung von NS-Unrecht – Regelungen zur Wiedergutmachung, Broschüre, 28 S, in: http://www.bundesfinanzministerium.de/Content/DE/Downloads/Broschueren_Bestellservice/2012-11-08-entschaedigung-ns-unrecht.pdf?__blob=publica, aufgesucht am 28.6.2015, 5f.
[1392] Mertens: Klostersturm, 353.
[1393] DAR: G 1.9.1, Schreiben GV Kottmann an die Deutsche Direktion der Privatfinanzen in der französischen Zone Württembergs, 5.10.1945 und DAR G 1.6/57, Schreiben an die Finanzabteilung der französischen Militärregierung in Tübingen, 9.1.1946.

Wegen der komplizierten Sachverhalte zogen sich die Regulierungen bis weit in die Siebzigerjahre des letzten Jahrhunderts hin.[1394] Die Ergebnisse der Prozesse im Bistum Rottenburg fielen insgesamt relativ günstig aus, da die Ansprüche fast ausnahmslos anerkannt wurden.[1395]

Kloster Kellenried ringt um seinen Besitzstand – Hilfen aus dem Bischöflichen Ordinariat Rottenburg und der Erzabtei Beuron

Für die Abtei St. Erentraud wurden im Zeitraum von 1951 bis 1960 beide Wege des Wiedergutmachungsverfahrens beschritten, nämlich die Feststellung der Gebäude – und Inventarschäden als Rückerstattungsangelegenheit sowie die erlittenen verfolgungsbedingten Schäden im Zuge der Entschädigungsansprüche. Zu letzteren gehörten auch die entgangene Eigennutzung des Klostergebäudes, der Verdienstausfall durch die Unterbindung und Stilllegung der klostereigenen Werkstätten, die Kosten für auswärtige Unterbringung des Personals sowie alle entstandenen Steuerschäden.

Es ist nachzuvollziehen, dass die mit der Wiedergutmachung verbundenen rechtlichen Fragen und Probleme nicht allein von Äbtissin und Cellerarin gelöst werden konnten. Dazu waren spezifische Fachkenntnisse und juristischer Sachverstand unerlässlich, zumal sich für den Konvent im Zuge der Wiederaufnahme des monastischen Lebens vielfältige andere Aufgaben ergaben, die von der Gemeinschaft vorrangig bewältigt werden mussten.

Die exemte Abtei St. Erentraud konnte in der Frage der Wiedergutmachung in derselben Weise auf die Hilfe des Bischöflichen Ordinariats in Rottenburg zählen wie die der bischöflichen Aufsicht unterstellten Klöster. Alle Einrichtungen wurden gleichermaßen beraten und unterstützt.

Eine generelle Schadenserhebung war bereits im Jahre 1946 durch den Diözesancaritasverband der Diözese Rottenburg eingeleitet, die Meldungen dazu aber von den betroffenen Einrichtungen nicht vollständig eingehalten worden, so dass nach der Neuregelung der Entschädigungsgesetze in den Ländern der französischen Zone im Jahre 1950 seitens des Ordinariats um zügige Rückmeldung gebeten wurde.[1396] Die Abtei Kellenried hatte bereits am 25.4.1951 ihren Antrag auf Wiedergutmachung (Rückerstattung) an das Land Württemberg-Hohenzollern gestellt und machte darin eine Einkommensschädigung von 196.833 RM geltend.[1397]

[1394] Das Canisiushaus Schwäbisch Gmünd und das Missionshaus Oberdischingen dienten in den Fünfzigerjahren als „Muster" für die Wiedergutmachungsprozesse der übrigen Klöster und kirchlichen Einrichtungen. Die Behandlungsweise fiel unterschiedlich aus, je nachdem ob die Einrichtung in der früheren amerikanischen oder französischen Zone lag, s. Mertens: Klostersturm, 372-378.
[1395] Mertens: Klostersturm, 381.
[1396] ArKe: Celleratur [Mappe 6], Wiedergutmachung 1951-1960, Schreiben GV August Hagen an Benediktinerinnenabtei St. Erentraud Kellenried, Rottenburg, 3.12.1951.
[1397] Ebenda: Benediktinerinnenabtei St. Erentraud Kellenried an Land Württemberg-Hohenzollern, Antrag auf Wiedergutmachung, 25.4.1951.

Im Feststellungsbescheid des Landesamtes für Wiedergutmachung in Tübingen wurden die Ansprüche anerkannt und auf Grund eines Vergleiches die Entschädigungssumme von 30.000 DM ausgezahlt. Das Kloster verzichtete dabei auf die Geltendmachung weiterer Entschädigungsansprüche.[1398]

Im Zuge dieser Verhandlungen ist die Stellungnahme der damaligen Cellerarin, Frau Laurentia Laurentius, aufschlussreich. Sie wies noch einmal deutlich auf den nicht zu bemessenden immateriellen Schaden hin: „Was den Schaden angeht, so ist zunächst der ideelle zu erwähnen, der an sich nicht in Zahlen erfasst werden kann. Eine Benediktiner-Abtei baut auf dem Familienprinzip auf, so trifft es sie doppelt, wenn die Familie zerstreut, zerstört wird. Durch die Ausweisung konnten wir jahrelang keinen Nachwuchs aufnehmen, was eine bis heute spürbare Lücke verursacht hat (…). Welche gesundheitlichen Schäden die einzelnen Klostermitglieder durch die Aufregung etc. davon getragen haben, lässt sich auch nicht abmessen"[1399].

Als nächster Schritt wurde die Frage der Wiedergutmachung (Entschädigung) angegangen. Die meisten Zahlungen nach dem Bundesentschädigungsgesetz für Opfer religiöser oder politischer Verfolgung[1400] betrafen Schäden an Leib und Leben, Gesundheit oder Freiheitsentzug sowie Behinderung des beruflichen Fortkommens. Die Wiedergutmachungsprozesse verfolgten nur zum kleineren Teil materielle Ziele. Sie erkannten ausdrücklich das Unrecht an, welches den Betroffenen widerfahren war und verdeutlichten deren Recht auf Entschädigung und Rehabilitierung durch die Gesellschaft.[1401]

Dies klingt auch in den Schriftsätzen der Abtei Kellenried in der Korrespondenz mit dem Landesamt für Wiedergutmachung in Tübingen an. „Obwohl uns die kirchenfeindliche Gesinnung der NSDAP gut bekannt war, traf uns die Beschlagnahme wie ein Blitz aus heiterem Himmel (…). So standen also 70 Frauen, deren Brüder und Väter zum Teil im Felde standen, die sich ihr Brot durch ihrer Hände Arbeit verdienten, plötzlich auf der Straße, weil ihre religiöse Überzeugung, der sie lebten, der Führung nicht genehm war"[1402].

Innerhalb des Gesamtverfahrens ist festzustellen, dass der Anteil von Klöstern und kirchlichen Einrichtungen an der Wiedergutmachung quantitativ gering war.

[1398] StAS: Wü 33, T 1, ET 3036-1935, Nr. 51-48, Bundesjustizverwaltung Baden-Württemberg, Landesamt für Wiedergutmachung Tübingen, zuständig für Süd-Württemberg, Vergleich zur Entschädigung für Schäden an Eigentum und Vermögen, beglaubigte Abschrift, 9.6.1954.
[1399] Ebenda: Nr. 4: Cellerarin Laurentia Laurentius OSB: Begleitschreiben zum Antrag auf Wiedergutmachung, Eingang 9.7.1951.
[1400] Das Bundesgesetz zur Entschädigung für Opfer der nationalsozialistischen Verfolgung (BEG), wurde am 29. Juni 1956 rückwirkend zum 1. Oktober 1953 in der Bundesrepublik Deutschland verabschiedet und im Laufe der Jahre mehrfach nivelliert, Wortlaut s. Bundesministerium für Justiz und Verbraucherschutz, Bundesgesetz für Entschädigung für Opfer der nationalsozialistischen Verfolgung, in: http://www.gesetze-im-internet.de/beg/index.html, aufgesucht am 28.6.2015.
[1401] Vgl. Mertens: Klostersturm, 378.
[1402] StAS: Wü 33, T 1, ET 3036-1935, Nr. 4: Cellerarin Laurentia Laurentius: Begleitschreiben zum Antrag auf Wiedergutmachung.

Dies erklärt auch, „warum ein in diesem Zusammenhang so entscheidendes Problem nach Rückerstattung oder Entschädigung erst Anfang der sechziger Jahre geklärt wurde"[1403].
Äbtissin Scholastica erteilte im April 1960 dem langjährigen Cellerar von Beuron, P. Leander Fischer, eine Generalvollmacht für die Vorbereitungen des Prozesses und die Verhandlungsführung.[1404] Fischer, der den Mitschwestern bereits während der Exilszeit mit Rat und Tat zur Seite gestanden hatte, war ein ausgewiesener Fachmann, versiert in allen Fragen der Wirtschafts- und Buchführung. Nach der Währungsreform 1948 verbrachte er auf Grund der veränderten politischen und wirtschaftlichen Rahmenbedingungen mehrere Jahre beim Finanzamt in Wangen/Allgäu, wo er sich „das auch für Klöster erforderliche steuerliche und finanzielle Wissen aneignete"[1405]. Auch zahlreichen Frauenklöstern außerhalb der Beuroner Kongregation ließ er tatkräftige Unterstützung und Beratung zuteil werden.
Dem Antrag Fischers auf Entschädigung an das Landesamt für Wiedergutmachung in Tübingen gingen umfangreiche Vorarbeiten voraus, die hauptsächlich von Cellerarin Laurentius und Fischer selbst geleistet wurden.[1406]
Im Bescheid des Landesamtes für Wiedergutmachung erhielt Kloster Kellenried eine Entschädigung für die entstandenen Steuerschäden in Höhe von 1.485,00 DM, eine Summe, die angesichts des erlittenen Unrechts auf den ersten Blick als geringfügig erscheint.
Die Entschädigung bezog sich jedoch nur auf die zu Unrecht erhobenen Steuererhebungen zwischen 1939 und 1944, eine Summe von insgesamt 7.424,80 RM. Diese wurde nach den Kriterien des Jahres 1960 im Verhältnis 10:2 in Deutsche Mark (DM) umgerechnet.[1407]
Es ist dabei zu bedenken, dass zwischen den nationalsozialistischen Unrechtsmaßnahmen und der Entscheidung auf Wiedergutmachung ein zeitlicher Abstand von 15 Jahren lag, so dass der Zusammenhang zwischen den Geschehnissen der Kriegsjahre und der Entschädigung nicht mehr unmittelbar gegeben war. Die zum späteren Zeitpunkt erfolgten Zahlungen erleichterten zwar den Klöstern ihre aktuelle Arbeit, hätten jedoch bei den Aufbaumaßnahmen nach der Rückkehr in die Häuser erheblich sinnvoller und nutzbringender verwendet werden können.[1408] Hier klingt die Frage nach einem angemessenen Umgang mit histo-

---

[1403] Mertens: Klostersturm, 381.
[1404] Vollmachtserteilung: „In meiner Eigenschaft als Äbtissin der Benediktinerinnen-Abtei St. Erentraud in Kellenried über Ravensburg erteile ich hiermit Herrn Pater Leander Fischer O.S.B., Klosterverwalter der Erzabtei St. Martin in Beuron, die Vollmacht, mich gegenüber dem Landesamt für Wiedergutmachung in Tübingen in der Entschädigungssache der Benediktinerinnenabtei St. Erentraud zu vertreten und alle notwendigen Erklärungen rechtsverbindlich abzugeben. Scholastica Riccabona, Äbtissin." Kellenried, 16.4.1960, in: StAS: Wü 33, T 1, ET 3036-1935, Nr. 60.
[1405] ArBeu: Totenchronik P. Leander (Heinrich) Fischer OSB.
[1406] StAS: Wü 33, T 1, ET 3036–1935, Nr. 61-68, Abtei St. Erentraud, Feststellung der Steuerschäden nach § 56 BEG.
[1407] ArKe: Celleratur [Mappe 6], Bescheid des Landesamtes für Wiedergutmachung Tübingen in der Entschädigungssache der Benediktinerinnen-Abtei St. Erentraud in Kellenried, 8.6.1960.
[1408] S. Mertens: Klostersturm, 381f.

rischem Unrecht an, die seit Kriegsende in Politik und Gesellschaft unvermindert gestellt und strittig diskutiert wird.

20. Schlussbetrachtung und Ausblick

Beim Eintritt in die Abtei St. Erentraud Kellenried, mit der bewussten Entscheidung für ein geistliches Leben innerhalb der Klausur, hätte sich wohl keine der Kandidatinnen vorstellen können, eines Tages mit einer völlig anderen Lebenssituation konfrontiert zu werden. Im Normalfall wäre ihr Leben von den Vorgaben und Pflichten der Benediktusregel und den Konstitutionen der Frauenklöster der Beuroner Kongregation bestimmt gewesen. Sie wurden jedoch durch den erzwungenen Exodus aus dem Kloster im November 1940 vor Konflikte und Krisensituationen gestellt, die den politischen Umständen der Zeitgeschichte entsprangen und bewältigt werden mussten.

Dabei fiel Äbtissin Scholastica von Riccabona eine außergewöhnliche Verantwortung zu, die weit über ihren bisherigen Leitungsradius hinausging. Orientiert an den Grundsätzen des Evangeliums und der Benediktusregel blieb sie ihrem Auftrag trotz aller widrigen Umstände treu. Den politischen Systemwechsel nach 1933 und die Gefahr für das Ordensleben hatte sie rasch erkannt. Sie ergriff schon zu einem frühen Zeitpunkt Vorsichtsmaßnahmen, die die Kommunität vor dem Zerfall retten und die einzelne Klosterfrau in ihrer persönlichen Existenz schützen sollte. Ihre Gespräche mit Abtpräses Molitor über die Zukunft der Gemeinschaft geben Zeugnis über ihre vorausschauende Fürsorge.[1409]

Diese Fürsorge zieht sich wie ein roter Faden durch die gesamten Exiljahre. Unterstützt von Priorin, Subpriorin und Seniorat setzte sie alles daran, den Zusammenhalt der zerstreuten Kommunität zu fördern und zu unterstützen, angefangen von Exilskonferenzen, persönlichen Briefen, unzähligen Gesprächen mit vielen wichtigen Kontaktpartnern innerhalb und außerhalb des Ordens und einer unermüdlichen Reisetätigkeit zwischen den einzelnen Stationen. Ihr vordringlichstes Anliegen während der Verbannungsjahre war es, die Werte des monastischen Lebens zu wahren.

Es ging ihr bei dem vom Staat vorgegebenen Arbeitseinsatz nicht darum, die geforderte Dienstverpflichtung zu erfüllen, sondern alle Tätigkeiten waren dem Erhalt der geistlichen Lebensform untergeordnet. So vermittelte sie den ihr anvertrauten Schwestern seelischen Halt und Sinngebung für die ungewöhnliche Situation. Letztlich ging ihr Konzept auf, nicht nur begünstigt durch die Verhältnisse auf Schloß Zeil, wo die tief gläubig eingestellte Fürstenfamilie den Nonnen die Fortführung der Klausur und die Bestreitung des Lebensunterhaltes ermöglichte. Auch die stabilen monastischen Verhältnisse auf dem Klostergut in Kellenried waren Garant für die Fortsetzung des geistlichen Lebens. Hier konnte

---
[1409] ArKe: 025-2 Fasc. 2, Notizbuch Äbtissin.

sich Äbtissin Scholastica während ihrer Abwesenheit voll auf die Mitschwestern unter der Leitung der Priorinnen Placida und Agnes verlassen.
Die Arbeitsleistungen der Schwestern in allen Stationen, vor allem in Zeil und Kellenried, aber auch in der Erzabtei Beuron, nötigen großen Respekt ab. Unter der ständigen Bedrohung, in die Rüstungsindustrie verpflichtet zu werden, gelang es während der gesamten Exilszeit, ohne jede Beanstandung seitens der nationalsozialistischen Behörden, die Auflagen des Arbeitsamtes unaufgeregt und solide zu erfüllen. Ein Glücksfall für die Gemeinschaft war in dieser Hinsicht nicht nur der Aufenthalt auf Schloß Zeil, sondern auch die Tatsache, dass die Kontrollorgane in der Gemeinde Berg, Bürgermeister, NSDAP-Ortsgruppenleiter und Ortsbauernführer der Klosterökonomie gegenüber korrekt und fair auftraten, nicht mit jener brutalen Härte, wie es z.B. in Untermarchtal und Sießen der Fall war.
Hervorzuheben sind das freundschaftliche Miteinander und die Solidarität der verschiedenen Klöster untereinander. Dies betrifft neben Sießen und Untermarchtal auch die Franziskanerinnen von Reute, die Armen Schulschwestern von Unserer Lieben Frau im Klösterle Ravensburg und im weitesten Sinne auch die nach Zeil evakuierten Schwestern vom Armen Kinde Jesu aus Lohmarhöhe im Rheinland. Die Benediktinerinnen konnten jederzeit auf die Hilfe der anderen Gemeinschaften zählen, die ja ausnahmslos karitativ tätig waren und den kontemplativ lebenden Mitschwestern in ihren Häusern Arbeitsmöglichkeiten und Schutz geboten hätten, wenn es nötig geworden wäre. Die damals sichtbar gewordene Verbundenheit vertiefte sich in der folgenden Zeit weiter.
Hoch einzuschätzen ist die Haltung der Diözese Rottenburg, vor allem durch Generalvikar Kottmann und den Vorsitzenden des Diözesanverwaltungsrates, Josef Schneider, sowie durch Diözesan-Caritasdirektor Baumgärtner, im Verbund mit Caritaspräsident Benedict Kreutz. Mit Hilfe ihrer Mitarbeiter standen sie den Klöstern in ihrer Existenznot bei und unterschieden nicht zwischen den der Bischöflichen Aufsicht unterstellten Kongregationen und der exemten Abtei Kellenried. Die schwierigen Verhandlungen mit VoMi und Reichssicherheitshauptamt in Fragen der Beschlagnahmung wurden sorgfältig und professionell von der Bistumsleitung in Rottenburg wahrgenommen, wenn sie auch nicht zum gewünschten Erfolg führten und letztlich wirkungslos blieben.

Durch dieses Vorgehen wuchsen die Ordensgemeinschaften im Bistum Rottenburg enger zusammen als es je zuvor der Fall war und entwickelten vor allem in den überlebenswichtigen Fragen der Mitgiften und der Abwehr der nationalsozialistischen Steuerpolitik gemeinsame Strategien. Cellerarin Agnes Trescher hätte sich ohne die Hilfe aus Sießen nur mit Mühe in die schwierige Materie einarbeiten können.
Dasselbe gilt auch für die Entschädigungs- und Wiedergutmachungsproblematik, bei der sowohl das Bistum Rottenburg als auch die Erzabtei Beuron wertvolle Unterstützung leisteten.

Anhand der zur Verfügung stehenden Quellen kommt die zunächst abwartende, aber später entschieden ablehnende Haltung gegenüber dem Nationalsozialismus deutlich zum Ausdruck. Es mag sein, dass übermäßige deutschnationale Bekundungen im Konvent sich schon daher verboten, dass ein großer Teil der Schwestern altösterreichisch geprägt war und von daher eine differenzierte Position zum Deutschtum einnahm. Das Vorbild der Äbtissin, die vom Widerstand geprägte Atmosphäre in Zeil sowie die Erfahrungen mit dem Arbeitsamt und die als einengend empfundenen landwirtschaftlichen Vorschriften auf dem Klostergut in Kellenried und in Zeil taten ein Übriges. Während des Krieges verschärfte sich die Abneigung durch den zunehmenden Terror und die in Mitleidenschaft gezogenen Familienangehörigen, Freunde und Bekannten. Nicht zuletzt durch das persönliche Schicksal der in Dachau inhaftierten Mitbrüder erkannten die Schwestern den verbrecherischen Charakter des Regimes.

Auch das Schicksal der nach Kellenried vertriebenen Slowenen ließ niemanden im Konvent kalt und appellierte an die christliche Maxime der Barmherzigkeit. Wenn auch von der staatlichen Obrigkeit der Kontakt zu den Lagerinsassen unerwünscht war, so ergaben sich doch viele mitmenschliche Kontakte, nicht zuletzt durch die Verbundenheit im gemeinsamen Glauben. Vorbildhaft wirkten hier die „Lagerköchin" Sr. Veronika Stoffel und der Kellenrieder Spiritual P. Martin Schnell.

Am Beispiel des Exils der Benediktinerinnenabtei Kellenried wird deutlich, dass regionale geschichtliche Bezüge stets Teilbereich eines größeren Zusammenhangs sind. Die Auseinandersetzung mit der lokalen Kleinräumigkeit in der Umgebung des Klosters trägt zur Erhellung eines bisher kaum untersuchten zeitgeschichtlichen Abschnitts bei, nämlich des Überlebens einer klösterlichen Gemeinschaft während des Nationalsozialismus als Teil der katholischen Kirche während des Kirchenkampfes.

Wenn auch die persönlichen Leiderfahrungen und die Spätfolgen der psychischen und physischen Überanstrengungen der meisten Betroffenen im Verborgenen bleiben, erlebten die Kellenrieder Benediktinerinnen im Vergleich zu vielen anderen kirchlichen Einrichtungen und Klöstern im damaligen Deutschen Reich die Exilsjahre unter relativ günstigen Umständen. Die Gemeinschaft blieb ihren Wertvorstellungen treu und konnte nach der Rückkehr voller Hoffnung das Klosterleben im eigenen Hause wieder aufnehmen.

Annalistin Johanna Guntli offenbart in ihrem Rückblick auf die Jahre des Exils die Quelle, aus welcher der Wille zum Durchhalten und Überleben entsprang: „Wenn auch unser Schicksal im Vergleich zu den apokalyptischen Zeiten, in denen wir lebten, gemäßigt war, so gehörten wir doch irgendwie zu den ‚Hinausgeworfenen'. Wenn wir bei der Ausweisung zunächst auch wussten um das WOHIN der einzelnen Gruppen, so blieb uns das WIE, d.h. wie es nun weitergehen soll und wird, verborgen. Die Zukunft lag vollkommen dunkel vor uns. Und man konnte nicht weitersehen als von einem Tag zum anderen und das auch nur in einem Glaubensgehorsam, in einem Vertrauen, das durch nichts zu erschüttern war"[1410].

Abb. 44: Kloster Kellenried 2015

[1410] ArKe: 031 Annalen 1945, Schlussbetrachtung, 426.

Übersicht Konvent 1940-1945

Äbtissin: Chorfrau Scholastica (Franziska) Riccabona zu Reichenfels OSB, geb. 21.3.1884 in Innsbruck, gest. 26.5.1963 in Kellenried. Benediktinerin in St. Hemma Gurk und St. Erentraud Kellenried, Profess 1909, Priorin convent. v. St. Hemma, 1919, Priorin claustr. von St. Erentraud 1924, 1926-1963 Äbtissin.

Priorin bis 1943: Chorfrau Placida (Leopoldine) Altgräfin zu Salm-Reifferscheid-Raitz OSB, geb. 23.8.1874 auf Schloss Weitentrebetitsch/Böhmen (heute Široké Třebčice/Tschechien), gest. 20.6.1943 auf Schloß Zeil, Benediktinerin in St. Gabriel Prag/Bertholdstein und St. Erentraud Kellenried, Profess 1893, Priorin ab 1926.

Priorin ab 1943: Chorfrau Agnes (Luise Sophie) Trescher OSB, geb. 18. August 1899 in Freiburg/Breisgau, gest. 30. März 1981 in Kellenried, Benediktinerin in St. Erentraud Kellenried, Profess 1927, Äbtissin von 1963-1972.

Chorfrauen:

Chorfrau Maria (Hedwig) Bayländer OSB (1885-1966), Benediktinerin in St. Erentraud Kellenried, Profess 1926, Archivarin und Bibliothekarin.

Chorfrau Cäcilia (Rosa) Biber OSB (1998-.1993), Benediktinerin in St. Erentraud Kellenried, Profess 1929, Sachverständige in Obstanbau und Baumpflege.

Chorfrau Walburga (Wilhelmine) Freiin von Cetto OSB (1904-1992), Benediktinerin in St. Erentraud Kellenried, Profess 1930, Infirmarin.

Chorfrau Emerentiana (Maria Franziska) Dold OSB (1882-1962), Benediktinerin in St. Gabriel Prag/Bertholdstein und St. Erentraud Kellenried, Profess 1910.

Chorfrau Magdalena (Anna Maria) Grossek OSB (1901-1976), Benediktinerin in St. Erentraud Kellenried, 1931 Profess, 1943 Subpriorin, Leiterin der Stickwerkstatt.

Chorfrau Dr. Johanna Evangelista (Lucia) Guntli OSB (1904-1994), Benediktinerin in St. Erentraud Kellenried, Profess 1932, Chronistin und Annalistin.

Chorfrau Febronia (Elisabeth) Heberle OSB (1883-1964),Benediktinerin in St. Gabriel/Prag und Bertholdstein und St. Erentraud Kellenried, Profess 1905.

Chorfrau Pudentiana (Theodora) von Kathrein OSB (1909-1998), Benediktinerin in St. Erentraud Kellenried, Profess 1934, Sakristanin.

Chorfrau Johanna Baptista (Klara) Kehrle OSB geb. 1919, Benediktinerin in St. Erentraud, Kellenried, Profess 1940, ausgetreten 1942.

Chorfrau Christina (Pauline) Knäpple OSB (1907-1994), Benediktinerin in St. Erentraud Kellenried, Profess 1936, „Chefin" der Waldarbeit.

Chorfrau Flavia (Maria) Knörzer OSB (1889-1985), Benediktinerin in St. Hemma Gurk und St. Erentraud Kellenried, Profess 1916.

Chorfrau Margaretha (Hedwig) von Kripp OSB (1872-1957), Benediktinerin in St. Hemma Gurk und St. Erentraud Kellenried, Cousine der Äbtissin Scholastica, Profess 1899.

Chorfrau Laurentia (Margareta) Laurentius OSB (1901-1979), Benediktinerin in St. Erentraud Kellenried, Profess 1937, Pförtnerin, Cellerarin.

Chorfrau Placida (Josefa) Lipp OSB (1893-1982), Benediktinerin in St. Hemma Gurk und St. Erentraud Kellenried, Profess 1916.

Chorfrau Mechtildis (Maria) Locher OSB (1893-1970), Benediktinerin in St. Erentraud Kellenried, Profess 1928, Leiterin der Alabasterwerkstatt.

Chorfrau Soteris (Klara) Müller OSB geb.1912, Benediktinerin in St. Erentraud Kellenried, Profess 1933, ausgetreten 1942.

Chorfrau Benedicta (Carolina) Gräfin von Quadt zu Wykradt und Isny OSB (1889-1981), Benediktinerin in St. Erentraud, Kellenried, Profess 1925, ausgetreten 1943.

Chorfrau Theresia (Maria) Gräfin von Rechberg und Rothenlöwen OSB (1872-1957), Benediktinerin in St. Gabriel Prag/Bertholdstein und St. Erentraud, Kellenried, Profess 1897.

Chorfrau Hildegard (Klara) Reuß OSB (1897-1944), Benediktinerin in St. Erentraud Kellenried, Profess 1928, Hausmeisterin.

Chorfrau Maura (Elisabeth) Riester OSB (1913-2004), Benediktinerin in St. Erentraud Kellenried, Profess 1940.

Chorfrau Agatha (Aloisia) Schätzle OSB (1910-1984) Benediktinerin in St. Erentraud Kellenried, Profess.1933.

Chorfrau Josepha (Elisabeth) Schmidt OSB (1894-1964), Benediktinerin in St. Erentraud Kellenried, Profess 1926.

Chorfrau Gertrudis ((Theresia) Schmidmayer OSB (1889-1973), Benediktinerin in St. Hemma Gurk und St. Erentraud Kellenried, Profess 1912.

Chorfrau Scholastica (Maria) Schwind OSB (1903-1975), Benediktinerin in St. Erentraud Kellenried, Profess 1926, Kantorin, Ökonomin und Erste Kantorin.

Chorfrau Erentrudis (Theresia) Stadler OSB (1887-1985), Benediktinerin in St. Hemma Gurk und St. Erentraud Kellenried, Profess 1911.

Chorfrau Gabriela (Margarete) Steinmetz OSB (1906-2001), Benediktinerin in Kellenried, Profess 1938.

Chorfrau Rosalia (Paulina) Strobl OSB (1859-1941), Benediktinerin in St. Hemma Gurk und St. Erentraud Kellenried, Profess 1880.

Chorfrau Hemma (Viktoria) Wenger OSB (1863-1944), Benediktinerin in St. Hemma Gurk und St. Erentraud Kellenried, Profess 1904.

Schwestern:

Sr. Antonia (Josefine) Berger OSB (1902-1993), Benediktinerin in St. Erentraud Kellenried, Profess 1929.

Sr. Theresia Dieing OSB (1888-1969), Benediktinerin in St. Gabriel Prag/Bertholdstein und St. Erentraud Kellenried, Profess 1918.

Sr. Fidelis (Karoline) Dieringer OSB (1903-1975), Benediktinerin in St. Erentraud Kellenried, Profess 1935 (Küche).

Sr. Candida (Agnes) Haaga OSB, geb. 1919, 1937 Eintritt als Pfortenoblatin (Windenschwester) in St. Erentraud Kellenried, ausgetreten 1942 als Oblatennovizin.

Übersicht Konvent 1940-1945

Sr. Erentraud (Mathilde) Fröhle OSB (1911-2000), Benediktinerin in St. Erentraud Kellenried, Profess 1934.

Sr. Ancilla (Maria) Gairing) OSB (1911-2005), Benediktinerin in St. Erentraud Kellenried, Profess 1935, Pfortenschwester.

Sr. Maria Gabriela (Theresia) Gairing OSB (1904-1982), Benediktinerin in St. Erentraud Kellenried, Profess 1933.

Sr. Romana (Crescentia) Göbl OSB (1875-1947), Benediktinerin in St. Hemma Gurk und St. Erentraud Kellenried, Profess 1900, Bäckerin.

Sr. Meinrada (Sophie) Hug OSB (1893-1951), Benediktinerin in St. Erentraud Kellenried, Profess 1929, Schusterin.

Sr. Monika (Katharina) Kampfmann OSB (1905-2000), Benediktinerin in St. Erentraud Kellenried, Profess 1932.

Sr. Thecla (Josepha) Kempter OSB (1916-2008), Benediktinerin in St. Erentraud Kellenried, Profess 1938, Pfortenschwester.

Sr. Columba (Anna Maria) Ketterer OSB (1899-1950), Benediktinerin in St. Erentraud Kellenried, Profess 1929.

Sr. Crescentia (Apollonia) Koch (1905-1980), Benediktinerin in St. Erentraud Kellenried, Profess 1933.

Sr. Innocentia (Maria) Konstanzer OSB, geb. 1915, Benediktinerin in St. Erentraud Kellenried, Profess 1940, ausgetreten als Novizin Winter 1940.

Sr. Teresita (Anna) Lenz OSB (1895-1971), Benediktinerin in St. Erentraud Kellenried, Profess 1934, Pfortenschwester.

Sr. Elisabeth (Emma Maria) Link OSB (1910-1949), Benediktinerin St. Erentraud Kellenried, Profess 1934.

Sr. Petronilla (Cäcilia) Müller OSB (1897-1986), Benediktinerin in St. Erentraud Kellenried, Profess 1931.

Sr. Camilla (Philomena) Ohrwalder OSB (1881-1944), Benediktinerin in St. Hemma Gurk und St. Erentraud, Kellenried, Profess 1905.

Sr. Gerarda (Theresia) Plank OSB (1878-1972), Benediktinerin in St. Hemma Gurk und St. Erentraud, Kellenried, Profess 1902.

Sr. Juliana (Maria) Pruner OSB (1891-1959), Benediktinerin in St. Hemma Gurk und St. Erentraud, Kellenried, Profess 1920.

Sr. Dorothea (Maria) Rendl OSB (1891-1944), Benediktinern in St. Hemma Gurk und St. Erentraud, Kellenried, Profess 1912.

Sr. Blandina (Anna) Rist OSB (1908-1997), Benediktinerin in St. Erentraud Kellenried, Profess 1932.

Sr. Anna (Elisabeth) Sauter OSB (1902-1969), Benediktinerin in St. Erentraud Kellenried, Profess 1927.

Sr. Philomena (Maria) Schlude OSB (1881-1958), Benediktinerin in St. Gabriel Prag/Bertholdstein und St. Erentraud Kellenried, Profess 1914.

Sr. Clara (Mina) Schöb OSB (1896-1994), Benediktinerin in St. Erentraud Kellenried, Profess 1929.

Sr. Scholastica (Anna) Steinmaßl OSB (1870-1944), Benediktinerin in St. Hemma Gurk und St. Erentraud, Kellenried, Profess 1893.

Sr. Veronika (Karolina) Stoffel OSB (1891-1972), Benediktinerin in St. Erentraud Kellenried, Profess 1928, „Lagerköchin".

Übersicht Konvent 1940-1945

Sr. Ruperta (Crescentia) Streibl OSB (1906-2004), Benediktinerin in St. Erentraud Kellenried, Profess 1931.

Sr. Virgilia (Maria) Streibl OSB (1908-1999), Benediktinerin in St. Erentraud Kellenried, Profess 1932.

Sr. Franziska (Amalia) Wagner OSB (1901-1972), Benediktinerin in St. Erentraud Kellenried, Profess 193, Pfortenschwester.

Sr. Maria Rosa (Christina) Wagner OSB (1899-1970), Benediktinerin in St. Erentraud Kellenried, Profess 1928.

Sr. Felicitas (Felicitas) Walter OSB (1904-1983), Benediktinerin in St. Erentraud Kellenried, Profess 1930.

Sr. Martha (Anna Ursula) Weber OSB (1921-1964), Benediktinerin in St. Erentraud Kellenried, Profess 1948.

Sr. Armella (Rosina) Welte OSB (1900-1989), Benediktinerin in St. Erentraud Kellenried, Profess 1927.

Sr. Notburga (Philomena) Zisterer OSB (1889-1941), Benediktinerin in St. Hemma Gurk und St. Erentraud Kellenried, Profess 1912, Schreinerin.

Literatur

300 Jahre Pfarrei Blitzenreute, hg. von der Pfarrgemeinde Blitzenreute, Horb a.N. 1996.
750 Jahre Kloster Lichtenthal. 1245 - 1995. Cistercienserinnenabtei Lichtenthal. Festschrift zum Klosterjubiläum, Lichtenthal, Baden-Baden 1995.
Albert, Marcel: Die Benediktinerabtei Maria Laach und der Nationalsozialismus, Paderborn u.a. 2004.
Albert, Marcel: Gregor Schwake, Mönch hinter Stacheldraht. Erinnerungen an das KZ Dachau, Münster 2005.
Aly, Götz: Hitlers Volksstaat, Frankfurt a.M. 2005.
Alleweldt, Bertold: Herbert Backe. Eine politische Biographie, Berlin 2011.
Altmann, Hugo: Pius XII., Papst, in: Biblisch-Biograpisches Kirchenlexikon (BBKL), Bd. 7, Herzberg 1994, Sp. 682-699.
Arbogast, Christine: Herrschaftsinstanzen der württembergischen NSDAP. Funktion, Sozialprofil und Lebenswege einer regionalen NS-Elite 1920-1960, München 1998.
Aretin, Erwein, Freiherr von: Fritz Michael Gerlich. Prophet und Märtyrer. Sein Kraftquell (2. erg. Aufl. mit einem Vorwort von Karl Otmar von Aretin), München 1983.
Aretin, P. Richard von SJ: Nachruf P. Franz Georg von Waldburg-Zeil SJ (1901-1983), in: Oberdeutsche Provinz SJ, Rundbrief Nr. 4/1983, 11-12.
Arnegger, Norbert: 70 Jahre Kloster Kellenried – vom Nonnberg nach Berg, in: Berg 1094-1994, ecclesiam de Berga, Berg 1994.
Bahlcke, Joachim u.a.: Handbuch der historischen Stätten. Böhmen und Mähren, Stuttgart 1998.
Bald, Detlef / Knab, Jakob (Hg): „Die Stärkeren im Geiste. Zum christlichen Widerstand der Weißen Rose", Essen 2012.
Barbers, Meinulf: Restauration oder Neubesinnung? Das Schicksal der Bündischen Jugendbewegung in Deutschland nach 1945, am Beispiel des Quickborn 1945 bis 2001, in: Archiv für schlesische Kirchengeschichte 65, Münster 2012.
Bastian,Till: Das Allgäu und der moderne Krieg, Erinnerungen an das Kriegsende in Leutkirch, in: Oberland, Heft 2, 2003, 29-28.
Bautz, Friedrich Wilhelm: Galen, Clemens August Graf von, in: BBKL, Bd. 2, Hamm 1990, Sp.166-168.
Bautz, Friedrich Wilhelm: Achler, Elisabeth, in: BBKL, Bd. 1, Hamm 1990, Sp. 18.
Bautz, Friedrich Wilhelm: Ehrle, Franz, in: BBKL, Bd. 1, Hamm 1990, Sp. 1472-1473.
Beck, Rudolf: Widerstand aus dem Glauben. Zum Verbot der katholischen Wochenzeitung „Der gerade Weg" am 13. März 1933, in: Allgäuer Geschichtsfreund, Blätter für Heimatforschung und Heimatpflege, Nr. 93, Kempten 1993, 135-157.
Beck, Rudolf: „„...als unschuldiges Staatsopfer hingeschlachtet. Die Mediatisierung des Hauses Waldburg, in: Engerer, Mark / Kuhn, Elmar in Verbindung mit Blickle, Peter: Adel im Wandel, Oberschwaben, von der frühen Neuzeit bis zur Gegenwart, Ostfildern 2006, 265-286.
Bendel, Carolin: Die deutsche Frau und ihre Rolle im Nationalsozialismus, in: Zukunft braucht Erinnerung, in: das online-Portal zu den historischen Themen unserer Zeit, 3. Oktober 2007, http://www.zukunft-braucht-erinnerung.de/die-deutsche-frau-und-ihre-rolle-im-nationalsozialismus.

Benedikt von Nursia hl. Das Mönchtum, http://www.benediktiner.de
Benz, Wolfgang/Graml,Hermann/Weiß,Hermann (Hg.): Enzyklopädie des Nationalsozialismus, München 1998.
Berg 1094-1994, ecclesiam de Berga, hg. im Auftrag der Gmde. Berg von der VHS–Geschichtswerkstatt Berg 1994.
Berger, Manfred: Fritz Gerlich, in: BBKL, Bd. 22, Herzberg 2003, Sp. 394-409.
Beuys, Barbara: Sophie Scholl – Biografie, München 2010.
Bierich, Andreas: Ausnahmen im Berufszulassungsrecht der Handwerksordnung, Diss. jur., Universität Osnabrück 2009.
Blank, Gebhard: Dienstverpflichtet in der Muna Urlau. Zeitzeugenberichte von Frauen, die während des Krieges in der Heeresmunitionsanstalt Urlau arbeiteten, in: Wolfegger Blätter, hg. von der Fördergemeinschaft des Bauernhausmuseums Wolfegg e.V., Ausgabe 1/2008, 28-23.
Blank, Gebhard / Kahl, Bettina / Hufschmid, Matthias: Die Geschichte der Muna Urlau, hg. von der Heimatpflege Leutkirch e.V., 2. Aufl., Leutkirch 2008.
Bleistein, Roman (Hg.): Augustin Rösch, Kampf gegen den Nationalsozialismus, Frankfurt a.M. 1985.
Bleistein, Roman: Augustinus Rösch, Leben im Widerstand, Frankfurt/M. 1998.
Borgstedt, Angela: Im Zweifelsfall auch mit harter Hand. Jonathan Schmid, Württembergischer Innen-, Justiz-, und Wirtschaftsminister, in: Kißener/Scholtyseck: Die Führer der Provinz, 595-620.
Brechenmacher, Thomas (Hg.): Das Reichskonkordat 1933. Forschungsstand, Kontroversen, Dokumente, Paderborn u.a. 2007.
Brunnhuber, Margarita OSB / Kretz, Ignatia OSB: Frauen, die das Leben lieben, Benediktinerinnen der Abtei St. Erentraud, Kellenried, hg. von der Abtei St. Erentraud, Kellenried, 2. Aufl., Ravensburg 2002.
Bucher Peter: Einleitung, in: Deutscher Bundestag/Bundesarchiv (Hg.): Der Parlamentarische Rat 1948-1949. Akten und Protokolle, 2 Bde. Der Verfassungskonvent auf Herrenchiemsee, bearbeitet von Peter Bucher, München 1981.
Buchheim, Karl: Bormann, Martin, in: NDB, Bd. 2, Berlin 1955, 465f.
Bücken, Erwin SJ: „Schmeißt sie raus, wir brauchen sie nicht!" Gedenken an die „Entlassung" der Jesuiten-Soldaten, s. http://www.con-spiration.de/syre/files/nzv.html.
Burkard, Dominik: Joannes Baptista Sproll. Bischof im Widerstand, Stuttgart 2013.
Burkarth, Axel / Holtwick, Bernd: Dorf unterm Hakenkreuz, Diktatur auf dem Land im deutschen Südwesten 1933-1945, hg. von der Landesstelle für Museumsbetreuung Baden-Württemberg und der Arbeitsgemeinschaft der sieben regionalen ländlichen Freilichtmuseen in Baden-Württemberg, Ulm 2009.
Cesar, Demir: Die Volkstumspolitik des NS-Regimes in Slowenien, Studienarbeit, Norderstedt 2006.
Chronik des Konzentrationslagers Dachau, hg. von der Bayerischen Landeszentrale für politische Bildungsarbeit: http://www.blz.bayern.de/blz/web/300017/chronik.asp.
Damberg, Wilhelm: Kriegsdeutung und Kriegserfahrung in Deutschland 1939-1945, in: Kösters, Christoph / Ruff, Mark Edward (Hg.): Die katholische Kirche im Dritten Reich. Eine Einführung, Freiburg u.a. 2011, 115.
Degler, Stephanie / Streb, Jochen: Die verlorene Erzeugungsschlacht: Die nationalsozialistische Landwirtschaft im Systemvergleich, in: Jahrbuch für Wirtschaftsgeschichte (2008), Heft 1, 161-181.
Delatte, Dom Paul: Kommentar zur Regel des Hl. Benedikt, St. Ottilien 2011.
Delp, P. Alfred SJ, in: Moll, Helmut: Zeugen für Christus. Das deutsche Martyrologium des 20. Jahrhunderts, hg. im Auftrag der Deutschen Bischofskonferenz, 6, erweiterte und neu strukturierte Auflage, Bd. II, Paderborn u.a. 2015, 953-956.

Dietzfelbinger, Eckart: „...dieses Land wieder ganz und gar deutsch zu machen". Das Motiv der „Rasse" in der NS-Ideologie und seine Umsetzung am Beispiel Slowenien, in: Jochem/Seiderer: Entrechtung, Vertreibung, Mord, 24-64.

Döpgen, Charis: Kellenried, Benediktinerinnenabtei St. Erentraud, Passau 1999.

Domarus, Max: Die NS-Bevölkerungs- und Vernichtungspolitik für Osteuropa: Hitlers Rede im Reichstag am 6. Oktober 1939, in: Hitler. Reden und Proklamationen 1932-1945, kommentiert von einem deutschen Zeitgenossen, Bd. 2, 4. Aufl., Leonberg 1988, 1377-1393.

Douglas, Ray M.: Ordnungsgemäße Überführung. Die Vertreibung der Deutschen nach dem Zweiten Weltkrieg, München 2012.

Dratzl, P. Josef SJ: Nachrufe, P. Felix Löwenstein SJ, gestorben am 21. Oktober 1986, in: Oberdeutsche Provinz SJ, Rundbrief Nr.5/1986, 9f.

Ehrle, Gertrud (Hg.): Licht über dem Abgrund. Aufzeichnungen und Erlebnisse christlicher Frauen 1933-1945, Freiburg 1951.

Engelbert, Pius OSB: Sant' Anselmo in Rom. Kolleg und Hochschule – Von den Anfängen (1888) bis zur Gegenwart, St. Ottilien 2012.

Engelmann, Ursmar: Die Beuroner Benediktinerkongregation, in: Freiburger Diözesanarchiv 106, (1986), 97-139.

Fahrer, Uwe: Der Architekt Adolf Julius Lorenz (1882-1970), in: Schöntag, Wilfried (Hg.): Abteikirche Beuron, Geschichte, geistliches Leben, Kunst, Beuron 1988.

Fischer, Franz Joseph in: Gatz, Erwin (Hg.): Die Bischöfe der deutschsprachigen Länder. Ein biographisches Lexikon, 2 Bde., Berlin 1983/2002, 478.

Fitschen Klaus: Michael von Faulhaber, in: BBKL, Bd. 24, Nordhausen 2005, Sp. 602-615.

Forcade, Olivier / Hudemann, Rainer, in Zusammenarbeit mit Großmann, Johannes / William, Nicholas: Eine vergleichende Geschichte der Evakuierungen im deutsch-französischen Grenzgebiet während des Zweiten Weltkrieges, s. http://www.nng.uni-saarland.de/forschung /forschungsschwerpunkte/evakuierungen.htm.

Fraenkel, Heinrich: Goebbels, Paul Joseph, in: NDB, Bd. 6, Berlin 1964, 500-503.

Frank, Isnard W.OP: Lexikon des Mönchstums, Stuttgart 2005.

Frensing, Hans Hermann: Die Umsiedlung der Gottscheer Deutschen – Das Ende einer südostdeutschen Volksgruppe, 1970, in: http://www.gottschee.de/geschichte.

Fricke, Dieter u.a. (Hg.): Lexikon zur Parteiengeschichte. Die bürgerlichen und kleinbürgerlichen Parteien und Verbände in Deutschland (1789-1945). Bd. 4, Köln/Leipzig 1986.

Fuchs, Konrad: Pius XI, in: BBKL, Bd. 7, Herzberg 1994, Sp. 680-682.

Fuchs, Konrad: Neumann von Konnersreuth, Therese, in: BBKL, Bd. 14, Herzberg 1998, Sp. 1307-1313.

Fußbroich, Helmut: Sachlexikon zur liturgischen Kirchenausstattung, Stuttgart 2013.

Gatz, Erwin (Hg.): Die Bischöfe der deutschsprachigen Länder 1785/1803 bis 1945. Ein biographisches Lexikon, Berlin 1983.

Gerl-Falkovitz, Hanna-Barbara: Das Pfarrhaus von Mooshausen, Aitrach: Mooshausen, in: http://www.dsk-nsdoku-oberschwaben.de/de/erinnerungswege/landkreis-ravensburg/aitrach-das-pfarrhaus-von-mooshausen.html.

Gerl-Falkovitz, Hanna-Barbara: Christologie als Macht gegen die Ideologie. Zu Guardinis Zeitdiagnose, Vortrag bei der Fachtagung „Der Herr – gegen die Heilbringer". Die Christologie Romano Guardinis nach 75 Jahren. Versuche einer Würdigung", am 29.4.2013 im Zisterzienserstift Heiligenkreuz, s. http://zeitzubeten.org/2013/04/29/romano-guardinis-der-herr-bericht-zur-fachtagung-in-stift-heiligenkreuz-1.

Gerl-Falkovitz, Hanna-Barbara: Romano Guardini. Konturen des Lebens und Spuren des Denkens, Mainz 2005.

Glenski, Heidrun Simone: Die Stellung der Ordensangehörigen in der Krankenversicherung, Diss. jur. Universität Köln 2000.

Glonnegger, Erwin: Aulendorf im Wandel der Zeit, Aulendorf 1999.
Görlitz, Walter: Kleine Geschichte des deutschen Generalstabes, 2. Aufl., Berlin 1977.
Grasmannsdorf, Martin: Die Umsiedlungslager der Volksdeutschen Mittelstelle im Gau Württemberg-Hohenzollern 1940-1945, eine Bestandsaufnahme, Berlin 2013.
Grevelhörster, Ludwig: Kleine Geschichte der Weimarer Republik, 7. Aufl., Münster 2010.
Griesser-Pecar, Tamara: Das zerrissene Volk – Slowenien 1941-1946, Okkupation, Kollaboration, Bürgerkrieg, Revolution, Köln u.a. 2003.
Guardini, Romano: Der Heiland, Mainz 1935.
Guardini, Romano: Der Heilbringer in Mythos, Offenbarung und Politik. Eine theologisch-politische Besinnung, Stuttgart 1946.
Hachtmann, Rüdiger: Seldte, Franz, in: NDB, Bd. 24, Berlin 2010, 215f.
Häfner, Lutz: Andrej Wlassow, Verräter Opportunist oder Märtyrer, zweier Teufel General, in: http://www.zeit.de/1988/31/zweier-teufel-general.
Hagen, August: Die Kongregation der Schulschwestern vom Dritten Orden des Hl. Franziskus in Sießen, ein geschichtlicher Abriss zur Jahrhundertfeier, Stuttgart 1960.
Hagen, August: Max Kottmann 1867-1948, in: Ders: Gestalten aus dem schwäbischen Katholizismus, 4.Teil, Stuttgart 1963, 111-130.
Hagen, August: Die Genossenschaft der Barmherzigen Schwestern zu Untermarchtal, ein geschichtlicher Abriss zu ihrem einhundertjährigen Bestehen, Stuttgart o.J.
Häuptli, Bruno W.: Scholastika, in: BBKL, Bd. 24, Nordhausen 2005, Sp. 1294-1297.
Harder, Hans-Joachim: Militärgeschichtliches Handbuch Baden-Württemberg, Stuttgart 1987.
Haushofer, Heinz: Darré, Walther, in: NDB, Bd. 3, Berlin 1957, Nachdruck 1971, 517.
Haub, Rita: Franz von Tattenbach SJ. Die Sorge um den Menschen steht im Mittelpunkt – Ein Erzieher für Mittelamerika, Kevelaer 2010.
Heinemann, Isabel: „Rasse, Siedlung, deutsches Blut". Das Rasse- und Siedlungshauptamt der SS und die rassenpolitische Neuordnung Europas, Göttingen 2003.
Henke, Klaus Dietmar: Politik der Widersprüche. Zur Charakteristik der französischen Militärregierung in Deutschland nach dem Zweiten Weltkrieg, in: Vierteljahresheft für Zeitgeschichte, Jhg. 30 (1982), Heft 3, 500-537.
Herbst, Ludolf: Speer, Berthold Konrad Hermann Albert, in: NDB, Bd. 24, Berlin 2010, 644ff.
Herder-Lexikon Politik. Sonderauflage für die Landeszentrale für politische Bildung NRW, Freiburg u.a. 1993.
Hermann, Klaus: „Maschinen braucht das Land" – Die Mechanisierung der südwestdeutschen Landwirtschaft 1933-1945, in: Burkarth/Holtwick: Dorf unterm Hakenkreuz, 157-175.
Hinkel, Sascha: Adolf Kardinal Bertram. Kirchenpolitik im Kaiserreich und in der Weimarer Republik, Paderborn 2010.
Hockerts, Hans Günter: Die Sittlichkeitsprozesse gegen katholische Ordensangehörige und Priester 1936/37. Eine Studie zur nationalsozialistischen Herrschaftstechnik und zum Kirchenkampf, Mainz 1971.
Hockerts, Hans Günter: Wiedergutmachung. Ein umstrittener Begriff und ein weites Feld, in: Hockerts, Hans Günter / Kullerts, Christiane (Hg.): Nach der Verfolgung: Wiedergutmachung nationalsozialistischen Unrechts in Deutschland? (Dachauer Symposien zur Zeitgeschichte, Bd. 3), Göttingen 2003.
Holtwick, Bernd: Bauernkult und Leistungssteigerung. Die württembergische Landwirtschaft im Spannungsfeld von Ideologie und wirtschaftlichen Anforderungen, in: Burkarth/Holtwick: Dorf unterm Hakenkreuz, 29-45.
Hürten, Heinz: Deutsche Katholiken 1918-1945, Paderborn u.a. 1992.
Illustrierter Sonntag. Das Blatt des gesunden Menschenverstandes (Nr. 1 vom 31. März 1929 bis Nr. 52 vom 27. Dezember 1931; Der gerade Weg – Deutsche Zeitung für Wahrheit und

Recht (Nr. 1 vom 3. Januar 1932 bis Nr. 20 vom 8. März 1933. Digitalisat im Online-Angebot der Bayerischen Landesbibliothek.

Irtenkauf, Wolfgang: Johner, Dominicus OSB, in: Blume, Friedrich (Hg): Die Musik in Geschichte und Gegenwart, Bd. , München u.a. 1989, 123f.

Jachomowski, Dirk: Die Umsiedlung der Bessarabien-, Bukowina- und Dobrudschadeutschen. Von der Volksgruppe in Rumänien zur „Siedlungsbrücke" an der Reichsgrenze (Buchreihe der Südostdeutschen Historischen Kommission 32), München 1984.

Jenders, P. Lothar SJ: Nachruf P. Franz Prinz zu Löwenstein-Wertheim-Rosenberg (1908-1990) SJ, in: Oberdeutsche Provinz SJ, Rundbrief Nr. 2/1990,14-16.

Jensen, Uffa: Blut und Boden, in: Benz, Wolfgang / Graml, Herman / Weiß, Hermann (Hg.): Enzyklopädie des Nationalsozialismus. 3. Aufl., Stuttgart 1998.

Jochem, Gerhard / Seiderer, Georg (Hg.): Entrechtung, Vertreibung, Mord – NS-Unrecht in Slowenien und seine Spuren in Bayern 1941-1945, hg. im Auftrag des Stadtarchivs Nürnberg und der Stiftung „Nürnberg – Stadt des Friedens und der Menschenrechte" in Zusammenarbeit mit der Slowenischen Vereinigung der Okkupationsopfer 1941-1945, Kranj (Zdruzenje Zrtev Okupatorjev 1941-1945), Berlin 2005.

Jochem, Gerhard: Die Sprache des Rassenwahns, in: Jochem/Seiderer: Entrechtung, Vertreibung, Mord, 97-105.

Jochem, Gerhard: NS-Vertreibung, Slowenien wird deutsch. Ein verschwiegenes Vertreibungsverbrechen: Während des Zweiten Weltkriegs sollte Slowenien "umgevolkt" werden, in: DIE ZEIT Nr. 42/2012, Oktober 2012.

Johner, Dominicus: Neue Schule des gregorianischen Choralgesangs, Regensburg 1906, (Neuauflage 1937).

Kaffanke Jakobus OSB / Köhler, Joachim (Hg.): Mehr nützen als herrschen. Raphael Walzer OSB, Erzabt von Beuron 1918-1937, (Beiträge zu Theologie, Kirche und Gesellschaft im 20. Jahrhundert, Bd.17), 2. Aufl., Münster 2010.

Kahn, Daniela: Die Steuerung der Wirtschaft durch Recht im nationalsozialistischen Deutschland. Das Beispiel der Reichsgruppe Industrie, Frankfurt a. M. 2006.

Kaminsky, Anna (Hg.): Erinnerungsorte für die Opfer von Katyn, Leipzig 2013.

Kempter, Thomas: „Gott feiern in Dachau. Die Feier der Eucharistie in Dachau", Diplomarbeit Liturgiewissenschaft, Albert Ludwigs-Universität Freiburg 2005.

Kißener, Michael / Scholtyseck, Joachim (Hg.): Die Führer der Provinz, NS-Biographien aus Baden und Württemberg, Konstanz 1999.

Kißener, Michael / Scholtyseck, Joachim: Nationalsozialismus in der Provinz. Zur Einführung, in: Dieselben: Die Führer aus der Provinz, 11-29.

Klöckler, Jürgen: Waldburg-Zeil und Trauchburg, Maria Erich August Wunibald Joseph Reinhard Reichserbtruchseß, Fürst von, in: Baden-Württembergische Biographien, Bd. 3, Stuttgart 2002, 433f.

Kock, Gerhard: „Der Führer sorgt für unsere Kinder" – Die Kinderlandverschickung im Zweiten Weltkrieg, Paderborn 1997.

Kösters, Christoph: Katholisches Kirchenvolk 1933-1945, in: Kösters, Christoph / Ruff, Mark Edward (Hg): Die katholische Kirche im Dritten Reich, eine Einführung, Freiburg u.a. 2011, 92-108.

Koppmann. Jan: Carl Rudorf – Kreisleiter des Kreises Ravensburg, in: Eitel, Peter (Hg.): Ravensburg im Dritten Reich, Beiträge zur Geschichte der Stadt Ravensburg, 1998, 65-86.

Koppmann. Jan: Berg im Dritten Reich – Die Männer vom Stammtisch", in: Berg 1094-1994, 169-180.

Kovacs, Karl: Der Wald als ideologisches Instrument im Dritten Reich, Hausarbeit, Albert Ludwigs-Universität Freiburg 2006.

Krebs, Christopher B.: Ein gefährliches Buch – Die „Germania" des Tacitus und die Erfindung der Deutschen, München 2012.

Kretschmann, Carsten / Pyta, Wolfram (Hg.): Burgfrieden und Union sacrée – Literarische Deutungen und politische Ordnungsvorstellungen in Deutschland und Frankreich 1944-1933, in: Historische Zeitschrift, Beiheft N.F. (54), München 2011.

Krins, Hubert: Die Kunst der Beuroner Schule. „Wie ein Lichtblick vom Himmel", Beuron 1998.

Kristan, Tone: Zur Vernichtung verurteilt. Das Martyrium des slowenischen Volkes während der Okkupation 1941-1945, in: Jochem/Seiderer: Entrechtung, Vertreibung, Mord, 107-129.

Kristan, Tone: Ereignisse vor 60 Jahren, Zeitzeugenbericht, in: Jochem/Seiderer: Entrechtung, Vertreibung Mord, 286-292.

Kruse, Norbert (Hg.):Weingarten. Von den Anfängen bis zur Gegenwart, Biberach 1992.

Kürzinger, Josef: Lebensbild unserer lieben hochwürdigen Mutter der hochwürdigen Frau, Frau M. Benedikta Spiegel von und zu Peckelsheim O.S.B. Äbtissin der Abtei St. Walburg zu Eichstätt in Bayern, hg. von der Abtei St. Walburg Eichstätt, als Manuskript gedruckt (1950).

Kullen, Siegfried: Die Waldburger Residenzen im südlichen Oberschwaben, in: Im Oberland – Kultur, Geschichte, Natur, Kulturmagazin, hg. vom Landkreis Ravensburg, Heft 2, 2003, 24-32.

Kunze, Reiner: Die Silhouette von Lübeck, in: Kunze, Reiner: gedichte, Frankfurt a.M. 2001.

Leugers, Antonia: Gegen eine Mauer bischöflichen Schweigens – Der Ausschuß für Ordensangelegenheiten und seine Widerstandskonzeption 1941 bis 1945, Frankfurt a.M. 1996.

Leugers, Antonia: Georg Angermaier 1913-1945. Katholischer Jurist zwischen nationalsozialistischem Regime und Kirche. Lebensbild und Tagebücher, Mainz 1997.

Lob, Brigitte: Abt Albert Schmitt OSB – Abt in Grüssau und Wimpfen. Sein kirchengeschichtliches Handeln in der Weimarer Republik und im Dritten Reich, (Forschungen und Quellen zur Kirchen- und Kulturgeschichte Ostdeutschlands [FQKKO], BD. 31, Köln u.a. 2000.

Löffler, Peter (Hg.):Bischof Clemens August Graf von Galen – Akten, Briefe und Predigten 1933-1946, Paderborn u.a., 2. Aufl.1996.

Lutz, Alfred: Albert Sauer (1902-1981), Ravensburger Oberbürgermeister und Kultminister von Württemberg-Hohenzollern (Teil I), in: Im Oberland, Kultur, Geschichte, Natur, Beiträge aus Oberschwaben und dem Allgäu, Heft 2, 13. Jhg. 2002, 44-54; Teil II, ebenda, Heft 3, 14. Jhg. 2003, 32-42.

Meinhold, Wilhelm: Backe, Herbert. in: NDB, Bd. 1, Berlin 1953, 504f.

Menges, Franz: Murr, Wilhelm, in: NDB, Bd. 18, Berlin 1997, 618f.

Mertens, Annette: Himmlers Klostersturm – Der Angriff auf katholische Einrichtungen im Zweiten Weltkrieg und die Wiedergutmachung nach 1945, (Veröffentlichungen der Kommission für Zeitgeschichte [Kfzg], Reihe B: Forschungen, Bd. 108), Paderborn u.a. 2006.

Mertens, Annette: Widerstand gegen das NS-Regime? Katholische Kirche und Katholiken im Rheinland 1933-1945, in: http://www.rheinische-geschichte.lvr.de/themen/Das%20Rheinland%20im%2020.%20Jahrhundert/Seiten/KatholischeKircheundKatholikenimRheinland1933%E2%88%921945.aspx.

Moll, Helmut: Zeugen für Christus. Das deutsche Martyrologium des 20. Jahrhunderts, hg. im Auftrag der Deutschen Bischofskonferenz, 6, erweiterte und neu strukturierte Auflage, Bd. II, Paderborn u.a. 2015.

Morsey, Rudolf: Fritz Gerlich (1883-1934), in: Hummel Karl-Joseph / Strohm, Christoph (Hg.): Zeugen einer besseren Welt. Christliche Märtyrer des 20. Jahrhunderts, Kevelaer/Leipzig 2000, 37-57.

Münkel, Daniela: Nationalsozialistische Agrarpolitik und Bauernalltag, Campus-Forschung 735, Frankfurt/M. u.a. 1996.

Naab, Erich: Ingbert Naab, in: BBKL, Bd. 6, Herzberg 1993,Sp. 421-422.

Nachtmann, Walter: Wilhelm Murr und Karl Strölin, in: Stuttgarter NS-Täter. Vom Mitläufer bis zum Massenmörder, Stuttgart 2009.
Ostrowitzky, Anja: Bonn, in: Albert, Marcel: Frauen mit Geschichte. Die deutschsprachigen Klöster der Benediktinerinnen vom Heiligsten Sakrament, St. Ottilien 2003, 59-103.
Pahl, Benedikt: Abt Adalbert Graf von Neipperg (1890-1948) und die Gründungs- und Entwicklungsgeschichte der Benediktinerabtei Neuburg bei Heidelberg bis 1949, Münster 1997.
Pahl, Benedikt: Neipperg, Adalbert (Taufname Karl) Graf von, in: NDB, Bd.19, Berlin 1999, 50f.
Pape, Wilhelm: Professor Prill und der Hollenberg, hg. vom Heimat- und Geschichtsverein Lohmar e.V. 1993.
Pilvousek, Josef: Katholische Kirche in der Weimarer Republik – politischer Katholizismus zwischen Monarchie und Demokratie, s. https://www.schulportal-thueringen.de/c/document_library/get_file?folderId=50944&name=DLFE-66988.pdf,
Primetshofer, Bruno: Ordensrecht, 2. Aufl., Freiburg 1979.
Preysing, Konrad Graf von (1880-1950), Bischof von Eichstätt und Berlin, in: Gatz, Erwin (Hg.): Die Bischöfe der deutschsprachigen Länder 1785/1803 bis 1945. Ein biographisches Lexikon, Berlin 1983, 573-576.
Quarthal, Franz / Faix, Gerhard (Hg.): Die Habsburger im deutschen Südwesten. Neue Forschungen zur Geschichte Vorderösterreichs, Stuttgart 2000.
Rambow, Werner: Zwangsarbeiter in der Landwirtschaft. Ihr Einsatz während des Zweiten Weltkrieges im Landkreis Ravensburg, in: Im Oberland 2011, Heft 2, 57-62.
Redlich, P. Virgil OSB: Erinnerung an P. Martin Schnell OSB, in: Seckauer Hefte, 10. Jhg. 1947, 3-4,103-107.
Recker, Marie-Luise: Nationalsozialistische Sozialpolitik im Zweiten Weltkrieg, Studien zur Zeitgeschichte, hg. vom Institut für Zeitgeschichte, München 1985.
Reith, Reinhold: „Hurra die Butter ist alle!" – „Fettlücke" und „Eiweißlücke" im Dritten Reich, in: Pammer, Michael / Neiß, Herta / John, Michael (Hg.): Erfahrung der Moderne, Festschrift für Roman Sandgruber zum 60. Geburtstag, Stuttgart 2007, 403-426.
Rhode, Ulrich: Exemtion, in: Meier, Dominicus M. / Kandler-Mayr, Elisabeth / Kandler, Josef: 100 Begriffe aus dem Ordensrecht, St. Ottilien 2015, 180f.
Riccabona, Jos von: Die Familie von Riccabona – Ihr Wirken in Alt-Tirol, in der Öffentlichkeit und im Stillen, Innsbruck-Wien 1996.
Rivinius, Karl Josef: Keppler, Paul Wilhelm von, in: BBKL. Bd.3, Herzberg 1992, Sp. 1379-1383.
Rödel, Volker: Löwenstein-Wertheim-Rosenberg, Karl Fürst zu, in: BBKL, Bd. 5, Herzberg 1993, Sp. 178-180.
Röttger, Sarah: Zwischen Hirtenamt und politischem Kalkül. Die Adventspredigten Michael Kardinal von Faulhabers 1933, in: Beiträge zur altbayerischen Kirchengeschichte 55 (2013),167-254.
Roon, Ger van: Die Widerstandsbewegung des Kreisauer Kreises. Ihr Zukunftsbild für eine Neuordnung in Deutschland und Europa, in: Stiftung Schlesien, Die kleine Reihe, Bd. 5, Vortrag im Rahmen der Preußischen Tafelrunde der Volkshochschule am 24. April 1989 in Münster.
Rose, Ambrosius: Kloster Grüssau, Stuttgart 1974.
Roser, Anette: Beamter aus Berufung. Karl Wilhelm Waldmann, Württembergischer Staatssekretär, in: Kißener/Scholtyseck: Die Führer der Provinz, 781-803.
Sauser Ekkart:: Weiger, Josef, in: BBKL, Bd. 13, Herzberg 1998, Sp. 599-602.
Sauser Ekkart: Erentrudis, in: BBKL, Bd. 14, Herzberg 1998, Sp. 960-961.
Sauser Ekkart: Reetz, Benedikt, in: BBKL, Bd. 15, Herzberg 1999, Sp. 1198-1199.
Sauser Ekkart: Ida Friederike Görres, in: BBKL, Bd. 17, Herzberg 2000, Sp. 471-473.

Schachenmayr, Alkuin Volker: Der Anschluss im März 1938 und die Folgen für Kirche und Klöster in Österreich. Forschungsbericht der Arbeitstagung des Europainstitutes für Cisterciensische Geschichte, Spiritualität, Kunst und Liturgie an der Päpstlichen Phil.-Theol. Hochschule Benedikt XVI., Heiligenkreuz vom 7./8. März 2008, Heiligenkreuz im Wienerwald 2008.

Scheffler, Wolfgang: Himmler, Heinrich, in: NDB, Bd. 9, Berlin 1972, 172-175.

Schleinzer, Annette: Frauen machen sich stark – über die Geschichte des Frauenbundes, Stuttgart 1998.

Schlösser, Susanne: Was sich in den Weg stellt, mit Vernichtung schlagen: Richard Drauz, NSDAP-Kreisleiter von Heilbronn, in: Kißener/Scholtyseck: Die Führer der Provinz, 143-159.

Schmaus, Michael: Faulhaber, Michael von, in: NDB, Bd. 5, Berlin 1961, 31f.

Schmidt, Abt Ansgar: Ansprache beim Sterbeamt von P. Martin Schiffer OSB, in: Mattheiser Brief 2005, 14-16.

Schmidt, Ute: Bessarabien – Deutsche Kolonisten am Schwarzen Meer, 2. Aufl., Potsdam 2012.

Schmuhl, Hans-Walter: Arbeitsmarktpolitik und Arbeitsverwaltung in Deutschland 1871-2002, zwischen Fürsorge, Hoheit und Markt. (Beiträge zur Arbeitsmarkt- und Berufsforschung, Beitr. AB 270), Nürnberg 2003.

Schneider, Paul OSB: Abt Conrad Winter OSB, Weingarten, aus: Des Herrn Weinberg, Gabe der Freunde der Abtei Weingarten an ihre Freunde und alle Verehrer des Hl. Blutes, Weingarten, Jhg.10, Heft 8, September 1959.

Schnieber, Michael: In unserer Mitte – der Mensch. Stiftung Liebenau, Tettnang 1995.

Scholtyseck, Joachim: „Der Mann aus dem Volk". Wilhelm Murr, Gauleiter und Reichsstatthalter in Württemberg-Hohenzollern, in: Kißener/Scholtyseck: Die Führer der Provinz, 477-502.

Schüler, Barbara: Im Geiste der Gemordeten – Die „Weiße Rose" und ihre Wirkung in der Nachkriegszeit, Paderborn 2000.

Schütz, Christian / Rath, Philippa (Hg.): Der Benediktinerorden, Gott suchen in Gebet und Arbeit, Mainz 1994.

Schwaiger, Georg: Mönchtum, Orden, Klöster –von den Anfängen bis zur Gegenwart, ein Lexikon, München 1993.

Siegele-Wenschkewitz, Leonore (Hg.): Christlicher Antijudaismus und Antisemitismus. Theologische und kirchliche Programme Deutscher Christen, Arnoldshainer Texte, Bd. 85, Frankfurt 1994.

Siegloch, Nicola: Vom herrschaftlichen Schloss zur Medizinisch-Geriatrischen Abteilung – das Klostergebäude im 20. Jhdt, in: Reinhardt, Rudolf (Hg.): Reichsabtei St. Georg in Isny 1096-1802, Beiträge zur Geschichte und Kunst des 900j. Benediktinerklosters (im Auftrag der Kirchengemeinde St. Georg Isny und der Stadt Isny, Weißenhorn 1996, 275-286.

Spoerer, Mark: Zwangsarbeit im Dritten Reich und Entschädigung, ein Überblick, in: Barwig, Klaus / Bauer Dieter R. / Hummel, Karl-Joseph (Hg.): Zwangsarbeit in der Kirche, Entschädigung, Versöhnung und historische Aufarbeitung, Kath. Akademie Rottenburg-Stuttgart, Stuttgart 2001, 15-46.

Stary, P. Othmar OSB: Benediktinerabtei Seckau, Seckau 1999.

Stehle, Berta: Rede anlässlich der Feierstunde zum 40j. Jubiläum des Württembergischen Landesausschusses des Kath. Deutschen Frauenbundes (KDFB), Untermarchtal, 29.10.1958, gedrucktes Manuskript.

Steinsträßer, Inge: Wanderer zwischen den politischen Mächten – P. Nikolaus von Lutterotti OSB (1892-1955) und die Abtei Grüssau in Niederschlesien, (FQKKO 41), Köln u.a. 2009.

Stolleis, Michael: Geschichte des Sozialrechts in Deutschland. Ein Grundriss, Stuttgart 2003.

Stüben, Ingo: Das Deutsche Handwerk – Der große Befähigungsnachweis (Meisterbrief) als Kriterium des Marktzutritts, Hamburg 2006.
Tillmann, Elisabeth: Geheimauftrag Seelsorge/Verfolgung. Die katholische Kirche in Frankreich schleuste Geistliche in deutsche Lager ein, in: Rheinischer Merkur, Nr. 49, 4.12.2003.
Tooze, J. Adam: Ökonomie der Zerstörung Die Geschichte der Wirtschaft im Nationalsozialismus. Aus dem Englischen von Yvonne Badal, München 2007.
Tüchle, Hermann: Die Barmherzigen Schwestern von Untermarchtal. Zur 125jährigen Tätigkeit der Vinzentinerinnen im Bistum Rottenburg-Stuttgart, Ostfildern 1983.
Urban, Thomas: Katyn 1940. Geschichte eines Verbrechens, München 2015.
„Vor 50 Jahren die Profeß abgelegt – Br. Crispin, der schuhmachende Mönch", in: Schwäbische Zeitung, 28.7.1978, Nr. 171.
Wagner-Höher, Ulrike Johanna: Die Benediktinerinnen von St. Gabriel/Bertholdstein, St. Ottilien 2008.
Wegner, Peter-Christian: Melchior Grossek (1889-1967). Das künstlerische Werk eines Berliner Priesters. Scherenschnitte und Druckgrafik, (Jahresgabe für die Mitglieder des Deutschen Scherenschnittvereins e. V.), Holzminden 2006.
Weiger, Josef: Liturgisches Marienbuch, Mainz 1924.
Weiger, Josef: Liturgisches Totenbuch, Mainz 1924.
Weiger, Josef: Liturgisches Wochenbuch, Mainz 1925.
Weiger, Josef: Mutter des neuen und ewigen Bundes, Würzburg 1936.
Weiger, Josef: Der Leib Christi in Geschichte und Geheimnis, Würzburg 1950.
Weiger, Josef: Maria von Nazareth, München 1954.
Werle, Gerhard: Justiz-Strafrecht und polizeiliche Verbrechensbekämpfung im Dritten Reich, Berlin u.a. 1989.
Wichmann, Manfred: Henri Philippe Pétain, in: https://www.dhm.de/lemo/biografie/philippe-henri-petain.
Widmann, Peter: Reichskommissar für die Festigung deutschen Volkstums, in: Benz: Enzyklopädie des Nationalsozialismus, 677.
Winkler, Dörte: Frauenarbeit im „Dritten Reich", Reihe Historische Perspektiven 9, hg. von Martin, Bernd / Puhle, Hans-Jürgen / Schieder, Wolfgang / Winkler, Heinrich August, Hamburg 1977.
Winkler, Heinrich August: Der lange Weg nach Westen, Bd. 2, Bonn 2005.
Wolf, Hubert: Papst und Teufel. Die Archive des Vatikan und das Dritte Reich. 2. Aufl., München 2009.
Wollasch, Hans-Josef: Beiträge zur Geschichte der deutschen Caritas in der Zeit der Weltkriege. Zum hundertsten Geburtstag von Benedict Kreutz (1879-1949), Freiburg i. Breisgau 1978.
Wollasch, Hans-Josef: Benedict Kreutz (1879-1949*)*, in: Zeitgeschichte in Lebensbildern. Aus dem deutschen Katholizismus des 19. und 20. Jahrhunderts, hg. von Aretz, Jürgen / Morsey, Rudolf / Rauscher, Anton, Bd. V, Mainz 1982, 118-133.
Wolter, Maurus: Elementa. Die Grundlagen des Benediktinischen Mönchtums, Beuron 1955.
Zechner, Johannes: „Ewiger Wald und ewiges Volk". Die Ideologisierung des deutschen Waldes im Nationalsozialismus, Freising 2006.
Zimmermann, Markus: Die Nachfolge Jesu Christi, Eine Studie zu Romano Guardini, Paderborn 2004.
Zorko, Alojz: „Mama, blühen die Apfelbäume auch zu Hause?", in: Jochem/Seiderer: Entrechtung, Vertreibung, Mord, 280-286.
Zorn, Wolfgang: Epp, Franz Xaver Ritter v., in: NDB, Bd 4, Berlin 1959, 547f.

Weblinks

Abtei Lichtenthal: http://www.abtei-lichtenthal.de.
Abtei Nonnberg in Salzburg: http://www.orden-online.de/wissen/n/nonnberg.
Abtei Sainte-Cécile de Solesmes: http://www.saintececiledesolesmes.org.
Abbaye Saint-Pierre de Solesmes: http://www.abbayedesolesmes.fr/FR/entree.php.
Adolf Hitler-Spende der deutschen Wirtschaft: http://www.uni-protokolle.de/Lexikon/Adolf-Hitler-Spende_der_deutschen_Wirtschaft.html.
Arbeitsbuchfragen: http://www.bundesarchiv.de/aktenreichskanzlei/1919-1933/0011/adr /adrsz/kap1_1 /para2_559.html.
Bastres, Augustin OSB: http://www.benediktinerlexikon.de/wiki/Bastres,_Augustin, http://www.belloceturt.org.
Ausnahmen im Berufszulassungsrecht, 3f.: http://www.hwk-stuttgart.de/handwerk-regional/das-handwerk/geschichtliches.html.
Bedingungslose Kapitulation: http://www.juraforum.de/lexikon /bedingungslose-kapitulation.
Benedikt (Karl Borromäus) Baur OSB: http://www.orden-online.de/wissen/b/baur-benedikt.
Benediktinerabtei Neresheim: http://www.abtei-neresheim.de.
Benediktinerabtei Seckau: http://www.orden-online.de/wissen/s/seckau.
Benediktinerinnenabtei St. Gabriel: http://www.orden-online.de/wissen/s/st-gabriel-benediktinerinnen.
Benediktinerinnenabtei St. Hildegard Eibingen: http://www.abtei-st-hildegard.de.
Benediktinerabtei St. Matthias in Trier: http://www.abteistmatthias.de.
Benediktinerabtei Weingarten: http://www.orden-online.de/wissen/w /weingarten.
Benediktinerinnen von der hl. Lioba: http://www.kloster-st.-lioba.de.
Bessarabien: http://www.dw.de/bessarabien-deutsche-und-ihre-geschichte/a-6138367.
Brizgys,Vincentas : http://www.apostolische-nachfolge.de/baltikum.htm.
Büttner, Albert, Prälat : Nachlass in der Kommission für Zeitgeschichte Bonn, s. http://www.kfzg.de/Archiv/Bestand_RVKDA/bestand _rvkda.html.
Ebel, P. Basilius (Heinrich) OSB: http://www.orden-online.de/wissen/e/ebel-basilius.
Höckelmann Ansgar (Theodor) OSB: http://www.orden-online.de/wissen /h/hoeckelmann-ansgar.
Leisner, Karl: http://www.karl-leisner.de/karl-leisner-priesterweihe-im-kz-dachau-an-gaudete-17-dezember-1944.
Kloster Sießen: http://www.klostersiessen.de.
Kloster Untermarchtal: http://www.untermarchtal.de.
Kloster Zangberg/Obb: http://www.kloster-zangberg.de.
Konrad Graf von Preysing: http://www.eichstaetter-dioezesangeschichtsverein.de/memoriale /preysing-konrad-graf-von.
Kriegsende in Württemberg: http://www.lpb-bw.de/kriegsende_baden-wuerttemberg.html.

Molitor, Raphael (Fidelis-Engelbert) OSB: http://www.orden-online.de/wissen /m/molitor-raphael.

Nero-Befehl: http://www.ns-archiv.de/personen/hitler/nero-befehl.

Neues Testament (NT): Hebräerbrief: http://www.die-bibel.de/bibelwissen/inhalt-und-aufbau/neues-testament/briefe/der-brief-an-die-hebraeer.

NT, Paulus-Briefe: http://www.bibelwissenschaft.de/bibelkunde/neues-testament/paulinische-briefe.

NT, Philipperbrief: http://www.bibelwissenschaft.de/bibelkunde/neues-testament/paulinische-briefe/philipper.

OMIRA = Oberland-Milchverwertung Ravensburg GmbH: http://www.omira.info.

Ordensgemeinschaft der Schwestern vom Heiligsten Herzen Jesu, (Missionariae Sacratissimi Cordis = MSC): http://www.msc-hiltrup.de.

Päpstliches Athenaeum Sant'Anselmo: http://www.santanselmo.org.

Päpstlicher Rat für die Migranten und die Menschen unterwegs: http://www.vatican.va /roman_curia/pontifical_councils/migrants/documents/rc_pc_migrants_doc_20040514_erga-migrantes-caritas-christi_ge.html.

Quickborn, katholischer Jugendbund: http://quickborn-ak.de.

Rathmann, P. Sigmund OPraem: http://www.premontre.org/chapter/Rathmann-1282.html.

Reichsgemeinschaft freier Caritasschwestern: http://www.caritas-gemeinschaft-bayern.de.

Religiosenkongregation: http://www.vatican.va/roman_curia/congregations/ccscrlife/documents/rc_con_ccscrlife_profile_ge.htm.

Schloss („Schlössle") Benzenhofen: http://www.schlossbenzenhofen.de

Schloss Weißenstein: http://www.Schloßweissenstein.de

Solidaris Treuhand GmbH: http://www.solidaris.de/unternehmen/chronik.php.

Sproll, Joannes Baptista: http://www.drs.de/dioezese/bischoefe.html.

Stimmzettel zum Anschluss Österreichs an das Deutsche Reich 1938: http://lexikon.dornbirn.at/Die-Volksabstimmung-1938.2513.0.html.

St. Jodok, Ravensburg: : http://www. sankt-jodok.de.

Stotzingen Fidelis Freiherr von, OSB: http://www.orden-online.de/wissen/s/stotzingen-fidelis-von.

Studienkolleg St. Johann Blönried: http://www.studienkolleg-st-johann.de/joh2/index.php.

Vertreibung der Deutschen nach dem Zweiten Weltkrieg: https://www.dhm.de/lemo/html /wk2/aussenpolitik/umsiedlung /index.html.

Vinzentiuspflege in Donzdorf: http://www.srdelacroix.fr/de/wer-sind-wir; http://www.franzvonassisi.de/ueber-die-einrichtung-111.

Walzer, Raphael OSB: http://www.orden-online.de/wissen/w/walzer-raphael.

Wiedergutmachung: http://www.bpb.de/apuz/162883/wiedergutmachung-in-deutschland-19451990-ein-ueberblick ?p=all.

Wolter, P. Maurus (Rudolf) OSB und Wolter, P. Placidus (Ernst) OSB: http://www.orden-online.de/wissen/w/wolter-maurus; http://www.benediktinerlexikon.de/wiki/Wolter,_Placidus.

Quellenverzeichnis

Ungedruckte Quellen

Archiv Abtprimas der Beuroner Kongregation (AAbtpr, Congr. Beuron):
Varia Cassetto Nr. 64/Fasc. A/1, Nr. 3077/41, Reskript der Ordenskongregation vom 11. Juni 1941, 3.

Archiv der Bayerischen Provinz der Armen Schulschwestern von Unserer Lieben Frau München (Ar V.U.L.FR.):
- Zusammenfassung aller Geschehnisse in der Provinz seit ihrem Bestehen… bis 1945.
- Chronik der Armen Schulschwestern V.U.L.FR., Filiale Ravensburg, Chronistin M. Dosithea, (Chronik A.S, RV) 1938-1958.
- Chronologische Notizen Filiale Ravensburg 1940, 1942, 1945, 1947, 1949.

Archiv Erzabtei Beuron (AEB):
Chronik der Erzabtei Beuron 1941-1946.
Totenchronik P. Leander Heinrich Fischer OSB.

Archiv Provinzialmutterhaus der Kongregation vom Armen Kinde Jesus Aachen (Ar-PIJ):
- Chronik Haus Lohmarhöhe 1944-1946 (Chronik 1).
- Chronik Haus Lohmarhöhe – Schloß Zeil, 22.12.1944-1.2.1946 (Chronik 2).
- Kennkarte Nr. W-Nr. 576, Sr. Clara Maria Ehrle PIJ.
- Kurzchronik Kinderheim Lohmarhöhe.

Gemeindearchiv Berg (GArB):
Archiv-Inventar, angelegt von Braun 1957, Akten Nr. 4, Ordnungsplan-Nr.: I/1, Meldeliste Bürgermeister Waldraff an Landrat, 10.4.1938:
- Karton 1-4, aus Nr. 4, Reichstagswahlen 1938, Liste der Wahlberechtigten österreichischer Staatsangehörigkeit, Benediktinerinnenabtei St. Erentraud, Kellenried (25).

Akte Slowenen im Kloster Kellenried, Büschel (Bü) 378-385:
- Bü 378: Meldung und Statistik (Slowenische Arbeitskräfte)
- Bü 379: Flüchtlinge aus dem „Freimachungsgebiet" und Unterbringung im Lager Kellenried (1939-1945).
- Bü 380: Unterbringung von Slowenen.
- Bü 385: Kennkartenanträge, Unterbringung von Slowenen im Kloster Kellenried.

Akte 389-398: Ernährungs- und Wirtschaftsamt Ravensburg, hier: 389, Verhängung von Ordnungsstrafen bei Eierablieferung, Milch- Fett- und Eierwirtschaftsverband Stuttgart, Blücherstr. 4, 6.7.1943.

Akte 126-132 (2021-2090), Nr. 129, Steuer Kellenried, s. Gemeinderatsprotokoll vom 2.2.1951.

Bundesarchiv Berlin (BAR):

R 59/216, Bl.1-32, Handbuch für Lagerführer. Alphabetische Loseblattsammlung nach Stichworten, Gaueinsatzführung Heilbronn, o.D. 1942, hier: Bl. 23.

Diözesanarchiv Rottenburg (DAR):

G 1.1. Generalakten des Bischöflichen Ordinariats Rottenburg 1811-1958.

G 1.5: Akten des Bischöflichen Ordinariats Rottenburg betr. Den Nationalsozialismus (1930-1963).

G 1.6: Kriegsakten 1939-1945.

G 1.7.1 Personalakte zu Josef Hafner, Nr. 882.

G 1.9.1 Hauptabteilung Recht.

Registratur: Personalakte des Bischöflichen Ordinariates zu Paul Mohr (1910-1998).

Klosterarchiv Kellenried (ArKe):

Die Akten aus dem Klosterarchiv sind für die Öffentlichkeit nicht zugänglich.

025-2, Fasc. 1: Mappe Klostergeschichte, Exil 1940-1945.

025-2 Fasc. 1: Ergänzungen zu den Annalen 1940-1945, Erinnerungen von Mutter Agnes und den Mitschwestern, die die Beschlagnahmung der Abtei St. Erentraud und die Exiljahre miterlebten, 1.11.1940-28.10.1945, handschriftliche Ergänzungen aus dem Jahre 1979 zu den Annalen 1940-1945 von Äbtissin em. Agnes Trescher OSB.

025-2 Fasc. 2: Ergänzungen zu den Annalen 1940-1945 von Sr. Johanna Evangelista Guntli OSB, 1985.

025-2 Fasc. 2: Ergänzungen zu den Annalen 1940-1945, Bericht Sr. Ancilla Gairing OSB/Sr. Monika Kampfmann OSB/Sr. Thekla Kempter OSB/Frau Maura Riester OSB: Handschriftlicher Bericht über die Exilszeit 1940-1945, niedergelegt Mai 1992, 13 Seiten.

025-2 Fasc. 2: Notizbuch mit persönlichen Aufzeichnungen der Äbtissin Scholastica von Riccabona.

025-2 Fasc. 2: Notizbuch Beuron, Erlebnisse unseres Aufenthaltes im gastlichen Beuron vom 6.11.40-9.4.1941, Aufzeichnungen verschiedener Nonnen.

025-2 Fasc. 2: 2 Notizbücher mit handschriftlichen Eintragungen für alle Arbeitsbereiche in Zeil und Kißlegg, 1943, 1944 und 1945.

Archiv- Briefsammlungen:

- Briefe von und an Äbtissin Scholastica 1940.1945.
- Briefe verschiedener Schwestern aus dem Exil an einzelne und Gruppen 1940-1945.

Aus dem Menolog.

031 Annalen 1933, 1938, 1939, 1940-1946.

032: Chronik der Abtei St. Erentraud Kellenried 1. November 1940 bis 28. Oktober 1946.

032: Chronik der Abtei St. Erentraud Kellenried, Christkönigsfest 1945 bis Christkönigsfest 1946 (032).

033: Verschiedene Totenchroniken aus der Abtei St. Erentraud.

Chronik der Abtei St. Gabriel, vom 1. Januar 1941 – zum Exil.

Exilsrundschreiben 1940-1945 Äbtissin Scholastica von Riccabona, 1 gebundenes Heft.

Konferenzen 1940-1945 Äbtissin Scholastica von Riccabona, 2 gebundene Hefte.

Fotosammlung, unsortiert: Totenzettel Franz Schinzler.

Briefe Adelsfamilien 1924-(...):
- Brief Mère Benedicte von Bourbon-Parma OSB an Äbtissin Scholastica von Riccabona, Solesmes, 8.6.1945.
- Briefe Adelsfamilien 1924-(..), Fasc. Prinz René de Bourbon, Briefe Prinz René an Äbtissin Riccabona, Baden-Baden, 3.2.1946 und 26.2.1946.
- Fasc. Brief Herzogin Marie von Württemberg an Äbtissin Riccabona, Altshausen, 12.12.1950.

402-2, Fasc. 1: Mappe Kunstwerkstätten ältere (Stickatelier), Dokumente zur Ablegung der Meisterprüfung Knäpple und Schätzle.

551 W Fasc. 2: Abtei Weingarten.

Akten Celleratur

6 Mappen aus der Buchführung des Klosters:

Zeil 1942-1945 [Mappe 1].

Korrespondenz mit Nuntiatur, Rottenburg Ordinariat, Caritas-Verbände u. divers. 1932 – 1957 [Mappe 2].

Verschiedene Verträge 1933-1962 [Mappe 3].

Umsiedlung, Korrespondenz mit Landrat, VoMi, Ordinariat Rottenburg, Dokumente und Verordnungen, Neubesiedlung [Mappe 4].

Briefe, Landwirtschaft 1936-1962 [Mappe 5].

Wiedergutmachung 1951-1960 [Mappe 6].

Anm: *Die Kennzeichnung der Mappen in eckigen Klammern wurde zur besseren Zuordnung und Auswertung von der Verfasserin vorgenommen.*

2 Notizbücher mit handschriftlichen Eintragungen für alle Arbeitsbereiche in Zeil und Kißlegg, 1943, 1944 und 1945.

Journal in Zeil, handschriftliche Einträge der Einnahmen und Ausgaben 1942-1943 und Schusterreparaturen 1942-1944.

Personalakten verschiedener Schwestern.

Exils-Chronik-Rundbriefe Kellenried und Beuron, Bd. 1; Exils-Chronik-Rundbriefe Bärenweiler und Ravensburg, Bd. 2; Exils-Chronik-Rundbriefe Zeil, Teil 1, Bd. 3, Exils-Chronik-Rundbriefe Zeil, Teil 2, Bd. 4.

Klosterarchiv Reute (ArReu):

- Mitteilung Landrat Heilbronn an Frl. Anna Hegele (gen. Gandolfa), Gundelsheim, Krankenhaus, betr. Meldung beim Beauftragten des Kommissars der Freiwilligen Krankenpflege im Wehrkreis V, Heilbronn, 21.6.1941.
- Der Beauftragte des Kommissars der Freiwilligen Krankenpflege im Wehrkreis V an das Mutterhaus der Franziskanerinnen in Reute, Stuttgart, 3.7.1941, betr. Notdienstbeorderung der Schwester Anna Hegele (gen. Gandolfa) und anderer Franziskanerinnen.
- Schreiben Kloster Reute an Landrat Ravensburg, Reute, 22.5.1943.
- Totenzettel M. Karpa Saile
- Rundbrief an alle Professschwestern, Reute in der Pfingstoktav 1950.

Klosterarchiv Sießen (ArSie):

02-193 Prozessakten, Urteilsbegründung der Strafkammer des Landgerichts Ravensburg vom 5.2.1944.

Klosterarchiv St. Matthias, Trier (ArSt.Ma)

Klosterchronik der Kreuzschwestern Donzdorf 1944/45.

Kreisarchiv Ravensburg (KARV):

Früheres Landratsamt Ravensburg, KARV-B.2. RV (in AG.1 RV)- AZ 1092.-prov. BÜ E 2733, Inanspruchnahme von Gebäuden des Klosters Kellenried, Gde. Berg, i Unterfasz./1-14 unter 1 cm, 1940-1945.

KARV-B.2.RV-Bd.446 (48f): Archivsignatur der Rede von Landrats-Amtsverweser Heckmann vor dem Kreistag am 10. Mai 1947, B.2.RV = Bestand Landratsamt Ravensburg 1938-1972, Bd. 446 = Kreistagsprotokoll 1946-1953. Begrüßung von Landrats-Amtsverweser Regierungsrat Heckmann vor dem Kreistag (Passage über Gewerbe und Handel) am 10.5 1947.

KARV: B.3.RV.PS – PA 2013 (Landratsamt Ravensburg, Selektbestand Personalakten), mit Vorprovenienzen B.1.RV (Oberamt Ravensburg, bis 1938) und B.2.RV (Landratsamt Ravensburg, 1938-1972), ca. 1927–2005, Bü 153.

Waldburg-Zeil'sches Gesamtarchiv, Nachträge zum Neuen Zeiler Archiv (NZAZ):

NL Fürst Erich. Brief Äbtissin Scholastica an Fürst Erich, Schloß Zeil, 12.12.1943.

NL Fürst Erich: Memoiren Erich Fürst von Waldburg-Zeil, unveröffentlichtes Manuskript, hier: Bericht über Katyn.

NL Fürstin Monika, Tagebuch Fürstin Monika.

Staatsarchiv Sigmaringen (StAS)

Wü 15, Mappe 260, Kreisuntersuchungsausschuss, Staatskommissariat für die politische Säuberung Ravensburg.

Wü 33, T 1, ET 3036-1935, Nr. 51-48, Bundesjustizverwaltung Baden-Württemberg, Landesamt für Wiedergutmachung Tübingen, zuständig für Süd-Württemberg, Vergleich zur Entschädigung für Schäden an Eigentum und Vermögen, Kloster Kellenried.

Stadtarchiv Ravensburg (StadtARV)

A 1 4042.

Einwohnerkartei.

Württembergische Landesbibliothek (WLB) Stuttgart

Handschriftliche Chronik der Bibliothek aus den Jahren 1913 bis Anfang 1945.

Gedruckte Quellen

Benediktus-Regel (lat./deutsch), hg. von der Salzburger Äbetkonferenz, 5. Aufl. (15.-17. Tausend), Beuron 2011.

Bundesgesetzblatt (BGBL) 1954 II, 57ff. Deutschlandverträge und seiner Zusatzverträge.

Enzyklika „Mit brennender Sorge" (lat. Ardente cura), http://www.vatican.va/holy_father/pius_xi/encyclicals/documents/hf_p-xi_enc_14031937_mit-brennender-sorge_ge.html.

Die Beuroner Benediktinerkongregation – Eigenrecht, Directorium, Spiritualität, Geschichte, Deklarationen zur Regel des Hl. Benedikt für die Frauenklöster, 3.1-3.5, hg. im Auftrag des 23. Generalkapitels 2002.

Ferenc, Tone (Hg.): Quellen zur Nationalsozialistischen Entnationalisierungspolitik in Slowenien 1941-1945, Maribor 1980.

Mangold-Thoma-Liste der katholischen Geistlichen im KZ Dachau, s. https://www.kz-gedenkstaette-dachau.de/archiv.html.

„Mit brennender Sorge (lat. Ardente cura). Deutschsprachiger Originaltext auf der Internet-Seite des Vatikans: http://www.vatican.va/holy_father/pius_xi/encyclicals/documents/hf_p-xi_enc_14031937_mit-brennender-sorge_ge.html.

Die Bibel einfach lesen - Einheitsübersetzung mit Anleitungen zum Bibellesen, hg. vom KBW Bibelwerk, Stuttgart 2006.

Regula Sancti Patris Benedicti cum Constitutionibus Monialium in Congregatione Beuronensi, Beuron 1928.

Reichsgesetzblatt (RGBl.)

RGBl II 1933: Konkordat zwischen dem Heiligen Stuhl und dem Deutschen Reich [Reichskonkordat] vom 20. Juli 1933, 679.

RGBl I 1934, 925-941: Steueranpassungsgesetz vom 16.10.1934, § 1, Abs.1.

RGBl. I 1935, S. 15: Dritte Verordnung über den vorläufigen Aufbau des deutschen Handwerks vom 18. Januar 1935.

RGBl. I, 1935, S. 311: Gesetz über die Einführung eines Arbeitsbuches, 26. Februar 1935.

RGBl 1938 I, 790f.; geändert RGBl 1939 I, 1072, Verordnung über die deutsche Staatsangehörigkeit im Lande Österreich vom 3.7.1938.

RGBl.1938,1892, Führererlass vom 21.12. 1938.

RGBl I 1939, 1645-1654. Gesetz über Sachleistungen für Reichsaufgaben (Reichsleistungsgesetz) vom 1. September 1939.

RGBl I 1939: § 5, 1: Gewährung von Unterkunft.

RGBl 1942 I: Kriegswirtschaftsverordnung vom 4. September 1939, 1609; RGBl I 1942, Ergänzung zur Kriegswirtschaftsverordnung, 25. März 1942, 147f.

RGBl. 1939 I, 281: Gesetzliche Grundlage der Volks-, Berufs- und Betriebszählung.

RGBl 1943 I: 27. Januar 1943. Verordnung des Generalbevollmächtigten für den Arbeitseinsatz über die Meldung von Männern und Frauen für Aufgaben der Reichsverteidigung, 67.

RGBl 1944 I: Führererlass über den totalen Kriegseinsatz am 25.7.1944, 161.

RGBl I 1944: Verordnung über die Sechzigstundenwoche vom 31.8.1944, 191.

Reichssteuerblatt 1941, 321.

Reichstagshandbücher, 1938/1: Verzeichnis der Mitglieder des Reichstags, s. http://www.reichstagsprotokolle.de /Blatt4_h1_bsb00000146_00127.html.

Schematismus 2015 der Beuroner Kongregation.

Staatsgesetzblatt (StGBl) für die Republik Österreich, 4/1945.

Treue, Wilhelm: Dokumentation: Hitlers Denkschrift zum Vierjahresplan 1936, Vierteljahrshefte für Zeitgeschichte, Jg. 3, Heft 2, 1955, 184-210.

Volk, Ludwig (Bearb.): Akten deutscher Bischöfe über die Lage der Kirche

1933-1945), Bd. V. (1940-1942, (Veröffentlichungen der Kommission für Zeitgeschichte, Reihe A: Quellen, Bd. 34), Mainz 1983.

Volk Ludwig: Akten Kardinal Michael von Faulhabers 1917-1945, Bd. II, 1935-1945, (Veröffentlichungen der Kommission für Zeitgeschichte, Reihe A: Quellen, Bd.26), 2. Aufl., Mainz 1984.

Bildquellen

Abb. 1-9b, 12, 13a, 13 b, 15, 17-27, 30-32, 34a-36, 38-39, 41-44: Klosterarchiv Kellenried, Fotosammlung.

Abb. 10 a, 10 b, 11, 37 a, 37 b: Privates Fotoalbum des Hauses Waldburg-Zeil, Schloß Zeil.

Abb. 14: Klosterarchiv Seckau/Steiermark.

Abb. 16, 29: Privatsammlung Inge Steinsträßer, Bonn.

Abb. 28 Archiv der Bayerischen Provinz der Armen Schulschwestern von Unserer Lieben Frau München.

Abb. 33 Privatsammlung Roswitha Jehle, Fronhofen-Hübschenberg.

Abb. 40 Privatsammlung Roland Futterer, Weingarten.

Abkürzungsverzeichnis

1. Archive

AAbtpr	Archiv beim Abtprimas der Benediktiner, Rom.
APW	Archiwum Państwowe we Wrocławiu (Staatsarchiv Breslau)
EAB	Archiv Erzabtei Beuron
ArKe	Archiv Abtei Kellenried
ArV.U.L.Fr.	Archiv der Bayerischen Provinz der Armen Schulschwestern von Unserer Lieben Frau
AEM	Archiv des Erzbistums München und Freising
ArPIJ	Archiv Provinzialmutterhaus der Kongregation vom armen Kinde Jesus
BAR	Bundesarchiv Berlin
DAR	Diözesanarchiv Rottenburg
GarB	Gemeindearchiv Berg
ArSie	Klosterarchiv Sießen
ArReu	Klosterarchiv Reute
KARV	Kreisarchiv Ravensburg
StAS	Staatsarchiv Sigmaringen
StadtARV	Stadtarchiv Ravensburg
NZAZ	Waldburg-Zeil'sches Gesamtarchiv: Nachträge zum Neuen Zeiler Archiv

2. Allgemein

AA	Auswärtiges Amt
Abschr.	Abschrift
Art.	Artikel
Aufl.	Auflage
Bd(e).	Band, Bände
BBKL	Biblisch-Biographisches Kirchenlexikon
BDKJ	Bund der Deutschen Katholischen Jugend
BEG	Bundesgesetz zur Entschädigung für Opfer der nationalsozialistischen Verfolgung
Bl.	Blatt
Br.	Bruder

BGBL	Bundesgesetzblatt
Bü	Büschel
Can.	Kanon
CanReg	Congregatio Canonicorum Regularium S. Augustini Ausrtraca (Augustiner Chorherren)
cc	Kanones
CDU	Christlich Demokratische Union Deutschlands
CIC	Codex iuris canonici
DCV	Deutscher Caritasverband
DC	Deutsche Christen
DiCV	Diözesancaritasverband
Dr. phil.	Doktor der Philosophie
Dr. jur.	Doctor iuris (Doktor der Rechte)
DP	Displaced persons
Dr. rer. pol.	Doctor rerum politicarum (Doktor der Wirtschafts- und Sozialwissenschaften)
Dr. theol.	Doktor der Theologie
em.	emeritiert
FQKKO	Forschungen und Quellen zur Kirchen- und Kulturgeschichte Ostdeutschlands
Fr.	1. Frau (Chorfrau), 2. Frater
Hg.	Herausgeber
GBA	Generalbevollmächtigter für den Arbeitseinsatz
Gde.	Gemeinde
Gestapo	Geheime Staatspolizei
gew.	geweiht
GV	Generalvikar
hl.	heilige(r)
Hwst.	Hochwürdigste (r)
Kap.	Kapitel
Kard.	Kardinal
Kath.	katholisch
KDFB	Kath. Deutscher Frauenbund e.V.
KFZG	Kommission für Zeitgeschichte.
KZ	Konzentrationslager
Lat.	Lateinisch
Ldkr.	Landkreis
LVR	Landschaftsverband Rheinland
M.	1. Maria 2. Mère 3. Mutter
MdB	Mitglied des Bundestages
MdL	Mitglied des Landtages
MSC	Missionarii Sacratissimi Cordis (Herz Jesu-Missionare)
Msgr.	Monsignore

NDB	Neue deutsche Biographie
NKWD	Narodny kommissariat wnutrennich del (Nationales Volkskommissariats für Innere Angelegenheiten)
NL	Nachlass
NS	Nationalsozialismus.
NSDAP	Nationalsozialistische Deutsche Arbeiterpartei
NSF	NS-Frauenschaft, Frauenorganisation der NSDAP
NSV	Nationalsozialistische Volkswohlfahrt
NT	Neues Testament
n.z.w.	nicht zu verwenden
OCD	Ordo Fratrum Carmelitarum Discalceatorum (Orden der unbeschuhten Karmeliter und Karmelitinnen)
OFM	Ordo fratrum minorum (Orden der Minderen Brüder), Franziskaner
OFMCap	Ordo Fratrum Minorum Capucinorum (Kapuziner)
OMIRA	Oberland-Milchverwertung Ravensburg GmbH
OSB	Ordo Sancti Benedicti (Orden der Benediktiner)
OP	Ordo Fratrum Praedicatorum, Dominikaner (Orden der Predigerbrüder)
OPraem	Candidus et Canonicus Ordo Praemonstratensis (Orden der Prämonstratenser)
P.	Pater
PIJ	Congregatio Pauperis infantis Jesu (Kongregation der Schwestern vom armen Kinde Jesus)
poln.	Polnisch
RAM	Reichsarbeitsministerium
RFH	Reichsfinanzhof
RGBL	Reichsgesetzblatt
RStDI	Reichsstand der Deutschen Industrie
RIV	Reichsinnungsverband
RKF (RKFDV)	Reichskommissar für die Festigung deutschen Volkstums
RM	Reichsmark
RNST	Reichsnährstand
ROA	Russische Befreiungsarmee
R.P.	Reverendus Pater (Hochwürdiger Pater)
RVKDA	Reichsverband für das katholische Deutschtum im Ausland
SC	Congregationis Consistoriales (Kardinalskongregationen)
SDS	Societas Divini Salvatoris, (Gesellschaft des Göttlichen Heilands), Savatorianer
sel.	Seliger
Sign.	Signatur
SJ	Societas Jesu (Gesellschaft Jesu), Jesuiten
Slow.	Slowenisch

Sr.	Schwester
sowj.	Sowjetisch
SS	Schutzstaffel
StL	Staatslexikon
USA	Vereinigte Staaten von Nordamerika
u.a.	1. und andere 2. unter anderem
v.Chr.	vor Christus
VKZG	Veröffentlichungen der Kommission für Zeitgeschichte
VoMi	Volksdeutsche Mittelstelle
VZG	Vierteljahrsschrift für Zeitgeschichte
UNRA	United Nations Relief and Rehabilitation Administration (Nothilfe- und Wiederaufbauverwaltung der Vereinten Nationen)
WLB	Württembergische Landesbibliothek Stuttgart
Wü	Württemberg
(…)	Auslassung durch Verf.
[…]	Einfügung durch Verf.

Auskünfte, Gesprächspartner, Zeitzeugen

Dr. Claudia Arndt, Kreisarchivarin, Rhein-Sieg-Kreis, Siegburg
Majda Bajc, Leskovic- Krško/Slowenien
Rudolf Beck, Archivleiter Waldburg Zeil'sches Gesamtarchiv, Schloß Zeil
Sr. Anna Maria Bieg, Generalsekretärin, Kloster Untermarchtal
Dr. Clemens Brodkorb, Archiv der Deutschen Provinz der Jesuiten (ADPSJ, München
Sr. Beate Maria Brocker PIJ, Archivarin Provinzialmutterhaus der Schwestern vom armen Kinde Jesus, Aachen
Sr. Margarita Brunnhuber OSB, Äbtissin em., Abtei St. Erentraud Kellenried
Mechthild Driessen, Geschäftsführende Referentin, Kath. Deutscher Frauenbund, Diözese Rottenburg-Stuttgart
Angela Erbacher, Leiterin Diözesanarchiv Rottenburg-Stuttgart
Dr. Peter Eitel, Stadtarchivar i.R., Ravensburg
Reiner Falk, Kreisarchivar, Ldkr, Ravensburg
Roland Futterer, Geschäftsführer Grieshaber Logistik Weingarten
Sr. Benita Gramlich, Archivarin, Kloster Sießen
Heinrich Grieshaber, Inhaber und Geschäftsführer Grieshaber Logistik Weingarten
Christl Hörner, Pfarrei St. Laurentius Fronreute-Blitzenreute
Roswitha Jehle, Fronhofen-Hübschenberg
Jan Koppmann, Berg-Weiler
Sr. Lucia Kapelle OSB, Archivarin, Abtei St. Erentraud Kellenried
P. Placidus Kuhlkamp OSB, Archivar, Erzabtei Beuron
Sr. Justina Leitsch, Kreuzschwester in Donzdorf
S. Antonie Maikler OFM, Archivarin, Kloster Reute
Dr. Annette Mertens, Kommission für Zeitgeschichte, Bonn
Sr. Consolata Neumann, Archivarin, Provinzialat der Armen Schulschwestern V.U.L.FR. München
Theresia Gräfin von Nostitz-Rieneck, geb. Gräfin von Waldburg zu Zeil und Trauchburg, Salzburg
Br. Athanasius Polag OSB, Archivar, Abtei St. Matthias, Trier
Dr. Hans-Christian Pust, Abteilungsleiter Karten und Graphische Sammlungen an der Württembergischen Landesbibliothek Stuttgart
Dorothea Gräfin von Rechberg zu Rothenlöwen, Donzdorf
Dr. Ute Sauer, Ravensburg
Dr. Helmut Sittinger, Zweibrücken
Dr. Andreas Schmauder, Stadtarchivar Ravensburg
Dr. Andrea Schreck, Wiss. Mitarbeiterin Bauernhaus Museum Wolfegg
Antonia Schramm, Ingolstadt

P. Othmar Stary OSB, Archivar, Abtei Seckau/Steiermark
Wolf-Ulrich Strittmatter, Ravensburg
Ana Šuster, Maribor/Slowenien
Alois Graf von Waldburg zu Zeil und Trauchburg, Argenbühl-Ratzenried
Georg Fürst von Waldburg zu Zeil und Trauchburg, Schloß Zeil
Gabriele Witolla M.A. Archivleiterin, Bundeszentrale DCV
Božena Weise, Tuttlingen
Sr. M. Imelda Zeh, Archivarin, Kloster Untermarchtal
Stefan Zimmermann M.A., Leiter Bauernhaus Museum Wolfegg

Personen- und Ortsregister

Aachen 38
Abtei Emaus, Prag 43, 105
Abtei Erdington/England 27
Abtei Grüssau/Niederschlesien (poln. Krzeszów) 43, 105
Abtei Lichtenthal 100
Abtei Maredret, Belgien 74
Abtei Maria Laach 19, 26, 97
Abtei Montecassino 131, 204
Abtei Neresheim 105f., 144
Abtei Nonnberg, Salzburg 23, 25, 68f.
Abtei Notre Dame, Oosterhout/Niederlande 237
Abtei Notre-Dame de Belloc, Urt/Pyrenäen 240
Abtei Sainte Cécile de Solesmes 25, 262, 264
Abtei Seckau/Steiermark 17, 21, 41, 42f., 65, 91, 97, 231, 260
Abtei St. Erentraud – s. Kellenried
Abtei St. Gabriel/Prag und Bertholdstein/Steiermark 23-25, 41, 63, 68, 93, 111, 123-125, 131, 189, 200, 260
Abtei St. Hildegard, Eibingen/Rheingau 68, 71, 79, 84, 131, 169, 189
Abtei St. Joseph, Gerleve 98, 239, 241
Abtei St. Matthias, Trier 17, 97f. 107, 169, 239
Abtei St. Ottilien 9
Abtei St. Pierre de Solesmes 26
Abtei St. Walburg Eichstätt 74
Abtei vom Hl. Kreuz Herstelle 127

Abtei von der Ewigen Anbetung Bonn-Endenich 125
Abtei von der Ewigen Anbetung Clyde, Missouri (USA) 189
Abtei Weingarten 17, 27, 48, 60, 91, 98, 106, 144
Achler, Elisabeth, 109
Adelmühle, Ortsteil von Horgenzell-Zogenweiler, Ldkr. Ravensburg 219, 268
Agram (Zagreb) 213
Albrecht, P. Justinus OSB 105f., 241, 246, 277
Alfonsa, Sr. OSB 238
Allerheiligenabtei Lemberg (poln. Lwów) 43
Allgäu 69
Altötting 243
Altshausen 174, 182
Ammermann, P. Maurus OSB 107
Angermaier, Dr. Georg 57
Argenbühl-Ratzenried 135
Arnold, Prof. Dr. Dr. h.c.mult. Udo 17
Augsburg 233
Aulendorf/Ldkr. Ravensburg 133, 148, 202, 237
Backe, Herbert 159
Bad Wörishofen 9
Bad Wurzach 191
Baden-Baden 100, 107, 262, 264
Baienbach/Gde. Fronreute 167
Baienfurt 16
Bajc, Majda geb. Kerin 15, 17, 216, 267f.
Balingen 122, 252

Bärenweiler 76f., 108, 131, 139, 157f., 201, 248, 250, 260
Basel 38
Basenberg, Gde. Berg 216, 272
Baumgärtner, Dr. Alfons 116, 127, 211, 274, 288
Baur, P. Dr. Benedikt, Erzabt 20, 68, 93f., 124, 250
Bayern 30
Bayländer, Sr. Maria OSB 71, 142f., 257, 275
Bayrische Provinz der Armen Schulschwestern von Unserer Lieben Frau, München 17
Beck, Anna 82f., 168
Beck, Rudolf 16, 136
Bende, Hermann, Landrat 277
Bendel, Prof. Dr. Rainer 17
Bendel-Maidl, Prof. Dr. Lydia 17
Benedikt von Nursia hl. 119
Benzenhofen/Gde. Berg 64
Berg/Ldkr. Ravensburg 16f., 22f, 27, 39, 42, 45, 161-163, 165f., 180-183, 216f., 248, 252, 265, 272, 288
Berger, Johannes 167
Berger, Sr. Antonia OSB 86
Berlin 49, 249
Bertram, Adolf, Kardinal 55, 127, 228
Bessarabien 19, 44f., 81, 210f., 214, 228
Bettenweiler, s. Horgenzell-Zogenweiler
Biber, Sr. Cäcilia OSB 84f., 166, 170, 179, 183, 226, 253, 260f., 264
Bieg, Sr. Anna Maria 83, 202
Binder, Hermann 102
Blaser, Georg 43
Blitzenreute, Gde. Fronreute/Ldkr. Ravensburg 17, 27, 42, 91, 224
Bogenrieder, Norbert 209, 210f., 223

Böhmen 30
Bormann, Martin 47
Braig, Fr. Columban OSB 151
Bralin/Ldkr. Groß-Wartenberg/ Oberschlesien (poln. Syków) 198
Braun, P. Odilio OP 57
Braun, Wilhelm 27
Breisach 38
Brenner, Gisa 193
Breslau 54f., 182
Brestanica (Reichenburg) 215
Briemle, Hermann 172, 174, 272
Brizgys, Vincentas, Weihbischof 238
Brunnhuber, Sr. Margarita OSB, Äbtissin em. 15, 23
Bruyère, M. Cécile OSB 25
Bubek, Theresia 141
Burg Rothenfels 20, 101
Burger, Sr. Euphemia, Oberin 120, 178
Büttner, Albert, Prälat 228
Canisiushaus, Schwäbisch Gmünd 283
Cerovešek, Vojko 217
Cerovešek, Zofia 268
Clermont-Ferrand 240
Darré, Walter 159
de Gaulle, Charles 243
de Goislard de Monsabert, Joseph Jean 264
Delatte, Dom Paul OSB 200
Delp, P. Alfred SJ 75, 80
Dieing, Sr. Theresia OSB 71
Dieringer, Sr. Fidelis OSB 86
Dietenhofen, Gde. Berg 236
Dietz, Johann Baptist, Bischof 57
Dold, Sr. Emerentiana OSB 71
Dominikanerkloster Heilig Kreuz Köln 71
Donzdorf 62, 65, 77f., 108, 157f., 201, 236, 250, 276, 278
Drauz, Richard 43, 47-50, 87, 212, 235

Dresden 236
Ebel, P. Dr. Basilius OSB, Abt 107
Eble, Dr. Hans Paul 209, 251
Ehrle, Dr. Gertrud 205f.
Ehrle, P. Franz SJ, Kardinal 205
Ehrle, Sr. Clara Maria 205
Eichstätt 57, 74, 192
Eiden, Dr. Maximilian 16
Eisele, P. Benedikt OSB 106
Elsässer, Fr. Crispin OSB 151
Erentrudis von Salzburg, hl. 25, 110, 132, 271
Erzabtei Beuron 9, 17, 19f., 23f., 27, 62, 65, 93, 283, 288
Etlin, P. Lukas OSB 189
Ettishofen 42
Ettishofen, Gde. Berg 42, 218
Failer, Br. Fidelis OSB 122
Fakin, Ivan 223, 267
Fakin, Teresija 220
Falk, Reiner 16
Fenkenmühle, Ortsteil von Horgenzell-Zogenweiler 251
Fischer, Franz-Joseph, Weihbischof 52, 54, 191
Fischer, P. Leander OSB, Prior 62, 93, 121, 147, 276, 285
Föll, Mitarbeiter WLB 144f.
Freiburg 17, 38, 54, 117, 233
Friedrichshafen 204, 207, 220, 233f.
Frings, Dr. Josef, Kardinal 55
Fritsch von Cronenwald, Sr. Maria Rosa OSB, Äbtissin 168
Fronhofen/Gde. Fronreute 67, 172
Fronhofen-Hübschenberg 17
Fulda 107
Fuoß, Dr., Zahnarzt 117
Futterer, Roland 17, 268f.
Gairing, Sr. Ancilla OSB 67
"Galgenhöfle" bei Seibranz/Allgäu 193, 257
Galizien 30
Gerlich, Fritz Michael 72f.
Geyer, Wilhelm 102

Gindele, Wilhelm 183
Göbl, Sr. Romana OSB 71, 125, 250
Goebbels, Joseph 129, 155, 197
Göppingen 236, 250
Gorbatschow, Michail 197
Göring, Hermann 118
Görres, Carl-Josef 74
Görres, Ida Friederike 74
Göser, Beda 42
Goslar 160
Gottschee (slow. Kočevje) 214
Götz, Gregor 148
Graf, Willi 103
Gramec, Joze 253-255
Gramlich, Sr. Benita 148
Gredt, P. Dr. Joseph OSB 106
Grieshaber, Heinrich 17, 268
Gröber, Dr. Conrad, Erzbischof 258
Grossek, Melchior, Pfarrer 261
Grossek, Sr. Magdalena OSB 27, 123, 133, 137, 142, 198, 237, 239, 245, 248, 260, 274
Guardini, Prof. Dr. Romano 20, 26, 74, 101-105, 260
Guéranger, Dom Prosper-Louis-Pascal OSB 25, 26
Gundelsheim, Ldkr. Heilbronn 225
Guntli, Sr. Dr. Johanna Evangelista OSB 7, 37, 64, 68, 71, 142, 144f., 157, 174, 193, 233, 259f., 275, 289
Günzburg 122
Gurk/Kärnten 20, 23, 200
Gut ‚Marienhof' – s. Zeil
Haag, Nicodemes OFM, Oberin 84
Haaga, Sr. Candida OSB 44, 71
Hafner, Josef, Pfarrer 62, 67, 91, 248
Hagenmayer, Sr. Firminia 191
Haid/Egerland (tsch. Bor u Tachova) 193, 261
Hartobel, Ortsteil von Horgenzeil-Zogenweiler 268

Hauk, P. Willibrord OSB 106
Heddergott, P. Rabanus OSB 106
Hegele, Sr. Gandolpha OFM 224, 227, 229
Heidelberg 107
Heilbronn 49
Heilmann, Dr. Alfons 9
Hermann von Reichenau 87
Herrenchiemsee 75
Hiltrup – Ortsteil von Münster 85
Himmler, Heinrich Luitpold 47, 181f., 214, 256
Hitler, Adolf 31-33, 35f., 41, 44, 47, 51, 56, 72f., 75f., 99, 114, 118, 129, 155, 163, 213, 235-237, 242
Höckelmann, P. Ansgar OSB, Abt 68
Höfer, Sr. Solaria 191
Hoffmann, Dr. Wilhelm 144-146
Hondet, Jean Gabriel OSB, Abt 240
Horgenzell-Zogenweiler/Ldkr. Ravensburg 27, 209, 219, 268
Hug, Sr. Meinrada OSB 86, 149, 151, 157
Innsbruck 99, 122, 203, 260
Isny 62, 79f., 84, 131, 148, 250
Jehle, Roswitha 17, 217
Johannes Paul II., Papst 187, 240
Johner, P. Dominikus OSB 93
Joseph II., Kaiser von Österreich 41
Jugoslawien 73, 213, 216, 222
Kampfmann, Sr. Monika OSB 67
Kapelle, Sr. Lucia OSB 16
Kärnten 30
Katyn/Region Smolensk 196-198
Kaunas, (poln. Kowno), Litauen 237f.
Kehrle, Sr. Johanna Baptista OSB 61
Kellenried, Gde. Berg/Ldkr. Ravensburg 7, 9-11, 13, 15-17, 19-27, 30f., 33-35, 37, 41-45, 48-50, 52-55, 59-62, 70, 76, 78, 80-82, 86-89, 91, 98, 107-111, 114, 116, 119f., 122, 124f., 127-131, 133, 140, 142f., 150f., 153, 157f., 162, 166-170, 172, 174f., 180-183, 185f., 189f., 192, 200-203, 206, 209, 212f., 216, 218-222, 224-227, 229, 233-236, 239, 248-256, 258-261, 264f., 268, 271, 273-278, 283-285, 287-289
Kellermann, Frau 193, 257
Kempter, Sr. Thecla OSB 67
Ketterer, Sr. Columba OSB 223
Kinderheim Lohmarhöhe, Lohmar/Rhein-Sieg-Kreis 205f., 288
Kloos, M. Franziska Salesia OSB, Äbtissin 74
Kloster Bedford, New Hampshire/USA 238
Kloster Blönried 43, 182, 227, 264
Kloster Hegne 127
Kloster Reute 17, 43, 84, 109, 117, 121, 202, 224f., 241, 288
Kloster Sießen 17, 86, 109, 126, 177-179, 184, 202, 288
Kloster Untermarchtal 17, 38, 76, 109, 117, 120, 168, 177-179, 191, 201f., 288
Kloster Weißenau 82, 144
Kloster Wilten Innsbruck 122
"Klösterle" Ravensburg 9, 19f., 68, 76, 80-82, 84, 92f., 109, 120, 131, 149, 202, 264f., 288
Klosterneuburg/Niederösterreich 26
Knäpple, Sr. Christina OSB 126, 128, 133, 137, 141f., 156, 248, 271
Knitz, Engelbert 16, 162
Knitz, Hermann 16, 162
Knitz, Josef 161f., 168
Koch, Sr. Crescentia OSB 86
Köhler, Prof. em. Dr. Joachim 17
Kongregation vom armen Kinde Jesus, Aachen 17, 205
Kongregation von der göttlichen Vorsehung, Elsaß 125

König, P. Lothar SJ 57
Konnersreuth/Oberpfalz/Ldkr. Tirschenreuth 194
Koper 268
Koppmann, Jan 16, 163
Kordeuter, Josef 272
Kottmann, Dr. Max, Generalvikar 21, 53f., 177, 180, 185, 211, 228, 282, 288
Kottmann, Neffe des Generalvikars 139
Kreeb, Theodor, Landrat 50, 212
Kretzmeier, Fr. Maximin OSB 122
Kreutz, Dr. Benedict Prälat 116, 121, 127, 177, 288
Kreutzwald, Sr. Waltraut OSB 15
Kroatien 214
Krško (Gurkfeld) 216, 267-269
Krumbad 9
Kruttschnitt-Söll, Elisabeth 133
Kuhn, Sr. Maria Regina OSB, Äbtissin 7, 15
Kunert, P. Hieronymus OSB 97f., 100, 106, 192, 204, 207, 239f.
Kunze, Reiner 10
Kurz, Sr. M. Adelberga 178f., 186
KZ Dachau 14, 72, 239f.
KZ Natzweiler-Struthof/Elsass 240
KZ Neuengamme 240
KZ Sachsenhausen 240
Landers, Sr. Felicia 178
Landsberg/Lech 48
Lattre de Tassigny, Jean, General 234
Laurentius, Sr. Laurentia OSB 86, 183, 249, 260, 274, 284f.
Lechner, Prof. Dr. Joseph 73
Lechtaler Alpen 245
Leisner, Karl sel. 240
Leitsch, Sr. Justina 78
Lenz, Sr. Teresita OSB 86, 172
Leskovic (Haselbach), Kreis Rann (slow.Brežice) 216

Leutkirch/Allgäu 19, 69, 116f., 145, 151, 170, 201f., 245f., 257
Liebenau, Ortsteil von Meckenbeuren/Oberschwaben 79, 157, 205, 237, 250, 264
Linckens, P. Hubert MSC 85
Link, Sr. Elisabeth OSB 83
Lipp, Sr. Placida OSB 78, 157
Ljubljana 268
Locher, Sr. Mechtildis OSB 123, 234, 248
Loofs, Maria (Sr. Immaculata OSB) 122
Lorenz, Adolf J. 24
Mähren 30
Mai, Monika 17, 21
Maier ("Rohstoffmaier") 151
Maikler, Sr. Antonie OFM 84, 224
Margrethausen, Stadtteil von Albstadt/Zollern-Albkreis 122, 148
Maribor/Slowenien 17
Marschall, Johann 24, 39
Marschall, Rosalia 24, 39, 82, 87f., 169
Martin von Tours hl. 24
Memmingen 202, 233
Mertens, Dr. Annette 59
Missionshaus Oberdischingen 283
Missionshaus Steyl/Niederlande 182
Mohr, Paul Pfarrer 100f., 207, 237
Molitor, P. Dr. Raphael OSB, Abtpräses 20, 34, 62f., 77, 83, 94, 101, 106-108, 117, 180, 186, 189, 260, 287
Mooshausen/Allgäu 20f., 102, 103
Moosmeier, Forstdirektor 136
Moulin (Pierre Boyer de Latour de Moulin), Oberst 264f.
Müller, Sr. Petronilia OSB 86
München 20, 54, 194, 233
Münster 85
Murr, Wilhelm 179, 228, 245
Mussolini, Benito 160

Mutschler, Dr., Arzt 84
Naab, P. Ingbert OFMCap 73
Naber, Joseph, Pfarrer 73
Nagel, Mitarbeiter WLB 144f.
Neubaumgarten, Gde. Berg 217
Neuburg a.d. Kammel/Ldkr. Günzburg 122
Neumann, Sr. M. Consolata 81
Neumann. Therese 73, 194
Niederbiegen, Ortsteil von Baienfurt/Ldkr. Ravensburg 34, 166-168, 170, 201f., 254, 275
Niederösterreich 30
Notker von St. Gallen 145
Oberhammer, P. Vinzenz OSB 106
Oberkrain (slow. Gorenjska) 213
Oberschwaben 23, 24
Ohrwalder, Sr. Camilla OSB 82
Österreich 41, 69
Parsch, P. Pius CanReg 26
Patch, Alexander M., General 234
Paulus von Tarsus hl. 93, 106
Pétain, Henri Philippe 242f.
Pfeiffer, Familie, Schloss Benzenhofen 64, 91
Philippi, antike Stadt in Mazedonien 93, 106
Piguet, Gabriel Emmanuel, Bischof 240
Pirmasens 208
Pius IX., Papst (Giovanni Maria Mastai-Ferretti) 24
Pius XI., Papst (Achille Ratti) 33
Pius XII., Papst (Eugenio Pacelli) 75, 202f.
Planck, Dr. Erwin 102
Plank, Sr. Gerarda OSB 76, 139, 158, 275
Polen 43, 197
Potsdam 237
Prag 200
Prill, Dr. Joseph Prälat 205
Priorat Huysburg/Sachsen-Anhalt 97

Priorat St. Hemma Gurk 23
Priorat St. Mildred, Minster b. Ramsgate, Grafschaft Kent/England 74
Pruner, Sr. Juliana OSB 42, 79, 157, 236, 276, 278
Pust, Dr. Hans Christian 144
Püttmann, Francka 17
Quadt zu Wykradt und Isny
  Fürst Alexander 65
  Gräfin Sr. Benedicta OSB 65, 79
  Fürstin Maria Anna 65
  Graf Eugen 80
  Gräfin Josefine 82
Radke, Sr. Eulalia OSB 127
Rahner, Prof. Dr. Hugo SJ 99
Rahner, Prof. Dr. Karl SJ 99
Raßler, P. Martin OSB 91, 97, 106
Rathmann, P. Sigmund OPraem 122
Rauh, Dr. Rudolf, Archivrat 143, 145
Ravensburg 9, 17, 19, 22, 27, 42, 50, 62, 64, 80-82, 84, 88, 91, 108, 117, 148f., 157, 166, 168, 202, 211, 217, 249, 265
Redlich, P. Virgil OSB 91
Reetz, P. Dr. Benedikt OSB, Erzabt 43, 260, 264
Regensburg 73, 195, 259
Rehm, Karl, Pfarrer 27
Reich, Martha 9, 76
Reims 249
Rendl, Sr. Dorothea OSB 82, 123, 167, 224
Reuß, Sr. Hildegard OSB 46, 86, 145, 192, 224
Reuttner von Weyl
  Graf Karl 79
  Gräfin Katharina 79
Rheinland 30
Riccabona von Reichenfels, Sr. Scholastica OSB, Äbtissin 7, 20, 23- 25, 34f., 41, 43, 53, 59, 61-64, 68f., 75f., 81-83, 86f., 89, 94f.,

99, 101, 108-110, 117, 120, 123f., 133, 138, 141, 145, 148, 166, 175, 178-180, 189, 193, 196, 201, 203, 206, 212, 221, 226, 236, 238, 248, 255, 260-262, 264, 271f., 275, 277, 285, 287f.
Riedlingen 117
Riester, Sr. Maura OSB 61f., 67, 139, 259
Rist, Sr. Blandina OSB 141, 192
Rohrer, Dr. Albin 116
Rom 36, 62, 80, 105f., 187, 205, 238
Rösch, P. Augustin SJ 56f., 75, 80
Rösslerhof – s. Abtei Weingarten
Rot an der Rot 240
Rottenburg 9, 21, 44, 48, 52, 116, 121f., 173, 177, 180, 186, 283, 288
Rottenmünster 264
Rudorf, Carl 41, 43-45, 47-50, 81, 181
Russland 37, 148, 197, 198
Saile, Sr. Maria Karpa OFM, Oberin 84, 196
Sailer, Adolf, Lagerleiter 209f., 213, 223-226, 229, 231, 251f.
Sailer, Oskar, Landrat 277
Salzburg 70
Sauckel, Fritz 129, 155
Sauer, Dr. Albert 49, 64
Save-Sotla-Gebiet 214-216
Schätzle, Sr. Agatha OSB 77, 79, 126, 128, 133, 152
Schiffer, P. Martin OSB 239f.
Schinzler, Franz, Revierförster 137
Schlesien 101, 105, 238
Schloss Achstetten bei Laupheim/ Ldkr. Biberach 79, 84
Schloss Benzenhofen/Gde. Berg 64
Schloss Haus, Thalmassing-Neueglofsheim/Ldkr. Regensburg 259
Schloss Kißlegg 76f., 107f., 137, 139, 201, 273
Schloss Rimpach/Allgäu 259
Schloss Syrgenstein/Allgäu 260
Schloss Weißenstein/Ldkr. Göppingen 250
Schloß Zeil – s. Zeil
Schlude, Sr. Philomena OSB 78
Schmid, Jonathan 235
Schmid, Karl 49
Schmid, Sr. Bertulfa, Oberin 191
Schmidt, Sr. Josepha OSB 79, 84
Schmitt, Albert OSB, Abt 92, 105
Schmitt, P. Placidus OSB, Prior 60, 92
Schneider, Dr. Josef 53, 65, 288
Schnell, P. Martin OSB 21, 91, 229-231, 248, 267, 277, 289
Scholl, Hans 103
Scholl, Sophie 103
Schorer, Dr. Simon 73, 146
Schramm, Antonia 167
Schurr, P. Mauritius OSB 147
Schuster, Sr. Benigna, Oberin 83
Schwaben 30
Schwake, P. Gregor OSB 241
Schwartz, Jacques, General 262
Schweinberger, F., Dentist 117
Schweiz 37
Schwind, Sr. Scholastica OSB 86, 89, 93, 229, 274
Seibranz/Allgäu 193, 256
Seldte, Franz 60
Siegburg 17, 205
Siemer, P. Laurentius OP 57
Sigmaringen 170, 196, 242, 246, 262
Simonyte, Sr. Raphaela OSB 238
Singen 122
Sittinger, Dr. Helmut 208
Slowakei 243
Slowenien 212f., 216, 267, 268
Smolensk 196f.
Sowjetunion 37
Speer, Albert 155
Speyer 73, 208

Spiegel von und zu Peckelsheim, Freiin Sr. Benedicta OSB, Äbtissin 74
Sproll, Joannes Baptista, Bischof 9, 22, 25, 33, 52-54
St. Jodok – s. Ravensburg
St. Johann b. Herberstein/Steiermark 23
Staig, Gde. Fronreute 67
Stalingrad 129
Stapp, Maria Elisabeth 102
Stary, P. Othmar OSB 91
Steger, Tolentine, Oberin 81f., 93, 277
Steiermark 23, 123, 139
Stein, Dr. Edith – Sr. Theresia Benedicta a Cruce OCD 73
Steiner, Dr. Johannes 73
Steinhart, P. Vinzenz OSB 106
Steinmaßl, Sr. Scholastica OSB 76, 158
Steinmetz, Sr. Gabriela OSB 62, 128, 142
Steinsträßer, Helga 17
Sterk, Dominikus 161, 165
Stoffel, Sr. Veronika OSB 77, 79, 117, 226f., 251, 273, 289
Straßburg 78
Streibl, Sr. Ruperta OSB 157
Streibl, Sr. Virgilia OSB 86
Strobl, Sr. Rosalia OSB 69, 76, 79, 147
Strölin, Karl 228, 235
Stroppel, Dr. Clemens, Generalvikar 9, 17
Stuttgart 9, 17, 117, 145-147, 207, 233f., 257
Südtirol 214
Šuster, Ana 17, 216, 220, 251, 254
Syrup, Dr. Friedrich 60, 116
Tacitus, Publius Cornelius, römischer Historiker 134
Tattenbach, Graf Gottfried 80, 82
Tattenbach, Graf P. Franz SJ 80

Tattenbach, Gräfin Marie geb. Gräfin Quadt zu Wykradt und Isny 80
Tennis, Kunstmaler 274f.
Tettnang 85
Thomas, Georg, General 118
Thurner, Josef 161f.
Tirol 30
Tiso, Jozef 242f.
Todt, Fritz 118
Treherz/Allgäu 241
Trescher, Sr. Agnes OSB, Äbtissin 34f., 42, 46, 49, 63, 81, 86, 99, 108, 117, 150, 174, 180, 183, 186, 211, 223, 225, 227, 234- 239, 274, 277, 288
Tschechoslowakei 243
Tübingen 20, 284f.
Ulm 128f., 167, 202, 207, 233
Untersteiermark (slow. Slovenska Štajerska) 213f., 216
Unterzeil 129, 139, 147, 201f., 274f.
Urlau bei Leutkirch 135
Vatikan 32, 187
Veliki Trn (Großdorn) 216
Vichy 242
Villach/Kärnten 268
von Aretin, Freiherr Erwein 73
von Bourbon-Parma
    Prinzessin Adelaide (Mère prieure Marie Bénédicte) 262
    Prinzessin Francesca (M. Scholastica) 262
    Prinzessin Maria Antonia (M. Maria Antonia) 262
    Prinz René 262, 264
    Prinzessin Zita, Kaiserin von Österreich-Ungarn 262
von Cetto, Freiin Sr. Walburga OSB 84, 152, 223
von Faulhaber, Michael, Kardinal 33, 55, 73
von Fürstenberg, Freiin Pia 78

von Galen, Graf Clemens-August, Kardinal 36, 55, 240
von Glaubitz, Adèle 78
von Kathrein, Sr. Pudentiana OSB 84, 142, 202, 260
von Keppler, Paul Wilhelm, Bischof 23
von Kripp, Sr. Margaretha OSB 69, 76, 79, 158
von Lilien, Mechtilde 259
von Lutterotti, P. Nikolaus OSB 187
von Neipperg, Graf Adalbert OSB, Abt 73
von Preuschen, Brunhilde 251
von Preysing, Dr. Graf Konrad, Kardinal 55, 57, 73
von Rechberg und Rothenlöwen
   Graf Albrecht 78
   Gräfin Dorothea 77f.
   Graf Joseph 65, 77, 79, 250
   Graf Otto 78
   Gräfin Sr. Theresia OSB 65, 78f., 236, 276
von Schall-Riaucour, Graf Karl 80
von Stotzingen, Freiherr P. Fidelis OSB, Abtprimas 69, 187
von Strassoldo, Graf Richard 195
von Thurn und Taxis, Prinzessin Ferdinanda 259

von Waldburg zu Zeil und Trauchburg
   Fürst Erich 20, 65, 70-76, 104, 107, 123, 131, 133, 135f., 141, 144, 146, 158, 190-193, 195-198, 206f., 236, 237, 239, 245f., 256, 273, 275
   Fürstin Monika geb. Prinzessin zu Löwenstein-Wertheim-Rosenberg 20, 62, 70f., 99, 103, 123, 132, 142, 151, 192, 195f., 201, 204f., 237, 259, 261, 273, 276f.

   Fürst Georg 11, 16f., 71, 74, 104, 132, 136, 138, 152, 193, 197, 236, 259, 274
   Fürstin Marie Therese geb. Gräfin zu Salm-Reifferscheid-Raitz 65
   Graf Alois 16, 62, 71, 135, 191-195, 204
   Graf Eberhard 71, 277
   Gräfin Elisabeth, Rimpach 259
   Graf P. Franz Georg SJ 74, 98, 100, 191, 194f., 207
   Gräfin Josefine 71, 152, 191, 193, 206, 258
   Graf Karl 62, 71
   Gräfin Ludowika (Chorfrau Walburga OSB) 74, 192
   Gräfin Sophie 71, 277
   Gräfin Theresia, verh. Gräfin von Nostitz-Rieneck 16, 70f., 152, 191, 193, 206, 258
von Waldburg-Zeil-Lustenau-Hohenems, Graf Franz Josef 260
von Württemberg, Herzogin Marie 174
Wagner, Sr. Franziska OSB 141
Waldmann, Karl 235
Waldraff, Adalbert 161
Walter, Sr. Felicitas OSB 86
Walzer, Raphael, Erzabt 23, 25, 27, 122
Wambsganß, Martin 17
Wangen/Allgäu 136, 257
Weiger, Josef 21, 74, 102f., 203
Weiler, Gde. Berg 218, 248
Weingarten 48, 80, 264
Weise, Božena 17
Weitentrebetitsch/Böhmen (Široké Třebčice/Tschechien) 291
Welte, Sr. Armella OSB 86
Wenger, Sr. Hemma OSB 76, 78
Wenninger, Ralph, General 237
Wien 20, 54
Wilczek, Sr. Gabriela OSB 126
Wilhelmstift Isny – s. Isny

Williams, Nicholas 38
Winkler, Dörte 155
Winter, Conrad OSB Abt 20, 49, 61f., 95, 98, 106, 180, 250, 256, 262, 265, 273, 277
Wlassow, Alexei Andrejewitsch, General 236
Wolfart, Georg, Glockengießer 173
Wolfegg 17
Wolter, P. Maurus OSB, Erzabt 24, 100, 109
Wolter, P. Placidus OSB, Erzabt 24
Wörz, Dr., Hausarzt 82
Würth, P. Ambrosius OSB 93, 106
Württemberg 16, 246
Württemberg-Hohenzollern 44
Würzburg 57, 73
Wutz, Prof. Dr. Franz Xaver 73
Xanten 240
Zangberg/Oberbayern 262
Zeh, Sr. M. Imelda 120, 191
Zeil 9, 11, 13, 15f., 19-21, 62, 68-74, 76f., 85, 91, 97-103, 106-108, 111, 116f., 120, 122-124, 129, 131, 133, 135-137, 139f., 141-147, 149-153, 155-157, 167, 169-171, 189, 191, 193-196, 199, 201, 203-208, 229, 233-240, 242f., 245-249, 255f., 257, 260, 264, 271, 273-276, 287-289
Zisterer, Sr. Notburga OSB 86, 210
zu Löwenstein-Wertheim-Rosenberg Fürst Karl 68, 71
Prinz P. Dr. Felix SJ 100
Prinz P. Franz SJ 99
zu Salm-Reifferscheid-Raitz, Altgräfin Sr. Placida OSB, Priorin 11, 63, 65, 70, 81, 94, 99, 108, 111, 192, 196, 199-201, 224, 288
zu Schwarzenberg, Prinzessin Sr. Benedicta OSB, Äbtissin 24, 111
Zweibrücken 208